땅의 역사

땅의 역사

—

2022년 6월 15일 초판 1쇄 발행

—

지은이 사이먼 윈체스터
옮긴이 성소희
펴낸이 김정수, 강준규
책임편집 유형일
마케팅 추영대
마케팅지원 배진경, 임혜솔, 송지유

—

펴낸곳 (주)로크미디어
출판등록 2003년 3월 24일
주소 서울시 마포구 성암로 330 DMC첨단산업센터 318호
전화 02-3273-5135
팩스 02-3273-5134
편집 070-7863-0333
홈페이지 http://rokmedia.com
이메일 rokmedia@empas.com

—

ISBN 979-11-354-7876-5 (03900)
책값은 표지 뒷면에 적혀 있습니다.

—

커넥팅은 로크미디어의 인문, 역사 도서 브랜드입니다.
잘못 만들어진 책은 구입하신 서점에서 교환해 드립니다.

땅의 역사

LAND

역사와 경제 그리고
세상을 좌지우지한
욕망의 토지사

사이먼 윈체스터 지음
성소희 옮김

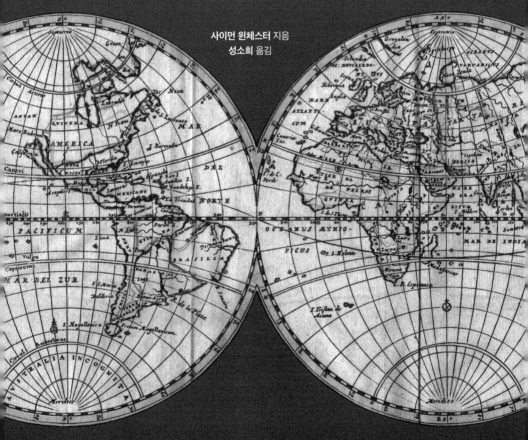

저자 **사이먼 윈체스터** Simon Winchester

사이먼 윈체스터는 호평받는 작가이자 저널리스트다. 윈체스터는 옥스퍼드 대학교에서 지질학을 공부했고 1966년에 졸업 후 캐나다 광산 회사에 들어가 아프리카 지역에서 지질학자로 일했다. 1967년부터 언론계에 뛰어들어 1969년부터 1980년대까지 〈가디언〉에서 기자로 일하며 1971년 북아일랜드 데리에서 발생한 '피의 일요일' 사건, 1971년 방글라데시 독립전쟁, 1972년 미국 정계를 뒤흔든 워터게이트 사건 등을 취재했다. 1982년에는 〈선데이 타임스〉의 특파원으로 포클랜드 전쟁을 현지에서 취재하다 스파이 혐의로 아르헨티나 감옥에 갇히기도 했다. 그는 2006년 엘리자베스 2세 여왕에게서 대영제국훈장OBE을 수여받았고, 2009년 옥스퍼드 대학교 캐서린 칼리지의 명예 교원으로 임명받았다. 2010년 캐나다 댈하우지 대학교로부터 명예 학위를 수여받았으며, 2016년 캐나다 지질학회로부터 지리 발전에 크게 기여한 공로를 인정받아 로런스 버피 메달을 받았다. 프리랜서 저널리스트로 〈콘데 나스트 트래블러〉, 〈내셔널 지오그래픽〉 등 여러 잡지에 역사, 과학, 여행 등에 관한 글을 기고하고 있으며, 논픽션 스타 작가로 영향력 있는 다수의 저서를 집필하였다. 그가 쓴 수많은 저서 가운데 《교수와 광인》, 《미국을 만든 사람들The Men Who United the States》, 《세계를 바꾼 지도》, 《중국을 사랑한 남자》, 《세상의 끝에 생긴 금A Crack in the Edge of the World》, 《크라카토아》는 모두 〈뉴욕 타임스〉 베스트셀러로 꼽혔고, 수많은 주목할 만한 도서 목록이나 최고의 도서 목록에 올랐다. 이 책 《땅의 역사》는 토지와 재산에 관한 주제를 다루는 포괄적인 대중 역사서이다. 우리가 어떻게 땅을 얻는지, 어떻게 땅을 관리하는지, 왜 땅을 두고 싸우는지, 어떻게 땅을 공유할 수 있을지 등 땅에 대한 역사를 날카로운 지성과 서사적 열정을 활용해 깊이 파헤치고 있다.

역자 **성소희**

서울대학교에서 미학과 서어서문학을 공부했다. 글밥아카데미 수료 후 바른번역 소속 번역가로 활발하게 활동 중이다. 옮긴 책으로는 《여신의 역사》, 《이디스 워튼의 환상 이야기》, 《코코 샤넬: 세기의 아이콘》, 《고전 추리 범죄소설 100선》, 《여름날, 바다에서》, 《키다리 아저씨》, 《베르토를 찾아서》, 《하버드 논리학 수업》, 《미래를 위한 지구 한 바퀴》, 《알렉산더 맥퀸: 광기와 매혹》 등이 있으며, 철학 잡지 〈뉴 필로소퍼〉 번역 작업에 참여하고 있다.

스탠딩 베어Standing Bear 추장에게 이 책을 바칩니다.

1870년, 미국 정부는 이 퐁카족 추장을
법률에 따른 '개인'이라고 선언했다.

그러고도 추장의 땅을 빼앗았다.

어떤 땅에 울타리를 두르고

"여기는 내 땅이다"라고 말하리라 결심한 후,

다른 사람들이 이 말을 믿을 만큼 단순하다는 사실을

처음 알아낸 인간이야말로 문명사회의 진정한 창시자다.

누군가가 울타리 말뚝을 뽑고 경계를 파놓은 도랑을 메우면서

사람들에게 "이 사기꾼 말은 듣지 마시오.

땅에서 난 과일은 모두의 것이고

땅은 그 누구의 것도 아니라는 사실을 잊으면,

당신들은 파멸할 것이오!"라고 외쳤더라면,

얼마나 많은 범죄와 전쟁, 살인, 고통, 공포에서

인류를 구해낼 수 있었을까!

장 자크 루소Jean-Jacques Rousseau,
《인간 불평등 기원론Discourse on Inequality》(1755년)

Land

흔치 않은 땅

"자신의 땅에 서 있음을 깨달으면 편안해진다.
땅은 날아가 버릴 수 없는 유일한 것이기 때문이다."

앤서니 트롤럽Anthony Trollope, 《바셋의 마지막 연대기The Last Chronicle of Barset》(1867년)

경고

전 세계의 해수면이 빠르게 상승하고 있다. 이로 인해 땅은 날아가 버릴 수 없는 유일한 것, 혹은 영원토록 남아 있을 유일한 것이라는 가정이 명백히 잘못되었다는 사실이 드러났다. 앞으로 살펴보겠지만, 땅이 무한히 영속하리라는 믿음은 지난 수세기 동안 인류가 토지를 소유하는 방식에 영향을 미쳤다. 하지만 커다란 변화가 다가오고 있다.

미래는 낯선 나라와 같다. 미래에 사람들은 우리와 다르게 행동할 것이다.

1장 토지 매매

지난 세기가 저물기 직전 어느 따사로운 여름날 저녁, 나는 코네티컷주의 켄트라는 아기자기한 마을에 있는 변호사 사무실을 방문했다. 책이 빼곡하게 들어찬 사무실에서 이탈리아 시칠리아 출신 미국 이민자 2세대에게 적당한 액수의 달러 수표를 건넸다. 체사레라는 그 배관공은 뉴욕 브롱크스에 살았는데, 그날의 간단한 절차를 위해 초목이 우거진 뉴잉글랜드 시골로 운전해온 터였다.

변호사들은 부동산 용어로 '마무리짓기closing'라고 하는 너무도 복잡한 절차가 익숙했지만, 나는 그렇지 못했다. 내가 수표를 넘겨주자 —은행이 현금처럼 유효하다고 증명한 자기앞 수표였다. 변호사들이 수표를 써야 한다고 고집했는데, 사실 나는 수표도 현금처럼 느껴졌다. 지출하려니 가슴이 아팠다. 내 딴에는 착실했던 몇 년간의 저축액에 상당했다— 체사레의 무표정한 변호사가 글이 양각, 음각으로 새겨진 고상한 종이를 건넸다. 양피지처럼 생긴 그 종이는 공식적으로 증서라고 부르는 서류였다.

이 증명서는 합의한 자금을 주고받음에 따라 이전에 체사레가 소유했던 대지, 뉴욕주 더치스 카운티 도버시 아메니아 타운 와사익 촌락의 숲으로 뒤덮인 바위산 498,775m²를 이제 내가 소유한다는 사실을 명백하고 확실하게 반박의 여지 없이 나타냈다. 증서가 내게 그 대지에 대한 소유권을 부여했다. 나는 이제 그 땅을 소유할 법적 '자격을 얻었다.' 내가 그 땅의 주인이었다. 이제부터 나는 그 땅을 독점적으로 차지할 수 있었다.

나는 아메리카합중국의 땅 한 조각을 산 것이다. 아메리카 대륙의 작은 부분이 오로지 나만의 것이 되었다. 지구의 전체 육지 면적은 약 148,325,770㎢다—대략 1억 4,800만㎢라고 하자—. 나는 그 7월 저녁에 햇살을 받고 거닐면서 나의 땅 498,775m²가, 지구 육지의 3억분의 1을 조금 넘는 그 땅이 이제 나의 것, 오직 나만의 것이라고 선언할 수 있었다.

내가 그런 일을 한 것은, 어디든 부동산을 소유하게 된 것은 살면서 그때가 처음이었다. 동산動産이야 있었다. 자동차, 컴퓨터, 식기세척기, 책, 만년필은 이미 갖고 있었다. 하지만 물적 재산 또는 그와 유사한 부동산*을 가져본 건 처음이었다.

나에게만 처음이었을 뿐만 아니라, 우리 가족 중 누구에게도 거의 처음 있는 일이었다. 고향 잉글랜드에 계신 부모님은 평생을 상당히 궁핍하게 살아오셨고, 만년에야 잉글랜드 미들랜드의 러틀랜드 카운티에서 자그마한 오두막 한 채를 어렵사리 구매하셨다. 부모님 댁에는 잔디밭과 딸기나무 몇 그루, 물이 졸졸 흐르는 인공 폭포 하나를 갖춘 몹시 작은 정원이 딸려 있다.

엄밀히 따지자면, 부모님이 일단 융자금을 다 갚았으니 비록 극히 좁은 구획이기는 하지만 정말로 부동산을 소유했다고 말할 수 있다. 그러나 우리 부모님을 지주라고 표현하는 건 정확한 사실도 아니고 믿기도 어려운 말이 될 것이다.

조부모님들의 경우도 마찬가지였다. 그분들도 형편이 몹시 궁색했다. 잉글랜드에서 살았던 조부모님도, 벨기에 출신에 사연이 다소 더 복잡한 외조부모님도 부동산이라고 할 만한 게 전혀 없었다. 다른 수많은 사람과 마찬가지로 그분들의 거처와 주거지는 지주들의 변덕과 상업 감각에 달려 있었다. 지주들은 그 이름이 알려주듯이 내 조부모님들이 정착했던 토지를 소유했다. 나는 조부모님 이전의 조상들 모두 소유권을 가져본 적이 없다는 사실을 알게 됐다. 우리 조상들은 땅이라고는 1에이커도, 1헥타르도, 1코르델도, 1파

---

* 물적 재산real property과 부동산real estate이라는 용어에는 미묘한 차이가 있다. 부동산은 토지와 그 토지에 일어난 모든 개량improvements―예를 들어 주택―을 의미한다. 반면 물적 재산은 단순 소유권이 따를 수 있는, 소위 '권리 다발'까지 의미한다. 예를 들어 거주하고, 판매하고, 자원을 채굴하고, 수목을 치워 없애고, 무단출입을 막고, 타인을 차단할 권리를 포함한다. 이에 대해서는 뒤에서 더 자세히 설명하겠다.

들도, 1버게이트*도, 그 일부라도 가져본 적이 없었다. 내가 더치스 카운티의 부동산 소유권 증서를, 글자가 도드라지게 찍혀 멋들어져서 몇 시간이고 황홀하게 바라봤던 그 서류를 받게 된 일은 역사적이고 귀중했다.

내가 소유한 땅이 특별히 값비싸지도 않고, 언젠가 가치가 오를 것 같지도 않고, 심지어 사실상 아주 유용하지도 않지만, 나의 토지 소유는 강력한 개인적 상징성을 지녔다. 나는 더치스 카운티의 토지를 매입하고 10여 년 후에 보스턴에서 돛을 단 오래된 전함의 후갑판에 올라 연방법원 판사 앞에서 선서를 읊었고, 짧지만 감동적인 의식을 거쳐 미국 시민이 되었다. 인생을 바꿔놓은 이 사건 이후로 오랫동안, 내가 새로운 조국의 미래에 완전히 투자했었다는 사실을 알고 커다란 위안과 만족감을 얻었다. 더치스 카운티 산비탈에 땅을 소유했으니 말 그대로 조국에 투자한 셈이었다.

나는 가능한 한 자주 숲을—이제 나의 숲이다!— 산책하곤 했다. 수풀이 무성하게 자란 바람에 흐릿하다 못해 거의 사라질 듯한 숲길을 따라 숨을 헐떡이며 가파른 경사지를 올랐다. 옛날 벌목꾼이 통나무를 내려놓던 땅에서 이어지는 길이었다. 그 길로 400m 정도 가다가 길을 벗어나서 왼편의 더 깊은 삼림지로 들어가곤 했다.

---

* 익숙할 뿐만 아니라 낯설고, 모호하고, 폐기되고, 희귀하기까지 한 넓이 단위를 모두 정리해서 이 책 뒷부분의 용어사전에 실어놓았다. 안타깝지만 이 목록에 넓이 단위가 아닌 것까지 포함할 수는 없었다. 예를 들어 영국에서 청어를 셀 때 활용하는 '글린glean(1글린은 25마리)'이나 독일에서 15개를 묶어서 셀 때 사용하는 만델mandel이 있다. 하지만 한국과 대만에서 넓이 단위로 쓰는 평坪이나 발칸 지역에서 밭 넓이를 잴 때 쓰는 전통 단위 두남 dönüm은 빠뜨리지 않았다.

그러면 곧잘 방향감각을 잃어 혼란스러워졌고, 심지어 길을 잃기도 했다. 하지만 보이스카우트 시절에 이끼는 나무의 북쪽 면에서 자라는 경향이 있다는 사실을 배웠고, 학교 물리 수업에서 개울은 내리받이로 흐르는 경향이 있다는 사실을 배웠기에, 언제든 삼림지 밖으로 나가는 길을 찾아 문명 세계로 돌아갈 수 있다고 생각했다. 게다가 나의 땅에는 아마도 핵 공격을 대비해 콘크리트로 강화된 보안 통신 케이블이 있었다. 내가 별다른 관여도 하지 않은 기득권 인정 법률에 따라 나 자신이 이 케이블의 존재를 허가한 꼴이었다. 케이블은 아이젠하워Dwight Eisenhower 대통령 집권기 백악관과 메인주 어디엔가 있는 전략핵 폭격기 기지를 연결했다. 케이블은 완벽하게 똑바른 직선으로 나의 땅을 가로질렀고, 빨간색과 흰색으로 된 경고 표지판도 몇 백 미터마다 세워져 있었다. 그러니 어쩌다 이 케이블을 발견한다면 숲 밖으로 나가는 길을 찾을 수 있을 터였다. 적어도 워싱턴이나 메인주로 갈 수 있을 것이다.

하지만 일단 숲속 깊이 들어가면 세상 전부가 곧 희미해졌다. 고립되어 호젓한 숲은 원시적으로 변했다. 어쩌면 너무 멀지 않은 어딘가에 비로 약해지고 이끼로 덮인 삼나무 널조각 울타리나 매끄럽게 깎인 돌을 쌓은 낡은 담장이 있었을 것이다. 오래전에 조사단이 만든 돌무더기와 바위에 끌로 새긴 흔적 한두 개를 우연히 만날 수 있을지도 몰랐다. 하지만 대체로 이 어두운 숲의 더 어두운 중심부 깊숙한 곳에는 인간의 개입이나 활동을 보여주는 뚜렷한 흔적이 달리 없었다. 숲을 지나는 이에게 인간이 이곳에 한 번이라도 온 적이 있다고 말해주는 단서도 거의 없었다. 나무와 양치식물, 흙과 새만 있었다. 사슴과 토끼와 라쿤과 곰이 남긴 흔적만 있었다. 머리 위, 나뭇잎 왕관 사이로 푸르고 고요한 하늘이 보였다. 2세기 전 시인 존 클레어John Clare가 '빙빙 도는 하늘'이라고 불렀던 광대함이 우뚝 솟아 있었다.

아무것도 모르는 순진한 눈으로 언뜻 보면, 이곳의 표면은 인간의 손길이 닿지 않은 거친 옛 모습, 지질과 날씨와 열기와 압력과 시간이 빚어낸 모습 그대로다. 무엇보다도 무한한 시간이 한때 무엇으로든 빚어낼 수 있었던 지구 껍질을 더 차갑고, 더 단단하고, 더 이용 가능한 것으로 바꾸어 놓았다. 단지 이곳뿐만 아니라 전 세계 어디나 그랬다. 그 후로 이 숲과 같은 수많은 장소에서 서서히 갖가지 생명이 출현했다.

영어를 사용하는 사람들은 겉으로 노출되고 변형된 이 지구 표면을 오랫동안 한 단어로 일컬어왔다. 이 낱말은 그 어떤 말보다도 더 오래전에 영어 어휘 속에 자리 잡았다. 바로 'land'라는 단어다. 공식적으로 '땅'은 지구 표면 중에서 오늘날 물로 덮여 있으며 13세기부터 바다sea라고 일컬어 온 부분보다 더 높고, 물리적 성질이 근본적으로 다른 부분을 의미한다(우연히도 땅이 바다보다 다소 더 좁다). 'land'라는 단어는 원래 게르만어이며, 10세기부터 영어에서 통용되었다. 이때부터 이 낱말은 대개 해수면 위에 놓여 있는* 지구의 단

---

* 항상 그런 것은 아니다. 팔레스타인 사해의 해안, 중국의 투르판 분지, 미국 캘리포니아의 데스밸리는 지질학 사건 때문에 평균 해수면보다 상당히 낮다. 이론상 바닷물에 침수당하기 쉬운 지역이 있는 나라도 33곳이나 된다. 현재 바닷물 온도가 오르고 대륙 빙하가 녹고 있는 탓에 해수면이 점점 높아지고 있으며, 저지대 해안 지역과 작은 섬이 바닷물에 잠기고 있다. 그러므로 바다에 침수당하기 쉬운 지역과 나라의 수도 늘어날 것이다.

단한 표면을 가리켰다. 그런데 아이러니하게도 우리는 이 행성을 오랫동안 지구地球라고 불러왔다. 하지만 어떻게 보아도 이 행성은 '수구水球'라고 불러야 마땅하다—우주에 나가 이 행성이 파란색과 초록색이 어우러진 구체라는 걸 보고 나면, 우리가 행성에 이름을 잘못 붙였다는 사실이 특히나 명백해진다—. 지구에는 땅보다 바다가 단연코 더 많다.

왜 '땅'이라는 단어가 '바다'라는 단어보다 훨씬 더 일찍 널리 사용되었을까?* 물론 이유가 있다. 이 이유는 흙과 물의 명백한 물리적 차이 외에도 땅과 바다를 뚜렷하게 구분하는 근본적 차이 두 가지를 알려준다. 첫째, 바다는 일반적으로 전 세계 어디에서나 거의 똑같아 보이지만(실제로도 거의 똑같다), 땅은 여러 면에서 장소마다 크게 다른 데다 서로 아주 가까운 장소끼리도 매우 다른 경우가 많다. 바다는 눈에 보이는 색이나 온도, 염도만 조금씩 다를 뿐이다. 하지만 땅은 변화무쌍하다. 여기에는 산이, 저기에는 계곡이 있다. 어디에는 사막이나 빙하가 있고, 다른 곳에는 늪지나 초원이 있다. 울퉁불퉁 기복이 있는 지면도 있고, 뾰족뾰족한 지면도 있다. 비옥한 땅도 있고 척박한 땅도 있다. 나무가 울창하게 들어선 땅도 있고, 수풀이 무성한 땅도 있다. 덥고 건조한 땅도 있고, 혹독하게 춥고 얼음으로 뒤덮인 땅도 있다. 다양한 풍경은 땅의 기본 특성이다. 서로 다른 땅에서 살아가는 사람들은 다양성이라는 이 요소를 민감하고 예리하게 받아들인다. 짐작건대 특정 지역의 거주자들은 이 요소를 언

---

* 사실, 옥스퍼드 영어 사전에 'seas'라는 복수형이 825년에 처음으로 등재되어 900년에 최초로 등재된 'land'보다 앞선다고 말한다. 단수형 'sea'는 1275년에야 처음으로 등재되었다.

제나 깊이 인식할 것이다.

또한, 땅과 풍경은 공기를 호흡하는 포유류(특히 말하고 읽고 쓸 수 있는 포유류)의 거의 유일한 서식지다—이것이 두 번째 근본적 차이점이다—. 인류는 바다와 처음 마주하기 전에 땅의 끝없는 다양성 덕분에 자기가 살아가는 풍경을 의식했을 것이다. 인간은 땅의 풍경이 너무도 다채로운 덕분에 땅과 풍경을 더 잘 알게 되었다는 사실에 주목하고 이를 기록했을 것이다—이와 함께 땅과 땅의 다양한 형태가 더 쉽게 어휘 목록에 들어왔을 것이다—. 만약 기록하는 생물체가 초기 바다에서 살았더라면, 처음에는 이 물로 가득한 서식지가 눈에 들어오지 않았을 것이다. 게다가 서식지를 표현하는 데 필요한 어휘 규모도 틀림없이 작았을 것이다.

2장 토대

세상의 모든 땅과 풍경이 그렇듯 나의 땅에도 들려줄 만한 이야기가 있다. 내 땅이 늘 누군가의 소유물이었던 것은 아니다. 언제나 땅이었던 것도 아니다.

북아메리카의 이 특정한 땅 조각에서 겉으로 노출된 기반암은 지극히 오래됐다. 이끼 덮인 단단한 바위의 평평한 면과 돌출부가 산림 토양이라는 얇은 피부를 뚫고 낙엽 사이로 고개를 쑥 내민 모습이 내게도 보인다. 이 바위는 이 나라 다른 땅의 기반암 대부분보다 훨씬 더 오래됐다―차곡차곡 쌓여 인근의 돌담을 이룬 반들반들한 바위가 그 단서를 제공한다―. 게다가 이 땅의 기반암은 훨씬 더 다채롭다. 지난 수십 년 동안, 망치와 돋보기, 산성 액체를 담은 병들, 나침반, 경사계, 매처럼 날카로운 눈으로 무장한 지질학자들이 이곳을 탐험했다. 이 땅에 매혹되어서 언덕과 하곡을 터벅터벅 걸었던 지질학자들은 이 지역에 서로 다른 암반이 백 개 넘게 존재한다고 설명했다.

뉴잉글랜드의 이 바위들이 들려주는 이야기는 수억 년간 거대한 규모로 일어난 지질학적 소동이 만들어낸 결과다. 참혹하면서도 화려하고 극적인 역사는 화산 활동과 함께 시작됐다. 그다음에는 누대aeon에 걸쳐 갑작스러운 파열과 균열, 압박, 가열, 연타, 굴곡, 습곡, 단절이 이어졌다. 이후에는 땅이 수백만 년 동안 열대 바다에 침수되었고, 그 때문에 초기의 변성암 위로 몇 백 미터나 되는 새로운 퇴적물이 쌓였다. 그 뒤로 지표가 오랜 시간에 걸쳐 느리게 치밀어 올랐고, 장기간의 침수가 또다시 일어났다. 그런 다음, 처음에 형성된 화산 지형의 지각과 대략 비슷하거나 아주 다른 바윗덩어리들이 몹시 격렬하게 충돌했다.

이 활동 전부가, 이 과정 전부가 오늘날의 뉴잉글랜드 바위를—오늘날의 뉴잉글랜드 땅을— 형성했다. 지각 활동은 화강암, 식회암, 이판암, 사암, 현무암이 모두 섞인 별난 땅을 만들어냈다. 현재 이 땅은 허드슨강 계곡에서 대서양까지 뻗어 있다. 이 땅 조각은 현재 세계의 북반구 안에, 북극과 적도 사이 중간에 놓여 있다. 지구 육지에서 3억분의 1인 내 땅의 위도는 북위 41.8도다. 북극과 적도 사이의 정확한 중간이 북위 45도이므로, 내 땅은 중간 지점보다 조금 더 남쪽에 있다. 그런데 오늘날 내 땅을 형성한 모든 활동은 사실 옛 남극과 가까운 초기 남반구에서 일어났다(아주 먼 옛날 남극 대륙은 적도와 가까운 곳에 있다가 서서히 남쪽으로 이동했고, 약 1억 년 전 동남극이 오늘날과 거의 같은 곳에 자리 잡았다—옮긴이). 초기 남반구는 지금 내 땅이 자리 잡은 지역으로부터 수천 킬로미터 이상 떨어져 있었다. 이 사실은 지구의 옛 작업이 뒤죽박죽 엉망진창이었다는 것을 냉혹하게 상기시킨다. 내가 소유한 땅의 기원은 시간상으로나 거리상으로나 멀었다.

내가 느릿느릿 거닐기를 좋아하게 된 산지는 아주 먼 옛날에 지구 초창기 대륙 가운데 하나인 로렌시아Laurentia 대륙의 가장자리와 아주 가까웠다—나는 내 땅이 실제로 로렌시아 대륙 일부였다고 생각하고 싶다—. 로렌시아 대륙이 지구에서 가장 오래된 대륙은 아니다. 케놀랜드Kenorland와 누나Nuna, 우르Ur 등이 훨씬 더 오래되었다. 계산상 가장 오래된 대륙인 발바라Vaalbara는 약 36억 년 전에 뜨거운 원시 대양에서 솟아올랐다. 세상 그 자체가 처음 형성된 후 겨우 10억 년 동안 이어졌던 일시적이고 하찮은 사건이었다.

로렌시아는 발바라보다 훨씬 더 젊은 대륙이다. 요즘은 로렌시아가 거대한 초대륙supercontinent(현재 지구에 존재하는 전체 대륙 또는 대다수 대륙이 하나로 합쳐진 거대한 대륙—옮긴이)의 일부였을 뿐이라고 알려져 있다. 지질 구조 언어 속 어지럽고 헷갈리는 세부 사항들의 대가인 러시아 지질학자들이 이 초대륙에 현대 세계의 모태라는 뜻으로 로디니아Rodinia라는 이름을 붙였다. 최초의 부동산으로 볼 수 있는 이 거대한 땅덩어리는 약 10억 년 전에 만들어졌다. 그리고 즉시— 우주적 관점에서 볼 때 눈 깜박할 새나 다름없는 겨우 2억 5,000만 년 후에— 둘로 쪼개져서 곤드와나Gondwana와 로렌시아가 되었다.

곤드와나는 남쪽에 남았다가 오스트레일리아와 남극, 인도 대륙이라는 자손을 낳았다. 내 땅을 낳은 어머니, 로렌시아는 마땅히 위풍당당하게 위쪽으로, 북반구를 향해 올라갔다.

그 이후 사태가 한층 더 빨리 펼쳐졌다. 더욱더 다양한 지구 물리학적, 생물학적 사건이 더 짧은 기간 안에 압축적으로 일어났다. 생명이 시작되었다. 먼저 해양 생물이 나타났고, 이윽고 광범위한 종류의 식물과 동물이 등장해 땅에서 번성했다. 이 시기에는 땅 그 자체도 생겨났다.

로렌시아 동쪽 해안에 이아페투스 대양Iapetus Ocean이라는 새로운 수역이 만들어졌다. 석회암이 이아페투스 대양의 대륙붕 위에 쌓였다. 결국에는 화석이 될 생명체도 함께 쌓였다. 이런 화석은 석회암이 높은 온도와 센 압력을 받아 대리석으로 변하면 그 안에서 발견될 것이다. 화산이 바닷속에서 분출했고, 새로운 화성암이 만들어졌다. 화성암은 기존의 석회암은 물론이고, 로렌시아 해안의 오래된 바위와 해변 모래에도 들러붙었다. 그런 다음 조산 운동이 이어졌다. 4억 5,000만 년 전에 처음 일어난 조산 운동은 미국 메인주와 캐나다 노바스코샤주를 형성하는 데 한몫했다. 이후에 훨씬 더 극적인 조산 운동이 잇따랐다. 탕아 곤드와나가 북쪽으로 느릿느릿 올라와서 로렌시아와 다시 격렬하게 재회한 것이다. 그 덕분에 거대한 초대륙 판게아Pangaea가 새롭게 만들어졌다. 그 과정에서 나의 자그마한 땅을 포함한 애팔래치아산맥과 버크셔스Berkshires(매사추세츠주 서부와 코네티컷주 북서부의 고원 지대를 이르는 말로, 이곳의 산들은 애팔래치아산맥의 일부다—옮긴이)도 만들어졌다. 하지만 이는 그다지 중요하지 않은 지엽적 사건일 뿐이다.

초대륙이 전부 그랬듯이, 판게아도 때맞춰 여러 조각으로 쪼개졌다. 그 결과, 궁극적으로 오늘날에 더욱더 가까운 세상이 만들어졌다. 하지만 요즘 세상이라고 해서 고정불변한 것은 아니다. 대서양이 해마다 2~4㎝씩 넓어지며 아메리카를 유럽과 아프리카에서 떨어뜨려 놓고 있다. 따라서 적절한 때가 되면 세상의 지형에 새로운 변화가 일어날 것이다.

지질학 시간은 잠에 빠진 듯 느리게 흘러가는 데 비해 인간의 시계는 미친 듯이 빠르게 돌아간다. 그러니 풍경은 지금처럼 정적이라고 생각하는 편이 더 낫다. 이 모든 역사와 혼란, 질풍노도 같은 격동이 남긴 유산을 받아든 땅은 이제 가만히 멈추어 있다고 생각하자. 북아메리카 동편, 최근 얼음이 깎아낸 허드슨강과 후사토닉강 계곡 사이에 높이 융기한 땅은 겉보기에 아무런 움직임도 없다—허드슨강은 1609년에 네덜란드를 위해 이곳을 탐험하고 지도를 그린 잉글랜드 탐험가 헨리 허드슨Henry Hudson의 이름을 딴 것이다. 모히칸 원주민은 이곳을 '산 위의 강'이라고 불렀다—. 이 땅은 자그마한 부동산이 되었고, 결국 나의 것이 되었다.

식물학과 동물학 기준에서 볼 때, 나의 땅은 생겨난 이래로 대부분 기후가 온화한 지역에 있었다. 그 덕분에 곧 빽빽한 나무와 덤불, 수풀로 뒤덮였고, 상당히 다양한 네발짐승과 새를 품었다. 주변 전원 지대는 헨리 허드슨이 썼듯이 "이제껏 그들이 봐왔던 대로 풀과 꽃, 멋들어진 나무가 있어 쾌적하고, 아주 달콤한 향이 풍겨 나온다."

허드슨은 지역 원주민과 만나서 교역하기 위해 강 위의 소형 선대에서 과감히 나왔다. 이때 그가 슬쩍 쳐다보고 방문했던 지역은 대체로 계곡과 강의 범람원에 있었다. 기름진 흙이 두터워서 풍요롭게 농사지을 수 있는 곳이었다. 날씨가 더 혹독하고 토양층이 더 얇은 산지로 올라가면, 초목이 빈약했을 것이고 이국적인 식물도 줄어들었을 것이다. 인구도 드문 데다 원주민의 농사법도 옹색했으리라. 내 땅은 예나 지금이나 숲이 지배하는 곳이다. 오늘날 나의 땅에는 동부솔송나무와 히커리, 튤립나무와 백송, 너도밤나무와 자작나무, 다양한 침엽수와 물푸레나무, 벚나무와 위치하젤witch hazel, 설탕을 만드는 수액이 나오는 단풍나무와 호랑이 줄무늬가 있고 가구를 만드는 데 쓰이는 단풍나무가 서 있다. 이 지대에서는 사과나무도 간혹 찾아볼 수 있는데, 내가 알기로 내 땅에는 한 그루도 없다.

틀림없이 이 나무들 모두 헨리 허드슨이 탐험했던 시기에도, 그보다 더 오래전에도 이 땅에 서 있었을 것이다. 한때는 아메리카 밤나무도 있었다—최근 몇 년 사이 병충해로 참혹한 피해를 보았다—. 대지 구획의 가장자리를 분명히 나타내고자 땅 모퉁이에 밤나무를 심는 관습이 있었다. 밤나무는 원래 주택과 헛간을 짓는 데 가장 많이 쓰였지만, 거의 멸종한 이후로는 목재로 쓰이지 않는다.

이곳은 토양이 희박해서 거대한 식물 종을 지탱할 수 없다—우람한 참나무나 느릅나무처럼 커다란 범선의 돛대를 수리하거나 교체하는 데 쓰일 만큼 크고 곧은 나무는 살 수 없다—. 그 탓에 선박 주인은 자주 커다란 목재를 찾아 오랫동안 바다를 항해해서 외지로 나가야 했다. 현대 토양 과학에 따르면, 나의 숲 바닥에 깔린 토양층은 찰턴 유형과 챗필드 유형이 섞인 종류다. 후퇴하는 빙하가 남긴 잔여물에서 비롯한 흙이며 갈색을 띤다. 어떤 곳에는 비옥한 흙이 있지만, 다른 곳에는 모래가 있다. 토양층 깊이는 평균 30㎝가 안 된다. 풍화 흔적 없이 단단한 기반암은—화강암과 편암, 편마암, 대리석 층으로, 모두 수백만 년에 걸친 격렬한 지각 운동과 열기, 압력에 변화했다— 지표에서 60㎝ 정도 아래에 있다. 산등성이나 절벽의 바위 시렁에서 기반암이 드러난 곳이라면 어디든 방울뱀이 여름철의 나른한 열기 속에서 느긋하게 게으름을 피운다고 한다. 언젠가 지역 파충류학자가 괴짜 같은 눈빛을 반짝이며 부럽다는 표정으로 내게 알려줬는데, 나의 땅에는 멸종위기 방울뱀이 유달리, 믿기 어려울 정도로 많다고 한다. 하지만 나는 지난 20년 동안 방울뱀을 딱 한 마리 보았을 뿐이다. 녀석은 내가 달려서 건너갈 생각이었던 목조 다리 건너편에 똬리를 틀고 있었다. 그날 나는 다리를 건너는 대신에 개울을 첨벙첨벙 헤치며 걷겠다고 마음먹었다. 이후 꽤 오랫동안 그 다리를 멀찍이 피해 다니기까지 했다—물론 상식적으로 생각하면 나보다 그 뱀이 나의 출현에 훨씬 더 겁먹었을 것이다—.

여기에는 야생동물도 많다. 칼미아 관목이 하도 빽빽해서 여전히 가을이면 많이 사냥당하는 흰꼬리사슴이 몸을 숨길 수 있다. 흑곰과 코요테, 라쿤, 주머니쥐도, 가끔은 스라소니와 살쾡이도 칼미아 관목의 덕을 본다. 예전에는 늑대와 퓨마도 있었다. 심지어 요즘에도 가끔 퓨마를 본다고 주장하는 사람들이 있다. 비버 가족은 목조 다리 아래로 슬며시 흐르는 작은 개울에 자주 댐을 짓곤 한다. 개울가 영역을 두고 수달 무리와 경쟁하지만, 사이가 그리 나쁘지는 않다. 야생 칠면조는 어디에나 보이고, 각양각색 새들도 커다란 무리를 지어서 산다. 새들은 작전 중인 병사들처럼 숲속을 행군한다. 고운 소리로 우는 새도—갈색지빠귀와 동부 딱새처럼 드문 새까지— 있다. 개구리와 도롱뇽, 제왕나비는 말할 것도 없고, 교활하게 숨어서 기다리다가 지나가는 사람의 옷에 달라붙는 잘 보이지도 않는 자그마한 다리를 가진 사슴 진드기는 너무나 많다.

3장 주민

식물군과 동물군이 대체로 조화롭게 어우러져 있고 포유류에게 대체로 우호적인 기후를 지닌 이 환경에 인간도 찾아왔다.

이 땅에 처음으로 발을 들여놓은 인간은 완전한 조직을 이루고 완전한 문명을 갖춘 사람들이었다. 아메리카 대륙에는 초기 호미니드hominid(사람과에 속하는 인류의 조상―옮긴이)가 거주한 적이 한 번도 없다. 호모 사피엔스 이전의 선행 인류도, 네안데르탈인도 거주하지 않았다. 이곳에 처음 발을 디딘 인간은 다름 아닌 '호모 사피엔스'였다. 정말로, 뉴잉글랜드 전역에 팔레오 아메리카 원주민Paleo Indians(아시아 대륙에서 이주해온 것으로 추정되는 아메리카 최초의 인류―옮긴이)의 유적지 상당수가 점점이 흩어져 있다. 유적지를 조사해보면, 13,000년 전에 발달 수준이 그리 높지 않은 수렵채집인 무리가 이 숲속을 돌아다니며 창으로 먹잇감을 쓰러뜨린 듯하다. 이들은 창 끝부분에 뚜렷한 모양을 만들어놓았다. 요즘에는 이 모양을 구별해서 다양한 집단을 고고학적으로 분류한다. 조금 더 나중에는 꽤 발달한 부족 사회를 이룬 원주민이 바로 이 산지와 계곡에 정착했다. 이들은 베링 육교(시베리아와 알래스카를 연결하는 육지로, 플라이스토세 빙하기에 해수면이 낮아져서 생겨났다—옮긴이)를 건넜거나 오늘날의 일본 지역에서 배를 타고 바다를 건너 새로운 대륙으로 널리 퍼져나간 아시아 개척자들의 후손이다. 아메리카 대다수 지역은 분명히 거주하기에 적당한 곳이지만, 이 개척자들이 아니었다면 이 대륙은 사람이 살지 않는 땅이었을 것이다. 뉴잉글랜드의 이 구석으로 내려온 사람들은 알그어 또는 알곤킨어*를 사용했다. 이들은 모히칸 부족의 구성원이었다. 남쪽으로는 델라웨어족과 친족 관계를 맺었고, 북쪽과 서쪽의 이로쿼이족과 모호크족과는 불구대천의 원수였다.

　허드슨과 동료들은 모히칸족을 "강 인디언"이라고 일컬으며 온순한 사람들이라고 표현했다. 허드슨 일행과 원주민 사이에 다소 치명적이었던 소규모 충돌이 있기는 했다. 대개 평화롭고 순수한 원주민보다는 침입자의 잘못이 더 컸을 것이다. 그래도 이들의 첫

---

*　러시아 언어학자들은 최근 연구를 통해 알곤킨어가 일본 홋카이도 북쪽에 있는 사할린의 니브흐족이 쓰는 고립 언어와 연관성이 있다고 시사했다. 다른 연구와 조사 결과가 말해주듯이, 발견된 고대 배 유물이 태평양을 사이에 둔 홋카이도와 북아메리카를 서로 연결했을 가능성이 있다. 따라서 언어 간 연관성 역시, 겉으로는 공상처럼 보이더라도 완전히 불가능하지는 않을 것이다.

만남은 대체로 정중하고 예의 발랐고, 방문객들은 깊은 인상을 받았다. 양측은 선물도 주고받았다. 원주민은 옥수수와 호박, 담배를 내놓았고, 선원들은 거울과 종, 구슬, 손도끼, 칼을 주었다. 허드슨 일행은 강가에 상륙하면 원주민에게 환영받았다. 이들은 강을 따라 이동하면서 자족하는 원주민 정착지를 몇 군데 발견했다. 모히칸족은 일자형 공동주택 약 스무 채로 구성된 마을에서 살았다. 사냥용 무기와 덫을 잘 사용하는 유능한 사냥꾼인 동시에—모피로 만든 겨울옷은 무겁고 두꺼웠다— 분명히 뛰어난 농경인이기도 했다. 마을 경계 너머 넓은 들판에서 옥수수를 키웠고, 이 낙원 같은 땅에 지천으로 자라는 호박과 해바라기, 콩, 각종 산딸기류 열매도 수확했다. 강에는 철갑상어와 칠성장어, 농어, 장어가 헤엄쳤다. 산지에는 사슴과 말코손바닥사슴, 엘크가 가득했다. 이 차분하고 현명한 사람들은 가장 혹독한 겨울도 버텨내고 번성했다—수천 명쯤 되는 이들의 정착지는 어디를 가나 보였다—. 헐벗고 굶주리는 일은 거의 없었다. 이들은 행복하고 건강하고 잘 조직된 사회에 속했고, 적어도 처음에는 이방인의 출현을 흔쾌히 받아들인 듯하다.

그렇게 배를 타고 수많은 이방인이 도착했다—처음에는 암스테르담에 근거지를 둔 네덜란드 서인도회사의 지원을 받아서 네덜란드 사람들이 왔다—. 허드슨이 네덜란드의 의뢰로 이 지역을 답사한 이후, 1626년에 맨해튼의 남쪽 끝자락에 암스테르담 요새가 건설되었다. 이윽고 잉글랜드와 프랑스도 탐험대를 조금씩 보내더니, 17세기 중반부터 본격적으로 이 땅을—매사추세츠만과 버지니아, 퀘벡을— 자기네 영토라고 주장하기 시작했다. 이 주장은 훗날 수많은 전투가 벌어지는 원인이 된다. 아메리카에 새로 도착한 이들은 모두 백인 남성이었다—나중에는 백인 여성들도 이 대열에 합류했다—. 유럽의 수많은 무역상과 식민지 이주자, 세계 각지에 진출한 모든 식민지 개척자와 마찬가지로, 이들 역시 자기네가 단지 백인이기 때문에 이 세상 그 누구보다 우월하다는 확고부동한 믿음을 갖고 있었다. 이런 태도로 밀려들어온 백인 때문에 비교적 평온했던 이 지역은 한순간에 변했다. 인종 간 화합부터 개인 보건까지 모든 것이 악화되기 시작했다.

모히칸족의 평화는 완전히 깨졌다. 마을 사람들은 천연두와 홍역, 인플루엔자 등 불치병을 앓기 시작했다. 모두 외지인이 옮긴 질병, 그들에게는 자연 면역이 없는 병이었다. 살아남은 사람들에게는 땅과 재산을 모두 버리고 떠나라는 명령이 떨어졌다. 그들은 수천 년 동안 살고 일구었던 터전을 떠나야 했다. 피부가 흰 이방인이 그들을 쫓아냈다. 이방인은 그 땅을, 그 땅에 무엇이 필요한지를 조금도 몰랐다. 그저 땅에서 보상받을 가능성에만 관심을 쏟았다. 유럽의 야심가들은 이 지역이 식민지로 개척하기에 이상적이라고 보았다. 동족이 아니라 야생동물, 친족이 아니라 가축이라고 보았던 원주민은 다른 어디로든 갈 수 있으리라 여겼다.

뉴잉글랜드의 이 구석 자리에 살았던 모히칸족은 무자비한 질병과 추방의 영향으로 끝없이 스러져갔다. 소설가 제임스 페니모어 쿠퍼James Fenimore Cooper가 1826년에 출간한 《모히칸족의 최후The Last of the Mohicans》에는 1757년을 배경으로 이 사실이 너무도 강렬하게 묘사되어 있다. 모히칸족의 몰락은 할리우드가 영원히 사랑하는 주제이기도 하다. 백인의 약속도 원주민의 애원도 수없이 이어졌지만, 끝내 모히칸족은 쓰라린 마음을 부여잡고 무리를 지어 위스콘신주와 더 북쪽 캐나다 이로쿼이족 땅으로 떠났다. 이들이 고향과 아주 다른 땅을 향해 밟아야 했던 '눈물의 길Trail of Tears(미국 내 아메리카 원주민 부족이 겪었던 강제 이주—옮긴이)'은 다른 부족의 강제 이주보다 덜 알려졌다.

모히칸족의 하위 부족 가운데 혀가 꼬이는 어려운 이름을 지닌 '샤티코크Schaghticoke' 부족은 내 땅 498,775m²가 포함된 산의 동쪽 측면에 계속 머물렀다. 샤티코크 부족의 운명도 기구했다. 오늘날 코네티컷주에서 '스콴츠 추장Chief Squantz'으로 기억되는 18세기 초의 샤티코크 지도자에게 독점 식민지 지배자the Proprietors로 알려진 백인 무리가 접근했다. 훗날 '뉴페어필드'라고 불릴 식민지를 건설할 곳을 찾아 후사토닉강 계곡을 헤매던 이 백인들은 줄잡아 8㎢쯤 되는 부족 땅을 팔라고 제안했다. 스콴츠 추장은 거절했다. 끝까지 완고했던 추장이 세상을 떠났지만, 추장의 자손들도 그에 못지않게 고집스러웠다. 스콴츠 추장이 백인의 제안을 물리친 지 겨우 4년 후, 백인은 어쨌거나 샤티코크 부족의 땅을 차지했다. 그들은 원주민에게 300달러를 쥐여주며 뭐라도 받았으니 운 좋은 줄 알라고 말했다. 인종차별적 경멸은 숱한 식민지 개척자 전원을 대표하는 특징이었다. 백인의 멸시에는 아메리카 원주민의 분노와 실망이 쌍둥이처럼 따라다녔다.

샤티코크 부족이 완전히 다 고향 땅을 떠난 것은 아니었다. 남은 이들은 언젠가 백인이 약속을 지키고 조약 내용을 존중하리라는 순진한 희망에 매달렸다. 하지만 그런 날은 오지 않았다. 오늘날, 살아남은 샤티코크 부족은 뿔뿔이 흩어진 다른 원주민 몇 백 명과 함께 후사토닉 강기슭의 침수 지역에 판잣집을 빽빽하게 짓고 옥신각신 살아간다. 법정을 들락거리며 오래전에 지역 학교와 주 전력 회사에 주어진 그들의 땅을 되돌려 달라고 요구하지만, 이 땅이 다시 원주민에게 돌아갈 일은 결코 없을 것 같다. 샤티코크 부족 본부를 지나는 시골 흙길은—나는 뉴욕에서 차를 몰고 내 작은 땅으로 갈 때 이 길을 사용한다— 제대로 관리되지 못해서 비참할 지경이다. 심지어 봄에 강물이 불어나면 길이 물에 잠기기까지 한다. 샤티코크 부족은 구성원 숫자가 너무도 적은 탓에 연방 정부가 인정한 원주민 부족의 공식 목록에서 최근 삭제되었다. 현재 360명 남짓한 내 이웃은 최근까지만 해도 원주민 부족 명부에서 미시간 치페와족 내 수세인트마리 부족과 캘리포니아 포모족 내 스코츠 밸리 부족 사이에 이름이 올라 있었다. 이제 이들은 거의 사라졌고, 굴욕스럽게도 멸족한 원주민으로 더 잘 알려져 있다. 지난 200년 동안 지역 모히칸족이 저 멀리 5대호 지방으로 떠나고, 나의 산비탈은 유럽인 정착지와 식민지를 위한 땅이 되었다. 내 산의 운명은 그 후로 전혀 바뀌지 않았다.

버려진 원주민 땅을 취득하고 이를 법적으로 보장하는 데 열심이었던 이방인은 아메리카에 먼저 도착한 원주민이 결코 몰랐던 형식 절차를 도입했다. 바로 부동산 권리 증서였다. 3세기 후 내가 체사레에게서 받은 증서와 상당히 비슷한 이 문서는 곧 누군가가 실제로 어느 부동산의 적법한 소유주라는 사실을 증명하는 데 꼭 필요한 물건이 되었다. 가장 초기의 권리증 가운데 하나인 뉴잉글랜드 권리증은 1664년에 작성되었다. 빌럼 호프마이어Willem Hoffmeyer라는 네덜란드인이 모히칸족 추장 세 명에게서 허드슨강의 섬 세 곳을 구매하고 이를 기록한 것이었다. 증서에 담긴 호프마이어와 서기관의 육필은 과장된 소용돌이 모양 장식이 곁들여져서 화려하지만, 알아보기가 쉽다. 아메리카 원주민은 당연히 영어를 읽거나 쓰는 데 익숙하지 않았다. 그래서 모히칸 추장 셋은 증서에 각각 황소와 거북이, 옥수수밭을 그린 선으로 서명을 남겼다. 원주민이 문서에 단순한 그림만 남겼다는 사실은 그 자체로 몹시 가슴 아프다. 이 모히칸족 세 명이 얼마나 철저하게 재산을 빼앗겼을지 생각해보라. 아마 계약서의 잉크가 마르기도 전에 땅을 빼앗겼을 것이다.

먼 훗날 내가 사들일 땅이 개발되는 데는 더 유명한 네덜란드인들이 중요한 역할을 맡았다. 이들의 시기 선택은 미심쩍었고, 충성심은 변덕스러웠다. 가장 잘 알려진 이름은 '플립센Flypsen'을 거칠게 영어식으로 바꾼 필립스Philipse다. 여러 시와 영주 저택과 철도역이 오늘날까지 이 이름을 기념하고 있다. 후일 필립스 집안을 귀족 가문으로 끌어올릴 프레더릭 필립스Frederick Philipse는 1653년에 뉴네덜란드(1624년 네덜란드 서인도회사가 허드슨강 하구에 건설한 식민지—옮긴이)에 도착했다. 겨우 27살이었던 그는 당대의 전형적인 젊은 상인이자 모험가로 적극적이고 열성적이고 기민했다. 그는 주택을 짓는 동료 정착민에게 각진 못을 팔아서 처음으로 재산을 마련했다. 그런 다음에는 접객 사업으로 눈을 돌렸다. 선술집 몇 군데를 사들이거나 지었고, 건설 현장에서 하루를 보낸 그 동료 정착민에게 피로

초기의 아메리카 토지 권리증. 아메리카 원주민이 식민지 소유주에게 허드슨 계곡의 땅을 소위 '양도'했다는 내용이 담겼다.

를 씻어낼 독주를 팔았다. 그는 46번째 생일을 맞은 1672년쯤 재정이 안정되자 땅을 마구 사들이기 시작했다. 처음으로 구매한 토지는 크게 성공하지 못했던 다른 네덜란드인이 (모히칸족과 델라웨어족이 받는 화폐이자 네덜란드 식민지에서도 통용되었던 조가비 구슬 목걸이 몇 개로) 지역 원주민에게서 사들였던 땅이었다.

프레더릭 필립스가 뉴암스테르담(뉴네덜란드의 수도) 북부와 인접한 허드슨 계곡의 대지 약 207㎢를 처음으로 사들이고 2년 후, 제3차 영국-네덜란드 전쟁에서 네덜란드가 항복했다. 영국은 즉시 뉴암스테르담을 인계받아 도시 이름을 뉴욕으로 바꾸었다. 형편에 따라 이익을 좇던 필립스는 새로 들어온 영국에 충성을 맹세했다. 그 덕분에 그동안 사들였던 드넓은 토지의 영주 지위를 얻었고, 이 영지는 오늘날 뉴욕주의 웨스트체스터 카운티가 되었다.

필립스 집안은 양적인 면에서나 질적인 면에서나 강력한 가문이 되었다.* 가문의 시조가 (체코계) 네덜란드 출신이었지만, 자손은 하나도 빠짐없이 영국 왕실에 한결같은 충성심을 보였다. 물론 정치적으로 분별 있는 태도였다. 프레더릭 필립스의 자식 11명 가운데 둘째 아돌푸스 필립스Adolphus Philipse는 제 아버지처럼 토지를 향한 집념이 강했다. 1679년, 그는 네덜란드 상인 집단에게서 대지 약 647.5㎢를 추가로 매입했다. 그가 사들여서 하나의 거대한 블록으로 통합된 땅은 '필립스 페이턴트Philipse Patent'라는 명칭을 얻었다. 아돌푸스 필립스의 충성심 덕분에 필립스 페이턴트는 영국 왕실이

---

* 프레더릭 필립스의 수많은 후손 가운데 존 제이 필립스John Jay Philipse는 카운티의 초대 수석 재판관이 되었다.

특권을 인정한 영지가 되었다. 1683년, 영국은 비옥하고 풍요로운 땅을 껴안은 이 방대한 대지에 '더치스 카운티Dutchess County'라는 이름을 붙였다. 곧 왕위에 오를 제임스 2세의 이탈리아 출신 배우자인 메리 모데나를 기리기 위한 것이었는데, 그녀의 칭호인 옛 철자 'Dutchess'만 사용했다. 100여 년이 지나고 인구수가 크게 늘자 더치스 카운티의 식민 관료들은 통치하기가 매우 버거워졌다고 생각했다. 그 결과를 비유적으로 말하자면 카운티의 남쪽에 출입 통제선이 그어졌다. 경계선 아래 남쪽 땅은 퍼트넘 카운티가 되었다.

필립스 페이턴트의 북쪽에 있는 더치스 카운티는 탄생 후 첫 100년 동안 뉴욕 왕립 식민지 내부의 개인 소유 영지로 남았다.* 사실상 필립스 가문이 왕의 승낙과 역사적 권리에 따라 부동산real estate을 소유했다. 잉글랜드 왕가는 관대한 신의 선심에 따라, 그리고 인간의 오만을 섬세하게 조정하여 물적 재산real property을 소유했고 땅의 소유주라는 근본적 지위를 즐겼다. 이는 사실상 1776년까지 영국의 새로운 속령 중 바로 이 땅에서 살며 일하고 싶은 이는 누구든 소작인이 되어야 한다는 뜻이었다―1776년은 미국인 대다수가 식민지 멍에를 벗어던지고 독립을 쟁취한 해, 필립스 가문의 토지 소

---

* 17세기 말에 서로 이웃한 뉴욕과 코네티컷 식민지가 이 지역을 두고 논쟁을 벌이며 측량한 결과, 이곳의 현재 형태가 기묘하고 괴상해졌다. 코네티컷의 이상한 팬핸들 지역 Connecticut panhandle은―요즘에는 백만장자의 저택이 많다― 뉴욕주를 향해 남쪽으로 좁고 길게 뻗어 들어갔다. 길이 96㎞에 너비 3㎞로 더 괴상하게 생긴 직사각형 땅 오블롱 Oblong―직사각형을 의미하는 이 단어가 공식 지명이다―은 코네티컷과 접한 뉴욕의 동쪽 경계면이 되었다. 오블롱의 거의 한가운데 있는 내 땅은 1713년까지 코네티컷 식민지에 속했다. 내 땅이 아직도 코네티컷주의 일부였다면, 내가 내는 세금이 훨씬 많이 줄어들었을 것이다.

유권이 끝장나고 필립스 페이턴트가 신생 국가에 몰수된 해다—. 당대의 풍조는 아주 분명했다. 소작은 환영받았다. 하지만 어떤 개인이든 그 땅을 소유할 수 있고 그 땅에 대한 권리를 얻을 수 있다는 생각은 건방지고 터무니없는 것이었다.

4장 개발

　　이 지역의 경제 개발은 좋게 평가해줘봤자 부진한 정도다. 토지를 개량하려는 동기는 소작인보다 지주에게서 흔히 찾아볼 수 있는 덕목인데, 실제로 살지 않는 사람이 토지 소유권을 얻으면, 개발을 독려하는 자극은 완전히 사라지고 만다. 이는 토지 소유 원리의 핵심에 존재하는 자명한 이치다. 그러나 뉴욕주 오블롱과 주변 지역의 식민지 경제는 큰 활기를 띠지는 못했을지라도 절대 무시할 수 없는 규모였다. 대체로 지질학적 특징 덕분이었다. 뜻밖에도, 그리고 운 좋게도 이 지역에는 국내에서나 해외에서나 매우 필요한 물질이 풍부했는데 질도 그럭저럭 괜찮았다. 바로 철광석이었다.

4억 5,000만 년 전 타코닉 조산 운동이 일어났을 때 비틀리고 강타당한 바위에는 질 좋은 함수 산화철이 엄청나게 많이 매장되어 있었다. 지금도 매장량이 상당하다. 오블롱이나 그 주변에서 발견된 광석층은 미네소타의 어마어마한 철광석 주 광맥에 비교하자면 그 양이 하찮은 수준이다. 하지만 18세기에 사업을 갈망하던 영국 제철업자에게 대서양을 건너오라고 유혹하기에는 충분한 양이었다. 전문 기술을 갖춘 영국 제철업자들은 미끼를 물었다. 신대륙으로 건너가면 철광석을 채굴하여 숯을 쓰는 용광로에서 제련하고 대포나 닻을 —주택 건설에 필요한 못도— 주조할 수 있을 터였다. 그러면 부자가 되지 않겠는가.

1731년, 코네티컷의 솔즈베리에서 철이 처음으로 발견되었다. 내화 벽돌과 시멘트로 만든 괴물, 9m짜리 거대한 첫 용광로도 이내 건설되었다. 이곳은 10년 만에 아메리카의 주요 제철 산업 지역이 되었다. 쟁기와 주머니칼, 망치와 못, 총과 찻숟가락, 선박의 닻 등 첫 생산품은 식민지 주민이 먼저 사용했다. 생산품은 말이 끄는 수레에 실려 뉴욕주 포킵시 부두로, 다시 배에 실려 허드슨강을 따라 뉴욕시로 운송되었다. 그런데 미국 독립 전쟁이 터졌고, 혁명가들이 용광로를 포획했다. 이들은 제련소와 대장간을 전쟁과 투쟁에 필요한 물품—대포, 화승총, 머스킷 총—을 만드는 공장으로 바꾸어 놓았다. 이후 아메리카합중국의 새로운 독립 정부가 제철소를 장악했다. 무기 제조 산업은 체계가 잡혀 신뢰할 수 있는 산업이 되었다—산업혁명의 발명품에 쓰일 더 정교한 기계 부품을 제조하는 산업도 마찬가지였다. 우연히도 산업혁명은 미국 독립 선언문이 탄생한 바로 그해에 일어났다*—. 훗날 미국의 무기 제조업은 무시무시한 위력을 갖게 되었다.

철로 제품을 만들려면 기본 재료 4가지, 철광석과 석회, 물, 불이 필요했다. 철광석은 지질 특성 덕분에 코네티컷 서부와 뉴욕 동부, 그 주변 지역에 풍부했다. 석회는 근처 스톡브리지 대리석 매장층에서 채석했다. 물은 어디에나, 호수와 강과 시내와 개울에 있었다. 불은 숯을 태워서 피웠다. 와사익 같은 촌락의 산비탈에 있는 숲속에 구멍을 파서 가마를 만들고 숯을 구워냈다. 1700년대 중반 나의 땅 근처에 처음 정착한 이들이 와사익으로 온 목적도 주로 숯을 만들려는 것이었다. 이들은 직접 오두막을 짓고, 나무를 베어 쓰러뜨렸다. 힘을 모아 일하면서 지름 9m가 넘는 거대한 석조 숯가마를 세웠다. 이 가마 안에 통나무를 쌓고 천천히 구워서 계곡 아래 주조 공장에서 필요한 고온 연료를 만들었다. 인근 몇 킬로미터 이내에는 석탄이 없었고, 숯이 사람 손으로 만든 대용품이었음에도 지역 주민은 이 원형 숯가마를 '석탄 가마'라고 불렀다. 철을 1영국톤(약 1016.05kg) 어치 만들려면 철광석과 석회 2톤, 숯 150부셸(약 36.37ℓ)—이 숯은 대체로 오늘날 나와 다른 사람들이 소유한 숲에서 만들어졌다—이 필요했다.

숯가마에서 일한 노동자 모두 진정한 개척자였다. 이들 중 다수

---

* 기존 증기 기관보다 효율적으로 개선된 제임스 와트James Watt의 첫 증기 기관은—기술에 숙달된 제철업자 존 윌킨슨John Wilkinson이 웨일스 북부에 있는 와트를 위해 증기 기관의 주 실린더를 기계적으로 완벽하게 만들어준 덕분이었다— 1776년 5월 4일에 처음으로 시범운행을 선보였다. 수요가 엄청났던 이 증기 기관은 근대 기계 세계의 새 시대를 열었다.

가 혹은 누구라도 직접 일군 땅의 실제 소유권을 주장했거나 희망했는지는 오래전 기록이 확실하지 않아서 알 수 없다. 기록이 잘 되어 있는 18세기 후반까지, 어쩌면 그 이전까지는 식민지를 건설한 강대국의 이름뿐인 지도자가 처음에는 뉴암스테르담이었고 그다음에는 뉴욕이 된 땅의 소유권을 주장했다. 우리가 확실하게 추측할 수 있는 사실은 이뿐이다. 1664년 네덜란드가 영국에 항복하고 식민지를 넘겨주기 전까지는 네덜란드 세습 총독들이—가장 유명한 총독은 오라네 공작 마우리츠Maurits van Oranje일 것이다— 이곳의 소유권을 물려받았다. 네덜란드 다음에는 영국 차례였다. 찰스 2세부터 시작해 불운한 조지 3세가 1776년에 아메리카 식민지를 모두 잃을 때까지 영국 군주가 대대로 이 지역의 이름뿐인 지주가 되었다.

네덜란드가 지배하는 시기였든, 영국이 지배하는 시기였든, 사실상 숲속의 숯장이들은 처음부터 필립스 가문의 소작인 또는 임차인이었다. 그런데 상황이 전부 달라졌다. 변화는 미국이 독립을 선언한 1776년이 아니라 그로부터 4년 후에 일어났다. 그쯤에야 미국 정부가 체계적인 조직을 갖췄기 때문이다. 미국 정부는 영국 왕실에 다소 강경하고 과시적으로 충성을 바쳤던 필립스 가문의 땅과 재산을 모두 몰수했다. 따라서 필립스 영지에 세 들어 살던 소작인은 1780년 5월 10일부터 각자의 농장과 주변 지역을 자유롭게 구매할 수 있게 되었다. 이제 개인이 이 땅을 소유할 수 있고 이 땅에 대한 권리를 얻을 수 있다는 생각은 건방지지도, 터무니없지도 않았다. 마침내 지역 주민은 새로운 아메리카합중국의 땅 일부를 소유할 수 있었고, 국가의 미래에 완전히 투자할 수 있었다.

5장
경계 설정, 축출, 점령

최초의 부동산 권리증이 작성되었다. 몰수 위원회라는 새 정부 기관이 필립스 가문의 영지를 조각냈다. 새로운 구획이 200군데 정도 만들어졌다. 그중 일부는 기존 농상과 소규모 경작지였다. 다른 일부는 새로 측량해서 건물을 세우기에 알맞은 땅으로 평가받은 곳이었다.

땅은 새 국가와 새 정부가 사용할 수 있도록 이미 잔혹하게 비어 있었다. 그때쯤엔 이곳에 살았던 모히칸족은 거의 전원이 쫓겨나고 없었다. 헨리 허드슨이 "온순한 사람들"이라 일컬었던 이들 가운데 강인한 정착민 일부만 어렵사리 18세기까지, 미국 독립 이후까지 이 땅에 버티고 남았다. 하지만 그리 오래 지나지 않아 원주민의 대이동이 시작됐다. 원주민 가족들은 허드슨강에서 먼 곳으로 떠났다. 서쪽으로 가기도 했고, 북쪽으로 이동해서 매사추세츠 스톡브리지에 있는 구제 기관으로 가기도 했다. 규모가 더 큰 행렬에 합류해 미시시피강을 건너거나, 위스콘신으로 가는 마지막 대이동의 일원이 되기도 했다. 예외적으로 샤티코크 부족만은 이 지역에 남았다. 고향 땅에 남겠다던 스콴츠 추장의 완고한 결의는 1724년 그가 세상을 떠난 뒤에도 후손에게 오래도록 영향을 미쳤다. 이들을 제외하면, 식민지 이후 아메리카라고 불리는 이 땅에서 산과 언덕은 야생동물과 새, 양치식물과 관목, 무엇보다도 빽빽하게 자란 나무의 차지가 되었다.

아메리카 원주민이 이곳에서 살았던 기간은 아마도 몇 백 년, 어쩌면 수천 년이 될 것이다. 원주민이야말로 이 땅의 진정한 주인일 것이고, 그들의 권리를 인정받아 진정한 주인이 되어야 한다. 어떤 이들은 원주민이 이 땅의 첫 번째 소유주라고 말할지도 모른다. 하지만 우리는 원주민이 이곳에서 살았던 기간의 가장 희미한 그림자 정도만 포착하거나 추측할 수 있다. 최근 뉴잉글랜드 일부 지역은 이곳에 먼저 온 원주민에게 존경을 표시하기 시작했다―공청회를 시작하기 전에 교훈적인 내용을 담아 간단히 연설하고 잠시 묵념한다―. 미국 못지않게 원주민 선조에게 개탄스러운 짓을 저질렀던 호주나 뉴질랜드는 몇 년 전부터 이런 일을 시행했다. 이렇게 관념적으로 보상하는 관행은 요즘―뉴잉글랜드가 미국의 공공 구조에 영향을 미치면서― 미국 전역으로 천천히 퍼져나가고 있다. 이미 100년 넘게 늦었지만, 이런 관행은 작지만 선한 결과를 낳을 수 있다. 적어도 우리가 먼 옛날을 돌이켜 본다면 미국에서든 다른 곳에서든 토지를 소유한다는 것의 정확한 본질에 관한 대답과 질문이 지금처럼 선뜻 단언하지 못할 만큼 훨씬 더 막연해진다는 사실을 깨우칠 수 있을 것이다.

나의 땅, 아마도 처음에는 원주민의 사냥터에 지나지 않았을 이 땅도 백인 정착민의 손에 넘어갔다. 다만 내 땅은 전형적인 정착지보다 지형이 다소 험준했다. 고도가 더 높고 환경이 덜 쾌적했으니 아마 땅값이 더 저렴했을 것이다. 예나 지금이나 내 땅은 가파르고, 초목이 무성하고, 빙하 표석(빙하 작용으로 운반되었다가 빙하가 녹은 후에 그대로 남은 바위—옮긴이)이 제멋대로 널린 북향 산비탈이다. 이곳에 완전히 정착한 무리는 십중팔구 전혀 없었을 것이다. 이곳을 힘들게 걸어 다닌 사람도 맨발의 사냥꾼 말고는 거의 없었을 것이다. 그래도 숲에서 가장 후미진 곳을 제외하면 썩은 울타리와 이끼로 덮인 담장, 돌무더기가 드문드문 흩어져 있다. 숲속 깊숙한 곳에는 숯장이의 가마도 남몰래 숨어 있다. 이런 사실을 보면 내 땅을 소유하고 사용한 사람들이 있었던 듯하다. 다만 이곳에 계속 지내며 살지 않았을 뿐이다. 처음에는 그랬다.

내 땅을 그린 지도도 가장 기초적인 수준이었다. 그래도 빨리 개선되기는 했다. 신생 국가 미국은 본국으로 떠난 영국 군대의 지도 제작자들이 진작에 도입해서 가르쳤던 지도 제작 기술을 열렬히 받아들였다. 곧 개별 구획을 측량해서 그리거나 새긴 지도와 해도가 —법적으로 필요할 뿐만 아니라 빼어나게 아름다운 물품이다— 기록 관리 당국에 제출되었다.

미국 의회 도서관에는 1850년에 발행된 지도가 있다. 내 땅도 그려져 있는 듯한 이 지도에 윌콕스 가족의 농장과 윌슨 가족의 농장이 보인다. 그런데 이 두 농장은 내 땅보다 훨씬 아래, 산지 동쪽 비탈에 있다. 이곳에서 내 땅이 있는 산지까지 길이 이어져 있다는 증거는 어디에도 보이지 않는다. 따라서 나의 산꼭대기 땅—요즘에도 방울뱀이 득실거리기로 유명한 땅—은 아무 매력이 없어서 거저 얻을 수 있는 땅이나 다름없었다고 추측할 수밖에 없다. 지역 상

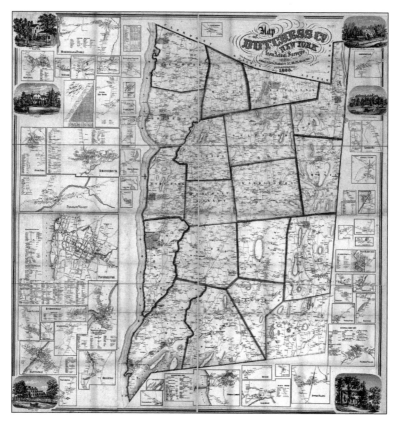

19세기 뉴욕주 더치스 카운티의 측량도. 우리가 다루는 땅은 북동쪽 아메니아에 있다.

류층 몇몇이 그저 사유지를 늘리고 드넓은 공간을 통해 부를 과시할 생각으로 이 산에 눈독을 들였다. 하지만 형편이 변변찮았던 사람들이 곧 부자들을 몰아냈다. 이들은 나무를 베고, 가마를 짓고, 숯을 굽고, 외부인의 접근을 막았다. 남북전쟁이 끝나고 노예 신분에서 벗어난 흑인 집단이 근처 땅 일부를 받았다는 주장도 있다. 하지만 이 산지에 오랫동안 정착한 아프리카계 미국인 가족은 요즘 거의 찾아볼 수 없다. 흑인들이 정말로 이곳에 왔었다 하더라도, 즉시 떠난 듯하다.

나는 내 땅이 브래셔 가족의 땅과 경계를 맞대고 있다는 사실을 발견했다―키가 큰 나무의 껍질을 벗겨서 색칠한 표적이 유일한 경계 표시였다―. 브래셔 가족의 가장, 렉스 브래셔Rex Brasher는 19세기 중반 조류학자 존 제임스 오듀본John James Audubon 스타일로 새를 그리는 것으로 인근에서 유명했다. 오듀본보다 더 재능 있고 예술적이라는 게 세간의 평이었다. 1911년, 브래셔는 뉴욕 신문의 판매 알림 코너에서 광고를 하나 발견했다. "농장: 60만m², 절반은 숲, 절반은 개울가 목초지. 농가와 헛간 등 건물 상태 좋음. 합리적인 조건." 농장이 있다는 지역은 브래셔가 한 번도 들어본 적 없는 고장이었다. 바로 와사익, 주철 공장의 고향이자 보든 식품회사가 운영하는 미국 최초의 연유 공장을 품은 곳이었다. 이곳은 숲으로 둘러싸인 덕분에 새가 미어터질 정도로 많았다. 그래서 브래셔는 그 농장을 헐값에 사들였다. 그리고 20년 후, 12권짜리 필생의 역작 《북아메리카의 새와 나무Birds and Trees of North America》를 몸소 출간했다. 요즘에도 이 책은 미국에 사는 주요 조류의 그림을 모두 모은 가장 훌륭하고 완벽한 작품이라고 널리 인정받는다. 브래셔의 농장은 친척들이 여전히 갖고 있다. 가을 사냥철이 되어 온 산이 밝은 주황색으로 물들 때면 그들은 내 숲을 걸어 다니면서 사냥꾼에게 접근하지 말라고 경고하곤 했다. 그들도 렉스 브래셔처럼 사냥을 혐오했다. 야생동물은 그림을 그리고 기록을 남기는 대상이지, 재미 삼아 죽이는 대상이 아니라고 말했다.

하지만 브래셔 가문 사람들의 노력은 헛수고로 돌아갔다. 사냥꾼은 떼를 지어 우글우글 몰려왔다. 이곳에서 약간 평평한 땅의 돌출부에는 옛 사냥꾼 오두막의 잔해가 있다. 이 오두막을 보면, 160㎞쯤 떨어진 뉴욕시에서 총을 든 사내들이 몰려들어 야생동물을 죽이고 떠들썩하게 술을 마시며 흥청거렸겠구나 싶다. 내 땅의 옛 주인들 가운데 한 명은 세바스티아노 바치르카라는 시칠리아 출신 이민자였다. 20세기 중반에 이 땅을 산 바치르카는 예리한 사냥꾼이었다고 한다. 지금도 이곳 숲에는 사슴이 아주 많다. 그러니 바치르카가 지난 세월 동안 사슴뿔 같은 사냥 기념물 몇 개와 사슴 고기 수천 킬로그램을 챙겼으리라고 쉽게 상상해볼 수 있다.

바치르카에서 시작해 나에게 이르기까지, 현대에 들어서 이 땅의 주인은 속사포처럼 빠르게 바뀌었다. 마치 내가 낙하산을 메고 뛰어내려서 땅이 빠르게 다가온 것만 같다. 바치르카 다음으로는 에드워드 돌이라는 사람의 가족이, 그다음에는 체사레 루리아가 이 땅을 구매했다. 체사레 루리아는 20년 동안 이곳의 주인이었다. 뉴욕 브롱크스에 사는 그는 1970년대와 1980년대 가을철마다 여기를 찾았고, 몇 주간 머물면서 사슴을 사냥했다. 사냥한 사슴의 내장을 꺼내고, 벽난로 위 선반에 올려둘 뿔을 따로 챙겨두고, 사슴 고기를 아이스박스에 담아서 뉴욕시에 있는 친구와 동료들에게 가져갔다.

그리고 1999년 7월 어느 날, 이 땅에 반해서 꼭 갖고 싶다는 갈망에 휩싸인 내가 나타났다. 당시 체사레가 이곳을 팔겠다는 광고를 내놓은 상황이었다. 나는 자기앞 수표와 땀 흘려 벌어서 끈기 있게 모아두었던 현금 적당량을 때맞춰 건넸고, 체사레와 악수하며 거래를 마무리했다. 그때 맺은 우리의 진심 어린 우정은 아직도 굳건하다. 그는 매해 사슴을 사냥하러 오고, 나는 거의 자동으로 사냥 허가를 내어준다. 그는 날 위해 사슴 고기를 넣은 아이스박스를 남겨두고 떠난다. 사냥철이 성공적일 때는 그 안에 코냑 한 병까지 들어있는 경우도 드물지 않다. 어쨌거나 이 모든 일은 나중에 일어났다. 1999년 7월 그날 저녁, 체사레는 나와 악수한 후 휙 돌아서서 집으로 떠났다. 별안간 나는 체사레가 소유했던 땅의 새로운 주인이 되었다.

6장 탐사

부동산 거래 마무리짓기 절차가 끝나자, 나는 켄트에서 뻗어 나온 도로를 따라 서쪽으로 떠났다. 출발하고 10분 후, 마케도니아 브룩 주립공원 표지판과 뉴욕주가—주의 동쪽 경계인 오블롱의 시작점이— 시작된다고 알리는 화강암 표석을 지나쳤다. 이윽고 주변 나무에 박새가 하도 많아서 렉스 브래셔가 '박새 길'이라고 불렀던 작은 흙길로 접어들었고, 자갈과 구덩이에 부딪히며 1.6㎞를 더 가니 마침내 그곳이 나왔다.

나는 차에서 내려 시원한 저녁 그늘로 걸어갔다. 도대체 내가 무슨 일을 했는지 생각하다 보니 순식간에 나의 숲에 도착해 있었다. 궁금증도 피어올랐다. 내가 이 땅을 소유했다는 것은 진정으로 무슨 뜻일까? 땅을 소유한다는 것은 무슨 의미일까? 나는 마음속으로 틀림없이 땅이란 그 누구도 정말로 소유할 수 없는 존재라고 생각했다.

그러나 법적인 관점에서 볼 때 이 대지는 먼 과거부터 인간의 소유물이었다. 지구 표면의 이 자그마한 조각, 기껏해야 지구 육지의 3억분의 1밖에 안 되는 이 하찮은 땅은 5,000년 동안 인간이 소유한 땅이었고, 인간이 소유권을 주장하는 땅이었고, 인간이 정착한 땅이었다. 내 땅을 소유했던 사람들은 다음과 같다.

모히칸 원주민 공동체와 가족들.

샤티코크 원주민 공동체와 가족들.

(적어도 관념상으로는) 네덜란드 오라녜-나사우가의 세습 총독 세 명.

명목상 영국의 여러 군주. 잉글랜드 군주 중에는 스튜어트 왕조의 샤를 2세와 제임스 2세, 메리 2세, 앤 여왕. 이후 잉글랜드와 스코틀랜드를 연합한 그레이트브리튼Great Britain이 탄생하고 나서는 하노버 왕조의 조지 1세와 조지 2세, 조지 3세.

다만 이 시기에는 네덜란드 출신이지만 영국에 충성하는 필립스 가문이 특권을 인정받아서 이 땅을 소유하거나 지배했다.

필립스 가문이 인정사정없이 자산을 몰수당하고 쫓겨난 후, 필립스 가문의 소작인이 소작했던 땅을 '무조건 토지 상속권fee simple'으로 소유하게 된 농부와 사냥꾼, 숯장이. 이들의 이름은 기록되지 않아 알 수 없다.

근처에 거주한 브래셔 가족.

시칠리아 출신 이민자 바치르카.

독일계 미국인 에드워드 돌.

이탈리아계 미국인 체사레 루리아.

마지막으로, 토지 소유라는 개념에 깊이 매혹된 현재 소유주. 이 사람은 토지 소유 개념과 얽힌 질문들을 고민한다. 어떻게 토지 소유가 가능할까? 왜 전 세계의 너무도 많은 사람이 실은 누구도 결코 소유할 수 없는 존재를 얻으려고, 사려고, 빌리려고, 훔치려고 그토록 애쓸까? 왜 그렇게 많은 사람이 그 존재와 교감하는 데, 그 존재를 위해서 결혼하고 목숨을 내놓고 싸우는 데 전력을 다할까?

오늘날 사회 대다수에서는 토지 소유가 발생한다. 소유 개념 자체가 단순하고 널리 인정되는 사실에 국한된다 하더라도, 이는 엄연한 현실이다. 어느 부동산 변호사는 이렇게 표현했다. "토지를 소유했다는 것은 경찰을 불러서 권리 문서가 내 것이라고 알려주는 곳에서 나를 제외한 모두를 쫓아낼 권리가 나에게 있다는 것을 뜻한다. 그 대상을 소유하는 것이 아니다. 그저 다른 모두에게 그곳에 오지 말라고 말할 권리를 소유하는 것일 뿐이다."

물론 토지 소유의 의미는 이뿐만이 아니다. 여러 지분권을 묶은 소위 권리 다발Bundle of Rights이라는 것이 있다. 적어도 서양 사회 대다수는 토지 소유와 관련해 권리 다발을 법으로 인정한다. 권리 다발에는 점유할 권리, 통제할 권리, 앞서 언급한 타인을 추방할 권리, 즐길 권리, 처분할 권리가 있다. 이것들 모두 상식에 따른 사전적 의미를 훨씬 넘어서서 법적으로도 쓰이는 법률 용어다. 이 용어들은 어떤 식으로든 해석하기 나름이라, 법조계는 영원히 재미를 볼 것 같다. 지금까지 그랬듯이.

땅을 점유하고, 통제하고, 타인을 추방하고, 즐기고, 처분하는 과정을 시작하려면 우선 소유했다는 개념 자체가 받아들여져야 한다. 그러고 나면 단 하나의 가장 중요한 규칙이 적용된다. 땅을 소유하려면, 그 땅이 어디에 있는지 알아야 한다. 그 땅이 어디에서 시작하고 어디에서 끝나는지, 그 땅의 경계가 어디인지 반드시 알아야 한다. 땅은 한 치의 오차도 없이 정확하게 경계가 설정되고 기술되어야 한다. 풀밭이든 국가든, 목초지든 대공국이든, 땅의 규모와 형태, 땅의 모든 가장자리 길이와 방향이 알려져야 한다.

몇 천 년 전, 바로 이 작업을 위해 특별히 고안된 사상과 도구와 기계를 갖춘 사람들이 나타났다.

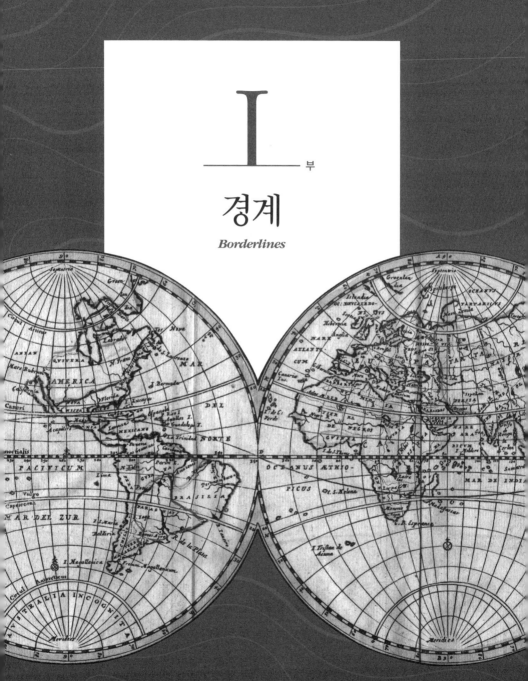

I 부

경계

Borderlines

1장 지렁이가 쟁기를 용서했을 때

Borderlines

섬에서 예로부터 전해 내려오는 전통에 익숙했던 유목민 양치기들은 쟁기질하는 사람들과 그들의 이상한 도구, 고분고분한 짐승을 몹시 충격적으로 여겼다. 하지만 이 최초의 농사꾼들은 (…) 이 땅에 남아서 번영했고, 이상야릇하고 곧은 고랑에 새로운 문명의 씨앗을 뿌리기에 이르렀다.

- 도널드 R. 덴먼Donald R. Denman, 《소유의 기원Origins of Ownership》(1958년)

오늘날 지도를 제작하거나, 지도를 수집하거나, 지도에 매혹된 사람들은 지도 제작이 농업보다 훨씬 더 오래된 일이라고 즐겨 말한다. 그릇됐다고 증명하기가 몹시 어려운 주장이다. 아주 먼 과거의 지도 가운데 현존한다고 알려진 것은 하나도 없다. 심지어 뼈나 벽에 새겨진 형태로도, 보존된 진흙에 그려진 형태로도 남은 것이 없다. 그들의 논리대로 원시 지도 제작법은 물론 필수였을 것이다. 원시 사냥꾼은 낮과 밤이 번갈아 나타나고, 해와 달과 별이 하늘에 떠 있고, 계절이 오고 간다는 사실을 마침내 받아들였을 것이다. 더 나아가 사냥꾼은 자신의 생존을 위해서라도 자신의 방향에 관한 자세한 사항들을 알아야 했다. 즉, 자기를 둘러싼 나머지 모든 곳과 관련해서 자신이 어디에 있는지 알아야 했다. 그런 정보를 모른다면 어떻게 사냥하고 나서 집으로 돌아가는 길을 찾을 수 있겠는가? 사냥꾼은 머릿속에라도 지도를 그려야 했다.

머지않아 지도가 실제로 그려졌다. 만들어진 지도에는—아직 양피지나 파피루스, 햇볕에 말린 진흙에 표현되지 않고 여전히 머릿속 지도였다고 하더라도— 곧 순수하게 인간적인 개념이 포함돼야 했다. 이 개념은 어떤 사람들이 생존의 터전인 땅과 이러저러한 형식으로 관계를 맺으리라는 생각으로 이어졌다. 다시 말해 어떤 사람들이 조만간 땅을 소유하리라는 생각이었다.

먼 과거의 농부 두 사람을 생각해보자. 더 구체적으로는 오늘날 잉글랜드 남부에 인접하여 살아가는 농부 두 사람을 떠올려보자. 두 농부는 세상 대부분이 청동기 말이었을 것으로 추정되는 4,000년 전 사람이다. 이 시기는 석기 시대에서 한참 멀어진 시대, 그러나 유용한 철이 발견되기 전인 시대다.

두 사람은 유목민이 아니라 정착민이다. 아마 땅을 갈아서 농사를 짓는 전형적인 농부라고 표현하면 가장 알맞으리라. 이들처럼 자신의 특정한 땅뙈기에서 일하는 당대 전 세계의 수많은 농부는 대체로 밀과 옥수수, 보리, 수수, 아인콘einkorn, 불구르bulgur, 알팔파, 목화, 쌀 같은 곡류를 재배했다. 농부는 어디에서 살고 일하는지에 따라 다른 작물의 씨를 뿌리고, 보살피고, 결실을 거뒀다.

이 두 사람은 아마 밀의 초기 품종을 길렀을 것이다. 최근 잉글랜드 남부 해안 근처의 섬 절벽에서 발견된 씨앗의 DNA 샘플을 검사한 결과 이렇게 추정해볼 수 있다. 그때 나일강 계곡에서는 이들과 비슷한 농부들이 대추야자 그늘에서 일하고 있었을 것이다. 티그리스강과 유프라테스강 사이 메소포타미아 습지에서는 농부들이 씨를 흩뿌리고 있었을 것이다. 아프리카 동부의 대지구대에서는, 올두바이 협곡과 아프리카에서 두 번째로 큰 강인 림포포강 사이 어딘가에서는 농부들이 곡물 알갱이를 뿌리고 있었을 것이다. 중국 황허 유역의 황토 황무지에서는 농부들이 작물을 심고 있었을 것이다.

이 영국인 둘은(영국인이라고 부를 수 있다면) 아마 서로 알고 지냈을 테고, 친구였을 것이다. 틀림없이 이웃이어서 일할 때도 서로를 볼 수 있었을 것이다. 때때로, 주로 수확기에 경쟁 관계로 바뀌기도 했을 듯하다. 다만 4,000년 전에는 추수기와 수확기라는 개념이 비교적 새로웠다. 이 시기 이전까지는 대부분이 동물을 사냥하고 야생식물을 채집하는 데 주로 의지해 살아갔다. 그때까지만 해도 인간은 직접 땅을 파서 그 구덩이에 씨앗 자체를 심는다는 발상을 실험하지 않았다. 시간이 흐르고 기온이 변하고 비가 내리고 나면, 심어놓은 씨앗이 자라서 마침내 열매나 곡식 낟알, 먹을 수 있는 이파리를 만들어낸다는 생각은 낯선 것이었다.

동물을 가축으로 길들이는 과정도 비슷했다. 동물을 뒤쫓다가 죽이는 것보다 사로잡아서 기르는 편이 훨씬 더 낫다는 사실을 깨닫기까지는 시간이 얼마간 걸렸을 것이다. 동물을 사로잡은 후에는, 그 동물을 번식시키고 새끼를 돌보는 기술을 파악할 수 있다는 사실도 곧 알아차렸을 것이다. 그런 후에는 이런저런 방법을 써서 동물을 자신의 의지에 복종시켰을 것이다. 고기나 젖을 얻기도 하고, 짐을 나르는 데 쓰기도 하고, 전쟁터에서 부리기도 했으리라.

요컨대, 대략 4,000년 전에 지구 대다수 지역에서 인간은 고기를 포식할 수 있다는 희망을 품고 땅을 가로지르며 야생동물을 뒤쫓는 위험, 돌아다니면서 먹을 수 있는 식물을 채집하는 위험을 포기했다. 그렇게 축산업과 정착 농업 개념이 탄생했다. 정착 농업 때문에 땅의 경계를 가르는 일도 시작됐다. 인간은 땅의 경계선을 정하기 시작했다. 한 사람의 땅을 다른 사람의 땅과 확실하게 구별할 줄 아는 것이 중요하다는 사실도 깨달았다.

땅 한 조각이 어떻게 쓰일지는 전혀 중요하지 않다. 우리의 영국인 농부 둘의 것처럼 농사짓는 곳이 될지, 가축이 풀을 뜯는 곳이 될지, 돌을 캐내는 곳이 될지, 건물을 지어 올릴 곳이 될지, 광물을 캐내는 곳이 될지, 그것도 아니라면 휴경지가 될지는 정말로 중요하지 않다. 핵심은 그 땅의 경계가 명확하게 정해져야 한다는 것이다. 땅의 위치, 땅의 크기가 합의되고 알려져야 한다. 무엇보다도 다른 땅과 접하는 경계가 중요하다.

다시 말해서, 땅에는 구획선이 있어야 하고, 사람들이 이에 합의해야 한다. 또한 구획된 땅의 위치가 명확해야 한나. 장소는 물론 어디든 가능하다. 바다일 수도 있고, 육지일 수도 있고, 하늘의 어느 지점일 수도 있고, 머나먼 세계일 수도 있다. 하지만 많은 경우 실제적으로 장소는 대개 땅이다. 땅은 언제나, 어떤 경우에나, 장소다. 우리의 영국인 농부든 누구든 어느 땅에 대한 소유권을 주장할 수 있으려면, 그전에 그 장소가 어떻게 해서든 다른 모든 장소와 구별되어야 한다. 그 땅은 유일무이한 곳이어야 한다. 위치가 있어야 한다. 서로 다른 두 토지가 하나의 위치를 공유할 수는 없다. 둘 이상의 토지가 동시에 같은 장소일 수도 없다. 에르빈 슈뢰딩거_{Erwin} _{Schrödinger}라면 반대로 주장했을지도 모르겠지만, 땅은 고양이가 아니다(오스트리아 물리학자 슈뢰딩거는 1935년에 사고실험을 고안해 양자역학의 불완전성을 비판했다. 어느 상자 안에 독극물과 고양이가 들어 있는데, 상자를 열기 전까지는 안에 있는 고양이가 죽었을 수도 있고, 살아 있을 수도 있다는 이야기로 유명하다—옮긴이). 땅은 이곳에 있는 동시에 이곳에 없을 수는 없다. 땅이 자리 잡은 장소는 본질상 고정되어 있다. 이 고정성은 확립되어야 한다. 완전하게, 말 그대로, 그 '경계가 정해져야 한다.' 이렇게 경계를 정하는 최고의 수단을 고안해낸 이는 최초의 농부들이었을 것이다.

이 농부들의 조상은—청동기 초기의 사람들, 어쩌면 석기 시대 말 그러니까 신석기 시대에 살았던 사람들도— 인류사 최초로 식물을 심느라 땅을 파고 갈았을 것이다. 그들은 불로 달구어서 단단하게 만든 뾰족한 막대기를 사용해서 땅을 팠을 것이다. 오늘날 선사 시대 농업을 공부하는 학생들은 이 기구를 '캐슈럼_{caschrom}'이라고 배운다. 먼저 인간은 —더는 유목 생활을 원하지 않아서 갓 정착했다— 도구로 흙을 찍어서 작은 구멍을 하나 만들었을 것이다. 무슨 일이 생길지 궁금해하며 실험 삼아 씨앗 한 줌을 구멍 안에 흩뿌려 넣고 그 위로 다시 흙을 덮어 평평하게 만든 뒤 참을성 있게 기다렸다. 시간이 흐르고, 그사이 비가 내리고 햇살이 내리쬐자, 마침내 연둣빛 싹이 아름답게 돋아났다. 구멍을 파고 다시 흙으로 덮어 토닥거려준 지구 표면 위로 마법 같은 존재가 고개를 쑥 내민 것이다. 식물이 누구의 명령도 없이 스스로 자라났다! 식물의 생태는 이제 더는 단순한 우연이 아니었다!

시간이 더 흐르고, 인간은 최초의 자그마한 구멍을 더 크게 만들었을 것이다. 캐슈럼으로 땅을 찍지만, 이번에는 구멍을 더 길게 파내서 우리가 고랑이라고 부르는 것을 만든다. 씨앗도 더 많이 흩뿌린다. 더 오래 기다리고, 비도 더 많이 내린다. 이윽고 씨앗에서 싹이 트고, 작물들이 한 줄로 서서 자라난다. 이내 너그러운 씨앗 한 알에서 풍성한 결실이 맺힌다. 인간은 낟알이나 잎사귀 등 원하는 부분은 무엇이든 거둬들일 수 있다. 자기 자신과 주변 사람도 넉넉하게 먹을 수 있고, 가축까지 너끈하게 먹일 수도 있다. 그렇게 이 장소에서 정착 농경 체계가 탄생했고, 순식간에 발전했다.

농업은 빠르게 발전했다. 캐슈럼의 설계도 천천히 진화했다. 그저 막대기 하나였던 도구는 덩굴로 막대기 세 개를 묶고 더 단단하고 날카로운 물질 조각을 덧붙여 땅을 더 깊이 파는 도구가 되었다. 청동기 시대에서 철기 시대로 넘어가자, 농기구는 단순히 나무를 깎는 게 아니라, 제련한 금속을 두드리고 벼려서 만들게 되었다. 철기 시대의 농기구는 더 강하고, 더 날카롭고, 더 튼튼했다. 이 시대에는 문명의 핵심 요소인 쟁기와 보습도 탄생했다. 오늘날, 쟁기와 보습은 등자, 나침반, 화약, 인쇄기 등 더 나중에 등장하는 중대한 발명품만큼 중요한 도구로 평가받는다.

이동하고, 탐험하고, 물건을 폭파하고, 소식을 전파하는 일과 관련된 더 정교한 장치들은 나중을 위해 남겨두자. 지금은 오로지 땅하고만 관련 있는 더 단순한 문제, 인간의 생존에 오늘날보다 훨씬 더 필수적이었고 근본적이었던 요소를 살펴보겠다. 철기 시대에 쟁

영국 스코틀랜드의 작은 농장에서 캐슈럼을 사용해 고랑을 파고 있는 농부. 날카롭게 만든 막대기인 캐슈럼은 쟁기의 조상 격이다.
© Getty Images

기는 핵심 기능을 맡은 끝부분을 포함해 주요 부분을 금속으로 만들었다. 그 덕분에 흙을 버슬버슬 잘 부서지고 기름지게 만들 수 있었고, 고랑을 더 깊고 곧게 팔 수 있었다. 곧 쟁기의 '볏(보습 위에 비스듬하게 댄 쇳조각—옮긴이)'이라는 결정적 발명품도 등장했다. 쟁기로 흙을 갈고 지나갈 때, 볏이 그 흙을 들어 올려 뒤집어서 떨어뜨렸다. 다시 떨어진 흙은 공기가 충분히 통해 더 생산적이다. 그 결과, 작물은 키가 더 커졌고, 더 튼튼해졌고, 더 풍성하게 열매를 맺었다.

발전은 여기서 멈추지 않았다. 인간은 사로잡아서 길들인 동물에 새로 발명한 쟁기를 맸다. 가죽끈과 밧줄 등 복잡할 수밖에 없는 연결 도구가 만들어지자, 길들어서 고분고분하지만 힘센 네발짐승을—황소와 노새, 말, 당나귀, 머나먼 일부 지역의 낙타까지, 모두 사람보다 근력과 인내심이 강했다— 전에는 상상조차 하지 못했던 새로운 농경 방식에 마음대로 부릴 수 있었다. 튼튼하고 억센 동물이 쟁기를 끌고 고랑을 파면서, 인간은 훨씬 더 큰 규모로, 훨씬 더 효율적으로 씨앗을 심고 작물을 거둘 수 있게 되었다.

이 시기, 고대 잉글랜드 남부의 목초지에서는 인류학자들이 '데브럴-림베리 쟁기질 작업조Deverel-Rimbury plough teams(데브럴-림베리는 청동기 시대 중반 잉글랜드 남부에 존재했던 문화이다—옮긴이)'라고 부르는 집합이 생겨났다. 다른 지역보다 앞서서 초기 농경이 시작되고 더 정교하게 발달된 비옥한 초승달 지대나 대지구대, 특히 중국과 마찬가지로 잉글랜드 남부에서도 경지 제도와 경지 설계 작업이 이루어졌다. 이는 토지 경계 설정의 진정한 출발점이었다.

농경지에서 토지 구획선이 탄생했다. 우리의 농부 두 명을 더 정확하게 데브럴-림베리 시대 농부라고 부르자—데브럴-림베리 문화는 농경 외에도 독특한 공 모양 도기와 무덤으로 잘 알려져 있다—. 이 농부들의 정착지는 오늘날 도싯과 윌트서 지역으로, 완만하게 경사진 백악질 고지대 사이의 깊은 계곡에 있다. 그들은 정착지에서 가까운 땅에 서로 맞붙어 있는 기다란 토지 구획을 하나씩 차지하고 경작했다. 둘 중 하나는 강 저지대에, 다른 하나는 언덕 비탈로 조금 더 올라가서 작물을 심기로 했다고 상상해보자. 서로 일구려는 땅의 지형이 다르니 둘은 각각 방향이 약간 다른 고랑을 만들었을 것이다—어쩌면 그저 그러고 싶다는 생각이 들어서 그랬을 수도 있다—.

예를 들어 강 저지대의 농부는 남북으로 곧게 뻗은 고랑을 만들고, 언덕 비탈의 농부는 등고선을 따라 고랑을 만들었다고 치자. 언덕으로 올라간 농부는 비탈을 계단식으로 정리해서 각 단의 길고 좁은 땅을 평평하게 만들고, 각도가 불편한 땅에는 작물을 심지 않았다. 오늘날 잉글랜드 남부의 목초지에서는 '스트립 린체트strip lynchet'라고 하는 계단식 경작지 유적이 발견된다. 4,000년 전 고대의 경지 제도를 분명하게 보여주는 이 숨은 유적은 그 자체로 매혹적이다.

하지만 경계 설정이라는 면에서 볼 때 복잡한 계단식 경지와 고랑 설계는 그다지 중요하지 않다. 토지 구획 생성에서 핵심은 강 저지대 땅과 언덕 비탈 땅이 만나는 곳에, 한 농부가 갓 파낸 고랑이 다른 농부의 계단식 경지와 만나는 곳에 분명한 단절이 있다는 단순한 사실이다. 지질학에서는 이 단절을 '부정합unconformity'이라고 부를 것이다. 다시 말해서, 남북 방향으로 뻗은 저지대의 고랑이 완

고대인이 만든 계단식 농지의 증거는 잉글랜드 남부에서 아직도 발견된다. © Alamy

전히 다른 방향으로 뻗은—아마도 동서 방향— 언덕의 고랑과 갑작스럽게, 서로 대각선으로 만난다는 것이다.

바로 이 부정합 지점이 경계가 된다. 처음에는 자갈이나 돌멩이, 반들반들한 바위를 한 줄로 늘어놓고 경계를 표시했을 것이다. 어쩌면 땅에 막대기를 한 줄로 꽂았을 수도 있다. 시간이 더 흐르고 나서는 조잡한 울타리, 나뭇가지를 엮은 담, 야생 자두나무 산울타리 따위를 세웠을 것이다. 서로 다른 두 사람이 각자 경작하거나 관리하거나 주인 노릇을 하는 —혹은 소유하는— 서로 다른 땅 두 곳의 경계를 처음으로 인정하고 받아들였다. 이 경우에는 이웃이자 친구 둘이 서로의 땅 경계를 정했다.

각 농부가 각자 독특하게 고랑을 배열한다는 단순한 행동 덕분에—고랑의 방향과 배열은 지형에 영향을 받았을 수도 있고, 그저 개인의 선택이었을 수도 있다— 땅에 최초로 비공식적 경계가 그어졌다. 세월이 흐르면, 비공식 경계는 영속적이고 공식적인 경계가 될 것이다. 이렇게 땅 구획이 설정되었다. 토지 소유의 토대가 만들어졌고, 토지 소유를 가능하게 하는 복잡한 수단이 저도 모르게 기원 신화를 얻었다.

청동기 시대 데브럴-림베리 농부 둘이 탄생시킨 시스템은 나중에 개인 간의 경계뿐만 아니라 마을과 도시와 도와 주와 국가 사이의 경계를 정하는 시스템으로 발전할 것이다. 세상의 공식적 단층선은 선사 시대 농부 둘이 내린 비공식적 결정에서 비롯됐다. 잉글랜드 월트서, 황허강 계곡, 메소포타미아, 뉴멕시코 원주민 촌락, 벵골의 갯벌, 일본 중부의 논에서 농사짓던 쟁기질 작업조가 세상의 경계선을 만들어냈다.

　세상의 표면은 무수한 방식과 다양한 규모로 나뉘어 있다. 가장 규모가 작고 개인적인 차원의 경계선은 앞서 말한 단순한 농경지의 경계선이다. 이 저차원 경계선은 조금이라도 땅을 가진 사람 수백만 명의 인생에 영향을 미친다. 잉글랜드 도싯의 어느 마을이든, 미국 덴버의 교외든, 중국 우한이든, 보스니아 헤르체고비나의 사라예보든, 브라질 마나우스든, 누군가가 어디엔가 집을 갖고 있다면 그 집이 있는 땅의 경계를 알 것이다. 아프리카 반투족 목동은 마을 소 떼를 풀어놓아도 되는 곳과 안 되는 곳을 잘 안다. 일본 서부 기후현에서 쌀을 재배하는 농부는 따로 요청받지 않는 이상 이웃 농부의 논에 결코 함부로 들어가지 않을 것이다. 호주 퀸즐랜드에서 양을 치는 사람이나 미국 와이오밍에서 들소를 기르는 농부는 자기 목장의 크기와 범위를 정확히 알 것이다. 개인이 소유한 땅의 크기는 그 땅의 기능에 따라, 소유주가 자랑할 수 있는 정도에 따라 다양하다. 그저 논밭 몇 마지기일 수도 있고, 100㎢가 넘어서 전체를 가로지르는 데 몇 시간이나 걸리는 대초원의 방목장일 수도 있다. 어쨌든 각자가 소유한 토지는 경계가 확고하게 정해져 있을 것이다. 경계선도 있을 것이다—땅이 아주 넓다면 대체로 경계선이 표시되지 않지만, 크기가 줄어들면 돌담이나 목조 울타리, 렐란디 산울타리, 전선 등이 설치된다—.

　이처럼 경계가 정해진 땅을 가진 개인들은 무리를 이룰 것이고, 이들은 역시 경계가 정해진 시골과 마을과 도시에서 살 것이다. 이 지역 경계선은 대개 더 큰 규모로 그려지고, 더 무거운 함의를 지닌다. 정원 울타리 안에는 소유라는 단순한 문제만 존재하지만, 도시 경계 안에는 사법 담당 구역이라는 개념과 세금 징수, 경찰력, 공공 서비스 제공, 미묘하고 복잡한 통치라는 문제가 있다. 도시보다 조금 더 작은 규모도 생각해보자. 마을과 교구에도 지난 수백 년 동안 확립되어 온 경계와 영역이 있다—모두 고대의 경작지 형식에서 진화했다—. 이 경계 안에는 전통과 의식과 기념행사가 있다. 경계 안에서 살아가는 사람들은 이런 절차를 통해 마을의 영역에 한계가 있으며 그 한계를 존중하고 보전해야 한다는 사실을 이해한다.*

인간이 밀집해 사는 지역, 더 넓은 지역, 시골 오지, 장원의 영지도 마찬가지다. 어느 나라든, 크기가 어떻든, 주와 도, 촌락, 교구, 재판 관할구, 자치구 따위가 있다. 이 모든 구역의 크기를 재고 — 언어와 법률, 관습, 풍습, 철학의 차이로 이미 자체적으로 경계가 규정되었더라도— 지도를 그리고 경계를 정하려면, 사람들이 경위의(지구 표면의 물체나 천체의 고도 따위를 재는 장치—옮긴이)를 이용해서 협업해야 했다. 그래야 몇 세대 동안, 심지어는 몇 백 년 동안 이어질 영구적 경계선을 결정하고 성문화할 수 있었다.

어느 민족 전체를 에워싸는, 혹은 민족 전체에 에워싸인 땅의 문

---

* 잉글랜드의 수많은 마을은 요즘에도 전통적인 '경계선 확인' 의식을 따른다—북아메리카 정착지 일부도 마찬가지다—. 경계선 확인 의식은 주민에게 그들이 사는 지역의 경계와 위치를 효과적으로 일깨워주기 위한 것으로, 매해 봄 그리스도 승천일 즈음에 열린다. 이런 의식에는 언제나 사소한 잔혹 행위가 조금씩 포함된다. 저명한 마을 주민들이 교구 목사의 지도에 따라 교구 경계를 돌면서 회초리를 휘갈기는데, 이때 소년들을 함께 데려가서 중간 기점이 나올 때마다 회초리로 가볍게 후려치거나, 손가락 마디를 찰싹 때린다. 미래 세대에게 경계선이 어떻게 이어지는지, 어디에서 꺾이고 어디에서 끝나는지 알려주기 위해서다.

요즘에도 수많은 영국 마을에서 봄마다 전통적인 경계선 확인 의식을 치른다. 소년들은 매를 맞아가며 마을 경계의 위치를 배우곤 했다. © Getty Images

제는 훨씬 더 폭넓다. 민족과 민족 국가가 생겨나고 사라진 이유와 방식에 관련된 질문은 다른 영역에 속한다. 우리가 다룰 것은 인구수가 아주 많고 면적이 아주 넓은 독립체의 경계를 정하고 그리는 문제다. 국가의 경계를 정하려면 공식적 국토 측량이라는 거대한 사업을 거쳐야 한다. 국제 사회가 동의하는 경계선을 만드는 문제도 남아 있다. 그런데 이런 문제에는 서로 다른 인간 집단 두 개가 꼭 끼어 있다. 엄밀히 따지자면 두 집단은 이웃이지만, 특성과 민족과 언어와 정치가 서로 다를 것이다. 그래서 상대를 곱게 보지 않고, 아주 맹렬하게 싫어해서 때때로 벌컥 화를 내며 싸우기까지 할 것이다. 이 차이 때문에 두 집단 사이의 경계를 정하고 표시하려는 이들은 특별한 시련을 겪어야 한다.

민족 집단과 이념과 종교와 세계관의 총집합들 사이에 놓인 경계, 즉 국경frontier은 다른 경계보다 당연히 규모가 훨씬 더 크지만, 대체로 더 애매하다. 그래서 이런 국경을 정하고 표시하는 문제는 더 어렵다. 지금이야 일반적으로 사라지고 없지만, 철의 장막(소련 및 동유럽 공산국가의 폐쇄성을 풍자하는 표현으로, 세상이 미·소 양 진영으로 나뉘었던 냉전 시대의 상징이다—옮긴이)이 바로 이런 경계였다. 이스라엘을 바로 옆 이웃들과 갈라놓는 현재의 중동 분할도 단순한 경계가 아니라 국경으로 정의할 수 있을 것이다. 인도와 파키스탄 사이에는 밤에도 —우주에서도— 보이는 빛과 철조망으로 이루어진 경계선이 존재한다. 인도 북부와 파키스탄 중북부에 걸친 펀자브 지방으로 가보라. 인도 도시 암리차르와 파키스탄 도시 라호르 사이에 그야말로 화려하고 극적인 경계선이 있다. 이 경계선 역시 국경으로 불러야 마땅하리라.*

여전히 청동기 시대 농부들과 철학적으로 연결된 국경 너머에는 세상 전체라는 문제가 있다. 어디가 됐건, 어떤 땅을 소유한다는 개념 자체는 궁극적으로 지구 육지 1억 4,800만km² 내 각 지역과 구역의 정확한 배치에 달려 있다. 그러니 과학이 나서서 지구라는 영역 그 자체의 어마어마한 크기와 규모를 계산해야 한다. 물론, 터무니

---

* 이곳의 국경 개념은 인도의 급행열차인 프론티어 메일에 의해 영구적 방식으로 기념된다. 봄베이·바로다·센트럴 인디아 철도회사가 운영하던 이 열차는 원래 봄베이의 발라드 부두와 카이바르 고개 바로 아래에 있는 페샤와르 사이를 매일 오갔다—봄베이 부두에서는 P&O 증기선으로 갈아탈 수 있었고, 페샤와르에서는 더 작은 증기 기차를 타고 아프가니스탄 국경과 맞닿은 란디 코탈로 갈 수 있었다—. 현재 페샤와르는 파키스탄의 영토다. 따라서 인도와 곧장 연결되는 기차 편이 하나도 없다. 게다가 아프가니스탄에는 여객 열차가 아예 없다.

없는 과제다. 교외 주택의 정원을 걸어서 길이를 재는 것과 어느 나라의 영토를 측정하는 것은 다른 문제다. 더 나아가 지구 전체를 분석하는 일은 완전히 차원이 다른 계산이다.

무엇이든 무척 정확하게 측정하는 오늘날, 어떤 규모이건 측정하는 일은 전부 서로 연관되어 있다. 이 세상에서 가장 작은 부분을—잉글랜드 월트셔의 어느 마을 녹지 크기, 이란 마슈하드 바깥에 있는 오아시스의 위치, 뉴질랜드 로토루아에 있는 오래된 화산의 경사도를— 가장 정확하게 측정해서 지도를 만들 수 있으려면, 지구 자체의 크기와 모양을 완벽하고 정확하게 알아야 한다. 19세기 초, 지구의 규모를 측정하려는 최초의 현대적 시도를 진두지휘하고 자금을 댄 사람은 러시아 황제 알렉산드르 1세였다. 그는 루블화로 상당한 액수의 돈을 들여 숙련된 측량사 단체에 겉으로는 단순해 보이는 과제를 맡겼다. 이 과제는 오늘날에도 계속해서 제기된다. 황제의 명령은 우리가 사는 세상이 얼마나 큰지 알아내라는 것이었다. 이 세상은 정확히 어떤 모양일까? 이 세상에 땅은 어떻게 놓여 있을까? 그 땅은 전부 어디에 있을까?

2장 지구의 크기

Borderlines

무한한 자유가 방랑하는 풍경을 지배했다
소유를 가리키는 울타리는 몰래 기어 들어오지 못하고
따라오는 눈의 전망을 가리려는
유일한 속박은 빙빙 도는 하늘뿐

- 존 클레어, <관습The Mores>(1837년)

라트비아 중부로 가서 스트루베 측지 아크Struve Geodetic Arc(지구의 정확한 모양과 크기를 측정하고자 유럽 10개 나라에 걸쳐 설치한 거점들—옮긴이)로 불리는 측량 기준점 가운데 하나를 찾는 일은 예상보다 조금 더 어려웠다. 빌린 차는 낡았고, 운전자는 라트비아의 지리에 어두웠다. 비도 내리는데 타이어 펑크까지 났다. 그래도 운이 꽤 좋았는지, 근처에 영국인 두 명이 알파카를 키우는 농장이 하나 있었다. 농장에는 필요한 연장과 잭도 있었다. 예비 타이어로 갈아 끼우고 딸기를 곁들여서 차도 넉넉하게 마시고 나자—알파카도 쓰다듬어봤다. 요즘 라트비아에서 날마다 겪을 수 있는 일은 아닐 것이다—, 빗줄기가 다소 약해졌다. 우리는 다시 숲속으로 출발했다.

마침내 흙길을 달리다가 길가에 서 있는 초록색 금속 안내판을 발견했다. 안내판 뒤로는 언덕 위 빈터로 이어지는 오솔길이 나 있었다.

안내판에는 주민도 드물고 달리 특별한 것도 없는 숲속 이 장소가 한때 리보니아라고 불렸던 라트비아의 중부 마을 에르글리에서 한참 떨어진 사우스네야 교구에 속한다고 적혀 있었다. 이곳은 독일과 폴란드, 러시아, 스웨덴 군대가 서로 차지하겠다고 몇 백 년 동안이나 전쟁을 벌였던 발트해 지방의 일부다. 나치에 점령당했던 고통스러운 기억과 소련에 지배받았던 50년간의 과거가 여전히 생생하지만, 그래도 최근 몇 년간은 평화로웠다.

오늘날에도 러시아가 이 지역에 다시 쳐들어올지도 모른다는 불안감은 여전하다. 러시아 시민 일부는 이 지역이 러시아 제국에 몹시 중요했던 발트해 지방에 여전히, 마땅히 속한다고 믿고 있다. 라트비아 사람들은 국토 대부분을 구성하는 농지가 외세에 너무도 자주 파괴되었다는 사실을 잘 안다. 외세는 이 땅을 차지하겠답시고 너무도 자주 전쟁을 일으켰고, 너무도 자주 이 땅을 빼앗았다. 지금도 라트비아 국토를 요구하는 강대국이 보기에 라트비아 인구는 사소한 애로 사항에 지나지 않는다. 라트비아 국민은 200만 명도 되지 않는 데다, 그나마도 점점 줄고 있다―라트비아의 독특한 언어와 문화, 음악은 수세기에 걸친 전쟁과 소멸 위기를 겪고 살아남았다―. 전 세계 땅이 마주한 역사적 운명은 라트비아 국토 약 64,750㎢의 상황으로 쉽게 설명할 수 있다. 라트비아 땅은 숱하게 팔리고, 빼앗기고, 점령당하고, 몰수당하고, 궁극적으로는 조각조각 찢겨서 개인 소유주들에게 넘어갔다. 라트비아 땅이 들려주는 이야기는 영토를 향한 야망과 욕망의 우울한 우화다. 하지만 바로 여기, 특별할 것 없는 발트해 지역 한가운데에는 전 세계에 속한 무언가가 있다.

우리는 숲속으로 이어지는 오솔길을 따라 걸었다. 소나기를 맞은 풀이 미끄러웠다. 물이 똑똑 떨어지는 나뭇가지 아래로 구름처럼 몰려든 모기떼가 느른하게 날아다녔다. 400m쯤 걸어서 낮은 꼭대기에 이르자, 드문드문 서 있는 나무 사이로 아름다운 풍경이 눈에 들어왔다. 목초지와 자그마한 호수들, 강이 아래에 펼쳐져 있었다. 바로 그곳에 내가 바라던 것이 있었다. 90㎝짜리 오벨리스크가 지키고 선 곳 옆에 좀 평평하고 어딘가 생경한 돌덩이가 있었다. 돌은 반쯤 땅에 파묻힌 데다 풀에 가려져서 거의 보이지 않았다. 비바람에 닳은 돌 표면에는 커다란 ×자가 거칠게 새겨져 있었다—살펴보니 화강 섬록암이었다. 아마 에스토니아 국경과 가까운 구릉지에서 가져왔을 것이다—. 오벨리스크 명판에 따르면 그 돌은 1821년에 설치된 측량 거점이었다. 라트비아에는 이와 같은 스트루베 측지 아크 유적이 하나 더 있다. 스트루베 측지 아크는 지구의 크기와 모양을 정확하게 측정하려는 최초이자 가장 중요한 시도 가운데 하나로 꼽히기에 UN이 2005년에 세계문화유산으로 지정했다.

약 2,200년 전에 최초로 우리 행성의 둘레를 계산한 사람은 고대 그리스의 사서이자 학자, 천문학자인 에라토스테네스Eratosthenes였다. 에라토스테네스는 같은 날 정오의 햇살이 알렉산드리아의 우물에 떨어지는 각도와 그곳에서 843㎞쯤 떨어진 나일강 상류의 아스완에 있는 우물에 떨어지는 각도를 비교했다. 햇살은 아스완에 수직으로 내리꽂혀서 우물 바닥을 환하게 비췄다. 하지만 알렉산드리아에서는 수직에서 살짝 빗겨나간 각도로 떨어졌다. 에라토스테네스는 만약 피타고라스와 플라톤, 아리스토텔레스 이래 수많은 이가 추측한 대로 지구가 정말 거대한 공 모양이라면, 같은 날 같은 시각의 햇살이 다른 각도로 내리쬐는 것 역시 지구가 둥글어서 생겨난 현상이라고 짐작했다. 두 우물에 떨어진 햇살의 각도 차이는 7도, 다시 말해 구체 360도의 50분의 1 정도였다. 에라토스테네스는 알렉산드리아와 아스완 사이의 거리, 843㎞가 지구 둘레의 50분의 1이라면 지구 둘레는 대략 39,000㎞일 것이라고 추론했다. 오늘날 위성과 레이저, GPS 장치로 측정한 약 40,007㎞에서 크게 차이 나지 않는 수치다. 에라토스테네스는 예리하고 논리적인 정신과 각도기, 삼각자, 다림줄(수평과 수직을 살펴보기 위한 줄—옮긴이)만으로 이 엄청나게 중대하고 선구적인 깨달음을 얻었고, 역사에서 받아 마땅한 자리를 영원히 차지했다.

이제 시간을 2,000년이나 빨리 감아서 과학 정신이 더욱 엄격했던 19세기 초로 가보자. 당대 수많은 과학자는 지구의 크기와 모양을 확인한다는 난제를 해결하려고 고심했다—이들 중에는 피카르Picard, 부게르Bouguer, 라 콩다민La Condamine, 들람브르Delambre 등 유독 프랑스 과학자가 많았다—. 지구는 구체인가? 아니면 옆으로 넓적한 회전 타원체인가, 위아래로 길쭉한 회전 타원체인가? 양극에서 납작하고 적도에서 넓게 퍼졌는가? 이들은 주로 지구 경도선에서 몇 킬로미터쯤 되는 짧은 구간들을 가능한 한 정확하게 측정하려고 했다. 결과는 나쁘지 않았지만, 확실한 정도는 아니었다. 18세기 말에 페루와 라플란드에서 측량했을 때는 어느 정도 성공을 거두었다. 하지만 당시 이용할 수 있는 장비는 비교적 조악했고, 경도선의 길이는 불만스러울 정도로 짧아서 결과를 무턱대고 덥석 받아들일 수 없었다.

측지학계가 완전히 만족할 만한 결과를 얻으려면, 몇 백 킬로미터는 되는 아주 긴 경도선을 특별히 정밀한 장비로 측정하고 계산해야 했다. 어느 대담한 러시아인과 선견지명이 있었던 황제 둘이 이 문제에 정면으로 맞섰다. 당시는 러시아 제국의 세계적 위상이 가장 높을 때였다. 이들은 고대 그리스인의 작업을 무시했다. 일부 러시아인은 새로운 측지 작업이 프랑스 측지학계나 남아메리카와 스칸디나비아 극지방에서 비슷하게 작업했던 사람들의 열의 없는 미적거림과 다를 바 없으리라고 생각했지만, 황제는 이런 의견을 묵살했다.

당대 저명한 천문학자였던 프리드리히 빌헬름 게오르크 폰 스트루베Friedrich Wilhelm Georg von Struve는 러시아령 에스토니아에 살고 있었다. 묘하게도 스트루베 집안은 아주 뛰어난 천문학자를 다섯 세대나 배출했다—이 집안에 경쟁 상대가 있다면 아마도 허셜 가문*이 유일할 것이다—. 제국의 영광을 위해서 세상의 크기를 제대로,

---

* 독일 태생으로 영국 런던에서 활동한 18세기 중반의 천문학자 윌리엄 허셜William Herschel과 캐롤라인 허셜Caroline Herschel 남매는 혜성 20개 정도와 성운 2,500개 그리고 가장 유명하게는 천왕성을 발견했다. 윌리엄 허셜의 아들 존 허셜John Frederick William Herschel도 뛰어난 천문학자가 되었고, 웨스트민스터 성당에서 아이작 뉴턴 경 옆에 묻혔다. 존 허셜의 둘째 아들인 알렉산더 허셜Alexander Herschel은 19세기에 세계 일류로 손꼽히는 운석 전문가가 되었고, 왕립 학술원 회원으로 뽑혔다.

가장 정확하게 측정하는 임무를 맡길 사람은 스트루베라고 결정한 이는 다름 아닌 스트루베 자신이었다. 지구 크기를 정확하게 측정하려면 경도선 가운데 하나의 길이를 정확하게 측정해야 했다. 그래서 스트루베는 편리하게도 거주지인 에스토니아 근처, 본초 자오선이 지나는 그리니치에서 동쪽으로 25도쯤 떨어진 곳에서 경도선의 길이를 재려고 했다. (경도선을 측정해야만 지구의 크기를 알 수 있다는 사실은 굳이 말할 필요도 없을 것이다. 경도선은 모두 지구 표면을 완전히 한 바퀴 두르기 때문이다. 반대로 위도선 중에서는 오직 적도만이 지구를 완전히 둘러싼다. 다른 선들, 예를 들어 북회귀선과 남회귀선, 북극권의 위도선은 훨씬 짧으며 지구 구체의 일부만 둘러쌀 뿐이다.)

스투르베 측지 아크. 노르웨이에서 흑해까지 한 줄로 이어진 작은 거점들은 프리드리히 폰 스트루베가 정확한 지구 크기를 알기 위해 경도선을 측정한 곳을 알려준다.

스트루베가 이 과업을 마치는 데는 40년이 걸렸다. 오늘날 전 세계에서 스트루베를 기념하는 스트루베 측지 아크는 당대 가장 위대한 과학 업적 중 하나다—그러나 기억해주는 이가 가장 드문 업적이기도 하다—. 측지 아크의 흔적은 북극과 가까운 노르웨이 북부 도시에서 우크라이나 오데사 서쪽의 따뜻한 흑해까지 현재 10개 나라에 걸쳐 있다. 공교롭게도 아크가 이어지는 길에는 알파카가 뛰놀고 표면에 ×자가 새겨진 바위가 숨어 있는 라트비아 촌락도 있다.

스트루베는 러시아령 에스토니아의 도르파트—현재 도시명은 타르투—에 있는 제국 대학 천문대에서 공식적으로 측량을 시작했다. 당시 그는 유달리 원기 왕성한* 청년이었다. 그는 2,575km 정도 이동하며 경도선의 정확한 길이를 재서 기록할 계획이었다. 이렇게 하면 지구의 크기와 모양을 알 수 있고, 훨씬 더 정확한 지도를 제작할 수 있다고 생각했다—토지의 개인 소유와 분배가 갈수록 흔해지고 있어서 정확한 지도를 만드는 것이 점점 중요해졌다—.

그는 노란색과 흰색으로 칠한 도르파트 대 천문대Dorpat Great Observatory의 대리석 문간 계단 옆에서 측량을 시작하기로 결정했다. 우선, 그가 도르파트 대 천문대의 대장이었다. 게다가 인심이 후하고 과학적 호기심이 강했던 차르 알렉산드르 1세 덕분에 천문대에는 꼭 필요한 망원경과 측량 장비가 어마어마하게 많이 비축되어 있었다.

1816년 어느 여름날, 스트루베와 동료 천문학자는 그간 천문대

---

* 그는 두 번 결혼해서 자녀를 18명이나 낳았다.

지하실에 엄청나게 쌓아둔 측정 장비 중 핵심을 힘들게 끌어냈다. 가장 중요한 장비는 거대한 독일산 경위의였다—스트루베가 고용한 측량사 중 한 명은 경위의를 일곱 개 갖고 있어서, 재려고 하는 측정값에 알맞은 경위의를 고르곤 했다—. 이외에도 천정의라고 불리는 3.5m가 넘는 망원경, 커다란 놋쇠 사분의, 정확하게 만든 측량용 쇠사슬 세트가 있었다. 스트루베와 도르파트 대학생 팀은 이 장비들을 극도로 주의 깊고 정밀하게 다뤘다. 여기에 다양한 삼각대와 드릴, 건설 장비까지 동원되었다. 그들은 천문대와 주변 언덕 사이의 긴 기준선을 먼저 측정했고, 이 기준선을 바탕으로 역사적인 삼각측량을 시작했다.

이름에서 알 수 있듯이 삼각측량은 삼각형의 기하학적 본질, 그 우아한 단순성과 관련 있다. 삼각형 세 변 가운데 하나의 길이를 정확하게 알 수 있고 세 내각의 각도를 면밀하게 측정할 수 있다면, 다른 두 변의 길이도 빠르게 계산할 수 있다. 단순한 기하학이 알려주는 이 꾸밈없는 사실 덕분에 손대지 않고 자연 상태로 내버려둔 드넓은 토지에 관한 거의 모든 일을—기자의 피라미드 건설부터 철의 장막의 정확한 배치까지— 계산하고, 계획하고, 건설할 수 있다. 물론 세상의 크기를 재는 일도 가능하다.

스트루베는 먼저 천문대 현관 계단에 ×자를 새겨 넣은 후, 구체적인 작업 두 가지에 착수했다. 먼저 육분의와 크로노미터(천문 관측이나 항해 따위에 쓰이는 정밀 시계—옮긴이)를 이용해 최초 위치의 경도와 위도를 확인했다. 그런 다음, ×의 중심점에서 시작하는 기준선을 만들었다. 그는 0.01인치, 0.001인치의 오차도 없이 정확하게 이 기준선의 길이를 밝혔다. 이때 정교하게 눈금을 매긴 나무 막대나 금속 막대를 사용할 때도 있었지만, 대개는 특수한 사슬을 이용했다—아마 놋쇠 고리 100개를 엮은 20.1168m짜리 건터 측쇄였을 것이다. 이 사슬은 기온 변화에 거의 영향을 받지 않아서 늘어나거나 줄어들지 않았다—.

이후에는 기준선의 한쪽 끝에 뮌헨산 라이헨바흐 경위의를 세웠다—경위의를 받치는 삼각대의 중심점이 기준선 끝 지점 바로 위에 놓였다—. 그리고 눈금을 매긴 계수선이 장착된 망원경으로 건너편 풍경을 응시했다. 언덕이나 교회의 뾰족탑, 나무 등 멀리서도 두드러지는 지점을 하나 고르고, 그 지점까지 이어지는 관념상의 두 번째 선을 표시했다. 그 뒤에는 경위의와 사분의, 천정의를 기준선의 반대쪽 끝, 즉 삼각형이 시작되는 현관 계단 끝으로 날랐다—이런 일은 부하 직원에게 시켰다. 놋쇠와 유리, 바퀴, 톱니바퀴로 이루어진 거대한 장비는 금속을 덧댄 물푸레나무 삼각대 위에 실려 있어서 어마어마하게 무거웠고, 다루기 불편했다—. 기준선의 정확한 시작점인 ×자 바로 위에서 다시 망원경 렌즈를 들여다보았고, 두 번째 선을 그을 때 골랐던 바로 그 지점(언덕이든 뾰족탑이든 나무든)을 향해 세 번째 선을 그렸다.

스트루베는 이렇게 다소 성가신 방법으로 직접 삼각형을 하나 만들어냈을 것이다. 스트루베가 그린 삼각형의 내각을 모두 더하면—유클리드 기하학이 빚어낸 피할 수 없는 마법 덕분에— 180도가 된다. 다시 경위의를 사용해서 세 내각을 정확하게 측정하면, 삼각형에서 기준선을 제외한 나머지 두 변의 정확한 길이를 계산할 수 있다. 스트루베는 두 변의 길이를 기준선만큼이나 정확하게 잴 수 있었다. 다만 이번에는 쇠사슬이 아니라 잘 계산된 수학적 추론을 활용했다.

이것이 삼각측량이라는 마법의 기본이다. 기준이 되는 변의 길이를 정확하게 잰 다음 다른 두 변을 그리고 그 결과로 생겨난 세 내각의 각도를 재면, 나중에 그린 두 변의 길이를 —아직 측정하지 않은 각 지점 사이의 거리도— 계산할 수 있다. 기하학만 있으면 됐다. 이제는 모든 거리를 —정글을 가로지르면서, 산을 넘으면서, 비에 젖어 미끄러운 라트비아 언덕 비탈을 건너면서— 측쇄로 직접 재어볼 필요가 없었다. 간단한 수학으로 우아하고도 정확한 정답을 몇 번이고 되풀이해서 산출했다—정교하게 눈금을 새긴 놋쇠, 윤활유를 바른 베어링, 튼튼하게 고정해서 아주 안정적인 받침대, 완벽한 모양으로 만들어서 얼룩 하나 없이 닦은 렌즈를 갖춘 엄청나게 정밀한 도구도 필수였다—.

작업은 느리고 답답했다. 러시아 제국의 벽지에서 일하는 이 측량사들은 주요 삼각형을 258개나 만들어야 한다는 사실을 깨달았다. 게다가 기준선도 10개나 길이를 재야 했다—당시에는 100만분의 1만큼의 오차도 없이 정확하게 길이를 잰다고 여겨졌던 다양한 쇠사슬과 금속 막대, 나무 막대를 이용했다—. 그들은 늪과 호수, 세차게 흐르는 강을 건너고, 숲을 통과하고, 눈보라를 뚫으며 거대한 장비를 힘들게 끌고 가야 했다. 스칸디나비아 북부의 미개척지에도, 혹독한 강풍이 휘몰아치는 빙원에도 가야 했다.

핀란드만을 가로지르는 삼각형을 만들 때는 아주 오래된 교회

의 좁디좁은 첨탑 내부를 기어올라야 했다. 힘들게 꼭대기로 올라
간 다음에는 박쥐가 득실대는 서까래에 단을 만들고, 놋쇠 망원경
을 단에 얹어서 바다 건너편을 향하도록 조정하고, 렌즈를 통해 자
욱한 바다 안개를 뚫고 정확한 표적을 바라봐야 했다. 표적은 측량
팀이 저 멀리 반대편에 특별히 세워놓은 탑에 설치된 일광 반사 신
호기에서 번쩍거리는 빛이었다. 사실, 탑 건설은 측량 작업의 주된
부분이었다. 이용할 만한 언덕이나 교회의 첨탑, 등대가 없는 경우
가 많아서 측량팀은 당장이라도 무너질 듯한 목조탑을 세워야 했
다. 장비는 도르래로 탑 위까지 끌어올렸다. 그래도 탑을 세우면 커
다란 나무 너머를 바라볼 수 있다는 장점이 있었다. 땅에서는 북부
삼림지대의 가문비나무와 유럽 소나무가 자주 시야를 가리곤 했으
니 말이다.

   프로젝트는 종종 중단되어 간헐적으로 이어졌다. 프로젝트의 진
행 속도는 대체로 상트페테르부르크 넵스키 대로에 있는 러시아 제
국 재무부의 아량에 달려 있었다. 그런데 스트루베의 프로젝트는
1830년대 말에 커다란 자극을 받았다. 알렉산드르 1세에 뒤이어 황
제가 된 니콜라이 1세가 제국을 통제할 수 있다는 자신감을 얻자*
상트페테르부르크 겨울 궁전 남쪽의 풀코보에 새 천문대를 지으라
고 명령한 것이다. 황위에 오를 줄은 꿈에도 몰랐던 니콜라이 1세
는 직업이 엔지니어였고, 온갖 기계류에 매혹되어 있었다. 당시 전

---

* 니콜라이 1세가 1825년 12월에 취임하자마자 비밀 혁명 조직이 그를 권좌에서 몰아내려
  고 했다―이 사건 이후 이 조직은 데카브리스트(데카브리는 러시아어로 12월이라는 뜻이다―
  옮긴이)라고 불렸다―. 니콜라이 1세는 당연히 재임 초반에 불안에 시달렸다.

세계 천문학계에서 존경받는 저명한 학자였던 스트루베는 도르파트를 떠나 새로운 풀코보 천문대의 책임자가 되어 달라고 요청받았다. 풀코보 천문대에서라면 당대의 가장 훌륭하고 가장 커다란 천문학 장비를 사들일 수 있을 터였다. 미국 하버드 대학교 인근에 있는 앨번 클라크 앤드 선즈 회사가 스트루베를 위해 제작한 전설적인 30인치 굴절 망원경도 물론 살 수 있을 것이었다.

더욱이 이제는 경도선 측정 프로젝트를 완료하는 데 필요한 자금도 충분히 쏟아져 들어왔다. 1855년 여름에 드디어 프로젝트가 마무리되었다. 노르웨이 함메르페스트부터 흑해까지 그어진 선의 길이가 마침내 완전하게 측정되었다. 이 선의 길이로 극에서 적도까지, 경도선의 4분의 1에 해당하는 길이를 추론할 수 있었다. 이제까지 한 번도 이루어진 적 없던 일이었다. 스트루베의 측지 프로젝트는 이제까지 그 누구도 몰랐던 정확한 측정값을 내놓았다.

그렇게 지구의 크기가 계산되었다. 이제 크기와 모양을 신중하게 추론한 지구 대권Great Circle이 만들어졌다. 스트루베는 그해 여름에 출간한 두꺼운 논문에서 경선의 각 4분의 1을 정확하게 10,002,174m로 계산했다고 분명히 밝혔다. 따라서 지구의 둘레는 이 수치의 4배인 40,008,696m였다.

스트루베 팀이 내놓은 답은 충격적일 만큼 정확했다. 다른 측정값과 비교해보자. 미국항공우주국(이하 NASA)이 위성 측량을 바탕으로 도출한 가장 최근의 수치는 40,007,017m다. 2,000년 전 에라토스테네스가 계산한 값을 오늘날 단위로 바꾸면 38,624,000m다. 스트루베가 계산한 값은 이 둘보다 더 크지만, 차이가 그리 크지 않다.

이제 세상의 크기가 아주 신중하게 계산되었으니, 스트루베 팀은 다른 일을 하러 떠났다—다만 1883년에 전 세계의 수석 측량사들이 파리에 모였다. 이들은 지구 둘레를 훨씬 더 완벽하게 계산하고자 남쪽에 있는 다른 경도선의 길이를 측정하는 데 뛰어들었다. 이집트 카이로에서 시작해 동아프리카의 정글을 지나 희망봉까지 이어지는 경도선이었다—. 하지만 스트루베 팀이 남긴 물리적 증거는 사라지지 않았다. 수십 개나 되는 거대한 유럽 삼각형을 그릴 때 만든 실제 거점은 그대로 남아서 핀란드의 겨울과 우크라이나의 여름을 나며 추위와 더위에 시달렸다—거점을 만들 때는 바위에 구멍을 깊게 뚫고, 그 안에 녹인 납을 붓고, 납이 식으면 강철 볼트를 단단하게 박고, 그 위에 놋쇠 판을 고정했다. 장비를 놓을 토대를 흠잡을 데 없이 정확하게 만들기 위해서였다—. 그러나 날씨와 빠르게 자라는 초목, 공공 기물 파괴자, 사냥꾼(산탄을 만들려고 납을 자주 훔쳤다)이 완전했던 측지 아크의 유적을 갉아먹었다. 2005년에 UN이 남아 있는 스트루베 측지 아크를 —그랜드캐니언과 피라미드, 웨스트민스터 성당, 시드니 오페라하우스와 함께— 세계문화유산으로 지정하려고 했을 무렵, 기존 거점 가운데 겨우 34개만 찾을 수 있었다. UN은 당연히 아크 선을 따라 스트루베를 위한 기념물을 세워야 한다고 보았다. 그래서 아크의 양쪽 끝인 북극 지방의 함메르페스트와 흑해 연안의 스타로-네크라소브카 마을에 커다란 대리석 기념비가 들어섰다. 오늘날에는 노르웨이부터 스웨덴, 핀란드, 러시아, 에스토니아, 라트비아, 리투아니아, 벨라루스, 몰도바, 우크라이나까지 10개 나라가 스트루베가 거둔 기념비적 성취의 흔적을 품고 있다.

측지 아크 유적을 찾는 관광객은 거의 없다. 라트비아 중부의 자그마한 에르글리 마을에서 알파카를 키우는 영국인 농부는 아크의 존재를 잘 알았다. 하지만 가장 최근에 누군가가 비에 젖어서 미끄러운 풀밭을 기어올라 1821년에 ×자가 새겨진 그 자그마한 바위를 보러 갔던 일이 여섯 달 전이라고 알려줬다. 소수가 스트루베를 기리려고 최선을 다하지만, 여전히 스트루베는 무시받는 영웅, 아무런 명예도 얻지 못한 예언가인 듯하다. 심지어 그의 고향 발트해에서도 그렇다.

3_장 그저 세상 전부

Borderlines

> 세상은 거대한 황야다. 인류는 창조된 이래 이 황야를 방랑하며 서로를 거칠게 떠밀었다. 어떤 이들은 어쩔 수 없이 다른 이들을 몰아냈고, 어떤 이들은 자진해서 다른 이들을 몰아냈다. 어떤 나라는 다른 나라가 싫증내며 포기한 것을 곧잘 점령했다. 최초의 주민이 오늘날까지 지배하는 나라를 찾기란 어려울 것이다.
>
> – 헨리 세인트 존 볼링브룩 자작Henry St. John, Viscount Bolingbroke,
> 《추방에 관하여Reflections upon Exile》(1716년)

이제 세상의 크기를 충분히 밝혀냈으니, 남은 과제는 세상의 지도를 그리는 일뿐이다. 온 세상의 지도는 가능한 한 정확하고 완벽해야 할 것이다.

세상의 지도를 그린다니, 전능한 신이나 할 법한 어마어마한 작업이었다. 1883년 파리에 모였던 아프리카 아크 측지학자들과 19세기 초 도르파트에 모였던 러시아 선구자들과 마찬가지로, 1891년 스위스에 모인 지리학자들은 이 전능한 작업을 하겠다고 계획을 세웠다. 지리학계의 새로운 회의가 열린 1891년은 지리학과 지도 제작 기술이 훨씬 더 발전한 과학으로 진화한 시기였다. 그래서 지구 전체를 담은 지도를 만드는 일은 중대한 문제였다. 게다가 당시 유럽 제국들—특히 영국과 프랑스, 독일—은 국력이 절정이었다. 그러나 자연지리학자 대다수는, 심지어 강력한 제국 출신의 지리학자도 당대의 지도 제작 기술을 냉철하고 객관적으로 바라봤다. 현대에도 그러하지만, 당시 자연지리학자들은 정치적 중립을 유지하는데서 자부심을 느꼈다. 그들은 땅 그 자체에 관심을 두었지, 어느 나라가 어느 땅을 지배하는지는 별로 신경 쓰지 않았다. 그저 이 세상의 환상적으로 다양한 표면이 보여주는 특성, 세상 겉껍질의 물리적 외형과 환경, 강과 산봉우리와 사막과 늪의 위치에만 흥미를 보였다.

알브레히트 펭크Albrecht Penck는 지리학계의 걸출한 학자로, 빙하와 알프스산맥, 플라이스토세 지질의 전문가였다. 독일 태생인 펭크는 지리학계가 지구 지도 프로젝트를 시작할 무렵에 오스트리아에 정착해서 빈 대학교 교수가 되었다. 빈은 몹시 고귀하지만 결국에는 실패하고 말 아이디어가 태동하는 것을 지켜보기에 알맞은 도시였다. 1890년대, 거대한 오스트리아-헝가리 제국을 통치하던 합스부르크 왕가는 세계주의적 관점을 지녔고, 그들을 둘러싼 세상 모든 것에 무한하고 강렬한 호기심을 느꼈다. 합스부르크 왕실의 프란츠 페르디난트Franz Ferdinand 대공은 사라예보에서 세상을 전쟁으로 몰아넣을 암살을 당하기 20여 년 전에 그 유명한 세계 여행을 떠났다. 대공은 호주에서 캥거루를 사냥했고, 말레이시아의 사라왁, 홍콩, 태국의 방콕, 일본의 나가사키 등 낯선 지역을 사전 예고도 없이 방문했다. 신분을 숨긴 대공은 아무리 애써도 신분을 숨길수 없는 수행원과 함께 12곳쯤 되는 태평양 지역을 돌아다니며 어리둥절해하는 지역 주민들을 만났다. 그때 빈 시민은 도시의 수많은 카페에서 차분하게 커피를 마시면서, 유명한 데멜 카페에서 느긋하게 초콜릿을 아침으로 먹으면서, 그 모든 조우에 관한 기사를 탐닉했다.

페르디난트 대공이 이탈리아의 트리에스테에서 태평양과 전 세계로 나아갈 쌍연통 유람선에 올라탔을 때, 합스부르크 왕실은 대공의 모험이 "정보와 연구"를 위해 특별히 계획된 것이라고 발표했다. 오스트리아 사람들은 날마다 조간신문에서 기나긴 급보를 읽으며 열렬하게 대공의 여정을 뒤좇았고, 대공과 함께 세상을 배울 수 있어 몹시 기뻐했다. 육지에 둘러싸인 다른 나라 사람들보다 바깥세상을 더 많이 알게 됐다고 즐거워했다. 특히 이 나라에는 기초적 수준에 머무른 해군과 상선만 있으니 이국적인 바깥세상 이야기를 고향으로 가져올 선원들이 필요하다고 생각했다.*

펭크 교수도 이 독특한 오스트리아식 지리학 열정으로 무장되어 있었다. 1891년, 알프스 북부를 거쳐서 스위스 베른에 도착한 펭크는 제5회 국제 지리학 회의에 참석해서 동료 학자에게 지나치게 낭만적이고 비현실적 공상으로 보인 아이디어를 소개했다.

펭크는 동료 학자들에게 세계 전도가 즉시 그려져야 한다는 생각에 공식적으로 동의해달라고 요청했다. 지도에는 지구의 모든 지

---

* 당시 국제 언론도 이국적인 사건을 좋아했다. 〈시드니 타운〉과 〈컨트리 저널〉은 합스부르크 대공의 방문을 다루면서 런던의 복싱하는 캥거루에 관한 기사도 내보냈다. 옥스퍼드 전역을 돌아다니는 서커스단이 갈기가 검고 6세쯤 되는 카프라리아 사자를 기다란 우리에 넣어서 데려온 다음 "튼튼한 흑인" 조련사와 싸우라고 풀어준다는 기사도 있었다.

역이 빠짐없이 표기돼야 했다. 대륙과 국가 전부, 어느 나라의 영토에 속하든 아니든 섬 전부 보존 용지에 1:100만 축척으로(1㎞가 약 25㎝로 줄어든다) 그려져야 했다. 아울러 모든 지도는 똑같은 형식으로 제작되어야 했다. 구체적으로 말하자면 색깔 체계와 측정 단위(미터법), 등고선 간격, 해발고도별 색의 농담(언덕과 산맥의 기슭은 짙은 색, 고도가 높아질수록 점점 옅은 색, 눈으로 덮인 곳은 흰색), 서체(로마자만 사용 가능, 키릴 문자와 아랍 문자, 한자는 사용 불가), 언어(영어) 모두 같아야 했다.

알브레히트 펜크. 1:100만 축척으로 지구의 전도를 만드는 데 거의 성공했던 지도 제작법의 선구자다. © Getty Images

　게다가 지도를 그리는 낱장은 전부 직사각형으로 제한했고, 한 장에는 위도 4도, 경도 6도만큼만 표시해야 했다. 낱장을 모두 모아서 붙이면(당시 투명 테이프는 발명되지 않았다), 정확하게 지구 크기의 100만분의 1인 거대한 구체가 될 것이다. 펜크가 제안한 대로 보편적 척도를 적용해 지구를 본뜬 회전 타원체는—스트루베가 지구 모양이 완전한 구가 아니라는 사실을 증명했었다— 적당히 큰 주택만 할 것이다. 펜크는 이 프로젝트에 '국제 세계 지도International Map of the World(이하 IMW)'라는 이름을 붙였다. 그는 IMW가 '보편적 인간성을 위한 공동의 지도'라고 선언했다.

　조각조각 갈라져서 툭하면 충돌을 빚던 19세기 세상을 생각해볼 때, 펭크의 제안은 전복적이었다. 그날 회의에 참석한 지리학자들은 열광과 충격에 휩싸여서 박수갈채를 보냈다. 이제까지 너무도 많은 국가가 너무도 많은 지도를 만들었지만, 하나같이 영토를 보호하려는 방어적 태도에 물들어 있었다. 지도 제작자들은 고사장에 들어가서 시험 치는 학생처럼 굴었다. 학생들이 누가 시험지를 엿보고 베낄세라 손을 구부려서 시험지를 가리듯, 지도를 감추기만 했다. 영국은 특히나 최악이었다. 제국의 땅이 얼마나 넓고 중요한지 자랑하기 바쁘면서도 지배하지 않는 땅의 지도를 제작하는 데에는 무관심했다. 고대 그리스와 베네치아 공화국, 초기 오스만제국 등 18세기 말에 경위의 측정값을 바탕으로 지도를 제작하는 기술이 발전하기 전에 번영했던 과거 강대국들은 큰 잘못이 없을 것이다. 과거에 만든 지도에는 텅 빈 곳이 있기도 했고, '미지의 땅_{Terra Incognita}'이나 '누구에게도 속하지 않은 땅_{Terra Nullius}', '용이 사는 곳_{Here Be Dragons}'이라고 적힌 신비로운 지역이 등장하기도 했다. 이는 무지의 소산이지, 무관심의 소치는 아니었다. 하지만 대영제국의 권세가 절정이던 시기, 때마침 베른 지리학 회의가 열린 시기에 영국의 무관심과 오만함은 지도로 그려진 세상에 대해 왜곡된 관점을 낳았다. 펭크는 그 관점을 바꾸겠다고 굳게 다짐했다.

펭크는 IMW 위원회에 영국인을 한 명 포함했다. 위원회에 뽑힌 존 스콧켈티_{John Scott-Keltie}는 스코틀랜드 출신 기자 겸 교사이자 열정적인 지리학자였다. 스콧켈티는 세상 모두가 지리학을 과학으로 여기기를 간절히 바랐다. 그는 학교에서 지리학 수업을 늘리도록, 옥스퍼드 대학교와 케임브리지 대학교에서 고정적인 지리학 독자층을 확보하도록 힘썼다. 아울러 왕립지리학협회가 가장 멀고 이국적인 땅에 탐험대를 보내는 데 열정을 쏟는 것만큼 지리학 홍보에도 심혈을 기울여야 한다고 강력하게 권고했다. 그의 열정은 그 누구와도 비교할 수 없었다. 그 덕분에 스콧켈티는 목에 금메달을 수없이 걸었고, 기자 작위도 받았다. 아울러 《정치인 연감The Statesman's Yearbook》을 가장 오래 만든 편집자이기도 하다. 그는 1927년에 세상을 뜰 때까지 44년 동안, 1864년부터 지금까지 단 한 번도 중단된 적 없이 매해 영국에서 출간되는 이 전설적인 전 세계 지정학 안내서*를 펴냈다.

　IMW 위원회에는 이 점잖은 스코틀랜드인 외에도 세간의 평판이 훨씬 더 대단한 미국인도 한 명 있었다. 미 서부 탐험의 역사에서 존경받는 아버지이자 작은 배를 타고 그랜드캐니언을 횡단한 최초의 백인, 존 웨슬리 파월John Wesley Powell이었다. 하지만 당대에 명망 높았던 인사들과 마찬가지로 파월 역시 최근에 명성이 다소 추락했다. 파월은 세상 사람을 야만인과 문명인으로 구분했고, 직접 만나본 아메리카 원주민을 야만성의 전형으로 평가했다(다만 원주민에게는 문명 세계로 들어가고 싶은 야망이 있다고 덧붙였다). 이런 그를 우호적으로

---

*　처음으로 이런 책을 펴내야 한다고 주장했던 사람은 19세기 영국 총리 로버트 필Robert Peel이었다. 《정치인 연감》의 창간 편집자 프레더릭 마틴Frederick Martin이 만든 잡지의 기조는 이후 전혀 변하지 않았다. "《정치인 연감》에 실린 다양한 사실과 인물에 대해 절대적 정확성을 보장하는 것이 중요한 목표다. 이 목표를 위해 먼저 오로지 공식 문서만 참고한다. 공식 문서를 참고하지 못하거나 문서에 명백히 결함이 있을 때만 권위 있는 서적과 영향력 있는 신문 및 잡지, 다른 신뢰할 만한 정보에 의지할 수 있다." 그래서 가봉의 해군 규모(초계정 7정, 해군 500명)나 덴마크의 밀 재배 면적($7,284km^2$)과 호밀 재배 면적($437km^2$)을 알고 싶은 사람은 이 자료 말고는 더 찾아볼 필요가 없다.

바라보는 21세기 사람은 거의 없다. 물론 그는 한쪽 팔이 없는 몸으로도 뛰어난 업적을 세웠다(남북전쟁 때 테네시에서 벌어진 샤일로 전투에 참전했다가 총에 맞아서 오른팔 절반이 잘려 나갔다). 암벽 등반 실력도 남달리 뛰어났으며, 배를 타고 콜로라도강 급류를 지날 때 보여준 통솔력은 유례를 찾기 힘들 정도다. 그의 탐험 이야기가 윤색되고 미화되었다고 주장하는 사람들도 있다. 예를 들어 파월은 장애 때문에 구명 튜브를 착용했지만, 동료들은 아무 장비가 없어 물에 빠지면 알아서 목숨을 부지해야 했다. 파월은 이런 사실을 말하지 않았다.

하지만 파월이 토지 이용에 관해 선견지명이 있었다는 사실은 의심할 여지가 없다. 그는 산지 사이에 끼인 미국 서부가 대규모 농업에 적합하지 않으며 고질적인 물 부족이 서부 주 전체에 영향을 미칠 중대한 문제라고 생각했다. 아울러 자연적인 분수계分水界를 따라 주州 경계를 그어야 물 소유권을 두고 분쟁이 발생할 가능성을 줄일 수 있다고 보았다—주 경계선 일부는 파월 생전에 그어졌다—. 파월은 자연 보전도 열성적으로 옹호했다. 각 지역의 고유한 동물과 식물, 원주민이—이들이 '미개'하다며 업신여기고 부시했지만— 방해받지 않고 너른 땅을 향유할 수 있도록 수많은 땅이 인간의 손을 타지 않고 자연 상태 그대로 남겨져야 한다고 믿었다. 현대에 들어 파월의 영웅적 면모가 재평가되긴 했지만, 그의 명성이 완전히 추락하지는 않았다. 이 군인이자 탐험가, 지리학자의 이름을 기리는 대상은 수두룩하다. 호수 하나, 저수지 하나, 고원 한 곳, 산봉우리 하나, 광물 하나(제강에 몹시 중요한 몰리브덴 소금), 학교 몇 군데, 연방 건물 한 곳(파월이 부국장을 지냈던 미국 지질조사국 본부), 노래 한 곡,

영화 한 편, 인구 6,000명을 자랑하는 와이오밍주 북부의 작은 마을 하나가 파월의 이름을 땄다.

이렇게 저명하고 열성적인 인물들이 있었으니 IMW 프로젝트는 순조롭게 출발했으리라고 생각하는 사람이 있을지도 모른다. 하지만 현실은 그렇지 못했다. 분열, 적의, 벌컥 터져 나오는 분노(특히 본초 자오선의 기점을 프랑스 파리가 아니라 영국 그리니치로 정한 것을 두고 프랑스인들이 자주 분통을 터뜨렸다), 맹목적인 반대(영국인들은 지도 축척에 프랑스식 미터법을 사용하지 않겠다고 버텼다), 외고집 때문에 협정에 서명을 시작하는 데만도 17년이 걸렸다. 심지어 협정에 서명하고 난 직후에도 IMW는 실현되기 힘든 희망일 뿐이라고 조롱받았다.

프로젝트 진행 속도가 빠르지는 않았지만, 진지한 계획은 세워졌다. 마침내 그리니치가 본초 자오선의 기점으로 결정되었다. 프랑스식 미터법도 받아들여졌다. 로마자로 표기하는 데도 모두 동의했다. 번호를 매기는 체계와 입체를 평면에 옮기는 방식도 영리하게 고안되었다—입체를 평면에 옮기는 데에는 다원추 도법을 사용했다. 이 방법으로 지도를 그리면 지도상 모든 구획이 사다리꼴이 된다. 각 사다리꼴에서 가로변은 위도선에 해당한다. 북반구에서는 사다리꼴의 아래쪽이 넓고, 반대로 남반구에서는 위쪽이 넓다—.

그런데 국제 사회의 대단한 이기심과 심술 때문에 마지막 문제가 발생했다. 일례로 러시아와 일본이 IMW의 중국 지도를 그릴 관례적 권리가 자국에 있다고 주장했다. 당시 중국은 신해혁명 이후 나라가 유혈 낭자한 수렁에 빠져 있던 상태였다. 결국 중국이 "현재 우리의 측지·지형 사업은 중국 전역에서 정상적으로 운영되고 있다"며, 러시아와 일본은 타국의 일에 간섭하지 말라고 반박했다.

결국 서로를 비난했던 대표단 48명이 파리의 프랑스 외무성 계단에 모여서 사진을 찍었다. 사진을 보면 다들 아스트라칸 모피 옷깃을 단 긴 코트를 입었고, 수염을 멋들어지게 가꾼 얼굴로 높은 이상에 가득 찬 표정을 뽐내고 있다. 키가 무척 큰 알브레히트 펭크는 앞줄 한가운데 우뚝 서 있다. IMW 대표단은 역사상 가장 위대한 지도 제작 과업에 나설 준비를 모두 마쳤노라고 세상에 선언했다.

여섯 달 후, 프란츠 페르디난트 대공이 사라예보에서 암살되었다. 유럽은 곧바로 통제력을 잃고 혼란의 소용돌이에 휘말렸고, 1914년 여름이 끝날 즈음 제1차 세계대전이 발발했다. 그런데 우리의 직관과는 달리, 전쟁은 적어도 막바지에 이르러서는 IMW 지도 제작자들에게 뜻밖의 박차를 가했다. 특히 1919년 파리 강화 회의로 재편된 세계 질서가 큰 영향을 미쳤다. 이제 시민이 전후 세상을 이해하는 데 도움이 될 지도와 지도책이 필요해졌다. 종전 무렵, 지도가 100장이나 제작되었다. 대체로 런던의 왕립지리학협회가 만들었다. 영국령 인도의 풍경을 담은 지도 몇 십 장을 포함해 영국 식민지 지도가 대부분이었다.

IMW 프로젝트는 곧바로 추진됐고, 이후 20년 동안 주목할 만한 예외 몇 가지를 제외하면 인상적인 성과를 보였다—본부는 잉글랜드 남부 사우샘프턴이었다—. 프랑스는 프랑스어를 사용하는 아프리카 지역 대부분을 맡았다. 독일은 독일어를 사용하는 유럽 국가를 전부 맡았다. 옛 로마 제국 영토를 전부 담은 지도도 만들었다. 브라질 공학 클럽이라는 기관이 브라질 각지를 그린 지도 50장을 발표했다. 미국에서는 스페인어를 사용하는 아메리카 전역을 나타낸 지도 107장을 제작하는 프로젝트가 시작됐다. 이 프로젝트는 오늘날에도 "타의 추종을 불허하는 과학적, 예술적 성과"로 평가받는다. 그런데 놀랍게도 미국은 베네수엘라 마라카이보와 콜롬비아 카르타헤나의 지도를 제작하는 데는 에너지를 쏟았으면서도 콜로라도주와 미시시피주의 지도를 제작하는 데는 열의를 보이지 않았다. 정부의 고립주의 경향 때문에 1:100만 축척의 미국 지도는 몇 장만

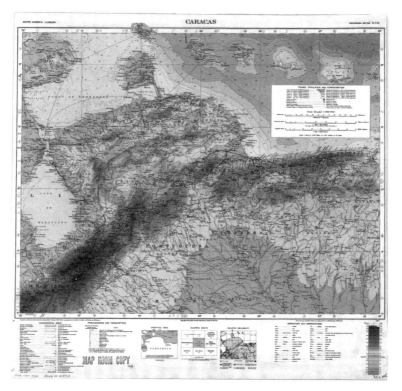

IMW 지도. 유일하게 알려진 IMW 지도 전집은 밀워키의 위스콘신 대학교에 보관되어 있다. 지도 낱장이 거의 800장이나 되는 이 프로젝트는 비극적이게도 완성되지 못했다. ⓒ Marcy Bidney

제작되는 데 그치고 말았다. 러시아는 볼셰비키 혁명 이후에 IMW 프로젝트에서 빠졌다. 그 외에도 다양한 이유로—내전이나 전쟁, 관련 기관의 무능력, 예산 문제 등으로— 양차 세계대전 사이에 동북아시아와 호주, 캐나다, 폴리네시아 지도는 사실상 한 장도 그려지지 못했다.

하지만 중국과 스웨덴의 합동 탐사대가 귀중한 성과를 일구어냈다. 탐사대는 몽골과 중국령 투르키스탄의 지도를 제작하겠다는 결의에 차서 8년 동안 중앙아시아에서 가장 외딴 초원과 사막 지대를 돌아다녔다. 스웨덴 탐험가 스벤 헤딘Sven Hedin이 6개 나라에서 온 과학자 40명을 이끌었다(스웨덴과 독일이 비용을 부담했기 때문에, 과학자도 주로 스웨덴과 독일 사람이었다). 보병 30명이 탐사대를 보호했고, 낙타 300여 마리가 모래사장을 건너 물자를 보급했다. 사람들은 이 탐사대를 "움직이는 대학교"라고 표현했다—하지만 탐사대가 이동하는 경로에 있는 마을 주민은 이들을 유령 같은 이방인이라고 여겼다. 탐사대는 아마 해당 지역 주민이 처음 보는 백인이었을 것이다—.

탐사대는 히말라야산맥을 가로지르는 지역의 지도를 4장 제작했다. 지리 정보는 모두 완벽하게 IMW 형식으로 표시했다. 하지만 거대한 지도 자체는 1966년까지 출간되지 못했다. 기이하게도 미국 정부가 지도를 압수했기 때문이었다. 탐사대장 헤딘은 독일 고타를 기반으로 활동하는 명망 높은 출판사를 통해 지도를 출간하려고 했다. 그런데 전후 독일이 동독과 서독으로 갈라질 때 고타는 하필 동독의 땅이 되고 말았다. 동독과 서독의 국경이 폐쇄되기 전, 미국 국방성 공무원 셋이 출판 사무실에 들이닥쳤다. 소련이 지도를 손에 넣기 전에 선수를 치려고 했던 이들은 자료를 가능한 한 많이 챙겨서 워싱턴으로 보내버렸다. 미국 국방부는 동독의 전략적 중요성이 극히 작다고 간주될 때만 지도를 발표하겠다고 결정했다. 그때가 바로 1966년이었다. 스벤 헤딘을 포함해서 지도 제작에 참여했던 사람들은 거의 모두 세상을 뜬 뒤였다.

완성된 지도 더미는 천천히, 천천히 늘어났다. 소련도 태도를 바꿨다. 소련은 스탈린의 제3차 5개년 계획의 일환으로 1940년부터 소비에트 사회주의 공화국연방 전역을 담은 지도를 만들겠다고 약속했다―지도는 모두 182장이나 될 터였다―. 스타하노프 운동(소련의 제2차 5개년 계획 중에 전개된 노동생산성 향상 운동―옮긴이)으로 동원된 노동이 이어졌고, 1946년, ―수많은 전시 약탈과 파괴를 이겨내고― 사업이 완료되었다. 지구 육지 가운데 2,200만㎢가 넘는 땅을 그린 지도가 점점 늘어가는 IMW 지도에 편입되었다. 지구 육지의 면적은 약 1억 4,800만㎢이다. 그 가운데 소련이 차지한 몫은 대략 2,400만㎢이었다. 이 땅이 전부 지도로 그려진 것이다.

그런데 제2차 세계대전이 끝나자마자 몹시 충격적인 사건이 터졌다. 그 사건은 IMW만큼 야심만만한 세계 지도의 모습으로 나타났다.

재미있고 진기한 일에 지나지 않았던 상업 비행이 사람과 상품을 빠르게 수송하는 수단이 되어 순식간에 경제에서 어마어마하게 중요한 요소로 성장했다. 물론, 지구 표면을 나타낸 지도는 지구 표면을 이동하는 사람에게 여전히 유용했다. 그런데 하늘을 날아다니는 비행기 조종사를 위해 특별히 제작한 지도도 갑자기 필요해졌다. 처음에는 아주 단순한 이유에서였다. 프랑스 상공 3㎞에서 날고 있는 조종사는 비행경로에 높이가 5㎞쯤 되는 산이 있는지 꼭 알아야 했다. 그렇지 않으면 산을 들이받고 말 테니 말이다. 비행기 조종사에게 이런 위험 요소를 알려줄 세계 지도는 조종간이나 나침반, 착륙장치처럼 필수품이 되었다.

1947년, 비행 산업에 야심이 있었던 54개 나라가 국제민간항공기구International Civil Aviation Organization(이하 ICAO)를 조직했다. ICAO의 우선 사항 가운데 하나는 세계 표면을 담은 지도를 만드는 것이었다. ICAO는 IMW의 편리한 1:100만 축척을 그대로 사용할 생각이었지만, 하늘 높이 떠 있는 조종사에게 별로 중요하지 않은 사소한 세부 정보는 상당수 빼려고 했다. 그 대신, 비행기가 마주할 수도 있는 아주 높은 대상의 높이를 크고 알아보기 쉽게 표기하려고 했다—특히 산의 높이는 무조건 포함해야 했다—. 그러자 지도 제작자에게 1:100만 축척으로 격조 있는 육지 지도를 만들라고 주문했던 나라들이 하나씩 국제 조약에 따라 새로운 항공지도를 준비해야 한다고 생각하기 시작했다. 항공 업계의 요구는 IMW 지도와 비슷하지만 똑같지는 않은 새 지도 제작을 서두르게 했다.

호주의 콴타스항공과 영국의 영국해외항공은 1947년에 런던과 시드니를 오가는 장거리 노선을 운항하기 시작했다. 비행기는 이탈리아 로마와 리비아 트리폴리, 이집트 카이로, 파키스탄 카라치, 인도 캘커타, 싱가포르, 호주 다윈에 기착해 연료를 채웠다—느릿느릿 움직이는 록히드사의 콘스텔레이션 여객기를 제트기가 대체하기 전에는 꼬박 4일이나 걸리는 노선이었다—. 따라서 이 노선을 오가는 비행기의 조종석에는 유럽과 레반트 지역(그리스와 이집트 사이, 동지중해 연안 지역—옮긴이), 북아프리카, 이란, 아프가니스탄, 인도, 미얀마, 태국, 말레이반도, 네덜란드령 동인도제도, 카펀테리아만부터 본다이 해변까지 호주 전역의 물리적 특징과 윤곽을 담은 최신 지도가 잔뜩 있어야 했다. 새로운 항공지도를 제작해야 하는 기관, 또는 다른 기관에 지도 제작을 위한 정보를 제공해야 하는 기관은 훨씬 더 자세한 IMW 지도를 만들 시간이 거의 없었다. 솔직히 말하자면, IMW 지도는 당장 필요하고 더 중요한 지도가 아니었다.

중요도가 떨어져서 부차적 과제로 밀려난 IMW 프로젝트는 힘을 잃고 죽어가기 시작했다. UN이 프로젝트를 이어받아서 열정을 불어넣어 보려고 애썼지만, 별 소용이 없었다. 1960년대까지 겨우 낱장 400장 정도만 완전히 마무리되어서 공개되었다(수많은 국가가 지도를 완성해놓고도 IMW 프로젝트팀에 결과물을 제공하기를 꺼렸다). 완성된 지도 모두 대단히 우아했지만, 발표된 시기쯤에는 대다수가 구식이 되어 쓸모가 없었다.

IMW가 원하는 방식으로 지구 육지 1억 4,800만㎢를 모두 나타내려면 지도 낱장이 1,000장 넘게 필요했을 것이다. 반대로 ICAO의 항공지도는 가장 중요한 정보를 제외한 세부 사항을 전부 빼버려서 훨씬 더 단순했다. 그러면서도 육지뿐만 아니라 바다도, 바다 한가운데 있는 무수한 섬도 빠짐없이 나타냈다. ICAO의 항공지도에 '세계 항공도World Aeronautical Charts(이하 WAC)'라는 이름이 붙었다. WAC는 지도 제작상의 고상함이 조금 부족했을지는 모르지만, 최신 정보와 핵심 사항이 모두 반영되어 있었다. 그리고 불운한 사촌

IMW와 달리 제작 목적에 완전히 부합했다.

알브레히트 펭크가 1891년에 품었던 꿈은 결국 우울한 결말에 무릎을 꿇었다. IMW 프로젝트는 1986년 12월 중반에 공식적으로 종료되었다. 이때 UN의 '특별 전문가 집단'이 방콕에 모여서 IMW는 더는 가치나 필요가 없다고 선언하며, 회원국에 이제는 IMW 지도를 만드는 데 시간이나 에너지를 쏟을 필요가 없다고 정식으로 알렸다. IMW 프로젝트팀이 공동으로 쏟아부은 노력의 결과물은 아메리카 지리학 협회가 후대를 위해 넘겨받았다. 협회는 지도를 맨해튼의 웅장한 본부에서 수년 동안 관리했다. 하지만 협회가 브루클린에 있는 소박한 건물로 본부를 옮긴 후에—워싱턴의 미국 지리학 협회만큼 자금 사정이 넉넉하지 않은 데다가 당시 대중도 지리학에 무관심했다—, 지도는 위스콘신 대학교 밀워키 캠퍼스의 종합 지도제작법 도서관으로 이전되었다. 기꺼이 미시간호의 서쪽 강변을 찾는 사람이라면 누구나 이 지도를 보고 감탄할 수 있다.

IMW 지도 전집을 소장했다는 사실이 자랑스러운 도서관 관리자는 금속 캐비닛에서 지도 진품 수백 장을 한 장씩 살며시 꺼내서 보여준다. IMW 지도는 정말로 지구 육지에 대한 경이롭고 예술적인 비전을 보여준다. 하지만 육지 전체가 아니라 일부만을 나타낼 뿐이다. 노동의 시대였음에도 인류가 조직적으로 노력을 기울여 경계가 수없이 그어진 부동산 자산을 그리는 데 그토록 오랜 시간이 걸렸다는 사실은 많은 것을 시사한다. 세계 지도를 만들려면, 서로 경쟁하는 참여자들에게 전 지구적 친교를 위해서 차이는 잠시 무시하라고 설득해야 하는 악몽과 게으름, 무관심, 정치적 의지박약, 주제의 복잡성을 모두 이겨내야 한다.

바닷물에 잠긴 땅, 해저 풍경을 나타내려는 지도 제작 사업이 더 최근에 시작되었는데, 거의 똑같은 시련을 겪고 있다. 지금까지 만들어진 해저 지도는 바다 밑바닥의 세부 사항을 보여주지만, 위성으로 만든 달이나 화성 표면 지도보다 해상도가 몇 자릿수나 낮다. 현재 전 세계가 지구 바다의 종합 해저 지형도를 제작하려고 공동으로 노력하고 있다―자금은 주로 일본 재단이 댄다―. 언젠가는 우리 행성의 단단한 표면이, 겉으로 드러났든 바닷물에 잠겨 있든 전부 지도로 그려질 것이다. 그러면 우리는 우리 행성에 관해 빠짐없이 알 수 있을 것이다. 겉으로 드러난 땅 1억 4,800만㎢도, 바닷물 아래에 잠긴 땅 3억 6,400만㎢도 알 수 있으리라. 아직은 환상이자 꿈이자 희망일 뿐이다.

세상의 끝에서

Borderlines

국경 마을 두 곳은 서로 대포를 쏘아서 맞힐 수 있을 만큼 가깝다. 하지만 서로 전혀 교류하지 않는다. 북쪽에는 헝가리 마을이, 남쪽에는 튀르크와 세르비아 마을이 있다. 그런데 이들 사이에 거대한 주가 50개나 놓여 있는 것 같다. 셈린 거리에서 나를 둘러싸고 법석을 떨어대던 이들 가운데 국경 너머 성에서 살아가는 낯선 종족을 한 번이라도 만나 본 사람은 아무도 없을 것이다.

- 알렉산더 킹레이크Alexander Kinglake, 《이오덴Eothen》(1844년)

북아메리카에는 폭이 정확히 6,096m인 벌거벗은 땅이 있다. 인간의 출입이 엄격하게 금지되고, 나무조차 한 그루 자라지 않을뿐더러, 외래 침입 식물 종을 절대로 들여올 수 없는 곳이다. 허가 없이는 새로운 건물을 절대 지을 수 없고, 배수로조차 파낼 수 없다. 도로나 다리를 건설할 수도 없고, 파이프나 전력 케이블을 설치할 수도 없다. 이곳의 정확히 한가운데에는 하얀 화강암으로 만든 표석이 아주 많이 서 있다. 이 표석이 이루는 선은 캐나다 자치령과 아메리카합중국을 구분하는 공식적으로 합의된 경계선이다.

이곳은 세상에서 가장 긴 육상 국경으로, 길이는 약 8,891km나

된다. 현재 이 국경선에는 벽도, 울타리도, 감시탑도 없다. 합법적으로 국경을 통과할 수 있는 도로 105개, 터널 14곳 그리고 강이나 호수를 건너야 하는 곳에 지어진 다리에 이동식 출입구 또는 장애물만 있을 뿐이다. 사람들은 이곳에 '경비가 없다'고, 그래서 이곳은 지구상에서 가장 긴 '비방위 국경'이라고 자랑스럽게 말하지만, 이는 요즘에는 잘못된 표현이다. 인접한 캐나다와 미국의 경계를 긋는 선은 복잡한 협상과 후속 협정의 결과로 생겨났다. 18세기 말부터 20세기 초까지 기나긴 기간 동안, 런던이나 상트페테르부르크 궁정에서 보낸 전권 대사들이 이 숱한 협정에 조인했다. 협정 체결식은 다양한 도시에서 열렸는데, 대다수가 유럽 도시였다. 미국 워싱턴 D.C.의 정부는 거의 모든 협정에 관여했다.

가장 최근에 집계해본 결과, 전 세계에는 육상 국경이 316곳 더 있다. 육상 국경선의 길이를 모두 더하면 대략 247,839㎞다—국경선은 대체로 들쑥날쑥하며, 미국 국경선처럼 직선인 경우는 드물다—. 247,839㎞ 가운데 일부는 자연적인 경계선(강이나 산맥, 늪지)을 따라 생겨났고, 일부는 정치인과 공무원이 무작위로 그어서 생겨났다. 섬나라는 현재 193개다. 이런 나라에는 당연히 육상 국경이 없지만, 해상 영토 내부에 국경선과 요새를 자랑하는 예외도 있다—아이티, 생마르탱*과 파푸아뉴기니, 아일랜드가 대표적이다—.

---

* 카리브해의 생마르탱은—네덜란드어 이름 '신트마르턴Sint Maarten'으로도 알려져 있다— 특이하게도 여전히 유럽 강대국 두 곳의 식민지다. 생마르탱 섬 내부의 육상 국경에는 프랑스 국기와 네덜란드 국기가 모두 휘날리고 있다. 하지만 프랑스와 네덜란드 모두 EU 회원국이기 때문에 국경에서는 세관 검사 절차가 없다. 프랑스령 생마르탱은 유로화를 사용하지만, 네덜란드령 신트마르턴은 이해할 수 없는 이유로 카리브해 길더를 아직 고수하고 있다.

전 세계 육상 국경 317곳 각각은 국경을 사이에 둔 이웃 나라들이 결정하고 합의하고 공식화한 결과물이다. 이때 인접한 나라들은 국경 측량의 정확성에도 대체로 동의했다. 국경의 목차를 읽어나가며 역사를 알려면 배워야 할 것이 많다. 요즘에는 인기가 별로 없지만, 예전에는 우표를 수집하며 역사 지리학에 관해 많이 배우곤 했다. 이렇게 우표를 수집하는 방식으로도 국경의 역사를 공부할 수 있을 것이다. UN 회원국 목록에서 아무 나라나 무작위로 골라 그 나라의 국경에 관해 배우더라도 무척 재미있을 수 있다. 예를 들어 알바니아와 몬테네그로의 국경은 1878년에 독일로 가서 베를린 조약에 서명한 터키 군사령관 대표단이 처음으로 승인했다. 인도 마니푸르주와 맞닿은 미얀마의 북서쪽 국경은 버마족 군대가 1558년에 아라칸 왕국을 무찌르고 승리한 결과였다. 1821년, 포르투갈-브라질-알가르브 연합왕국이라 불렸던 국가가 라플라타강 어귀에 모여 있던 소규모 주들의 자유분방한 결합체 '리가 페데랄Liga Federal'을 합병했는데, 이때 그어진 경계선은 오늘날 아르헨티나와 우루과이의 국경선으로 인정받는다. 아일랜드와 영국 사이 국경선은 1921년에 만들어졌다. 바로 그해, 아일랜드 공화국에서 인구 대다수가 가톨릭교도인 남부 카운티 26곳이 영국으로부터 독립을 선언했다. 하지만 인구 대다수가 개신교도였던 북동부 카운티 6곳은 독립선언을 받아들일 수도 없었고, 받아들이지도 않았다. 떠들썩한 소란이 일었지만, 결국 이 지역은 계속 영국에 충성하기로 했다. 그 뒤로 아일랜드와 영국 북아일랜드 사이에 놓인 경계선은 20세기 내내 군사력이 고도로 밀집된 국경이 되었다.

어떤 국경은 역사가 아주 깊다. 세상 최초의 국경이 어디인가 하는 질문에는 후보 지역이 아주 많다. 아마 초기 문명이 형성되던 시기에 최초의 국경이 만들어졌을 것이다. 예를 들어 나일강 계곡의 문명이 페트리 접시에서 배양되는 푸른곰팡이처럼 바깥으로 세력을 확장하고, 역시 비옥한 초승달 지대에서 바깥으로 뻗어나가던 페르시아 경쟁자와 충돌하던 시기였을 것이다. 이렇게 퍼져나가던 두 집단이 가까이서 만난 지점은 아마도 오늘날의 이라크 바스라와 이란 아바단 근처, 아랍 습지대Marsh Arabs였을 것이다. 이곳은 고대 갈대아 우르Ur of the Chaldees(아브라함의 고향인 수메르의 도시 국가. 갈대아는 메소포타미아 늪지대와 호수 지역에 거주하던 유목민을 일컫는다—옮긴이)가 있던 지역이기도 하다. 하지만 이 지역 강어귀의 모래밭에서는 공식적 국경의 존재를 알려주는 고고학 유물이 전혀 발견되지 않았다. 너무도 많이 강탈되고 훼손된 이 지역에서 흔한 것은 유전油田과 분쟁뿐이다.

안도라 사람들은 프랑스와 맞닿은 피레네산맥 국경 113㎞가 세계 최초로 확립된 국경이라고 말한다. 역사에 따르면 이 경계선을 사이에 둔 양측은 경계선의 존재를 인정하고, 증서에 서명하고, 1278년 9월 8일에 표석을 세워 국경을 표시했다. 이보다 더 오래된 도전자가 있을까? 고대 로마 군단은 머나먼 잉글랜드 북부로 떠나 바람이 휘몰아치는 들판에 요새를 지었다. 축조된 지 1,000년이 넘은 하드리아누스 방벽은 현재 잉글랜드와 스코틀랜드를 가르는 경계의 조상이라고 볼 수 있다. 중국의 만리장성은 대체로 14세기 말에 건설되었고(다만 장성 일부는 1,500년 전에 지어졌다), 역시 국경으로도 볼 수 있다. 물론 안도라 국경과 하드리아누스 방벽 또는 만리장성에는 중요한 차이점이 있다. 안도라 국경은 경계선 양측의 통치자가 서로 합의해서 결정한 것인 데 반해, 하드리아누스 방벽과 만리장성의 경우 이를 건설한 이들이 경계선 너머 거주자에게 단 한 번도 동의를 구하지 않았다. 하드리아누스 방벽과 만리장성은 양측이 합의한 결과가 아니라 한쪽이 일방적으로 그은 경계선이었다. 이 차이를 볼 때, 안도라 국경이 최초로 확립된 국경이라는 주장은 타당하고 합당한 듯하다.

세계의 육상 국경 대다수는 19세기 말과 20세기 초에 만들어졌다. 1850년부터 맹렬한 국가 건설 붐이 일었고, 1875년과 1899년 사이에 영토 대혼란이 빚어졌다—대체로 유럽의 모험주의와 제국주의 때문이었다—. 혼란과 위기는 이후 20년 동안 절정에 달했다. 이때 국경이 추가로 8만㎞나 만들어졌다. 8만㎞는 현재 우리가 보는 지도에 그려진 국경의 3분의 1에 달한다. 이 국경 대다수는 1919년 파리 강화 회의가 만들어낸 새로운 전후 질서를 구성하는 요소였다. 제2차 세계대전 이후, 국경 설정이라는 소동이 다시 한 번 빌어져 지도와 해도에 뚜렷한 흔적을 새겼다. 발칸 반도에서 분쟁이 일어나고, 한때 유고슬라비아 사회주의 연방공화국이라는 국가 단하나만 있던 지역에 코소보와 보스니아, 북마케도니아 같은 옛 나라가 다시 만들어지면서 국경선이 또 제법 많이 생겨났다. 발칸 분쟁 이후로는 국가를 건설하려는 에너지가 대체로 소멸했다. 현재는 전 세계 국경선 대다수가 확고하고 안정적이다. 국경선에 둘러싸인 나라의 이름이 때때로 바뀌기도 했고, 정치 체계가 덜컥 바뀌기도

했다. 이 모든 변화에도 땅 그 자체는 흔들림 없이 그대로 남아 있다. 땅 위에서 인간이 벌이는 일은 하찮을 뿐이다. 물론, 인간 행동은 날씨를 혹독하게 바꾸어 놓았고 해수면을 상승시켰다. 땅은 기후변화의 희생양이 되어 결국에는 모양과 크기가 변할 것이다.

오늘날 수많은 국가의 경계선은 자연과 별로 관련이 없다—자연이 국경을 만들어낸 예시라면 히말라야산맥이 갈라놓은 중국과 인도, 안데스산맥이 갈라놓은 칠레와 아르헨티나 정도가 있다—. 오히려 오지를 제멋대로 나누는 정치인과 군 장성, 무심한 공무원이 국경에 영향을 더 많이 미친다. 미국이 바로 그런 예다. 미국의 국경선은 대체로 기하학적이다—몇 백 킬로미터나 이어지는 직선은 경계를 그어 지역을 분리해야 할 물리적 필요와 아무런 관련이 없다—. 물론 자연적 경계를 따라 형성된 국경선도 있다. 뉴욕주 북부와 캐나다 온타리오주 사이에는 세인트로렌스강이 흐른다. 온타리오주의 강변 도시 킹스턴에서 콘월까지 160㎞ 구간에서는 실제 물리적 경계인 강이 국경이 된다. 이 구간에서는 강 한가운데 물이 가장 깊은 지점에 그어진 중앙선이 곧 국경선이다. 5대호 가운데 네 곳도 자연적인 국경 역할을 한다고 볼 수 있다. 그러나 슈피리어호와 휴런호, 이리호, 온타리오호를 가로질러 그어진 국경선은 확실히 인위적인 직선이다. 호수 위에 국경선을 그을 때 지형에 조금도 주의를 기울이지 않은 것이 분명하다.

인도의 상황은 미국보다 훨씬 더 극적으로 물리적 현실과 동떨어져 있다. 영국 런던에서 일하는 공무원이 인도의 동쪽 국경이든 서쪽 국경이든 멋대로 그었기 때문이다. 1947년 여름이 한창일 때, 그 공무원은 고작 7주 만에 인도 국경을 그렸다. 서쪽의 펀자브 지방과 동쪽의 벵골 지방을 느닷없이 제멋대로 갈라놓은 이 작업 때문에 광기 어린 살인과 약탈이 벌어졌다. 규모 면에서나 잔혹성 면에서나 예기치 못한 소요 사태였고, 앞으로 절대 잊히지 않을 것이다.

인도 분할이라는 비극에 가장 큰 책임이 있는 사람은 시릴 래드클리프 경Sir Cyril Radcliffe이다. 안경을 쓴 온화한 웨일스 변호사 래드클리프는 인도의 국경을 그려달라는 요구를 받았을 때 인도를 방문해본 적이 한 번도 없었다─사실 파리보다 더 동쪽으로는 가본 적이 없었다─. 그가 받은 요구는 단순하고도 잔혹했다. 종교를 기준 삼아 인도를 조각낼 것. 인도의 교활한 이슬람교도 지도자 무하마드 알리 진나Muhammad Ali Jinnah는 이슬람교도를 위해 국가를 분리해달라고 요구했고, 영국은 이 요구를 들어주려고 했다. 그래서 식민지 인도의 마지막 총독이자 국경선의 최종 결정권자였던 루이스 마운트배튼Louis Mountbatten이 래드클리프에게 인도 국경을 정해달라고 요청한 것이다─래드클리프가 영국 정보부에서 사무총장을 지내며 쌓은 평판 때문이었다─. 역사는 타당하게도 이 실패가 마운트배튼의 탓이라고 인정한다.

마운트배튼은 해군에서 경력을 시작했고, 영웅적이라는 평판을 얻었다(영국의 전설적 극작가이자 배우 노엘 카워드Noël Coward가 칭찬 일색인 영화에서 그를 연기했다). 이후 일본과의 전쟁에서 승리를 거둔 전시 총사령관이 되었다가 마침내 인도의 총독 자리에 올랐다. 그뿐만 아니라 훗날 영국 왕좌를 거머쥐는 찰스 왕자의 삼촌이자 고문이기도 했다─잘생기고 멋지고 당당했던 그는 참전했던 전쟁 수보다 더 많은 메달을 주렁주렁 달았다. 기나긴 생애 내내 꾸준히 늘어나는 대중의 숭배도 한 몸에 받았다—. 그런데 1979년, 마운트배튼이 아일랜드공화국군Irish Republican Army(아일랜드 공화국과 영국령 북아일랜드의 통일을 요구하던 군사 조직—옮긴이)의 손에 암살되었다. 그 이후 그의 명성은 빠르게 곤두박질쳤다. 냉혹하게 인도를 조각내놓고, 그 탓에 폭동과 광란이 일어나 적어도 100만 명이 목숨을 잃었는데도 별생각 없이 문제를 처리했기 때문이다. 현재 마운트배튼의 평판은 갈가리 찢겨 너덜너덜한 넝마나 다름없다. 심지어 인도 출신 영화감독이 래드클리프가 인도 국경선을 결정한 일을 자세히 다룬 영화를 찍었을 때, 래드클리프 부인 역할을 맡은 우아한 영국 여배우는 마운트배튼이 너무나 철저하게 비뚤어진 사람이라서 "만약 곧은 못을 삼켰다면 똥으로 나사못이 나올 것"이라고 말하기까지 했다.

시릴 래드클리프 경. 저명한 변호사였던 그는 파리보다 더 동쪽으로는 한 번도 가본 적이 없었지만, 터무니없게도 인도를 분할하는 국경선을 정하는 책임자로 선택받았다. 국경선이 정해진 후 피비린내 나는 폭동이 일자 그는 크게 충격받았다. 그는 영국 정부의 보수를 모두 물리치고 자료를 불태웠다. ⓒ Getty Images

이 영화를 만든 젊은 감독 람 마드바니Ram Madhvani는 10분짜리 극화 다큐멘터리도 제작했다. 1966년 잉글랜드 중남부의 워윅서, 은퇴하고 시력까지 거의 잃은 래드클리프가 거실에서 BBC 방송국의 전화를 받는다. 방송국은 자그마치 W. H. 오든W. H. Auden이―지도 제작자도 아니고 인도의 행정 관리인도 아니고, 심지어 인도에 어떤 식으로도 전혀 친숙하지 않은— 래드클리프와 인도 국경선 설정 작업에 관해 시를 썼다고 알려준다.

처음에 래드클리프는 갑작스러운 관심을 받고 우쭐해진다. 전설적 시인이 쓴 시는 평화로웠던 은퇴 생활에 커다란 자극처럼 느껴진다. 그런데 그의 아내가 시는 절대 칭찬이 아니라고 말하며 그를 위로한다. 이 짧은 영화는 견딜 수 없을 만큼 신랄하다. 래드클리프 부인은 오든의 시를 남편에게 읽어준다. 그는 시를 듣고 자신이 온전했던 나라를 조각내서 끔찍한 결과를 불러왔다는 사실을 떠올린다. 관객은 품위 있는 남자가 서서히 충격에 젖어서 완전히 무너지는 모습을 본다.

임무를 맡았을 때 그는 적어도 편파적이지 않았으니,
한 번도 본 적 없는 땅을 둘로 쪼개서
광신적으로 다투고, 식습관도 다르고
양립할 수 없는 신을 모시는 두 집단에 나눠줘야 했다.
런던에서는 간략하게 설명했다. "시간이 없소.
서로 화해시키거나 이성적으로 논의하기에는 너무 늦었소.
이제 유일한 해결책은 분리뿐이오.
당신도 총독의 서신을 받아보겠지만, 총독께서는
당신이 총독부에서 눈에 덜 띌수록 더 좋으리라고 생각하시오.
그래서 우리가 다른 숙소를 마련해놓았소.
전문가 넷을 소개해주리다. 둘은 이슬람교도, 둘은 힌두교도요.
그들과 상의하시오. 하지만 최종 결정은 당신의 몫이오."

그는 외딴 저택에 갇혔고, 경찰이 밤이고 낮이고

정원을 순찰하며 암살자들을 쫓았다.

그는 임무를, 수백만 명의 운명을 결정할 과업을

시작했다. 구할 수 있는 지도는 구식인 데다

인구 조사 결과는 어김없이 부정확했다.

하지만 정보를 점검할 시간도, 논쟁에 휘말린 지역을

시찰할 시간도 없었다. 날씨는 끔찍하게 더웠고,

한차례 이질을 앓아 화장실을 떠날 수도 없었다.

그래도 7주 만에 작업이 끝났으니, 국경선이 정해졌다.

좋든 싫든 대륙은 갈라졌다.

다음 날 그는 배를 타고 영국으로 떠났고, 곧바로 사건을 잊었다.

좋은 변호사라면 그래야 할 터. 다시는 그곳에 돌아가지 않았다.

사교 클럽에서 말했듯이, 총에 맞을까 봐 두려웠다고 한다.

래드클리프와 지도 제작자로 구성된 팀은 서늘한 펀자브주 심라에서 지냈다. 이들은 히말라야삼나무로 지은 낡은 저택에서 머물며 끝없이 돌아가는 선풍기 아래 놓인 식탁에서 작업했다. 이들이 그린 국경선 두 개는 각각 펀자브주의 밀밭과 벵골주의 논 사이를 구불구불 기어간다. 그렇게 이슬람교도가 대다수인 서파키스탄(지금의 파키스탄—옮긴이)과 역시 이슬람교가 중심인 동파키스탄(지금의 방글라데시—옮긴이)이 탄생했다. 1947년 8월 17일에—인도가 독립을 선언하고 영국의 통치가 공식적으로 끝난 날에서 이틀 뒤— 국경선이 발표되자마자 공황 상태에 빠진 수백만 명이 운집했다. 이들은 종교에 따라 자신의 새로운 조국이 된 땅을 향해 이동하기 시작했다. 광기에 휩싸인 이 행렬을 통제하기란 불가능에 가까웠다. 인도 우타르 프라데시주 러크나우에 살던 이슬람교도는 파키스탄이 안전하리라 굳게 믿은 채 무턱대고 달아났다. 파키스탄 라호르에 갇힌 힌두교도와 시크교도는 델리나 암리차르 등 보호받을 수 있다고 믿었던 인도 땅으로 건너가려고 전투까지 벌였다. 인도로, 동파키스탄으로, 서파키스탄으로 향하는 대탈출은 몇 달이나 이어졌다. 이동하는 인구 규모도 어마어마했고, 그사이에 벌어진 유혈 참사도 끔찍했다. 이주 행렬을 유발한 영국으로서는 몹시 수치스러운 일이었다. 인도와 파키스탄 분리에는 받아 마땅한 비난이 쏟아졌다. 비난은 끝도 없이 퍼져나갔다.

시릴 래드클리프는 작업을 끝낸 다음 날 바로 인도를 떠났다. 커다란 실망과 혐오감에 휩싸여서 자료를 모두 불태웠고, 5,000달러쯤 되는 보수도 거절했다. 래드클리프의 전기는 대체로 그가 인도 아대륙에서 맡았던 일을 최소한으로만 언급하고 넘어간다. 하지만 그가 그은 경계선은 여전히 '래드클리프 라인Radcliffe Line'으로 불린다—래드클리프는 "이 빌어먹을 선"이라고 불렀다—. 그를 세상에 널리 알린 것도 이 경계선이다.

래드클리프 라인에 대한 분노는 단지 영국이 그 선을 그렸다는 단순한 사실 때문이라고 생각하기 쉽다. 하지만 대영제국의 건축가가 영국산 만년필로 이 모든 우여곡절을 그려냈기 때문에 격렬한 폭동이 발생했다고 생각한다면, 상황을 지나치게 단순하게 본 것이다. 파키스탄과 아프가니스탄 사이, 카이바르 고개에 그어진 듀랜드 라인Durand Line 역시 대영제국의 유물이다. 1893년에 만들어진 이 경계선은 서로 다른 제국과 문명 사이의 자연적 경계를 분명하게 보여준다. 듀랜드 라인은 산맥을 따라 유기적으로 드러난다.

영국 공무원 모티머 듀랜드Sir Mortimer Durand의 감독 아래 아프가니스탄-영국 합동팀이 공식적으로 국경선을 측량하고 표시했다는 사실에 주목하자—국경선의 명칭도 듀랜드의 이름을 땄다—. 더욱이 함께 작업한 아프가니스탄인과 영국인은 경계선 표지석의 배치에도 합의했다—세상에서 가장 황량하고 외딴 이곳에서 요즘에도 표지석 수백 개가 발견된다—. 물론 듀랜드 라인이 완벽한 국경선인 것은 아니다. 현재 아프가니스탄 정부는 듀랜드 라인의 적법성을 거부한다. 여러 지역 부족의 땅이 제멋대로 잘려 나간 탓에 분쟁도 발생한다. 하지만 듀랜드 라인은 100년 넘게 안정적이고 온전한 국경선 역할을 하고 있다. 듀랜드 라인은 대체로 기존의 민족 구분 경계선을 수용했기 때문에 동쪽으로 몇 백 킬로미터 떨어진 래드클리프 라인과 달리 격렬한 소동의 도화선이 된 적이 없다. 요약해서 정리해보자. 듀랜드 라인은 기존의 물리적 현실을 대체로 반영하기 때문에 안정적이다. 반대로 래드클리프 라인은 현재 인도의 동쪽과 서쪽에 졸속으로 그어진 국경선이다.

래드클리프 라인처럼 물리적 경계선이 아니라 역사적·행정적 경계선을 따라 인공적으로 그어지고, 비합리적일 만큼 단기간에 결정되고, 지역의 현실에 무심한 외국이 억지로 만들고, 지역 역사나 지형이 만들어놓은 질서를 조금도 반영하지 못하는 경계선은 위험할 정도로 불안할 수밖에 없다. 인도뿐만 아니라 이 세상 어디에서나 그렇다. 래드클리프는 자기가 벌인 일에 관해 단 한 번도 자세히 말하지 않았고, 자기 이름을 딴 국경선이 대화에 오르면 늘 주제를 바꿨다. 그는 좋든 싫든 오래된 실측도를 참을성 있게 조사했고, 각 지역의 다수 집단과 소수 집단을 알려주는 구식 통계 자료를 토대로 최선을 다해 국경선을 그렸다. 하지만 그가 의도하지 않았을지라도, 그가 그린 국경선은 아수라장을 일으켰고 고통과 분노와 지금까지 계속되는 익살극을 남겼다.

앞서 언급했듯이, 현재 인도와 파키스탄을 가로지르는 국경선은 사실상 단 하나뿐이다. 유일한 공식 분단선은 가시철조망을 두른 밀림 속에 있다. 이 밀림은 란 오브 쿠치Rann of Kutch에서 히말라야 설원까지 래드클리프가 우아하게 그린 선을 따라 뻗어 있다. 대축척 지도를 보면 파키스탄의 대도시 라호르와 인도의 대도시 암리차르 사이가 텅 비어 있다. 하지만 더 자세한 지도를 보면, 별 특징 없는 펀자브 마을 한 쌍 사이의 국경선에 갈라진 틈이 보인다. 서로 9.5㎞쯤 떨어진 이 한 쌍에서 인도 쪽 마을은 아타리, 파키스탄 쪽은 와가다. 이 사이에서 국경을 건너는 지점은 오늘날 주로 아타리로 불린다.

원래 아타리에서는 국경 반대편으로 건너가기가 쉬웠다—인도에서 파키스탄으로 넘어갈 때 차에 술만 없으면 괜찮았다—. 예전에는 파키스탄에 사는 친구들을 위해 위스키 대여섯 병을 챙겨갈 수도 있었다. 세관원에게 한 병을 찔러주면 통과할 수 있었기 때문이다. 그런데 1970년대 말에 상황이 완전히 변했다. 이제는 독주를 국경선 너머로 가져가는 게 거의 불가능해졌다. 세관이 술을 압류하거나 술병을 깨버렸다.

요즘에는 국경 경비가 훨씬 더 삼엄해져서, 국경을 뚫는 것이 불가능할 지경이다. 펀자브 땅에 그어진 이 경계선이 원칙적으로는 4,000년 전 잉글랜드 데브럴-림베리 문화에서 고랑과 밭을 나누었던 경계선과 다르지 않아야 한다는 것을 상기하는 것은 쉽지 않다. 펀자브 농부들도 몇 백 년 동안 고랑을 팠다. 이곳의 농장 사이에, 마을 사이에, 도시 사이에 그어진 경계선도 원래 비공식적 문제였다. 하지만 이제는 정치가 끼어들었다. 제국이, 지정학이, 논쟁이, 그리고 너무도 자주 전쟁이 끼어들었다. 영국이 경계선을 그어놓은 이 땅은 밀과 아인콘을 기르는 농부들이 경쟁하던 땅보다 훨씬 더 위태롭다. 오늘날 아타리와 와가 사이에 놓인 경계선 양측은 중무장되어 있다. 인도와 파키스탄에는 핵무기까지 있다. 이곳의 육상 국경은 생존을 위해 자신을 방어벽으로 둘러싸는 인류의 미래를 보여준다.

여기에는 중무장한 보초가 아주 많다. 파키스탄 경비대와 인도 국경수비대가 이중으로 놓인 레이저 와이어(칼날이 달린 울타리용 철선—옮긴이) 철조망 양쪽을 지킨다. 철조망 사이 공간에는 지뢰가 수천 개 넘게 매설되어 있다. 게다가 강력한 아크등도 쿠치에서 카슈미르까지 이 국경선 전체를 따라 늘어서 있다. 펀자브 지방 두 대도시가 뿜어내는 빛 사이의 가느다란 주황색 선은 심지어 국제 우주 정거장에서도 뚜렷하게 보인다. 우주에서 보면, 아크등 불빛이 만들어내는 선은 래드클리프가 만년필의 까만 잉크로 부정확한 지도의 좌표를 이어놓은 선을 똑같이 흉내 내는 것 같다. NASA가 촬영한 이미지에서 암리차르와 라호르 너머에 있는 땅, 특히 파키스탄 쪽 땅은 새까맣다. 인도 쪽 펀자브 지방의 농장은 대체로 시크교도가 운영하며, 더 생산적이다. 게다가 여기에는 전기가 들어오지 않는 곳이 거의 없다. 그래서 인도의 국경 지대는 밤에도 빛이 희미하게 반짝이고, 파키스탄 라호르를 둘러싼 들판보다 경제적으로 더 활기차다는 인상을 준다.

이 이웃 국가 사이의 이념적 골과 커다란 정치적 차이, 종교적 적대감은 기상천외하고 연극적인 행사로 표출된다. 매일 저녁 벌어지는 이 공식 행사는 국경의 철제 관문을 쾅 닫으면서 끝난다. 큰 키, 발레처럼 우아한 행군 기술, 다리를 공중으로 높이 차올릴 수 있는 능력 덕분에 뽑힌 양측 군인들이 서로를 향해 맹렬하게 행진하다가 도로에 그어진 경계선에서 멈춰 선다. 둘 사이가 하도 가까워서 콧수염끼리 닿을 것 같다. 분노로 씨근거리는 군인들은 마주 보는 상대의 얼굴에 거칠게 숨결을 뿜어낸다. 그러면 양측 관람석에 꽉 들어찬 군중이 격렬하게 환호성을 지른다. 관람석의 거리도 가까워서 양측이 서로의 얼굴을 빤히 들여다볼 수 있다. 이들이 이웃 나라 주민에게 욕설을 퍼부어대는 동안 땅거미가 어둑하게 내려앉는다. 인도와 파키스탄 국기가 몇 센티미터씩 내려간다. 국경 관문은 열렸다가 닫혔다가 다시 열린다. 마지막으로 국경선—래드클리프 라인, "이 빌어먹을 선"— 위로 형식적 악수가 오간 뒤에야 관문이 굳게 닫힌다. 악수를 보면 이 모든 법석이 커다란 장난인 것만 같다. 관문이 잠기고, 군인은 다시 행군해서 원위치로 돌아가고, 군중도

라호르와 암리차르와 와가와 아타리에 있는 모스크와 사원과 예배당으로 돌아간다. 국경에는 고요가 내려앉는다. 주황색 불빛이 만들어내는 선만, 지뢰 100만 개만, 절대 경계를 늦추지 않는 군인 수천 명만 남아서 —미국의 빌 클린턴Bill Clinton 대통령이 말했듯이— 이 세상 그 어떤 국경보다 훨씬 더 위험한 국경선에 새로운 불화가 발생하기를 기다린다.

동쪽으로 1,600㎞쯤 가보자. 이곳에도 래드클리프가 그은 선이 벵골 북부를 가로지르고 있다. 여기에도 철조망과 아크등, 영국령 인도라는 드넓은 점령지를 불행하게 갈라놓는 데 사용되는 갖가지 장비가 있다. 군인은 더 많다. 그런데 여기에는 기이한 국경선 설정

와가의 국기 하강식. 이곳은 인도와 파키스탄 사이에서 유일하게 국경을 넘을 수 있는 곳이다. 이 기상천외하고 연극적인 행사에서 인도와 파키스탄 군인들은 상대에게 강한 인상을 남기려 애쓰고, 상대측 군중을 자극해 서로를 향한 적의 어린 광란 상태로 몰아간다. © Getty Images

이 남긴 유물 또는 생활 방식도 있다. 이곳의 '고립 영토exclave', 즉 본국에서 떨어져 다른 나라의 영토에 둘러싸인 땅에 최근까지 수만 명이 꼼짝 못 하고 갇혀 있다. 이 사람들은 이 복잡한 땅에서 빠져나가 본국으로 돌아갈 수 없다.

이런 경계 설정은 비상식적이다. 이 지역에 고립 영토가 생겨난 것은 한때 번왕국藩王國(영국령은 아니지만 영국 감독 아래 현지인 전제 군주가 통치하던 인도 땅—옮긴이)이었던 쿠치베하르 때문이다. 부탄의 남쪽, 차 재배지로 유명한 인도 메갈라야주의 북서쪽에 자리 잡은 쿠치베하르는 육지로 둘러싸인 지역이다. 폭이 몇 킬로미터나 되고 느릿느릿 흐르는 브라마푸트라강과도 가깝다. 쿠치베하르는 인도에서 미얀마나 그 너머로 갈 수 있는 육로다. 전략적으로 아주 중요한 이 땅을 차지하려고 힌두교도와 이슬람교도, 불교도가 경쟁을 벌였다. 18세기 초, 무굴 제국 통치자들과 쿠치베하르의 마하라자(인도 토착 국가를 다스리던 군주—옮긴이)의 군대가 크게 충돌했다—영국이 아직 인도를 점령하기 전, 무굴 제국의 세력이 점점 약해지던 시기였다—. 소규모 접전이 이어진 끝에 평화 조약이 조인되있다. 조약에 따라 쿠치베하르 일부는 무굴 제국의 영토가 되었고, 다른 일부는 기존 마하라자의 영토가 되었다. 규모가 더 작은 지역 몇몇은 마하라자를 섬겼던 여러 부족장이 넘겨받았다. 이런 일이 끝도 없이 반복되었다. 분쟁은 매번 조약으로 끝났다. 조약으로 땅은 매번 조각나 일부는 승자에게, 일부는 패자에게 주어졌다. 이렇게 저항과 아량, 친선이 3세기 동안 반복된 결과, 지도 제작 측면에서도 인도주의 측면에서도 악몽이 생겨났다. 쿠치베하르는 충격적일 만큼 복잡한 행정 구역이 짜깁기된 지역이 되어버렸다. 이곳의 푸르고 아름답고 외딴 풍경도, 논과 언덕도 고스란히 영향을 받았다. 지구상에 이런 땅은 어디에도 없을 것이다.

이 복잡한 일도 겨우 무굴 제국 시기에 일어났을 뿐이다. 이후 인도는 영국의 식민지가 되었고, 쿠치베하르는 번왕국이 되었다. 더 나중에는 래드클리프의 만년필이 이 지역을 인도 벵골 지방과 동파키스탄으로 두 동강 냈다. 동파키스탄은 얼마 후 방글라데시라는 신생 국가가 된다. 이렇게 이상하고 복잡하게 분리된 땅 조각들은 세월을 견디며 살아남아서 그 유일무이한 '기묘함'으로 악명을 떨치게 됐다.

이렇게 역사 속 별난 사건들이 점점이 모인 곳, 의심할 여지 없이 방글라데시 영토인 지역 내부에 고립된 작은 땅이 있다. 200년이나 된 평화 조약 때문에 이 땅은 인도의 고립 영토다. 마찬가지로, 방글라데시의 작은 고립 영토 십여 곳이 드넓은 인도 국경 지대 안에서 헤엄치고 있다. 이 기이한 일은 여기서 끝나지 않는다. 인도 영토 내부에 있는 방글라데시의 작은 고립 영토 안에 훨씬 더 작은 인도 고립 영토가 또 있다—이런 곳에도 인도 사람이 산다. 인구가 수백 명밖에 안 되는 고립 영토도 있다—. 특히나 터무니없는 예시도 하나 있다. 의심할 여지 없이 인도의 영토인 어느 마을은 방글라데시 영토에 둘러싸여 있다. 그런데 이 방글라데시 영토는 다시 인도 영토에 둘러싸여 있고, 이 인도 영토는 또다시 방글라데시 영토에 둘러싸여 있다. 인도와 방글라데시 땅이 네 겹으로 에워싸인 이 지역은 꼭 마트료시카 인형 같아서, 내부로 갈수록 땅 크기가 점점 작아진다.

　면적이 몇 백 제곱킬로미터쯤 되는 이 국경 지대에는 고립 영토가 100개 이상 있다. 고립 영토에 거주하는 수만 명은 시민권을 취득하거나 행사할 수 없다. 인도인을 예로 들어보자. 고립 영토에 사는 인도 사람이 인도 본토의 영사관에 가려면 방글라데시 영토를 통과해야 한다. 그러나 이들에게는 '비자가 없다.' 인도 정부는 이주 규정을 특히나 엄격하게 강제한다. 지방 관청의 상위 카스트 공무원들은 엄격한 규정의 상세 사항을 제대로 교육받은 듯하다. 방글라데시 고립 영토에 사는 사람 75% 정도가 인도 감옥에 투옥된 적이 있다고 한다. 무자비한 역사 때문에 그들의 땅을 에워싼 인도 영토를 ―고의로 또는 부주의로― 지나갔다는 이유에서였다.

　여기는 땅이 미쳐버린 곳이라고 말한다면 공정하지 못하리라. 땅을 지배하는 사람들이 미쳐버린 곳이라고 말해야 옳다. 당연히 땅은 자기 위에 살아가는 사람들의 광기에 늘 무관심하다. 하지만 여기서는 사람들이 땅의 인내심을 한계까지 밀어붙이며 시험했던 것 같다.

　성숙해진 정치적 의지가(인도 아대륙 특유의 정치의식이기는 하지만) 이 문제를 해결하는 방향으로 더듬더듬 나아가는 듯하다. 현재 인도와 방글라데시 사이에 고립 영토를 공식적으로 맞바꾼다는 계획안이 제안된 상태다. 하지만 이 계획에는 실망스러운 관료주의와 인도 아대륙 특유의 느린 속도가 얽혀 있다.

　1958년, 인도와 방글라데시는 처음으로 고립 영토를 통째로 맞바꾸려고 했다. 이후 국경 지대에서 머나먼 델리에서 작성한 법안을 바탕으로 1974년에 다시 한 번 교환을 시도했다. 2011년에 세 번째 시도가 있었다. 하지만 고립 영토와 이곳의 주민들은 아직도 그대로 남아 있다. 2015년을 기준으로 방글라데시 내부의 인도 고립 영토는 모두 111곳이고, 이곳에는 인도인 38,521명이 산다. 인도 내부의 방글라데시 고립 영토는 모두 51곳이며, 이곳에 방글라데시인 14,863명이 산다. 양국 정부는 이 불운한 사람들의 문제를 해결하려는 시도가 진척을 보인다고 주장하지만, 그 속도가 지나치게 느리다. 고립 영토의 주민은 카프카적Kafkaesque(체코슬로바키아 태생의 독일 작가 카프카의 소설처럼 암울하고 부조리한 상황을 가리키는 용어—옮긴이) 차원의 시간 왜곡에 갇혀 있다. 육지로 둘러싸인 이 감옥은 마하라자들이 쿠치베하르를 통치하던 18세기에서 비롯됐다. 그런데 런던 공무원이 1947년 여름에 이 머나먼 변두리 땅으로 와서 단 36일 만에 통과할 수 없고, 지울 수 없고, 영구적인 경계선을 그을 수 있다고 한다면 이 불운한 사람들은 도저히 믿지 못할 것이다.

이렇게 자명한 경계선 성격 장애가 인도에만 있는 것은 아니다. 미국의 북쪽 국경에도 이상한 점이 있다.

멕시코와 맞닿은 더 골치 아픈 남쪽 국경과 달리, 캐나다와 맞닿은 국경은 대개 기하학적으로 정돈되어 보인다. 이 국경선 중 3,500㎞는 북위 49도 선과 겹치며 아주 곧다. 국경선을 정하는 임무를 맡았던 19세기 측량 기사들이 무심코 실수를 저지른 구역 100m 정도만 비뚤어져 있을 뿐이다—아마 혹독한 추위와 독한 술 때문이었으리라—. 기이하기로 유명한 국경은 이 직선 구역이 아니라 지형이 훨씬 더 들쑥날쑥한 뉴잉글랜드 북부 국경이다. 버몬트주에 있는 어느 도서관은 국경선이 도서 대출실을 지나간다. 어느 호텔은 캐나다 퀘벡주와 미국 뉴욕주에 걸쳐 있다. 19세기 조약과 측량이 한 치도 물러서지 않은 탓에, 미국과 캐나다 양쪽에 걸쳐 있는 집도 많다. 한때 양국은 이 이상한 국경선이 재미있다고 생각했다. 그런데 요즘 미국 국경 경비대는 유머 감각을 잃었고—이해할 만하다—, 국경 근처를 오가는 사람들에게 강압적으로 명령한다. 예를 들자면, 버몬트주의 국경 마을인 더비 라인Derby Line에서 캐나다 쪽 인도로만 걸으라고 말한다. 미국 쪽 인도는 미국의 영토이므로 비자 없이 이 길을 걷는 건 이민법 위반이라 벌금형이나 더 무거운 형벌을 받을 수 있기 때문이다.

미국과 캐나다 국경 풍경. 수천 킬로미터가 넘는 캐나다와 미국의 국경에는 경비가 없다고 한다—하지만 양국이 전자 장비로 감시하고 있다—. 국경선을 명확하게 나타내고 감시하기 위해 폭 6m에는 초목을 영구히 제거해 놓았다. © the International Boundary Commission

북위 49도 선과 겹치는 이 국경선의 동쪽 끝에는 눈에 띄게 이상한 점이 하나 있다―그래서 엄격하게 감시받는다―. 이상한 역사적 오류가 ―이 오류에 뒤이은 신생 미국 정부의 완고하고 비타협적 태도가― 다소 불편한 위치에 자리 잡은 미국 고립 영토를 만들어냈다. 318㎢쯤 되는 이 땅에 육상으로 가려면 캐나다 영토를 통과해야만 한다. 노스웨스트 앵글로 불리는 이 고립 영토는 아메리카 대륙에 서로 붙어 있는 미국 48개 주의 땅 중에서 가장 북쪽에 있다. 노스웨스트 앵글은 단순한 실수로 탄생했다. 19세기 초, 탐험가들은 우즈호(캐나다 남부와 미국 북부에 걸친 호수로 노스웨스트 앵글과 접한다―옮긴이)의 서쪽에 있는 산이 미시시피강의 발원지라고 잘못 생각했다.

몹시 불규칙하게 생긴 우즈호의 수역은 캐나다 온타리오주와 매니토바주에 걸쳐 있다. 매니토바주의 주도 위니펙에서 사용하는 상수는 거의 이 호수에서 나온다. 우즈호는 역사상 가장 컸던 빙하호 가운데 하나로 꼽히는 애거시호가 남긴 유산이다. 8,000년 전, 아이스댐(빙하가 녹은 물이 흐르는 하천에 형성되어 하천의 흐름을 가로막는 얼음벽―옮긴이)이 부서져서 애거시호의 담수가 호수 밖으로 흘러넘쳤다. 그 물의 양이 어마어마해서 전 세계 해수면 높이가 2.7m나 높아졌다. 이 사건이 성경 속 대홍수와 노아의 방주, 아라라트산 안착 신화를 만들어냈으리라고 추측하는 사람도 많다. 대홍수 신화는 공상일지도 모르지만, 우즈호라는 유산은 그대로 남아 있다. 그리고 우즈호의 존재가 2세기 전에 새로운 지리학 공상을 만들어냈다.

오류의 시작은 1783년 파리 조약으로 거슬러 올라간다. 파리 조약은 미국이라는 신생 공화국의 합법성을 완전히 인정했고, 이 새로운 나라에 막대한 토지를 소유할 영구적 권리를 부여했다. 그런데 이 토지가 정확히 무엇으로 구성되는지, 정확히 어디에서 시작해 어디에서 끝나는지가 조금 모호했다. 특히 오대호가 있는 북부 지방의 경계가 불분명했다. 하지만 조약을 만든 이들에게는 지리에 관해 조언해줄 전문가가 별로 없었다. 이들은 최선을 다해 경계선을 정했다. 미국이라는 신생 국가와 훗날 캐나다가 되는 더 북쪽의 영국령 사이에 놓인 위도 한계선이 최종적인 국경선이 되었다. 미국 정부가 1803년에 루이지애나를 사들이기 전까지 미시시피강 서쪽 땅은 스페인과 프랑스에 속해 있었다. 따라서 미국은 미시시피강을 서쪽 국경선으로 여겼다. 1783년에 사람들은 유명한 지도 제작자 존 미첼John Mitchell* 때문에 우즈호가 매끈한 달걀 모양이라고 잘못 믿고 있었다. 호수가 자그마한 만과 곶이 마구 뒤섞여 있는 모습이라는 사실은 더 나중에 측량사들이 확인했다. 1783년 파리 조약에 미국 국경이 "이 호수의 최북서단"에서 나아가고, 더 중요하게는 "거기에서 서쪽의 미시시피강으로 이어진다"라고 정해졌다. 들쑥날쑥한 호수가 결국에는 신생국의 영토와 프랑스령 사이를 가르는 국경선이 되었다. 호수에서 시작된 국경선은 미시시피강을 따라 멕시코만까지 쭉 남쪽으로 내려갔다. 이렇게 공들여 정해진 경계선이 당대의 지도 위에 그려졌다. 미국은 최초의 공식적 국경선을 얻

---

* 미첼은 전설적 재능을 지닌 지도 제작자였다. 1932년에 미국과 캐나다가 국경선을 협상할 때도 미첼의 지도를 이용했다. 이뿐만 아니라 그는 주머니쥐의 생태에 관해서도 존경받는 전문가였고, 식물 역시 암컷과 수컷으로 나뉜다는 사실을 발견하는 데도 한몫했다.

었다.

그런데 15년 후, 허드슨만 회사(북아메리카 원주민과 모피를 거래하기 위해 1670년에 설립된 영국의 무역회사—옮긴이)의 상인이었던 웨일스 출신 이민자 데이비드 톰슨David Thompson이 나타났다. 톰슨은 아마 캐나다 내륙을 탐험하고 지도를 그린 사람 가운데 가장 유명할 것이다.* 톰슨은 미시시피강이 우즈호 근처 어디에서도 발원하지 않는다는 사실을 깨달았다. 강의 발원지는 훨씬 더 남쪽이었다. 이 발원지는 캐나다 국경과 교차하지 않기 때문에 미국과 캐나다의 국경선에 커다란 구멍이 생겨버렸다. 톰슨이 발견한 사실의 중요성은 크게 과장되었다—처음에 톰슨의 발견은 백인 정착민보다 사냥꾼과 원주민에게 더 큰 영향을 미쳤다. 주로 오지브와족이었던 이들은 이제 자기가 살고 있는 땅이 대체 어느 나라에 속하는지 알 수 없어서 당황했다—. 1803년에 토머스 제퍼슨이 이끄는 미국 정부가 프랑스로부터 미시시피강 서쪽 땅을 사들였기 때문이었다. 미국이 루이지애나를 매입한 결과, 다들 잘 알다시피 미국의 국경선이 서쪽으로 어마어마하게 진출했다. 이 매입 덕분에 북위 49도 선과 겹치는 국경선이 로키산맥(당시에는 스톤산맥으로 불렸다)까지 기하학적으로 쭉 이어질 수 있었다. 그런데 우즈호에서 시작하는 국경

---

* 캐나다 밖에서는 거의 알려지지 않았지만, 톰슨의 이름은 캐나다 민속 음악가 스탠 로저스 Stan Rogers가 작곡한 열정적인 무반주 뱃노래 〈북서 항로Northwest Passage〉의 코러스에도 등장한다. 여론 조사를 해보면, 수많은 캐나다 사람은 이 노래가 국가가 되어야 한다고 생각한다. 로저스가 미국 신시내티에 착륙한 비행기에서 화재로 사망했다는 사실은 캐나다 노년층에게 가슴 아픈 기억이다. 로저스는 신시내티에서 공연할 예정이었다. 틀림없이 가장 좋아하는 노래를 연주했을 것이다.

선에 지저분하고 구멍이 뻥뻥 뚫린 틈이 생겨버렸다. 여전히 신생국이었던 미국의 정부는 독립국 지위를 보장하는 1783년 파리 조약의 내용에서 조금이라도 벗어날 수 없다고 완강하게 버텼다. 파리 조약에는 미국의 국경선이 우즈호의 최북서단에서 서쪽으로 나아간다고 구체적으로 명시되어 있었다. —미국과 캐나다 국경선의 모양을 위해— 논쟁을 거친 후 결국 영국이 미국의 주장을 받아들였죠. 그러나 우즈호의 최북서단이 대체 어디인지 그 누구도 감조차 잡지 못했다.

1824년, 데이비드 톰슨이 다시 등장했다. 이 시기쯤에는 호수의 가장 먼 지점이 어디든 간에 미시시피강이 아니라 북위 49도 선과 만나는 지점을 향해 정확히 남쪽으로 국경선을 그리자고 상호 협의가 되어 있었다. 이제 미시시피강은 전부 미국의 영토였기 때문에 국경선과 아무 상관이 없었다. 미국과 캐나다의 국경선은 우즈호의 가장 먼 지점에서 남쪽으로 내려온 다음, 북위 49도 선에서 서쪽으로 방향을 틀어 로키산맥까지 직선으로 나아가게 될 터였다. 톰슨은 모기가 들끓는 숲을 헤매고 다닌 끝에 때맞춰 우즈호의 최북서단을 찾아냈다. 미국과 캐나다는 바로 이 지점이 동쪽으로 슈피리어호를 가로지르고 뉴잉글랜드까지 이어지는 들쭉날쭉한 국경선 구역의 최종점이 되어야 한다는 데 완전히 동의했다. 이 지점과 남쪽의 북위 49도 선을 잇는 짧은 선도 측량되었다. 드디어 미국은 국경선을 완전하게 갖추었다.

기하학적으로 깔끔한 국경선은 영영 얻지 못하게 되었지만, 영국 천문학자 요한 루트비히 티아크스Johann Ludwig Tiarks가 우즈호 최북서단의 위도·경도상 좌표를 매우 정확하게 공식 확정한 후, 미국과 캐나다는 1842년에 협정을 맺었다. 티아크스는 이 지점을 앵글만이라고 불렀다. 나중에 노스웨스트 앵글로 알려진 이 별난 땅은 어딘가 매혹적이다. 노스웨스트 앵글은 1872년부터 3년 동안 완전히 측량되었다. 90년 전에 파리 조약을 설계한 이들이 이 지역을 부주의하게 다뤘기 때문에 꼭 필요한 작업이었다.

최근 인구 조사 결과를 보면, 노스웨스트 앵글의 정착지에 사는 미국 시민은 모두 123명이다. 캐나다 영토 안에 고립되어 살아가지만, 엄연히 미국 미네소타주 주민이다.

미네소타 어디에서든 육로로 노스웨스트 앵글에 가려면 이상한 경로를 거쳐야 한다. 짜증스러우면서도 재미있는 길이다. 우선 위로 드라는 마을에서 국경을 건너 캐나다 매니토바주로 간다. 정확히 서쪽으로 가다가 북쪽으로 방향을 돌린 다음, 다시 동쪽으로 80㎞ 정도 이동한다. 상상할 수 있는 한 가장 지루하고, 단조롭고, 물이끼 덮인 늪지 같은 초원지대를 달리다 보면 다시 미국 국경 안으로 들어갈 수 있다. 미국 관할 구역 안에서 16㎞를 더 가면 길가에 작은 오두막이 나온다. 오두막에 있는 화상 전화기 버튼을 누르면 저 멀리 어딘가에 있는 공무원이 전화를 받을 것이다. 화상 연결 장치로 여권을 보여주면 공무원이 형식적 질문을 몇 가지 건넨다. 그러면 이렇게 전자적으로 환영받으며 미국의 고립 영토로 들어갈 수 있다.

하지만 이 절차를 준수하지 않는 나그네는 화를 당할지어다. 감춰져 있는 카메라가 제멋대로 국경을 통과하는 사람과 차를 언제라도 발견할 것이다. 마음대로 돌아가려고 했다가는 커다란 곤경에 빠질 것이다. 바로 이곳, 세상에서 제일 긴 비방위 국경선 8,891㎞ 전체에 보이지도 않고 볼 수도 없는 전자 장비가 죽 늘어서서 최선을 다해 미국 국경선을 지킨다. 이 장비는 미국 영토 안으로 들어오려는 이는 누구든 피아를 구별하지 않고 막는다. 우리는 육지를 통해서든 호수를 건너서든 미네소타 노스웨스트 앵글로 갈 수 있다. 겨울에는 얼어붙은 우즈호를 가로질러서 갈 수도 있다. 그러나 어떤 식으로 가더라도 카메라에 잡힐 것이다. 우리는 감시당할 것이고, 우리 위치도 알려질 것이다. 미국의 북쪽 국경선은 무방비해 보일 수도 있다. 하지만 경비는 확실하게 이뤄지고 있다.

5장

경계선 그리기

Borderlines

그래서 지리학자들은 아프리카 지도에
야만스러운 그림으로 틈을 채운다네.
사람이 살 수 없는 구릉지에는
마을이 없어서 코끼리를 놓는다네.

— 조너선 스위프트Jonathan Swift, <시에 대하여On Poetry>(1733년)

1965년 초겨울, 나는 스코틀랜드 헤브리디스 제도의 라세이섬 남쪽 끝 15.5㎢를 담은 작은 지도를 그렸다. 스무 살 먹은 대학생이 부족한 손재주로 그릴 수 있는 가장 훌륭한 지도였다— 내 학위가 이 지도에 달려 있었다—. 정확히는 지질도였다. 라세이섬은 유형도 수명도 모두 주목할 만한 바위가 모인 독특한 풍광을 자랑하기 때문에 선택했다. 예를 들어보자. 라세이섬에는 매력적이고 아주 작고 꼭대기가 평평한 산이 하나 있다. 던 칸Dun Caan이라고 불리는 이 산은 3,000만 년이나 된 화산 현무암으로 만들어졌다. 던 칸에 오르면 근처 스카이섬의 환상적인 경치가 보인다. 1억 5,000만 년 전 백악기에 바다에서 쌓인 바위도 있다. 이곳의 사암에는 철광석층이 풍부하다. 1940년대에는 독일 전쟁포로를 여기 철광석 광산으로 데려와 철광석을 캐내게 했다.

나는 라세이섬으로 와서 지붕이 거의 없어진 오두막에서 한 달 동안 살았다. 섬의 서쪽 해안에 있는 오스케이그 마을 근처였다. 한겨울에는 햇빛이 비치는 시간이 짧았다. 해가 나는 낮이면 대체로 해안선을 따라 해변 풀밭을 터벅터벅 걸어 다니거나 구릉지까지 올라가곤 했다. 날이 저물면 휴대용 석유난로로 저녁을 만들었다. 촛불을 밝혀서 책을 읽거나 현장 답사 노트를 작성하기도 했다. 내가 쓰던 도구는 겨우 기본만 갖춘 수준이었다. 우선 이스트윙사에서 나온 지질학자용 망치가 하나 있었다. 한쪽 끝은 물체를 세게 두드리는 데 썼고, 다른 쪽 끝은 지렛대처럼 무언가를 들어 올리는 데 썼다. 브런튼사의 프리즘 나침반과 여기에 결합된 경사계 하나, 염산을 담은 작은 병 하나, 자그마한 휴대용 돋보기 하나도 있었다. 물론 지도도 한 장 있었다. 가장 중요한 물건이자 나의 자부심과 즐거움의 원천으로, 내가 발견할 수도 있는 지질학 정보를 표시해서, 마침내 학위를 받을 수 있기를 바라며 다른 조사 보고서 15장과 함께 제출할 물리 지도였다. (정말로 학위를 받았다.)

라세이섬에서 지낼 때 몹시 귀중했던 소지품은 영국 육지 측량부the Ordnance Survey에서 펴낸 일곱 번째 지도의 낱장 25번이었다. 25번 낱장의 제목은 '포트리'였다. 포트리는 이 지도에 표시된 마을 중 규모가 가장 컸지만, 사실 라세이섬이 아니라 스카이섬에 있었다. 라세이섬에서는 가장 큰 마을이라고 해봤자 주민 수가 100명에 지나지 않았다. 내가 산 지도는 낱장을 면포 위에 붙여서 특별히 보강

한 버전이었다. 천이 붙어 있으면 5실링, 덧댄 천 없이 종이만 있으면 4실링이었다. 사용된 색깔은 모두 10가지였고, 축척은 그 유명한 1:63,360이었다. 우리 세대 영국인이라면 이 축척이 익숙할 것이다. 지도에서 1인치는 땅에서 1법정 마일에 해당했다.

그때 영국 영토 전역을 나눠서 표현한 지도 낱장은 190장이었다. 1번 낱장 '셰틀랜드 군도-옐과 언스트'에는 최북단 지역이 있었다. 영국 땅 전체에서 가장 북쪽에 있는 작은 섬 머클 플루가와 아웃 스택도 이 낱장에서 보였다. 최남단 콘월은 190번 낱장 '트루로와 팰머스'에 담겨 있었다. 요즘은 축척이 조금 달라졌다—옛 영국식 단위인 마일과 피트 대신 미터법이 쓰인다—. 사랑받았던 1:63,360

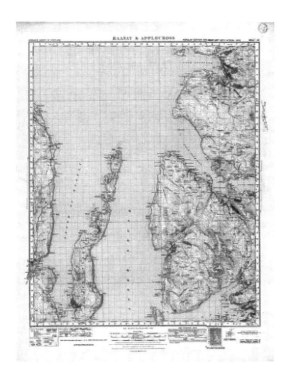

고전적인 육지 측량부 지도에 그려진 헤브리디스제도의 라세이섬. 이지도는 비할 데 없이 뛰어난 지도 제작법의 전형으로 꼽히며 2세기동안 널리 사랑받았다. © Ordnance Survey, 1947

축척은 더욱 냉정한 1:50,000 축척으로 바뀌었다. 그래서 이제는 영국 전역을 나눠서 표현한 지도 낱장이 모두 204장이다. 혹시 걷거나 자전거를 탄다면 403장으로 구성된 1:25,000 축척 지도가 필요할 것이다.

18세기 말에 육지 측량부가 설립된 이래, 영국 사람은 육지 측량부 지도를 쉽게 구할 수 있었다. 축척이니 도량형이니 하는 기술적 세부 사항은 영국인이 이제 육지 측량부 지도와 완전히 사랑에 빠져서 다른 나라 사람들은 이해할 수 없을 만큼 열정적으로 이 지도를 소중하게 여긴다는 사실을 가려버리는 경향이 있다. 내가 알기로 그 어떤 미국인도 정부 기관에서 주문할 수 있는 미국 지질조사국 지형도를 향해 깊고 순수한 사랑을 고백한 적이 없다. 미국 지질조사국 지형도 역시 훌륭한 지도다. 이 지도도 미국 영토 전역을 담고 있다. 하지만 지도를 소장하는 데서 오는, 자세히 들여다보고 상상하거나 기억하는 데서 오는, 기품 있는 외형과 면밀한 정확성에 만족하고 감탄하는 데서 오는, 순수한 즐거움 때문에 이 지도를 사는 미국 사람은 거의 없다.

육지 측량부 지도에서 풍경의 유형과 고속도로, 샛길, 눈에 띄는 건물의 위치를 가리키는 부호는 모두 똑같다. 이 관용 부호를 배우는 일은 여전히 영국의 모든 학생이 겪는 통과 의례다. 너비가 3.5m 이상인 도로를 보여주는 특정한 선은 너비가 더 좁은 도로를 가리키는 선과 살짝 다르다. 경사도가 20% 이상인 고속도로는 역 V자 무늬 한 쌍으로 표시한다. 군용 사격 훈련장, 우체국, 경찰서, 온실을 가리키는 부호도 있다. 풍차 터빈 부호와 풍력 펌프 부호, 등대

부호와 등표 부호, 모래밭 부호와 갯벌 부호, 침엽수 숲 부호와 낙엽수 숲 부호, 수직 암벽 부호와 수직 절벽 부호는 각각 조금씩 다르다. 표석이 잔뜩 깔린 들판, 과수원, 고대 로마 유적지, 로마 이후에 축조된 성의 부호도 있다. 당연히 등고선도 있다. 산꼭대기는 가장 안쪽 등고선에 둥근 점을 찍어서 나타낸다. 한가운데에 점이 찍힌 작은 삼각형은 영국에서 '삼각점trig point'이라고 부르는 삼각측량 지점을 가리킨다. 바로 이 지점 덕분에 이런 지도가 만들어질 수 있었다.

모든 지형지물은 지도의 부호가 알려주는 곳에, 정확하고 엄밀하게 바로 그 위치에 있다. 나는 망치를 들고 던 칸의 꼭대기까지 헐떡거리며 달려간 적이 있다. 라세이섬 현무암의 낱알 모양을 조사하려고 돋보기도 챙겨갔다. 그런데 내 앞에 습지에서 솟아오른 콘크리트 기둥이 나타났다. 기둥 꼭대기에는 놋쇠 난간 세 개가 있었다. 한때 경위의가 놓였던 곳이었다. 그 한가운데 놓인 놋쇠 원판에는 낱말이 네 개 새겨져 있었다. 육지. 측량부. 삼각측량. 위치. 지도를 보니, 바로 이 자리에 빨간 점이 찍힌 삼각형 부호가 있었다.

이런 기념물에 손을 대서 망쳐야겠다고 생각할 사람은 아무도 없을 것이다—특히 땀을 한 바가지 쏟으며 산꼭대기로 올라가서 삼각점 기둥을 찾은 후라면—. 오히려 이런 기념물은 우리나라 역사에서 귀중하다고 여길 것이다. 옛 측량사에 대한 영웅적 기억을 놀리는 농담은 딱 하나 있다. 삼각점을 발견한 등산객들이 그 옆에 돌멩이를 쌓아서 돌무더기를 만들었다고 한다. 오가는 사람마다 관례처럼 돌멩이를 하나둘씩 얹었다. 그렇게 몇 년이 지나자 돌무더기가 어느새 삼각점 기둥보다 훨씬 높아졌다. 만약 산꼭대기를 다시 측량해야 한다면, 이 삼각점 기둥은 돌무더기에 측량 지점 자리를 내줘야 할 것이다.

지도에 열광하는 사람이라면 당연히 영국 전역의 삼각점을 모두 찾아다니게 마련이다. 이런 삼각점은 약 6,200개 있다고 한다. 최근 영국 신문에 삼각점을 찾아다니는 사람의 사진이 실렸다. 사진을 보면, 턱수염을 기른 중년 남성이 비바람을 막아주는 방한용 재킷을 입고 스코틀랜드 동부의 낮은 언덕 꼭대기에 올라서 삼각점 기둥 옆에 자랑스럽게 서 있다. 그는 삼각점을 단 하나도 빠뜨리지 않고 모두 찾아봤다고 했다. 그러는 데 15년이나 걸렸다고 한다. 육지 측량부 지도를 한 장도 빠뜨리지 않고 모두 갖고 있으며 한 장도 빠뜨리지 않고 모두 참고한 덕분에 삼각점을 찾을 수 있었다고도 덧붙였다.

영국 서점이라면 어디든 지도를 판다. 시골 변두리의 자그마한 잡화점에 가더라도 분홍색, 주황색 지도책 표지를(축척에 따라 표지 색깔이 다르다) 찾을 수 있을 것이다. 날씨가 어떻든 야외에서 사용하겠다는 사람들을 위한 방수 버전도 함께 놓여 있으리라.

지도는 지도이기 때문에, 그리고 더 중요하게는 중요한 개념을 상징하기 때문에 소중히 여겨진다. 지도의 존재는 자유 개념에 관해 주목할 만한 이야기를 들려준다. 여기서 자유란 평범한 영국 사람이 유일무이한 땅과 맺은 관계를 즐길 자유다. 영국 대중은 어느 개인이 땅을 사적으로 소유했더라도 모두가 그 땅에 접근할 권리를 지녀야 한다고 결정했다. 이 결정은 땅과 맺은 관계를 즐길 자유를 특히나 분명하게 밝힌다. 영국 대중에게서 뜨거운 사랑을 받은 육지 측량부 지도는 어떻게 해야 이 접근 권한을 가장 잘 얻을 수 있는지 정확하게 보여준다.

토지 소유와 그 사생아인 무단침입에 얽힌 복잡한 철학적·법적 문제는 나중에 다루기로 하자. 하지만 이 장도 세상 육지의 모양과 크기를 분명하게 나타내고 경계를 긋는 일과 관련 있다―땅을 측량하고 민족 경계선을 설정하는 문제부터 가장 작은 땅 구획의 경계를 거니는 문제까지―. 그러니 일부 사회에서는 아름답고 실용적인 지도의 존재 자체가 지도를 보는 사람과 지도가 보여주는 땅의 관계에 깊은 영향을 미친다는 사실은 충분히 언급할 만하다―아마도 영국이 이런 사회의 선두에 있을 것이다―.

육지 측량부가 1791년에 탄생하고, 19세기의 첫 반세기 동안 지도 제작법의 정점에 오른 것은 결코 우연이 아니다. 1791년은 계몽주의가 절정에 달한 시기였다. 19세기의 첫 반세기는 로제티와 키츠, 바이런, 셸리, 콜리지가 활동하던 시대, 영국 역사에서 가장 낭만적인 시대로 꼽힌다. 아울러 산업혁명이 일어난 시대, 과학과 문학과 예술이 손을 맞잡고 국가 구조를 형성하던 시대이기도 했다. 바로 이 시기에 영국 전역이 아름답고 정확하고 과학적인 지도로 그려졌다.

바로 이 시기에 사람들은 처음으로 휴일을 누리기 시작했고, 풍경의 정수를 서정적으로 포착한 그림과 시를 감상하며 영감을 얻었다. 사람들은 시골을 답사하고, 도보로 여행하고, 멀리 방랑하고, 등산하고, 오래도록 산책했다. 스코틀랜드 하일랜드부터 다트무어의 황야까지, 링컨서의 고원부터 도버의 절벽 꼭대기 초원까지 다채로운 땅을 누비며 탐험했다. 이 변화무쌍한 시기에 사람들이 길을 잘 찾을 수 있도록 처음으로 세부 사항을 풍성하게 갖춘 지도가 만들어졌다. 대량 생산된 지도는 적당한 가격에 살 수 있었고, 바람직하게도 정밀했다. 땅 1마일을 1인치로 줄인 축척은 이해하기 쉽고, 유용했다. 게다가 지도는 표현하려는 풍경만큼이나 아름답게 제작되었다.

어느 철학자는 훗날의 측량 역사학자에게 이렇게 썼다. "지도는 방랑뿐만 아니라 자유로운 호기심도 자극하는 것 같다. 지도는 큰 도로의 경계선을 벗어나서 보랏빛 히스가 만발한 땅을 소요하는 사람처럼 정신도 직선적 논리에서 벗어나서 무작위와 자유 연상으로 유희를 즐기도록 고무하는 듯하다."

"지도가 정치적 자유와 평등주의와 관계를 맺은 것은 계몽주의 시대였다. 자연과 고독한 방랑을 향한 깊은 사랑이 지도에 힘을 보탠 것은 낭만주의 시대였다. 계몽주의와 낭만주의 지지자들은 이런 생각을 대규모 '국가적 사업', 육지 측량부에 투사했다."

요즘에는 대영제국에 대한 멸시와 모독이 아니라면, 그러니까 대영제국에 호의적인 말이라면 극히 인기가 없다. 마땅히 그럴 만하다. 전 세계 수백만 명에게는 영국을 불쾌하게 기억할 이유가 분명하고 충분하다. 남아프리카공화국의 주교 데즈먼드 투투Desmond Tutu가 남긴 유명한 말을 들어보자—사실 그가 처음으로 한 말은 아니고, 원래 케냐 정치인 조모 케냐타Jomo Kenyatta가 한 말이다—. "선교단이 아프리카에 왔을 때, 그들에게는 성경이 있었고 우리에게는 땅이 있었다. 그들은 '기도합시다'라고 말했다. 우리는 눈을 감았다. 다시 눈을 떴더니, 우리 손에 성경이 들려 있고 땅은 그들 손에 있었다."

영국은 식민지 모험주의의 전성기에 억압하거나 구속하거나 노예로 삼을 거주민이 전혀 없는 지역도 점령했다. 성경과 잽싼 기도와 맞바꿀 만한 '우리 땅' 개념이 없는 곳이었다. 다행히도 토착민과 소유주가 없던 지역 가운데 하나가 사우스조지아섬이다. 이 섬은 남극 해안에서 몇 백 킬로미터 떨어진 차가운 남대서양 한가운데 떠 있다. 기다란 부메랑 모양의 섬에 눈으로 덮인 날카로운 산맥이 척추처럼 뻗어 있다. 빙하와 깊이 갈라진 피오르도 수십 개쯤 된다. 19세기 말, 이곳에 정착촌을 지은 유럽인은 깊은 바다로 나가서 고래를 사냥하곤 했다.

사우스조지아섬에는 다양한 측면에서 흥미로운 이야기도 깃들어 있다. 어니스트 섀클턴Ernest Shackleton이 이끄는 남극 탐험대의 인듀어런스호가 얼음덩어리와 부딪혀 난파되고, 섀클턴과 동료 생존자들이 마침내 구조된 곳도 바로 이 섬이었다. 여기는 세상에서 제일 큰 바닷새로 꼽히는 나그네알바트로스가 번식하는 곳이기도 하다. 지구상 규모가 가장 큰 킹펭귄 무리 일부가 서식하는 집이기도 하다. 우리 주제와 관련 있는 이야기도 있다. 1950년대, 육지 측량부 지도의 우수성과 심오한 의미를 잘 알았던 잉글랜드 지도 제작자들은 고향에서 12,875km 떨어진 바로 이 섬에 가서 종합적이고 정확한 지도를 그리겠다고 나섰다.

이 공상가들은 모두 청년이었고, 대체로 군인 출신이었다—이 탐사대는 1951년과 1957년 사이에 남반구에서 여름철을 세 번 보냈다—. 가장 흥미로운 사실은 탐사대를 이끈 대장이 이미 영국 전역에 널리 이름을 알린 던컨 카스Duncan Carse였다는 것이다. 카스는 특히 아이들에게 유명했다. BBC 방송국의 인기 있는 라디오 스릴러 드라마 〈특수 요원 딕 바턴Dick Barton, Special Agent〉에서 주인공 역할을 연기했기 때문이었다. 라디오 드라마 속 형사도 뛰어난 지도 제작자가 될 수 있었고, 아남극 지역을 탐험하는 영웅이 될 수 있었다는 사실은 —얼음이 얼어붙은 사우스조지아섬 내부 자체가 몹시 까다로운 난관이었고, 탐사대는 수도 없이 다쳤다— 그 시대의 분위기뿐만 아니라 대영제국이 작동했던 방식의 본질도 잘 보여준다. 이 본질은 억압적이고 편협한 제국의 잔혹함 너머를 볼 때만 드러난다. 지도 제작이라는 과학에는 지적 정직함이 있고, 지도 제작자는 정신의 독립적 고결함을 즐긴다. 지적 정직성과 독립적이고 고결한 정신이야말로 이 세상 어디든 땅의 경계를 정할 때 극히 중요한 핵심이다.

II 부

토지 취득의 연대기

Annals of Acquisition

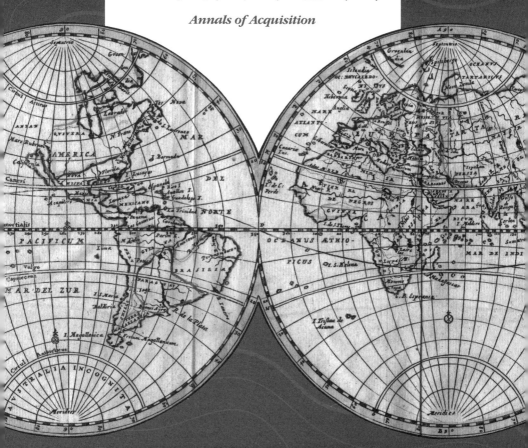

1장 해수면 위로, 해수면 밖으로, 해수면에서

Annals of Acquisition

섬에서 예로부터 전해 내려오는 전통에 익숙했던 유목민 양치기들은 쟁기질하는 사람들과 그들의 이상한 도구, 고분고분한 짐승을 몹시 충격적으로 여겼다. 하지만 이 최초의 농사꾼들은 (…) 이 땅에 남아서 번영했고, 이상야릇하고 곧은 고랑에 새로운 문명의 씨앗을 뿌리기에 이르렀다.

— 도널드 R. 덴먼Donald R. Denman, 《소유의 기원Origins of Ownership》, 1958년

오늘날, 어디든 땅 한 조각을 소유하고 있다고 주장하는 세상 사람들 대다수는 그 땅을 중고품으로 얻었다. 일반적으로 말해서 현재 어떤 사람이 소유한 땅은 그 이전에 다른 사람의 소유였다. 초원이든 황야든, 산비탈 땅이든 시내 중심가 주차장이든, 땅의 역사는 중고차나 중고 세탁기의 역사와 어김없이 똑같은 방식으로 설명할 수 있다. 누군가가 취득한 땅은 과거에 다른 사람이 소유해서 깨끗하게 사용하다가 넘긴 중고품이다.

항상 그런 것은 아니다. 당연히 세상에는 사람이 살지 않거나, 사람이 접근할 수 없거나, 가치 있는 광물이 없어 보여서 그 어떤 개인이나 단체도 소유하지 않고 어쩌다 그 지역에 생겨난 나라만 관

리하는 땅이 어마어마하게 많다. 또한 인간이 한 번도 소유한 적 없고 앞으로도 소유할 일이 없는 땅, 다른 땅 대다수를 정의하는 소유의 사슬 속으로 들어갈 일이 없는 땅이 새롭게 생겨나기도 한다. 다 지질 구조의 힘 덕분이다. 지역에 따라서는 인간의 독창적 발명이나 땅을 향한 거센 욕구 덕분이기도 하다.

아이슬란드 남쪽 해안에 떠 있는 섬 쉬르트세이가 바로 그런 땅이다. 면적이 2.4㎢쯤 되는 이 섬은 1963년 11월에 바다에서 새롭게 생겨났다. 이 섬의 바위는 단단하지 않고 잘 부서져서 파도와 바람에 쉽게 쓸려나간다. 그래서 섬 면적이 서서히 줄어들고 있다. 하지만 섬이 바다 위에 존재하는 동안은 지금처럼 상당히 많은 생명체가 보금자리로 삼을 것이다. 이곳에서 살아가는 새는 모두 14종이며, 갈매기와 바다오리가 가장 많다. 이끼, 지의류, 찻잎 버드나무로 불리는 내한성 관목 등 식물도 많다. 물개와 삿갓조개류, 지렁이, 민달팽이, 거미, 딱정벌레도 산다. 그러나 쉬르트세이는 인간에게 허락되지 않은 땅이다. 인간은 이 섬에 한 번도 방문한 적이 없고 정착한 적도 없다. 과학자만 예외다. 이곳에는 섬 생물군 발달을 연구할 수 있는 임시 합숙소가 한 채 있다. 과학자는 오염이나 감염을 막기 위해 극도로 엄격한 규칙을 따르며 생활해야 한다.*

남태평양의 통가 왕국에도 1990년대 중반에 화산이 폭발해서 새

---

* 사람들이 언제나 규칙을 성실하게 지키지는 않는다. 이 섬을 찾은 어느 식물학자는 정해진 곳이 아닌 데서 아침 용변을 봤다. 그다음 계절에 바로 그 자리에서 토마토가 자라났다. 어느 십 대 두 명은 바다에서 젓다가 쉬르트세이를 처음 발견하고 알 수 없는 이유로 섬 해안의 화산재에 감자를 심었다. 인간의 잘못으로 섬에 들어온 침입종은 완전히 자리 잡기 전에 제거되었다.

로운 섬이 생겨났다. 이때 화산이 하늘로 뿜어낸 화산재가 어찌나 자욱했던지, 태평양을 횡단하는 항공기들이 경로를 바꿔야 할 정도였다. 연기와 재가 다 걷히고 나자 새로운 섬이 보였다. 쉬르트세이보다 면적은 좁지만, 열대 지역에 자리 잡은 덕분에 새로운 생명체가 더 빠르게 찾아왔다. 통가 주민은 새로운 영토에 뉴질랜드의 럭비 영웅 조나 로무Jonah Lomu의 이름을 붙이려고 했지만, 로무가 병에 걸려 세상을 뜨는 바람에 결국 섬의 이름은 더 전통적인 폴리네시아 이름 '홍가 통가'로 정해졌다. 이 섬도 쉬르트세이처럼 침식으로 면적이 줄어들고 있다. 그러니 영웅이든 아니든 인간의 이름을 땄더라면 상징적으로 더 적절했으리라.

반대로 아낙 크라카타우라는 섬은 면적이 점점 늘어나고 있다. 이 섬은 크라카토아라는 무시무시한 화산이 낳은 자식이다—'아낙anak'은 인도네시아 공용어로 자식이라는 뜻이다—. 크라카토아 화산은 1883년 8월에 폭발하며 온 세상을 뒤흔들었고, 극도로 강력한 화산의 대명사가 되었다. 이 거대한 폭발이 있고 반세기가 지난 후, 화산의 자식이 1927년에 바닷속에서 솟아올라 1930년에 완전히 자리 잡았다. 오래전에 허물어진 부모의 분화구 바로 위에 생겨난 아낙 크라카타우는 해마다 1m 넘게 자라고 있다. 현재 이 섬의 높이는 400m나 된다. 섬 전체가 나무와 수풀로 뒤덮여 있고, 거대한 바다 도마뱀을 비롯해 화려하고 극적인 인도네시아 동식물이 가득하다. 아낙 크라카타우는 화산 활동이 극도로 활발하다. 수시로 분출하는 화산은 용암은 물론이고 이따금 런던 버스만큼 커다란 바위를 뿜어내며 방문객을 크게 위협한다. 그래서 아낙 크라카타우에는 영구 정착민도, 개인 소유주도 전혀 없다. 이 섬의 주인인 인도네시아 정부는 누구도 섬에 방문하지 못하도록 감독하는 데 투지를 불태운다.*

오직 자연만이 새로운 땅을 만드는 것은 아니다. 인간도 땅을 만들어낼 수 있다. 새로 생겨난 땅 가운데 일부는 정말로 인간의 손에서 탄생됐다. 인구가 붐비는 여러 지역도 공학의 힘으로, 준설 공사로, 어마어마한 양의 물질을 파내고 버리고 밀어버리고 바다에 갖다버리는 과정으로 생겨났다. 이런 예시는 홍콩에서 많이 찾아볼 수 있다. 1841년에 체결된 난징 조약에 따라 중국(당시는 청나라)은 영국에 "홍콩섬과 스톤커터스섬"을 영구히 양도해야 했다. 영국 해군은 스톤커터스섬의 화강암에 길고 깊은 터널을 뚫어 태평양 함대를 위해 탄약과 무기를 보관했다. 험악하게 생긴 시크교도 군인들이 푸른 제복을 위풍당당하게 차려입고 이곳을 지켰다. 하지만 스톤커터스섬은 몇 년 전에 육지가 되었다. 중국이 바다를 메워서 스톤커터스섬과 본토의 카오룽반도를 연결했다. 이 매립지에는 새로운 아파트와 철도와 지하철 터널이 들어섰다. 이곳의 소유주인 홍콩 정부는 수익을 낼 수 있는 개발자들에게 이 땅을 임대했다—홍콩 땅 전역이 이런 식으로 임대되었다—.

------

* 뉴질랜드 북섬의 베이오브플렌티 지역에 있는 활발한 화산섬 화이트섬은 2019년에 대서특필되었다. 화산이 갑자기 폭발하면서 수많은 관광객이 타죽었기 때문이다. 화이트섬은 버틀 가족의 사유지다—마오리족은 이곳을 와카리섬이라고 부르며 먼저 소유권을 주장했고, 나중에 마오리족 토지 법원이 이 주장을 인정했다—. 화이트섬과 대체로 소유주가 없는 다른 화산섬에는 큰 차이점이 있다. 화이트섬에는 캐낼 수 있는 유황층이 있다. 상업적 동기가 있었기 때문에 —훗날 치명적 결과를 불러올 관광산업도 동기였다— 이 특정한 땅은 사유지가 되었다.

뉴욕 맨해튼에도 인간이 만든 땅이 있다. 매우 단단한 편암과 편마암으로 이루어진 섬의 가장자리를 따라 대규모 매립이 일어났고 섬의 면적이 확장되었다. 호텔과 상점, 사무용 건물과 아파트가 수천 채나 들어선 배터리 파크시티는 맨해튼의 남서쪽 끝 매립지에 건설되었다. 견고한 방어벽을 세워서 바닷물을 막고, 방어벽 내부의 젖은 흙을 말리고 굳게 다지면 단단한 땅이 된다. 그 후 30년 동안 도시 건설이 빠르게 진행되었다. 자유의 여신상이 훤히 내다보이는 이 땅은 뉴욕시 정부 기관의 소유다. 이곳의 땅 한 조각이라도 소유한 개인은 아무도 없다.

샌프란시스코에는 마리나 디스트릭트라는 매립지가 있다. 그런데 마리나 디스트릭트의 흙은 뉴욕시 매립지 대부분에 사용되었던 바닷물을 빼낸 토사보다 더 으스스하고 불길하다. 이곳의 기반암은—기반암이라는 용어를 쓸 수 있다면— 1906년에 샌프란시스코를 거의 완전히 파괴했던 대지진과 화재로 무너진 건물과 도로의 잔해다. 여기서 아이러니가 생겨난다. 오늘날 마리나 디스트릭트나 배터리 파크시티에 사는 사람이라면 이 아이러니를 피하지 못할 것이다. 어마어마한 규모의 대지진이 발생한다면, 누구나 선망하는 이 새로운 땅은 용해될 수도 있다. 아무도 소유하지 않은 이 땅은 외부 압력을 받을 때 점성도가 떨어져서 불안정해질 수 있다. 그 위에 들어선 건물은 푸딩 속에 꽂아둔 막대처럼 아래로 풀썩 쓰러질 것이다.

2_장 댐을 쌓아 만든 섬

Annals of
Acquisition

새로운 땅은 자연이 만들었든 인간이 만들었든 크기
가 작을 수밖에 없다. 그런데 상당히 넓은 새 땅을 만드는 것이 전
국민의 오락이자 향토 산업이 된 나라가 하나 있다. 이 나라는 커다
란 땅을 새롭게 만드는 것으로 국제적 명성도 얻었다.

네덜란드는 중세부터 손수 새로운 영토를 만드는 데 오랜 시간
을 쏟았다. 새롭게 만들어낸 부동산은 반드시 수익성 좋은 사유지
로 만들어서 개인이 유용하게 쓸 수 있도록 했다. 다시 말해 네덜란
드에서 새로운 땅은 공적으로 계획되고 건설되지만, 그 땅의 관리
방침은 개인의 최종적 소유권을 위해 설계된다. 이때 소유의 의미
는 250년 전에 존 로크가 잘 설명해놓았다. "노동을 통해 자신이 가

진 것을 더하면, 그것 역시 그 사람의 소유가 된다." 로크는 이런 개인 소유가 국가의 번영으로 이어지리라고 생각했다—토머스 제퍼슨Thomas Jefferson도 바로 이렇게 예측했다—.

네덜란드는 기본적으로 거대한 진흙 삼각주다. 이 나라는 유럽의 커다란 강 세 개, 라인강과 뫼즈강과 스켈트강(셸드강)의 어귀에 흙이 평평하게 쌓인 곳에 있다. 예로부터 부유하고, 역사가 깊고, 인구가 많고, 안락하고, 평판이 좋은 이 무역 국가는 미쳐 날뛰는 바다와 늘 마주해야 했고, 늘 용맹하게 맞서 싸워야 했다. 오늘날 네덜란드의 12개 주 가운데 여섯 군데—프리슬란트와 헬데를란트, 노르트홀란트, 자위트홀란트, 제일란트, 가장 최근에 생겨났고 꼭 만화책에나 나올 법한 이름이 붙은 플레볼란트—는 이름 끝에 공통으로 '땅'을 의미하는 '란트land'라는 접미사가 붙어 있다. 네덜란드가 국토의 4분의 1이 해수면보다 낮다는 걸 감안하면, 참 아이러니한 이름이다.

언제나 네덜란드의 생존은 끝없이 달려들어서 두드려대는—요즘에는 수위가 끝없이 높아지는— 북해 바닷물과 싸워서 이기느냐에 달려 있다. 그렇다면 이 여섯 주의 이름은 바다와 싸워서 거둔 승리를 오만하게 기념하는 것으로 볼 수도 있다. 혹은 사람들에게 전투태세를 유지하라고, 바닷물을 물리치라고, 바닷물을 만에서 막아내라고 호소하는 전투 기지의 나팔 소리로도 볼 수 있다. 심지어 네덜란드라는 이름 자체도 국토가 노호하는 바다의 끝없는 위협에 얼마나 취약한지 울적하게 상기시킨다. 네덜란드어 국명 'Koninkrijk der Nederlanden'은 '낮은 땅의 왕국'이라는 뜻이다. 이곳은 저지대 국가다. 바다에 위협받는 땅이다.

물에 잠긴 북해 동쪽 땅에 정착한 사람들은 처음에는 환경을 바꾸려는 노력을 별로 기울이지 않았다. 사람들은 습지에서 지내며 뗏목을 만들고, 골풀을 엮고, 토탄土炭을 잘랐다. 토탄을 캐낸 구덩이에 물이 차올라서 그들이 집이라고 부르는 지저분한 습지가 해수면보다 더 아래로 가라앉고, 물에 완전히 잠기고, 살 수 없는 곳이 되는 상황을 있는 그대로 받아들였다. 집이 가라앉으면 바닥이 평평한 배를 타고 근처의 약간 더 높은 지대로 이주했다. 똑같은 생활을 반복하다 보면 새로운 땅도 결국 물에 잠겨서 서서히 가라앉았다.

그런데 11세기 혹은 12세기에 이 땅의 사람들이 흙으로 넓고 튼튼한 제방을 쌓는다는 묘안을 떠올렸다. 제방으로 바닷물이 들어오지 못하게 막는다면 습지가 여름 햇살에 저절로 말라서 이용할 수도 있고 거주할 수도 있는 땅이 될 것이었다. 어쩌면 영원히 물에 잠기지 않는 땅이 될지도 몰랐다. 최초의 제방은 네덜란드 최북부 프리슬란트에 지어졌다. 38.5㎞에 달하는 슬라흐터 제방은 하를링언과 레이우아르던 사이 늪지대를 에워쌌고, 오늘날까지 바닷물을 막아내고 있다. 처음에 습지에 남아 있는 물을 제거하는 방법은 꽤 단순했다. 우선 제방을 세우고 돌로 간단하게 수문을 만들었다. 밀물 때면 바닷물의 압력 때문에 수문이 꼭 닫히지만, 썰물 때 바닷물이 빠져나가면 수문이 활짝 열렸다. 이때 습지에 남은 물도 바깥으로 흘러나가서 땅이 점점 말랐다. 이 초보적인 한 방향 밸브는 프리슬란트에서 훌륭하게 작동했다. 세월이 흐르고 다른 지역에서 습지에 남은 물을 퍼내서 없애는 더 정교한 방식이 고안되었다. 이 방식에는 대체로 풍차가 이용되었고, 네덜란드는 바로 이 풍차로 유명해졌다. 북해의 거센 바닷바람을 활용해 늪지대에 건설된 진흙 수로의 물을 퍼 올리는 배수 풍차는 굉장히 효과적이었다. 좁다란 초지에 지나지 않던 땅 구역이 하나씩 바닷물에서 구조되었다. 이제까지 네덜란드 풍경을 지배했던 토탄과 황새풀, 노란꽃창포가 사라졌고 그 자리를 소와 돼지, 튤립과 사람이 채웠다.*

　이렇게 간척된 땅은 통칭 '폴더_polder'라고 불렸고, 이 단어는 전 세계로 퍼져나갔다. 14세기부터 쓰이기 시작한 이 낱말의 어원은 확실하지 않다. 다만 작게 물이 고인 곳을 가리키는 영어 단어 'pool(웅덩이)'의 어원이기도 한 네덜란드 단어에서 유래된 듯하다. 네덜란드의 해안 간척 체계는 수문학과 육지 만들기의 한계를 훌쩍 뛰어넘었다. 해안 간척지를 만들고 유지하려면 공공 기관의 감독과 지역 주민의 협력이 모두 필요하다. 그러려면 모두가 정치적 이익을 뛰어넘어 엄격하고 확고하게 공정해야 한다. 이 사실 덕분에 '폴더'라는 낱말은 네덜란드 사회의 행동 방식을 입증하는 말이 되었다. 네덜란드 사회는 종교와 정치와 상관없이 국가와 국민 전체의 이익을 위해서 집단으로 뭉치고 결연하게 협력한다. 네덜란드의 국가 철학은 간척지 체계와 관련 있다. 확실히 네덜란드는 해안 간

---

* 제방 구멍에 손가락을 집어넣어서 홍수를 막아냈다는 영웅적인 꼬마 이야기는 사실 네덜란드 이야기가 아니다. 심지어 저지대 국가에서 거의 알려지지도 않았다. 하지만 이야기 속 주인공 한스 브린커를 기리는 조각상은 곳곳에 있다. 이 이야기는 1905년에 세상을 뜬 미국의 동화 작가 메리 메이프스 다지Mary Mapes Dodge가 만들어냈다. 다지는 직접 발간하는 잡지 〈세인트 니컬러스 매거진St. Nicholas Magazine〉에 글을 실어달라고 최고의 작가들을 설득하곤 했다. 러디어드 키플링Rudyard Kipling에게 《정글북The Jungle Book》을 쓰라고 처음 요구한 사람도 다지라고 한다.

척 체계 덕분에 땅을 만드는 이론과 실제를 바탕으로 지도 원리를 세운 지구상 유일한 나라가 되었다.

물론 자연은 해안 간척지를 가만히 내버려 두지 않았다. 18세기 말에 제임스 와트가 발명한 증기 기관 덕분에 펌프장을 많이 지을 수 있게 되었다. 증기 기관 펌프는 이전에 쓰였던 풍차와 아르키메데스의 나선식 펌프보다 훨씬 더 효율적이고 효과적이었다. 하지만 수시로 찾아오는 거대한 폭풍과 홍수는 이 위대한 발전을 모두 퇴보시켜놓곤 했다. 오늘날 네덜란드 사람들은 거의 누구나 나라 역사에서 가장 끔찍했던 날들을 줄줄 외운다―오랫동안 물과 씨름해 온 기억이 가득한 나라이기 때문이다―. 누구든 1703년의 대폭풍―작가 대니얼 디포Daniel Defoe가 "여태 본 것 중 가장 무서웠던 폭풍"으로 묘사했다―, 1717년의 크리스마스 홍수, 성 엘리자베스의 날 홍수(1404년과 1421년), 모든 성인의 날 홍수(1170년과 1570년)를 설명할 수 있을 것이다. 바닷물이 육지로 벌컥 쳐들어온 날에 해당되는 축일의 이름이 붙은 거대한 해일은 이외에도 수없이 많다. 더 최근의 일을 말해보자면, 1953년에 발생한 북해 홍수는 네덜란드 시민 2,500명의 목숨을 앗아갔다. 이 재앙을 다룬 TV 영화는 네덜란드가 국토를 바닷물로부터 지켜내느라 인내해야 했던 각고의 분투를 처음으로 세상에 보여줬다.*

네덜란드의 간척 성공 정도를 보여주는 대차대조표는 폭풍 탓에

---

* 네덜란드의 홍수 통제 및 간척 엔지니어들은 경험과 독창성을 축적하며 해안 간척 시스템을 전 세계에 퍼뜨렸다. 영국과 러시아, 수리남, 태국의 습지대, 이탈리아의 폰티노 습지, 프랑스 지롱드강 하구 근처의 늪지 모두 독창적인 네덜란드 사람이 간척했다.

전혀 인상적이지 않았다. 네덜란드는 처음 간척지를 만들기 시작한 이래 7세기 동안 4,000㎢ 정도를 어렵사리 간척했다. 하지만 이와 동시에 단단했던 육지 5,665㎢를 잃었다. 북해 입구의 만灣이 꾸준히 확장하면서 이 땅을 다 갉아 먹었다. 내륙으로 깊숙이 뻗어 있는 이 거대하고 몹시 울퉁불퉁한 만은 플로리다의 돌리네(석회암으로 이루어진 지형에서 지표가 움푹 파인 구멍—옮긴이)처럼 네덜란드 지형에서 가장 두드러지는 요소다. 네덜란드 북쪽에 있는 이 만은 '자위더르해Zuider Zee', 다시 말해 '남해'라는 잘못된 이름으로 불린다. 프리슬란트 주민이 처음으로 이름을 붙였기 때문이다. 북해의 강풍과 조수가 빠져나가는 물길이 있는 프리슬란트에서 볼 때 이 막대하고 광포한 수역은 남쪽에 있다. 다소 고립되어서 지방색이 강한 프리슬란트 사람들은 이 만이 네덜란드 나머지 지역의 북쪽에 있다는 사실에 아랑곳하지 않았다.

결국 네덜란드는 간척 대차대조표에서 균형을 맞추겠다고 결정했다. 20세기 초 30년이나 걸려서 실현해낸 이 결정보다 더 중대한 도전은 네덜란드 역사에 없을 것이다. 네덜란드는 4,856㎢나 되는 자위더르해 전역을 간척하겠다고 나섰다.

이 대목에서 코넬리스 렐리Cornelis Lely라는 인물이 등장한다. '신은 세상을 만들었고, 네덜란드인은 네덜란드 땅을 만들었다'라는 유명한 농담은 렐리에게 가장 잘 어울릴 것이다. 오늘날 렐리는 마땅하게도 현대에서 가장 인상적인 공학 프로젝트 가운데 하나의 주요 건설자로 기억된다—그의 명예를 기리는 훌륭한 조각상도 많다—. 1994년, 미국 토목 협회는 자위더르해 프로젝트—렐리가 맡은

저명한 수압 공학자 코넬리스 렐리. 렐리는 바다에 방대한 네덜란드 땅을 새롭게 만들고, 네덜란드가 바다의 침식을 견뎌낼 수 있도록 거대한 댐 시스템을 고안하고 건설을 감독했다.
© Getty Images

프로젝트의 공식 명칭—가 엠파이어 스테이트 빌딩과 금문교, 파나마 운하와 함께 현대의 7대 불가사의에 선정돼야 한다고 공언했다.

수압 공학자이자 자유연합당 정치인으로서 기술과 지위를 모두 갖춘 렐리는 1880년대부터 자위더르해를 간척해야 한다고 캠페인을 벌였다. 1893년, 그는 공식적인 토목 계획을 제안했다. 우선 자위더르해의 목이라고 불리는 곳, 즉 내륙 깊숙이 들어온 바다의 입구를 가로질러서 긴 장벽 댐을 짓는다. 댐 안쪽의 바닷물은 염분을 없애고 담수로 만든다. 새로운 댐과 운하를 짓고 이제까지 그 어디에도 존재하지 않았던 거대한 펌프를 이용해 댐 내부의 남쪽, 서쪽, 동쪽에서 물을 뺀다. 그러면 새로운 간척지가 다섯 군데 만들어질 수 있고, 만들어져야 한다. 그 위에 도시가 건설될 것이다. 이로써 국토가 크게 넓어질 뿐만 아니라, 앞으로 영원히 범람을 막을 수 있을 것이다.

이렇게 거대한 프로젝트를 시작하고 유지할 자원과 인내력을 갖춘 곳은 네덜란드 정부뿐이었다. 코넬리스 렐리의 상상력과 예리한 공학 감각, 변치 않는 신망 그리고 네덜란드 정부의 선견지명 덕분에 렐리의 계획은 1917년에 공식적으로 받아들여졌다. 온 국민에게서 사랑받는 빌헬미나 여왕도—여왕의 재위 기간은 58년으로 네덜란드 군주 가운데 가장 오랫동안 나라를 통치했지만, 당시는 전체 재위 기간의 절반도 채우지 못했을 때였다—"자위더르해에 댐을 건설하고 간척할 때가 되었다"라고 공식적으로 선언했다. 이처럼 배수라는 하찮은 일이 국가 역사에서 영웅적 역할을 맡은 적은 거의 없다.

프로젝트의 첫 과제는 길이 32㎞, 너비 30m나 되는 거대한 방벽을 건설하는 것이었다. 노르트홀란트와 프리슬란트 해안 사이에 북동쪽에서 남서쪽으로 길고 곧게 뻗은 대각선 방벽이 들어섰다. 이미 12세기부터 바닷물을 제거해온 지역이었기에 바닷물을 통제하는 경험이 어느 정도 쌓여 있었다. 자위더르해의 목에 댐을 건설한다는 것은 사실상 북해에서 매우 격렬한 수역을 틀어막겠다는 뜻이었다. 자위더르해는 사납기로 악명 높았다. 폭풍과 커다란 파도, 깊은 곳과 얕은 곳을 예측하기 어려운 해저 지형 때문에 바다로 나온 어부와 선원은 몇 백 년 동안 실패를 맛봐야 했다. 아프슬라위트데이크Afsluitdijk, 즉 장벽 댐을 건설하는 프로젝트는 몹시 힘겨웠고, 시간이 오래 걸렸으며, 비용도 많이 들었다.

1927년 여름, 자위더르해 프로젝트가 공식적으로 시작되었다. 선박 500여 척이 동원되었다. 사슬과 버킷, 이랑이 팬 커다란 쇠 호스로 무장한 준설선 함대가 북해와 자위더르해의 깊은 밑바닥에서 빙하 표석 점토—편리하게도 지난 빙하기에 부서진 바위와 자갈, 돌멩이—를 어마어마하게 빨아내어 사실상 탁 트인 바다나 다름없는 곳에 나란히 두 줄로 버렸다.

이 공사가 영국 해협을 가로질러서 둑길을 짓는 일과 비슷했다고 하면 그 규모와 끝없는 난관을 실감 나게 설명한 것일까? 준설선 함대가 세차게 흐르는 물의 힘을 뚫고 투지 있게 앞서가면, 조류와 해류가 작업 결과를 전부 쓸어버리곤 했다. 바닷물 속에서 느리게, 고통스러울 만큼 느리게 표석 점토가 두 줄로 쌓아갔다. 그러더니 점토 더미가 마법처럼 수면 위로 나타났다. 처음에는 넘실대는 파도 사이로 잠깐씩 보일 뿐이었다. 파도가 끝도 없이 흙더미를 두들겨댔다. 특히 겨울엔 거세게 난타했다. 하지만 배도 쉴 새 없이 일했고, 장벽 일부가 완성됐다. 처음에는 수면 밖으로 보이는 꼭대기 몇 개가 전부였지만, 길이가 점점 길어졌다. 마침내 길게 뻗은 장벽이 수면 위에서 사라지지 않았다. 시간과 노력을 쏟아부으면 그 자리에 오래도록 버티고 서 있을 것처럼 보였다.

바로 이때, 선로 부설용 불도저가 여전히 바닷물에 젖은 쌍둥이 장벽 꼭대기로 기어올랐다. 불도저는 장벽 바깥에 정박한 바지선 소함대에서 모래 수백만 톤을 가져와 점토로 쌓아 올린 장벽 사이에 부었다. 불도저는 버드나무 나뭇가지를 엮은 매트리스도 몇 천 킬로그램이나 바닷속에 던졌다—예로부터 이 지역 농가에서는 길고 나긋나긋한 버드나무 가지를 잘라서 바구니를 짰다—. 매트리스는 모래를 안정적으로 받치는 토대가 되어주었다. 그런데 이 고리버들 매트리스 때문에 뜻밖의 문제가 생겼다. 배좀벌레조개가 매트리스를 씹어 먹었고, 매트리스를 한데 묶은 쇠 띠가 녹슬어 부서졌다. 하지만 부서진 부분은 제때 수리되거나 복구되었고, 점토가 양옆에서 보호하는 모래 댐이 바닷물 위로 점점 더 높이 쌓이기 시작했다.

렐리의 설계에 따르면 댐은 암스테르담 기준 수면Amsterdam Reference Level보다 7.62m 더 높아야 했고, 자위더르해를 확실하게 틀어막아서 그곳을 더는 바다가 아닌 곳으로 만들어야 했다. 프로젝트가 성공한다면 자위더르해 전체가 영구히 사라질 것이었다. 모든 지도와 지명 색인에서 자위더르해라는 이름이 지워질 것이었다. 바다는 서서히 담수 처리된 맑은 물이 가득한 호수로 바뀔 것이었다. 호수는 동쪽에서 흘러들어오는 에이설강의 이름을 따서 '에이설호'라는 이름을 얻을 터였다.

1931년 말, 네덜란드는 장벽 댐 완공을 눈앞에 두고 있었다. 남은 작업은 틈 두 곳을 메우는 공사뿐이었다. 썰물 때면 세차게 흐르는 조수가 이 틈 사이로 빠져나가서 새하얀 거품이 이는 급류가 형성되곤 했다. 이 마지막 구멍 두 군데를 메우는 작업은 지독하게 힘들었다. 공사팀은 둘 중 하나를 메우는 데 겨우내 매달려야 했다. 먼저 모래 댐 위로 빙하시대의 불침투성 표석 점토를 엄청난 두께로 갖다 부었다. 그런 뒤 봄철에 잔디 씨앗 수천 톤을 뿌릴 수 있도록 그 위를 미네랄이 풍부한 흙으로 덮었다. 이 작업은 효과적이었다. 바닷물의 흐름이 정말로 멈췄다. 이제 남은 구멍은 딱 하나였다.

1932년 5월 28일, 장벽 댐 프로젝트는 마침내 의기양양한 절정을 맞았다. 질풍 같은 바지선 함대가 마지막 구멍 주변을 부산스럽게 오갔다. 빽빽하게 늘어선 크레인과 드래그라인(버킷이 달린 굴착기―옮긴이)이 소용돌이치는 거센 물속에서 열정적으로 일했다. 수십 대나 되는 필름 카메라가 냉혹한 눈길로 지켜보는 가운데 거대한 물보라가 연달아 튀더니 급류를 막을 표석 더미가 서서히 쌓여갔다. 마침내 댐의 마지막 구멍이 물 샐 틈 없이 밀봉되었다.

자위더르해는 단숨에, 공식적으로, 영원히 사라졌다. 댐 건설자이자 자위더르해의 사형 집행인, 에이설호의 아버지인 코넬리스 렐리는 꿈이 실현되는 것을 보지 못했다. 그는 3년 전 1929년에 세상을 떴다. 하지만 곧 렐리의 조각상이 장벽의 서쪽 끝에 우뚝 섰다. 조각상은 오늘날에도 이곳에 위풍당당하게 서 있다. 장화를 신고 현무암 벽돌탑 위에 올라선 그는 비바람을 견디며 아래를 내려다본다. 바다를 보며 그 자리에 가만히 머물러 있으라고 명령하는 것 같고, 어디 한 번 이 거대한 댐을 뚫어보라고 부추기는 것 같다. 하지만 그가 입은 얼스터 외투(허리띠가 달린 두껍고 헐렁한 코트—옮긴이)의 옷자락이 강풍에 뒤로 휘날리고 있다는 사실에도 주목하자. 이것이 단순히 사실적인 표현인지, 아니면 댐의 앞날을 알려주는 조짐인지는 알 수 없다. 어쨌거나 렐리의 옷자락은 네덜란드 역사에서 여전히 존재감을 뿜어내는 자연의 위력을 일깨워준다. 어쩌면 현재 네덜란드가 특히나 위태로운 상황이라고 경고를 보내는 것일지도 모른다. 해가 갈수록 전 세계 해수면이 높아지고 기후가 극단적으로 변하고 있으니, 네덜란드는 생존 자체를 시험받을 것이다.

물론, 1930년대 네덜란드에서는 이런 일을 생각지도 못했다. 댐 바깥에서 북해가 맹위를 떨치며 네덜란드 국토를 들이받을지라도, 렐리의 댐이 굳건히 버티는 한 네덜란드 내륙은 털끝 하나 다치지 않고 안전할 것 같았다. 게다가 댐이 완공됐으니 이제 사람이 살 수 있는 새로운 땅도 만들어낼 수 있었다. 이제는 이 세상 어디에서든 오직 인간의 힘만으로도 단단한 땅이 깊은 바다 밑바닥에서 솟아오를 수 있었고, 과거에 단 한 번도 존재한 적 없었던 거대한 규모로 만들어질 수 있었다. 완전히 새로운 땅이 끝도 없이 만들어질 터였다.

네덜란드는 간척지를 건설해서 새로운 육지를 만드는 데 일인자가 되었다. 에이설호에도 간척지를 네 군데 만든다는 계획을 세웠다. 호수의 북서쪽에는 비교적 작은 비링에르메이르 간척지를, 그 반대편에는 485.6㎢에 이르는 노르도스트폴더르 간척지를 만들 예정이었다. 네덜란드의 열두 번째 주가 될 플레볼란트는 546㎢짜리 동쪽 간척지와 433㎢짜리 남쪽 간척지 두 곳으로 구성될 것이었다. 비링에르메이르 간척지는 북해를 가로막는 댐이 완공되기도 전인 1927년에 건설되기 시작했다. 더 남쪽에 있는 방대한 플레볼란트 간척지 쌍둥이는 뒤늦게 1957년에야 만들어지기 시작했다. 에이설호 간척지 중에서 가장 규모가 크고 가장 야심만만한 땅인 데다 비용도 훨씬 더 많이 들어갔기 때문이다. 제2차 세계대전을 겪은 네덜란드는 필요한 자금을 간신히 긁어모았다.

재무부에 자금이 충분히 쌓이자 곧이어 힘겨운 건설 사업이 시작되었다. 플레볼란트 간척은 예리한 선을 따라 이루어졌다. 먼저, 높이 6m 제방을 쌓아서 ─세상을 뜬 지 30년이나 된─ 렐리가 처음에 설계한 마름모꼴 수역 전체를 에워싸는 기다란 선을 만들어야 했다. 새로운 섬이 만들어질 시작점은 암스테르담의 외곽 교외와 가까운 에이설호 남서쪽으로 정해졌다. 이 지점과 암스테르담 항만 사이에는 물이 충분해서 거대한 화물선이 부두를 쉽게 드나들 수 있었다. 섬의 북동쪽 끝은 긴 교각으로 노르도스트폴더르와 연결될 터였다. 노르도스트폴더르는 벌써 20여 년 전에 배수되기 시작했고, 당시에는 평평한 새 지평선을 향해 뻗은 경작지와 농장들이 거의 완전히 정착해 있었다. 이곳의 지평선은 과거 바다의 수평선과 정확히 일치했다. 다만 이제는 물이 아니라 나무나 머나먼 교회의 뾰족탑이 지평선을 장식했다.

플레볼란트 제방을 짓고 물 샐 틈 없이 막는 데 7년이 걸렸다. 이 제방을 따라서 서로 멀찍이 떨어진 펌프장 네 곳이 건설되었다. 배수 펌프장에는 오랫동안 간척의 힘을 믿었던 인물 네 명의 이름—메스 로빙크Messrs Lovink, 콜레인Colijn, 보르트만Wortman, 드 블로크 판 쿠펠러De Blocq van Kuffeler—을 붙였다. 펌프장이 아니었더라면 이들의 이름은 잊히고 말았을 것이다. 1966년, 펌프장이 작동하기 시작했다. 거대한 펌프 아홉 개(디젤 구동 펌프 네 개와 전기 구동 펌프 다섯 개)가 습지에서 염수를 빨아들였다. 영웅적인 펌프 하나가 물을 1분에 2,000m³나 빨아올렸다—미국에서 쓰는 갤런 단위로 변환하면 50만 갤런이나 된다—. 펌프는 밤낮없이 돌아가며 높이 5.5m나 되는 주변 바닷물을 전부 퍼 올렸다.

아홉 달이 지나자 간척지는 완전히 배수된 것으로 판명되었다. 두껍고, 시꺼멓고, 깊고, 위험하고, 누구든 올라서자마자 빠져서 헤어 나올 수 없는 진흙밭이 단단하게 굳기 시작했다. 남은 물이 고인 웅덩이도 봄철 햇살에 말라갔다. 진흙도 흙으로 변해갔다. 그러자 네덜란드 정부의 비행기가 생명이라곤 없는 진흙밭 위를 날아다니며 갈대 씨앗 수천 톤을 흩뿌렸다. 갈대는 1967년 여름의 열기에 싹을 틔울 것이고, 얼마 지나지 않아 진흙밭 전체를 푸르게 뒤덮을 터였다.

여름철이 끝날 무렵, 수백만 제곱미터에 이르는 땅이 가슴 높이까지 자란 골풀로 뒤덮였다. 골풀을 일부러 짓뭉개거나, 나중에 기술이 발전한 후로는 불태워서 식물 줄기와 재가 잔뜩 쌓인 땅을 만들었다. 드디어 인간이 이곳을 안전하게 걸어 다닐 수 있었다. 질척한 땅에 빠져서 목숨을 잃을 위험은 사라졌다. 그러자 용감한 기술자들이 시험용 막대를 찔러 넣어서 마른 땅의 깊이를 확인했다— 식물의 증산 작용 덕분에 땅이 마르는 속도가 훨씬 더 빨라졌을 것이다—. 그런 다음, 배수로를 놓을 경로를 계획하고 땅을 파서 수로를 만들었다. 펌프가 여전히 작동 중이었기 때문이다. 이 펌프는 오늘날에도 열심히 돌아가고 있다.

기술자들은 건조된 땅에 묘목을 추가로 심었다. 처음에는 빠르게 자라는 버드나무를, 나중에는 개구리자리, 늪지 질경이, 바다 부들 등 습기를 좋아하는 선구 식물(맨땅에 먼저 침입하고 정착해서 식물 사회를 구성하는 식물—옮긴이)을 심었다. 이 교묘한 방법 덕분에 남쪽 플레볼란트 101㎢에는 던시네인으로 넘어 들어온 버넘 숲처럼 버드나무 숲이 빠르고 교활하게 생겨났다(셰익스피어의 희곡《맥베스Macbeth》에서 맥베스는 그의 성채가 있는 던시네인에 버넘 숲이 넘어오지 않는 한 그도 멸망하지 않는다는 예언을 듣는다—옮긴이). 플레볼란트 제방이 지어진 지 11년 후인 1968년이 되자 새로운 간척지 전체가 무성한 수목으로 뒤덮였다. 농업 전문가는 두껍게 쌓인 토양을 보고 이제 사람이 살면서 작물을 심어도 좋다고 평가했다.

하지만 기반 시설을 먼저 지어야 했다. 먼저 드래그라인 굴착기와 불도저가 들어왔다—처음에는 차축이 절반이나 땅에 박혀서 진흙이 잔물결을 이루며 멀리 퍼지곤 했지만, 곧 환경에 익숙해져 길을 닦았다—. 뒤이어 쟁기와 파종기, 콤바인, 대형 탬핑 엔진, 도로 포장용 로드 롤러, 아스팔트 까는 기계, 시멘트 설비, 연석 제조기, 토대 채굴기, 건축가, 목수, 도시 계획가가 도착했다. 전봇대와 전신주가 세워졌다. 학교와 도서관, 병원, 관공서, 끝도 없이 늘어선 소박하고 현대적인 주택이 지어졌다. 0.4㎢짜리 부지와 0.8㎢짜리 부지에 농장도 들어섰다. 새로운 주를 암스테르담과 유럽과 전 세계로 이어줄 도로가 생겨났고 버스 노선과 장거리 기차 노선도 만들어졌다.

팬케이크처럼 납작하고 바람이 그칠 새 없는 플레볼란트는 네덜란드의 12번째 주다. 바다를 메워서 만든 플레볼란트 땅은 1986년에 완전히 건조되었다. 현재 인구는 40만 명이고, 수많은 마을과 도시, 철도, 고속도로가 들어서 있다. ⓒ Getty Images

반쯤 완성된 풍경과 도시는 기반 시설을 갖추고 사람들을 초대했다. 1968년 1월 1일, 플레볼란트가 마침내 공식적으로 신설되었다. 암스테르담과 로테르담, 헤이그의 신문에 실린 광고는 농지로 개발된 새 땅을 이제 이용할 수 있으며 이곳에서 농장을 꾸리고 싶은 사람들을 모집한다고 알렸다.

단지 농장을 꾸릴 사람만이 아니라 '새 땅을 소유할' 사람까지 모집했다. 새로운 소유주가 훨씬 더 중요했다. 새로운 땅을 만드는 데 들어간 비용은 전부 정부가 댔지만, 정부 소유지로 계획한 땅은 아니었다. 소련이나 중국이었다면 정부가 땅을 차지했을 것이다. 노골적인 자본주의 사회에서도 마찬가지였을 것이다. 정부가 만든 땅을 쪼개서 정치적으로 관련 있는 사람들이나 과시적으로 기부하는 사람들에게 경품처럼 나눠줬을 것이다. 네덜란드는 전혀 다르게 접근했다.

네덜란드는 수세기 동안 소위 '간척지 모델poldermodel'이라는 철학에서 원동력을 얻었다. 간척지 모델은 끝없이 바다와 싸워야 하는 환경에서 생겨난 네덜란드만의 고유한 철학이다. 명백한 특권과 분리를 단호하게 배척하는 태도, 협동과 타협 정신, 정부 주도 프로젝트가 궁극적으로 만들어낼 보상을 주민 모두가 공유할 수 있고 또 '공유해야 한다'는 공존의 믿음이 이 철학을 뒷받침한다. 대중의 공동체 의식 역시 네덜란드를 지도하는 정신일 것이다—다만 네덜란드의 공동체 의식은 언제나 개인주의와 굳게 결합해 있다—. 네덜란드에서는 바다에서 땅이 솟아나도록 계획한 군주나 얼굴 없는 관료들이 새로운 땅을 소유하지 않는다. 새 땅을 간절히 원하는 사람들 가운데 가장 선하고 똑똑하고 성실한 사람들이 소유한다. 간척지 모델은 적어도 영토 분배와 관련해서는 확실히 토머스 제퍼슨과 뜻이 같다. 네덜란드 사람은 제퍼슨처럼 "가능한 모든 수단을 이용하여 좁은 땅 한 뙈기조차 없는 사람을 최소한으로 줄이는 것"이 중요하다고 믿는다. 제퍼슨은 미국의 제4대 대통령 제임스 매디슨James Madison에게 보내는 편지에 이렇게 썼다. "소규모 토지 소유자는 국가에서 가장 귀중하다."

새로운 플레볼란트에 가장 먼저 와서 살았던 소규모 소작농은 에이설호 간척지 개발 당국의 지침을 받아들였다—네덜란드 사람은 대체로 순종적이라 지침을 기꺼이 따른 것 같다—. 이주 후 첫 5년 동안은 과학적으로 결정한 방식에 맞춰서 유채와 아마, 완두콩, 목초를 윤작해야 했다. 만약 모두 잘 풀려서 농부가 충분히 생활할 수 있고 간척지 토양이 예상대로 비옥한 것으로 드러나면, 소작농은 토지 소유권을 얻고 사유지를 설정하기 위해 융자를 신청할 수 있을 것이었다. 은행이 대출을 승인한다면, 농부들은 네덜란드 특유의 집약 농업을 시작할 수 있었다. 휴한지에는 질소를 흙 속에 붙잡아두는 클로버를 심고, 겨울에는 순무를 길러서 가축에게 먹이고, 따뜻한 봄과 여름에는 감자와 비트, 밀, 양파, 보리를 풍요롭게 기를 수 있을 것이었다.

간척 정착지에서는 사회 공학도 어느 정도 시도되었다. 1980년대까지만 해도 네덜란드는 '페르자윌링verzuiling(지주화 또는 기둥화라고 번역한다—옮긴이)'이라는 오래된 현상 때문에 종교적, 정치적으로 분열되어 있었다. 네덜란드의 지배적 세 집단인 가톨릭교도와 개신교도, 진보적 사회 민주주의자는 거의 모든 사회 영역에서 독자적 네트워크를 구축하고 격리되어 살았다. 이를 두고 일종의 상호 존중 분리 정책이라고 부를 수도 있을 것이다. 강제성이 없고 다소 모호한 이 아파르트헤이트는 플레볼란트 정착지 사회의 기반으로 도입되었다—네덜란드의 이 시스템은 세계 다른 곳에서도 찾아볼 수 있는데, 남아프리카공화국과 북아일랜드가 가장 대표적이다. 네덜란드에서는 최근까지도 가톨릭교도와 개신교도의 결혼은 상상조차 할 수 없는 일이었다—.

그래서 1980년대 중반의 신문 광고는 플레볼란트의 궁극적 인구 구성이 국가 전체를 구성하는 기둥들을 그대로 반영해야 바람직하고 사회적으로 건강할 것이라고 은근히 암시했다—당시 플레볼란트는 네덜란드의 12번째이자 마지막 주가 될 예정이었다—. 플레볼란트 거주 지원서 수천 건을 검토해야 하는 정부 관료들은 지원 가족의 종교적, 사회적 소속을 고려했다. 그 결과, 현재 플레볼란트에 사는 40만 명은 네덜란드의 신념 체계를 거의 완벽하게 반영한다. 그 누구도 플레볼란트가 완전히 개신교 지역이라거나 완전히 가톨릭 지역이라거나 완전히 진보적 지역이라고 말할 수 없을 것이다. 통계상 플레볼란트는 그저 네덜란드 땅, 네덜란드 전체를 거의 완벽하게 증류해서 담아낸 땅이다.

주도는 렐리스타트다. 이제 완전히 자리 잡아서 발전한 렐리스타트는 암스테르담 중앙역에서 기차로 37분 만에 갈 수 있다. 전 세계의 수많은 신생 도시처럼 따분하고, 밋밋하고, 단조롭고, 점잖고, 북적거리고, 번창한 도시다. 렐리스타트 시민은 이곳 생활에 확실히 만족한다. 도시 이름은 바닷물의 수문이 닫히고 인간의 수문이 열리기 꼬박 1세기 전에 국민을 위해서, 조국의 안보와 안정을 위해서 방대한 땅을 새롭게 만들겠다는 비전을 품었던 사람에게 경의를 표한다. 누군가 영국 런던의 건축가 크리스토퍼 렌Christopher Wren 에게 했던 말을 코넬리스 렐리에게도 그대로 적용할 수 있을 것 같다. "Si monument requiris, circumspice." 그가 남긴 기념물을 보고 싶다면, 그저 주변을 둘러보라.

물론 코넬리스 렐리가 만든 것은 모든 기념물이 건설된 바로 그 땅이다. 렐리의 야심만만하고 혁명적인 꿈, 댐을 지어 바닷물을 뺀 땅에 사람들이 정착해서 농사짓는다는 계획이 현실에 뿌리내리고 여왕의 공개적 지지를 얻기 전에는 모두가 땅 만드는 일을 오로지 신이나 자연의 권한으로만 여겼다. 네덜란드 국토의 짧은 수명, 오늘날 끝없이 수위가 올라가는 바다 곁에 놓인 전 세계 모든 땅의 짧은 수명을 생각해볼 때 '영속성'은 땅을 가장 잘 설명하는 단 하나의 특징이 아닐 수도 있다. 땅은 땅이 놓인 지구처럼 잠시 생겨났다 곧 사라져버리는 대상일지도 모른다. 현재 네덜란드 사람은, 특히 폭풍이 일고 북해가 네덜란드 땅을 게걸스럽게 핥기 시작할 때 에이설호의 장벽 댐을 걸어서 건너는 사람이라면, 그 누구도 이 아이러니를 피해 가지 못할 것이다.

3장 붉은 영토

전술前述한 식민지 위원회와 그 후계자와 수탁인이 전술한 대륙과 토지, 섬, 상속 재산, 경내, 바다, 강과 호수, 낚시터 모두, 그곳에서 이제부터 발생할 모든 종류의 상품과 특허권, 특권, 우위, 수익 모두, 그곳의 부속물과 부분 모두 영구히 점유하고 향유하도록, 법적으로 소유하도록 허락한다.

- 매사추세츠만 식민지 칙허장(1628년)

만약 땅이 있는 백인이 사기를 당해서 땅을 잃는다면, 그는 땅을 되찾으려고 노력할 것이고 사람들은 그를 비난하지 않을 겁니다.

- 퐁카족 원주민 추장 스탠딩 베어의 1879년 네브래스카 재판 연설.
이 재판에서 드디어 아메리카 원주민이 인간으로 선언됐다.

현대 네덜란드인과는 달리, 1889년 초의 미국 남녀 수백 명은 땅의 짧은 수명을 전혀 걱정하지 않았다. 그해 초봄 미국인들은 말안장과 마차 운전석 위에서, 중서부 한가운데 갓 지어진 목조 플랫폼에 들어선 증기 기차 안에서 조바심치고 있었다. 4월 22일 월요일, 쌀쌀했던 그날은 미국 토지 분배의 역사에서 운명적인 날이었다.

혼란스럽고 엉망진창으로 줄을 선 군중은 말을 탄 미국 기병대 소총수와 나팔수가 정오를 공포하기만을 기다리고 있었다. 미국 대통령이 명령한 바로 그 시간이 되면 대포가 쾅 터지고, 신호를 알리는 총성이 울리고, 깃발이 내려가고, 금관 악기가 울부짖을 것이다.

그러면 수백 명이 장거리 장애물 경주에 나선 경주마처럼 한꺼번에 뛰어나갈 것이다. 전속력으로, 미친 듯이, 득달같이, 아우성을 치며 달려갈 것이다. 사람이 살지 않고, 개발되지 않았고, 소유주가 없는 것으로 알려진 땅 조각의 소유권을 주장하기 위해서였다. 서둘러 달려가서 내 것으로 정한 땅은 앞으로 영원히 나만의 독점적 소유물이 될 터였다.

그래서 말은 얼른 달려 나가고 싶어 안달복달했고, 사람들은 고삐를 잡아채며 기다렸다. 기차의 기관사들은 조절 밸브를 활짝 열어서 증기를 분출할 태세였다. 그들의 눈앞에 곧 오클라호마라는 이름이 붙을 주가 방대하게 펼쳐져 있었다. 오클라호마는 '피부가 붉은 사람들'이라는 뜻의 촉토족 단어에서 비롯됐다. 이 군중―미국 전역에서 몰려온 독신 남성들과 온 가족을 데려온 사람들―이 참여한 행사는 미국 정부가 '랜드 러시land rush(또는 랜드 런land run이라고 함)'라고 이름 붙인 수많은 행사 가운데 첫 번째였다. 랜드 러시는 드넓은 땅에 사람들을 정착시켜서 고된 노동과 상업적 기지를 통해, 바라건대 단기간에 이 땅을 생산적이고, 쾌적하고, 문명화되고, 풍요로운 곳으로 만들고자 고안되었다.

랜드 러시를 통해 장차 정착민이 될 사람들 대다수는 정부 기관이 하는 말을 곧이곧대로 믿기로 했다. 눈앞에 펼쳐진 저 땅, 미국인들이 곧 소유권을 주장할 저 땅은 원래 임자 없는 땅이다. 저 땅은 먼저 와서 요구하고 차지하는 사람이 소유할 수 있다. 모험 정신을 갖춘 개척자라면 누구든, 날랜 말과 예리한 눈과 뾰족한 막대기와 오해의 여지 없이 크고 하얀 깃발을 지닌 사람이라면 누구

든 저 땅을 가질 수 있다. 저 땅은 전인미답의 초원이다. 이미 공식
적으로 측량되고, 지도로 만들어지고, 새 주인을 맞을 준비를 모
두 끝냈다. 이제는 쟁기와 낫과 농가가 들어오기를 기다리고 있
다. 정부 관료가 약속했듯이, 누구도 손댄 적 없고 가진 적 없는 땅
이다. 100년 뒤 네덜란드 플레볼란트에 생겨날 버드나무 숲처럼
훼손된 적 없고, 사용된 적 없는 땅이다. 희망으로 가득 찬 사람들
이 소유권을 주장할 이곳은 완전히 새롭고 주인 없는 땅이다. 꾸
역꾸역 밀려들어오는 새로운 정착민은 이 땅에 사는 최초의 인간
이 될 것이다.

하지만 순전한 거짓말이었다. 오클라호마―단언컨대 현재 미국
에서 원주민 인구가 가장 많은 주― 랜드 러시는 더 큰 맥락에서 봐
야 한다. 아메리카 대륙에서 사람이 살기에 적합한 모든 지역과 마
찬가지로 오클라호마 대초원에도 인간이 오래전부터 정착해 살고
있었다. 이곳의 토착 거주민은 토지 소유를 호의적으로 이해했고,
따라서 이 지역을 완전히 소유하고 있었다.

16세기와 17세기에 유럽 백인이 찾아온 북아메리카 대륙에는 다
양한 원주민 집단이 먼 옛날부터 아주 많이 살고 있었다. 요즘에는
현재 미국인 지역에 원주민 200만 명에서 2,000만 명이 살고 있었
으리라고 추산한다. 현재 남은 어떤 자료를 보더라도 아메리카 원
주민은 상당히 수준 높고 조직적인 집단과 부족을 이루고 살았다.
대체로 농경 사회여서, 농부들이 소도읍 내부나 근처에서 살며 밭
을 경작했다. 이들은 다양한 생계 수단이 되어주는 땅에 몹시 깊은
애착을 느꼈다. 흰 돛을 단 소함대가 뭍으로 다가오는 것을 처음 발

견하고 놀랐던 해안가 원주민들은 어떤 야만스러운 훼방이 그들의 평화롭고 안정적인 삶을 약탈할지 전혀 예측하지 못했다—백인의 훼방은 실로 원주민 세상에 종말을 가져오는 대재앙이자 대학살이었다—.

아메리카에 가장 먼저 찾아온 낯선 백인은 대개 스페인 콩키스타도르, 폰세 데 레온Ponce de León이 이끄는 탐험대로 여겨진다. 1513년, 이들은 탐험대장이 '플로리다'라고 이름 붙인 지역의 동쪽, 서쪽 해안에 상륙했다. 이들은 처음 마주친 원주민을 수상쩍게 여겼다. 편협한 태도로 일관하며 원주민을 경멸했고, 걸핏하면 분노했다. 탐험대 사절들은 현지 원주민—칼루사라고 불리는 사람들—이 몹시 적대적이었으며, 포획과 살인, 노예화 같은 부당한 일을 수없이 당했다고 주장했다.

스페인 탐험대는 직접 발견한 땅이 스페인 영토라고 공식적으로 주장했을 수도 있다. 하지만 북아메리카를 탐험한 뒤 식민지를 건설하지 않고 떠나버렸다—폰세 데 레온이 8년 뒤인 1521년에 다시 북아메리카를 찾아와 식민지를 건설했다—. 이들은 멕시코에 가서 스페인 동포를 찾을 수 있기를 바라며 남서쪽으로 배를 몰았다. 그런데 배가 오늘날 텍사스 땅인 갤버스턴섬에서 난파되었다. 뭍으로 올라간 탐험대는 유목 원주민 집단을 만났다. 대개 카란카와 집단 구성원이었던 이 원주민들은 칼루사 원주민보다 더 친절했다. 원주민은 굶주리는 선원을 안쓰럽게 여기며 생선과 견과를 나눠주었고, 피난처를 마련해서 접대했다. 하지만 얼마 후 스페인 탐험대가 원주민을 공격했다. 원주민과 백인 관계는 다시 한 번 충돌과 학살에 휘말렸다.

카란카와족도, 칼루사족도 오늘날까지 살아남지 못했다. 이들 부족은 이방인이 들여온 질병과 이방인과 벌인 소규모 충돌 때문에 멸족했다.

카란카와족은 계절에 따라 떠도는 유목 집단이었다. 칼루사족이 토지 소유 개념을 완전히 받아들였다고 하더라도, 이들에 대한 기억은 이미 오래전에 사라지고 없다—칼루사족이 토지 소유 개념을 받아들였을 것 같지는 않다. 이들은 해안에서 살았고, 집은 맹그로브 사이에 박은 기둥 위에 놓여 있었다. 땅에서 작물을 기르기보다는 물고기를 잡아서 먹고사는 편이었다—. 한때 플로리다의 물고기잡이 원주민만 살았던 지역엔 이제 고급스러운 저택과 아파트들이 번쩍인다. 이런 건물의 주인은 북부의 추위를 피해 탬파나 네이플스 같은 남부 도시로 이주한 부유한 은퇴자들이다.

이 지역을 처음 식민지로 삼은 스페인 정복자들은 초기 유럽 탐험가들 가운데 지역 원주민을 향한 태도가 불명예스러웠던 예외라 할 만하다. 스페인 콩키스타도르는 식민지 건설이라는 면에서 출발이 좋지 못했다. 스페인보다 더 북쪽에 있는 유럽 국가의 초기 탐험대와 식민지 건설자는 대체로 새롭게 발견한 땅을 좋아했고, 그래서 환대받았다—다만 이들도 스페인과 마찬가지로 제국주의적 동기에서 탐험을 떠났고, 오늘날 기준으로 본다면 똑같이 경멸스럽다—.

어느 네덜란드인은 1609년에 헨리 허드슨과 함께 아메리카를 탐험하며 작은 배, 하프문Half Moon을 타고 허드슨강 상류를 향해 모히칸족이 밀집한 땅 사이로 구불구불 나아갔다. 그는 모히칸족을 "온화하고 다정한 사람들"이라고 일컬었다. 모히칸족도 호의로 보답했다. 150년 후에 열린 회의에서 어느 원주민 부족 원로는 이렇게 이야기했다. "우리 선조는 배를 타고 온 사람들과 즉시 손잡았다. 그리고 친구가 되었다."

머나먼 서부 해안에서도 원주민과 백인의 첫 만남은 우호적이었다. 1579년 6월, 영국의 사략선 선장 겸 탐험가이자 당시 엘리자베스 1세가 총애하던 영웅, 프랜시스 드레이크Francis Drake는 작은 무장 범선 골든하인드Golden Hind를 타고 남아메리카에서 동태평양을 건너 북쪽으로 항해했다. 드레이크는 해안선에 바짝 붙어서 배를 몰았다. 신중하게 항해하기 위해서이기도 했고, 제국주의적 야심 때문이기도 했다. 그는 적도 남쪽 태평양 지역에서는 스페인의 존재감이 강력하다는 사실을 잘 알고 있었다. 스페인인이 드넓은 태평양의 서쪽 지역을—예를 들어 필리핀— 점령하고 정착했다는 사실도 잘 알았다. 하지만 스페인은 태평양 북동부로는 제대로 진출하지 못했다. 후안 로드리게스 카브리요Juan Rodríguez Cabrillo가 태평양 북쪽과 동쪽 해안을 따라 항해하며 오늘날 샌디에이고 지역에서 특히나 유용한 만을 발견했을 뿐이었다. 드레이크는 아직 아무도 차지하지 않은 이 지역을 손에 넣고 싶었다. 그래서 북쪽으로 배를 몰았고, 캘리포니아 북부인 듯한 지역에 마침내 정박했다(어느 날 선원이 눈이 내리는 것을 목격하고 충격을 받았다고 한다. 이 일화 때문에 현대 역사가들은 골든하인드호가 해안선을 따라 아주 멀리까지 올라갔으리라고 추측한다). 정확한 상륙 지점이 어디인지를 두고 여전히 논란이 분분하지만, 아마도 샌프란시스코와 맨도시노 사이 포인트 레이에스 근처의 만이었을 것이다. 이 만에는 현재 드레이크의 이름이 붙어 있다. 이곳의 가장자리를 장식한 절벽은 잉글랜드 도버의 새하얀 백악질 절벽과 놀라울 만큼 닮았다. 드레이크는 이곳에서 40일을 머물렀고, 지역 원주민—아마 코스트 미워크 부족이었을 것이다—과 친밀하게 교류했다. 그는 원주민에게 완전히 매료되었다고 주장했다. 사실 원주민이 드레이크를 훨씬 더 열광적으로 좋아했다. 드레이크를 부족 왕으로 추대했을 뿐만 아니라 드레이크와 선원을 모두 숭배하기까지 했다.

하지만 드레이크의 애정은 겉치레일 뿐이었고, 그 속에 함정이 도사리고 있었다. 분명히 드레이크는 원주민이 "유순하고 자유롭고 다정하며, 교활한 속임수를 부리거나 배반하는 일이 없다"며 이들을 호의적으로 묘사했다. 하지만 성자가 아니라 악당이었던 드레이크는 교활한 속임수를 부리고 원주민을 배반했다. 그는 엘리자베스 여왕의 이름으로 원주민의 땅을 공식적으로 차지해놓고는, 그 땅은 선물이었다고, 교활한 속임수를 모르는 사람들이 "땅 전체에 대한 그들의 권리와 지위를 자유롭게 단념하고 여왕 폐하에게 넘겨주었다"고 주장했다.

드레이크는 새로 차지한 원주민 땅을 '뉴 알비온'이라고 불렀다. 그는 골드하인드호의 대장장이를 시켜서 토지 소유권을 공식적으로 명시하는 놋쇠 판을 만들었다. 엘리자베스 1세가 승인한 것처럼 꾸미려고 잉글랜드 6펜스짜리 은화도 용접해서 붙였다. 나중에 드레이크는 놋쇠 판을 야영장 근처에 있는 튼튼한 기둥에 박아놓았다고 기록했다. 이 놋쇠 판은 아직 발견되지 않았다―1930년대에 그럴듯한 위조품이 나타나서 수많은 사람이 속아 넘어갔지만, 더 나중에 과학적으로 진위가 밝혀졌다―.

드레이크의 주장은 이후 수백 년 동안 영국과 북아메리카의 관계에 깊은 영향을 미쳤다―요즘이라면 극악무도하게 뻔뻔스러운 주장이라고 할 것이다. 미워크족이 몇 세대에 걸쳐 만족스럽게 살아왔던 땅을 넘긴다는 데 진지하게 동의했다는 것은 상상조차 할 수 없는 일이다―. 일부 역사학자나 법학자가 보기에 드레이크의 주장은 잉글랜드가 북아메리카 전체를 차지한다는 뜻이었다. 다시 말해 동부 해안에서 서부 해안까지 북아메리카 전역이 ―당시 아메리카 내륙 대부분이 탐사되지 않았다― 잉글랜드의 식민지가 된다는 뜻이었다.

당대 법정은 드레이크가 미워크 부족의 땅을 손아귀에 넣은 일을 극악무도한 몰염치라고 여기지 않았다. 엘리자베스 1세는 드레이크의 아메리카 탐험으로 크나큰 혜택을 얻고 고마움을 느꼈다. 1580년, 여왕은 런던 동부의 데포드 항구로 친히 나가 골든하인드호의 후갑판에 올라서 드레이크의 어깨에 검을 갖다 대고 기사 작위를 수여했다. 데포드 항구는 이제는 프랜시스 드레이크 경이 된 사략선 선장이 4년 전에 출항했던 바로 그 항구였다.

어쩌면 아메리카 원주민을 향한 잉글랜드의 태도가 처음에는 나쁘지 않았을지도 모른다. 제국주의의 선봉에 있던 사람들은 직접 만나본 원주민을 긍정적으로 평가했을지도 모른다. 처음에는 모히칸족부터 미워크족까지 아메리카 해안 양쪽에 살던 토착 부족을 온화하고 순수한 사람들이라고, 친절하게 대하고 존중해야 하는 사람들이라고 생각했을지도 모른다. 하지만 이런 찬사는 겉치레일 뿐이었다. 신대륙을 찾은 이방인의 마음속 깊은 곳에는 약삭빠르고, 냉소적이고, 계산적인 속내가 숨어 있었다. 먼 과거부터 이 드넓은 대륙에 살아왔던 원주민은 이 땅을 너무도 간절하게 바라는 이방인에게 경쟁자일 뿐이었다. 유럽에서 온 이방인은 16세기부터 이 땅을 탈취하려는 작업에 착수했다. 이 기나긴 작업은 처음에 은밀하게 이루어졌다.

교활한 구매 과정을 거쳐 겉으로는 분별 있어 보이는 교환부터 노골적인 강탈까지, 토지 약탈 과정은 복잡했고 갈수록 빠르게 이뤄졌다. 유럽은 오만하고 부정적인 태도로 토지 약탈을 감췄다. 원주민이 열등하다는 생각은 사실상 거의 모든 제국주의 탐험을 정의하는 요소였다. 원주민에 대한 멸시는 토지 점유로 이어졌다―원주민의 토지를 수탈한 이는 유럽의 식민지 개척자뿐만이 아니었다. 신생 독립국 미국의 시민은 미국이 북아메리카 전체를 지배할 운명이라고 야심차게 주장하며 훨씬 더 극적인 방식으로 원주민 토지를 강탈했다―. 결국 수천 년 동안 원주민을 지탱해왔던 땅이 거의 전부 유럽인의 수중에 떨어졌다.

아메리카 땅에 처음으로 완전히 조직되고 마지막까지 살아남은 잉글랜드 정착지 두 곳은 버지니아주 제임스타운에 본부를 두었던 버지니아회사와 매사추세츠주 세일럼 항구를 근거지로 삼았던 매사추세츠만 식민지였다. 이곳의 정착민은 ―잉글랜드 군주의 이름으로― 새롭게 지배할 땅을 차지하고 소유할 권리와 의무가 점점 더 확실해진다고 여겼다.

네덜란드의 인문학자이자 시인 휘호 흐로티위스Hugo Grotius는 원주민 토지 강탈을 널리 정당화하는 법적 의견을 냈다. "한 번도 사람이 거주한 적 없고 개간한 적 없는 공유지는 누구나 자유롭게 소유해서 개량할 수 있다." 그가 이 문장을 담아서 쓴 문헌은 당대 유럽에서 지혜의 정수로 여겨졌고, 식민지 정착민은 원주민 토지를 마음껏 강탈할 수 있었다.

그런데 청교도 일부는 약탈을 전면적으로 승인하는 이 주장을 차마 그대로 받아들일 수 없었다. 청교도는 성경의 권위에 기대서 추가로 정당성을 얻어내려고 했다. 아메리카에 정착한 청교도 집단은 상당히 초기부터 왐파노아그 부족을 존중했다—왐파노아그 부족은 자기들 땅 한복판에 들어와서 불안에 떠는 낯선 이들을 성심껏 도왔다—. 아울러 이 친절하고 교양 있는 원주민이 틀림없이 아주 오랫동안 이용해온 땅을 특별하게 숭배한다는 사실을 잘 이해했다. 원주민의 농업이 수준 높게 발달했다는 사실도 알았다. 왐파노아그족의 대추장 매서소이트Massasoit는 그들이 두 발로 밟고 선 땅을 어떻게 느끼는지 다음과 같이 설명했다. 땅은 "우리의 어머니다. 땅은 네발짐승과 새와 물고기와 인간 모두, 자식들 모두 먹여 살리신다. 숲과 개울, 땅 위의 모든 것은 모두의 것이고 모두가 함께 사용해야 한다. 어떻게 그 전부가 한 사람만의 것이라고 말할 수 있겠는가?"

매사추세츠만 식민지의 두 번째 총독이자 가장 영향력이 강했던 총독인 존 윈스럽John Winthrop은 처음으로 흐로티위스의 의견에 토지 소유*를 뒷받침하는 종교적 권위까지 보탰다. 그는 단지 땅을 소유하는 것뿐만 아니라 땅을 개량하는 것도 기독교인의 의무라고 주장했다―영국 철학자 존 로크가 50년 후에 더 강력하게 이런 주장을 펼쳤다―.《창세기》에서 신은 인류에게 "생육하고 번성하여 땅에 충만하라, 땅을 정복하라"라고 명령했다. 따라서 윈스럽은 식민지 정착민이 토지를 소유할 천부적 권리와 시민적 권리를 모두 갖고 있다고 주장할 수 있었다. 이 권리는 오로지 땅에 '울타리를 치고 거름을 주며 땅의 가치를 높일' 때만 생겨났다. 윈스럽은 대서양을 건너 서쪽 신대륙으로 오는 사람들을 위해 1629년에 펴낸 팸플릿에 이런 주장을 담았다.

영국의 군인이자 탐험가 존 스미스John Smith는―플리머스 식민지 북쪽과 서쪽 지역에 '뉴잉글랜드'라는 이름을 붙인 사람― 식민지 개척자가 토지를 취득해야 한다고 윈스럽보다 더 강경하고 단호하게 주장했다. 그런데 스미스는 토지 점령을 정당화하는 데 어떠한 식이라도 신을 들먹일 필요가 없다고 생각했다. 버지니아 제임스타운에 식민지를 건설하는 데 중요한 역할을 맡았던 스미스는 영

---

* 토지 소유에 대한 왐파노아그족의 전통적 관점은 전 세계의 고대 사회에서 토지를 바라보던 태도와 상당히 유사하다. 이 개념은 나중에 더 자세히 살펴보겠다. 유대인은 모든 땅이 신의 것이며 "이방인과 떠돌이"는 땅을 소유할 권리를 타고나지 못했다는 여호와의 계명과《레위기》를 통해 토지에 대한 관점을 형성했다. 함무라비는 바알신의 허락을 얻어서 바빌론을 다스렸다. 바빌론 근처의 땅을 원하는 시민은 신의 대리인인 왕을 섬기기만 한다면 누구나 땅을 빌려 쓸 수 있었다. 제국 시기 중국에서도 백성은 신을 대신해서 나라를 소유한 천자를 섬기는 대가로 토지를 이용할 수 있었다. 심지어 유럽에서 신앙심이 그리 깊지 않았던 지역에서조차 남작과 주교는 자신이 신을 섬긴다고 생각했다. 그래서 사람들에게 토지 사용을 허가하며 인간의 길로 천상과 지상을 연결하는 기나긴 의무를 다한다고 생각했다.

국인이 원하는 땅에 거주할 수 있고, 원하는 땅을 소유할 수 있어야 한다고 믿었다―그가 지역 원주민인 포와탄족에게 혼란스럽고 상반된 감정을 지닌 것은 이해할 만하다. 포와탄족은 그를 처형하려고 했다. 훗날 스미스는 추장의 딸 포카혼타스*Pocahontas*가 처형을 말리지 않았더라면 정말로 죽임을 당했을 것이라고 주장했다―. 스미스는 아메리카가 영국 사람을 모두 품을 만큼 땅이 넉넉하며, 자기가 아는 한 그 땅 모두 임자 없는 빈 땅이라고 말했다. 만약 이 사실로도 마음이 놓이지 않는다면, 포와탄족이든 왐파노아그족이든 이제까지 마주친 원주민은 땅이 금전적으로 가치 있다고 여기지 않는다는 사실을 기억하라고 덧붙였다. "그들에게 구리 칼 하나와 장난감 몇 개, 구슬 목걸이나 손도끼 몇 개만 주면 나라 전체를 내어줄 것이다. 그렇게 하찮은 물건으로 그들이 사는 집과 터전을 살 수 있다."

국제법과 성경, 순전한 필요 외에도 토지 약탈을 정당화하는 근거가 하나 더 있었다. 바로 왕의 명령이었다. 특히 잉글랜드에서는 왕이 '신의 은총'을 받아 나라를 통치하고 지배한다고 생각했다. 식민주의 탐험을 허가한 공식적 칙허장은 식민지 정착민에게 원하는 땅을 왕의 이름으로 차지할 권리―사실은 의무―를 내주었다. 식민지 정착민은 왕의 이름으로, 다시 말해 의심할 수 없는 신의 이름으로 부동산―왕의 재산―을 만들 수 있었다.

원주민 토지를 강탈하는 행위를 정당화하고 윈스럽과 스미스 같은 식민지 지배자들이 발전시킨 구체적 개념에 아주 유서 깊고 충격적일 만큼 뻔뻔한 법률 조항이 덧붙었다. 오늘날에는 이런 뻔뻔스러운 태도를 대체로 '발견자 우선주의Doctrine of Discovery'라고 부른다. 발견자 우선주의는 '로마누스 폰티펙스Romanus Pontifex(로마 교황이라는 뜻—옮긴이)'*라는 교황 칙서를 받은 15세기 포르투갈 황제가 처음 제시했다. 기본적으로 이 칙서는 당시 아프리카를 침략한 포르투갈이 서아프리카 땅을 원하는 만큼 점령해도 좋다고 허가했다. 이 칙서에서 비롯한 발견자 우선주의에 따라 유럽 국가는 비기독교도가 사는 낯선 땅을 운 좋게 발견한다면 그 땅을 차지하고 유럽 방식대로 살지 못하는 불운한 이교도를 식민지 주민으로 삼을, 양도할 수 없는 권리를 행사할 수 있었다—처음에 이 개념은 오직 포르투갈과 스페인의 식민주의 야망에만 관련 있었으나, 결국 아메리카 역사 전체를 지배했다—.

잉글랜드와 프랑스도 곧 포르투갈을 그대로 따라 하며 발견자 우선주의를 자국에 적용했다. 대영제국과 프랑스제국은 수세기에 걸쳐 급성장하는 동안 전 세계에서 저지른 짓을 발견자 우선주의로 정당화했다. 미국도 1780년대부터 유럽과 똑같거나 비슷한 발견자 우선주의를 이용해 이제까지 원주민이 정착해 살고 있던 땅을 약탈했다. 발견자 우선주의는 내가 깃발을 꽂은 땅은 나의 것이라고 알려주었다.

---

* 이 칙서는 교황 니콜라우스 5세가 1454년에 발행했다. 혼란스럽게도 '로마 교황'이라는 제목이 붙은 칙서는 하나 더 있다. 이 칙서는 유럽의 토지 약탈과 별로 상관없으며, 오스트리아에 사는 유대인에 관한 문제를 다룬다. 우리가 살펴보는 '로마 교황' 칙서에는 포르투갈이 아프리카의 보자도르곶(서사하라에서 밖으로 튀어나온 절벽인 이 유명한 해양 지형의 중요성은 필자의 다른 저서《대서양》에서 설명해두었다) 이남에서 발견한 땅은 어디든 마음대로 차지해도 된다는 내용이 담겨 있다. 그뿐만 아니라 교황은 이 칙서를 통해 비기독교인은 노예로 삼아도 좋다고 승인했다.

영국은 한 발 더 나아갔다. 영국은 발견자 우선주의가 땅뿐만 아니라 인류 전체에 대한 권한으로 확대됐다고 믿었다. 그래서 아메리카 원주민 다수를 노예로 삼았다. 아이러니하게도, 발견자 우선주의와 식민지 확장의 일인자로 평가받는 스페인은 이미 16세기 중반에 아메리카 원주민을 노예로 삼는 일을 불법으로 규정했다. 그 탓에 영국은 속임수와 교묘한 꾀를 써가며 카리브해 플랜테이션에서 원주민을 노예로 부렸다. 영국은 발견자 우선주의가 억지로 가정하는 토지 강탈과 노예화를 말 그대로 이행한 것이다. 나중에는 미국도 원주민 수천 명을 노예로 삼았다. 요즘 '다른 노예제other slavery'로 불리는 이 관행은 교활한 방식으로 자행되었다. 재정 부채를 구실로 삼은 강제 노동은 남부 플랜테이션에서 원주민을 아프리카에서 끌고 온 노예와 함께 부리는 고전적 수법이었다.

이렇게 토지 약탈을 정당화하는 원칙이 고안되고 합의되었다. 신이 허락한 권리와 교황의 공식적 승인을 얻은 식민지 정착민은 아메리카의 다양하고 무수한 원주민이 먼저 정착했던 땅에 유럽 깃발을 꽂았고, 마음대로 땅을 빼앗았다. 유럽 각국이 약탈물을 주워 모으고자 거세게 돌진하기 시작했다—곧 땅과 땅의 풍경이 세속적으로 사용되고 상품으로 매매될 터였다—.

이제 토지는 완전히 자산으로 여겨졌다. 인간의 노동이 이 자산의 가치를 분명히 드러낼 수 있었다. 17세기에 널리 발간되어 인기를 끌었던 윌리엄 페티William Petty의 글이 이런 메시지를 전달했다. 페티는 당대 잉글랜드의 경제적 사고를 뒤집어놓았다. 사고의 폭이 굉장했고 재능이 비범했던 수학자이자 언어학자, 천문학자, 측량사, 항해사, 의사*였던 페티는 땅이 돌과 풀 따위로 이루어진 변함없는 자원이 아니라고 잉글랜드를 설득했다. 땅은 인간의 노동이 더해지기만 해도 고유한 자본 가치가 드러나는 자산이다. 게다가 땅의 고유한 가치는 단순한 수요·공급 원리에 따라 늘어날 것이다. 땅의 공급은 제한되어 있지만, 땅을 원하는 인구는 언제나 증가할 것이기 때문이다. 따라서 땅에 대한 수요는 항상 증가할 것이고, 땅값도 갈수록 오를 것이다. 땅은 이론에서나 현실에서나 관련된 사람 모두에게 이익을 가져다준다. 그러니 아메리카에 도착한 식민지 개척자는 이익을 얻고 번영하고 싶다면, 경제 성장의 눈부신 정점으로 식민지를 이끌고 싶다면, 반드시 땅을 손에 넣어야 했다.

식민지 관리자들은 이 의견에 전적으로 동의했다. 한동안 버지니아는 바다를 건너는 편도 뱃삯을 낸 식민지 정착민에게 저당 잡히지 않은 토지 0.4㎢를 주었다. 이 미끼가 엄청나게 인기를 끌어서 버지니아로 들어오는 배가 이민자로 미어터지자, 버지니아는 서둘러 약속을 취소했다. 그 대신 5실링이라는 헐값에 토지 0.2㎢를 내주었다. 그래도 사람들이 신세계로 떼 지어 몰려왔다. 역사가 로

---

* 페티의 명성은 1650년에 발생한 기묘한 사건에서 비롯됐다. 당시 옥스퍼드 대학교의 해부학 교수였던 페티는 앤 그린Ann Green이라는 젊은 여성의 시신을 해부하자고 제안했다. 앤 그린은 영아 살해 혐의로 공개 교수형을 당했는데, 그때 지인들이 죽음을 앞당겨주려고 15분 동안 그린의 다리에 매달렸었다. 페티는 해부용 메스를 준비하다가 그린의 목구멍에서 달그락거리는 소리를 들었다. 그린이 여전히 살아 있다는 사실을 깨달은 페티는 그린에게 브랜디를 주고 다리를 주물러주었다. 게다가 기이한 이유로 관장제까지 먹여서 그린의 의식을 완전히 되살려놓았다. 그린은 20년을 더 살았고, 결혼해서 자식을 세 명 낳았다. 아울러 그린은 결코 살인을 저지르지 않았으며, 죽은 갓난아기는 사산된 상태였다고 주장했다. 거의 모두가 —앤 그린의 기적적인 부활 때문에— 그린의 말을 믿었다. 그린의 구세주인 페티도 마찬가지였다.

버트 베벌리Robert Beverley는 이들 대다수가 "오로지 드넓은 땅의 주인이 된다는 것에만 관심을 보였다"고 말했다.

그때부터 토지를 향한 욕망은 아메리카가 지닌 매력의 정수가 되었다. 애초에 아메리카로 이주하는 이유는 구세계의 경직된 제약에서 벗어나 종교적·정치적 자유를 찾겠다는 것이었지만, 소유욕이 그 고결한 이유를 뛰어넘었다. 땅은 소유할 수 있는 대상, 그것도 넉넉하게 소유할 수 있는 대상이었다. 다른 사람들이, 다른 공동체가 그 땅을 소유할 유효한 권리를 지닌 주인이라는 불편한 진실은 무시되었다.

자, 드디어 오클라호마 랜드 러시가, 미국의 토지 분배에서 가장 깊은 핵심인 사건이 임박했다. 그저 세월이 조금 더 흐르면 토지 강탈 역사에서 특히나 지독했던 사건이 생겨날 것이다. 식민 지배가 150년 정도 더 이어진 후 대영제국의 거대한 아메리카 영토 잔해에서 미국이 생겨나면, 100년이 더 흘러서 조지 워싱턴George Washington의 독립 정부부터 에이브러햄 링컨Abraham Lincoln의 재임까지 마치고 나면 곧 랜드 러시가 일어날 것이다. 그러는 동안 원주민의 땅은 점점 줄어들었다. 원주민은 죽임을 당하거나 외딴 보호 구역에 억류되었다. 원주민 보호 구역은 대체로 물이 없거나, 척박하거나, 물도 없고 척박하기까지 한 지역이었다. 인간이 감히 뚫고 들어갈 수 없는 이런 곳은 백인이 절대로 원하지 않을 지역이었다. 원주민은 쫓겨나서 집 없이 노숙하거나, 야만스러운 법률에 따라 제재받기도 했다. (수많은 비판적 환경 운동가가 보기에) 이런 조치 때문에 오늘날 미국에서 원래 거주민은 대체로 땅이 없으며, 이들의 땅을 차지한 사람들은 원주민이 상상조차 못 했을 방식으로 땅을 욕보이고 파괴하고 있다.

아메리카 원주민은 땅을 보살폈다. 땅을 갈고, 거름을 뿌리고, 관개 수로를 파고, 옥수수와 호박과 콩과 목화를 풍요롭게 수확했다. 불도 잘 활용했다. 원주민 집단에는 대개 부싯돌을 잘 쓰는 구성원이 있었다. 이들이 피운 불로 사냥감을 몰아서 에워쌌고, 숲을 정리해서 화전을 일구었고, 밤을 환하게 밝혔다. 원주민은 길을 닦고 교역망을 만들었다. 커다란 무리가 빠르게 이동할 수 있도록 숲에서 나무를 솎아내고 널찍한 공간을 만들기까지 했다. 정착 부족은 마을에 붙박이 숙소를 지어서 생활했고, 유목 부족은 이동식 집을 만들어서 생활했다. 각 부족은 통치 체제도 있었다. 의식을 치르고, 회의를 열고, 상과 벌을 내리고, 공동체 기강을 바로잡았다. 신을 모시고, 사원을 짓고, 토템을 조각했다.

요컨대 아메리카 원주민은 문명을 발달시킨 수준 높은 사람들이었다. 요즘 미국인 대다수는 소중한 원주민 부족이 거의 사라지고 없다고 생각하지만, 사실 오늘날까지 살아남아서 공식적으로 인정받은 부족은 500개나 된다. 이들이 사용하는 언어는 굉장히 다양하며, 그 어원 역시 몹시 풍성하고 복잡하다. 아메리카 원주민은 모두 2만 년 전에 태평양 북쪽의 러시아 동부와 알래스카 서부를 연결한 베링 육교를 건넜던 이들과 유전적으로 연결되어 있다—이 사실을 잊지 말자—. 따라서 유전학상 아메리카 원주민은 태평양 사람들이다. 즉, 본질상 아시아 사람이다. 아니, 유럽인이 아메리카 대륙을 휩쓸고 너무도 많은 것을 빼앗기 전까지는, 원주민은 본래 인간이라고 할 수도 없는 야만인이라고 여기기 전까지는, 유럽이 아메리카에 정착해서 처음 세운 국가의 원시인이라고 여기기 전까지는 아시아 사람이었다.

첫 번째 아메리카 식민지가 건설된 후 100년이 넘는 세월 동안, 유럽인과 아메리카 원주민의 거래가 빠르게 진행되었다. 유럽의 개개인은 원주민에게 허둥지둥 쓴 조약서나 매매 증서를 안겨주고 원주민의 땅을 얻어냈다. 이때 원주민에게 치른 비용은 하나같이 터무니없는 헐값이었다. 유럽 국가는 이런 거래를 완전히 허용했다. 그런데 1763년이라는 중대한 해에 이 거래가 느닷없이 전면 중단되었다. 최소한 거래가 잠시 제한되고 통제받았다. 무려 잉글랜드의 별나지만 친절한 농부 왕, 조지 3세가 개입한 덕분이었다.

조지 3세가 발표한 공식 성명에 따르면, 이제부터 잉글랜드의 식민지 정착민은 애팔래치아산맥의 산등성이 서쪽에 있는 땅은 점령하거나 구매하거나 정착할 수 없었다. 조지 3세는 애팔래치아산맥과 대서양 사이, 이미 정착민으로 빽빽하게 들어찬 식민지 13군데면 당분간 충분하리라고 여겼다. 그 너머 서쪽은 —왕실은 식민지 개척자들이 이곳에 진지하고 꾸준한 관심을 두지 않는다고 보았다— 이제 오로지 원주민만을 위한 땅, 원주민이 방해받지 않고 별 탈 없이 지낼 수 있는 땅이 될 것이었다.

이 1763년 선언 라인The Proclamation Line은 서쪽을 향한 맹렬한 팽창을 잠시 진정시켰지만, 애초의 귀중한 목표를 달성하는 데는 실패했다—극도로 허점이 많았던 데다 얼마 안 가서 널리 무시받기까지 했다—. 오히려 요즘 조지 3세의 성명은 아메리카 정착민을 격분시킨 수많은 요소 가운데 하나로 평가받는다—어찌 감히 런던 왕실이 아메리카 정착민에게 거주지를 명령하는가!—. 조지 워싱턴도 국왕의 성명에 분노했다. 전문 측량사였던 워싱턴은 더 질이 좋고 가치가 높은 땅을 충분히 알아볼 수 있었다. 프렌치 인디언 전쟁French and Indian War에 참전해서 토지로 포상을 받게 되었을 때는 직접 꽤 질 좋은 땅을 고르기까지 했다. 그런데 곤란하게도 130㎢쯤 되는 그의 훌륭한 경작지가 1763년 선언 라인의 서쪽에 있었고, 그는 그 땅을 소유할 수 없게 되었다. 본국의 식민 통치에 대한 분노는 거병으로 이어졌다. 아메리카 식민지 주민은 1776년에 독립을 선언했고, 영국군과 아메리카 민병대는 6년간 전쟁을 벌였다. 원주민 토지에 관한 문제는 미국 독립 혁명을 일으킨 수많은 원인 중 하나였다. 전쟁을 이끌었던 조지 워싱턴은 마침내 신생 공화국의 대통령직에 오르는 것으로 절정을 맞았다.

1763년 선언 라인은 영국이 프랑스와 벌인 7년 전쟁Seven Years War에서 승리를 거둔 후에 그어졌다—북아메리카에서는 이 전쟁을 앞서 말했던 '프렌치 인디언 전쟁'이라고 부른다. 다양한 원주민 부족이 각각 영국과 프랑스 양측과 동맹을 맺어 참전했기 때문이다—*. 영국은 당시 프랑스령이었던 아메리카 땅을 모두 얻었다. 조약에 따라 소위 '오하이오 영토Ohio Country'도—애팔래치아산맥과 미시시피강 사이에 오하이오강을 중심으로 한 지역으로, 조지 워싱턴

---

* 프랑스와 동맹을 맺은 원주민 부족에는 알곤킨족, 오지브와족, 델라웨어족, 쇼니족, 모호크족이 있다. 영국을 도운 원주민 부족으로는 이로쿼이족, 카토바족, 체로키족이 있다. 하지만 원주민은 변덕스럽게 편을 바꾸곤 했다.

은 이 방대하고 비옥한 땅을 찬탄했다— 영국 손에 넘어갔다. 이곳에 사는 원주민은 점령국이 별안간 바뀌자 당연히 당황했다. 한 제국이 다른 제국에 자신들을 물건처럼 넘겨버린 것에 분노하기도 했다. 프랑스 병사들이 나타나서 성가시게 굴어야 할 요새에 어느 날 프랑스 국기가 내동댕이쳐지더니 영국 국기가 솟아올랐다. 붉은 제복을 입은 흉악한 영국 병사들이 요새에서 줄줄이 나타났다. 원주민은 어리둥절해서 갈피를 못 잡았을 것이다.

곧 원주민 사이에 영국인이 떠나버린 프랑스인보다 마음이 훨씬 더 안 통한다는 인식이 퍼졌다. 프렌치 인디언 전쟁이 끝나갈 무렵 영국의 총사령관이었던 제프리 애머스트_{Jeffery Amherst}는 특히 악명 높았다. 애머스트는 원주민을 "인간보다는 금수에 더 가까운 존재"라고 여겼고, 원주민을 거의 신경 쓰지 않았다. 그는 피트 요새—훗날의 피츠버그—를 에워싼 원주민에게 천연두 균을 잔뜩 묻힌 담요를 주자는 수하 대령의 의견을 기꺼이 받아들였다. "담요로 인디언에게 예방 접종하려고 노력하게.* 그뿐만 아니라 이 증오스러운 인종을 박멸할 수 있는 다른 수단도 전부 시도하게."

15년 후, 신생 독립국 아메리카합중국의 지도자 다수도 애머스트와 같은 태도로 원주민을 대했다. 원주민의 역사는 훨씬 더 고통스러워질 예정이었다. 원주민은 영국이 통치하던 시기에도 고되게

---

* 매사추세츠주 애머스트라는 도시의 이름을 딴 애머스트칼리지는 2016년에 불명예스러운 영국 군인과 관련된 모든 공적 연관성을 끝내기로 투표했다. 아울러 제프리 애머스트의 이름을 딴 대학 스포츠팀 마스코트 '제프'도 더는 사용하지 않기로 했다. 이 결정에 당연히 논란이 뒤따랐고, 전통주의자들은 대학의 변화를 비난했다.

살았지만, 정력적으로 영토를 확장하려던 미국의 손아귀에 넘어가서는 200년 넘게 변함없이 비참한 고난을 겪어야 했다. 영국은 서쪽으로 모험을 나서는 데 다소 소심했던 반면—적어도 미국과 비교하자면 그랬다—, 새로 생겨난 미국은 영토라면 욕심을 자제할 줄 몰랐고 서쪽으로 진출하는 데 거침이 없었다. 미국은 신생 국가의 문명화라는 빛으로 아메리카 대륙의 모든 미개한 구석을 쓸어버리는 것이 명백한 사명Manifest Destiny이라고 믿었다—이 충격적 표현은 미국이 탄생하고 50년 후에 만들어졌지만, 미국은 이 표현을 둘러싼 정서를 거의 처음부터 강렬하게 느꼈다—.

정착민과 투기꾼 모두 서쪽을 탐욕스럽게 바라보았다. 가장 먼저 눈독을 들인 곳은 애팔래치아산맥과 미시시피강 사이, 최근 프랑스에게서 넘겨받은 오하이오 영토의 비옥한 저지대였다. 그리고 1803년, 토머스 제퍼슨의 루이지애나 매입이라는 그 유명한 사건이 일어났다. 루이지애나는 미시시피강의 오른편 강기슭에서 시작해 로키산맥까지 쭉 뻗은 어마어마하게 넓은 땅이었다. 아직 탐험도, 측량도 거의 이루어지지 않은 이 지역에는 성공하고자 모험에 뛰어들 만큼 무모하거나 용감한 이들이 훔칠 땅이 틀림없이 넉넉해 보였다. 게다가 스페인령 텍사스와 캘리포니아도 있었다. 정착해서 번영을 누리고 싶은 백인에게 몇 만, 몇 십만 제곱킬로미터에 이르는 이 땅은 자유롭게 이용 가능할 것 같았다. 정착민도, 투기꾼도 원시적이거나 반동적이거나 이상하게도 백인에게 굴복해 지배받는 것을 꺼리는 원주민이 신에게서 부여받은 권리와 의무를 수행하는 길을 막는다면, 진보와 공동선의 이름으로 이들을 냉정하게 쓸어버려야 한다고 생각했다.

아메리카합중국의 헌법을 제정한 건국의 아버지들은 헌법 제1조에 중대한 법률 조항을 마련해놓았다. 헌법 제1조 제8항은 헌법 전체를 통틀어 원주민 문제를 언급하는 유일한 대목이다. "의회는 (…) 대외국, 각 주 상호 간, 원주민 부족과의 통상을 규제할 권한을 가진다." 일반적으로 미국법에서 경험에 근거한 법칙은 헌법 등에 특별히 언급되지 않은 문제일 경우 다양한 주가 관련 법을 제정하고 규제할 수 있다고 간주한다. 만약 "원주민 부족과의 통상"이 헌법에 언급되지 않았더라면, 이 일은 여러 주에 달린 문제였을 것이다. 이를테면 뉴욕주의 모호크족과 거래하는 일은 뉴욕주에서, 플로리다주의 세미놀족과 거래하는 일은 플로리다주에서, 사우스다코타주의 수족과 거래하는 일은 사우스다코타주에서 규제했을 것이다. 하지만 "원주민 부족과의 통상"이 헌법에 분명하고 꽤 구체적으로 나타나 있으므로 1790년부터 오늘날까지 다양한 원주민 부족과 거래하는 일은 오로지 연방 정부가 규제할 문제였다. 따라서 아메리카 원주민을 위해 따로 떼어둔 토지 267,000㎢를 처리하는 일도 워싱턴 D.C.의 관료와 정치인이 결정할 문제였다—경악스럽게도 이 땅은 광대한 미국 면적 전체의 2%밖에 안 된다. 한때는 미국 영토 전체가 이론상으로나 생득권에 의해서나 원주민 '소유'였다—.

미국이 탄생하고 20세기가 시작하기 전까지 100여 년 동안, 기본적으로 법률과 조약, 전쟁, 이 세 가지가 아메리카 원주민과 토지 소유, 토지 소유권 주장 문제를 처리하는 방식을 결정했다. 법률에서든 조약에서든 전쟁에서든, 백인이 이겼고 원주민이 졌다.

19세기 동안 통과된 복잡하게 얽힌 연방법은 루이지애나 매입 이후로 서쪽 지평선을 넘어 거의 끝없이 펼쳐진 토지를 소유할 미국인의 권리를 강력하게 옹호하고 장려했다. 잔인하리만치 아이러니하게도, 이 토지 소유 법률은 아메리카 원주민이 아닌 미국 시민이나 시민권을 얻는 절차를 밟는 중인 사람에게 적용되었다. 엄밀히 말해서 원주민은 대부분 '조국의 시민이 아니었다.' 우연히 혹은 예외적으로 개인 토지를 소유한 원주민, 부족 사람과 결혼하지 않은 원주민, 자기 부족을 버리고 떠난 원주민, 혼혈인 원주민은 이론상 미국 시민권을 얻을 수 있었다. 미국에 살고 있던 원주민 30만 명이 자동으로, 아무런 절차 없이 완전한 시민권을 얻을 수 있게 된 건 1924년에 원주민 시민권법Indian Citizenship Act 또는 Snyder Act이 통과되고 나서였다. 이런 상황을 수치스럽지 않다고 여기는 사람은 오늘날 거의 없을 것이다.

시민권이 아니라 토지와 관련된 구체적 문제에서 미국 연방 대법원이 1823년에 내린 판결도 비슷하게 혐오스럽다. 보통 '존슨 대 매킨토시 사건'으로 알려진 이 사건은 요즘 대부분의 로스쿨 1학년 수업에서 다뤄진다. 이 사건은 꽤 복잡하다. 관련된 당사자 하나가 불성실한 궤변을 늘어놓은 탓에 사실들이 혼란스럽게 뒤엉켜 있기까지 하다. 아주 유명한 연방 대법원장 존 마셜John Marshall*은 기본

---

* 미국 헌법을 제정한 건국의 아버지 가운데 한 명인 마셜은 버지니아 태생이다. 1801년부터 1835년까지 34년 동안 판사로 재직해 현재까지 재임 기간이 가장 긴 연방 대법원장으로 꼽힌다. 미국의 제2대 대통령인 존 애덤스John Adams에게서 대법원장으로 임명받았다. 그는 애덤스 정부에서 국무장관을 지내기도 했다.

적으로 오직 연방 정부만이 원주민에게서 토지를 사들일 수 있다는 만장일치 판결문을 발표했다. 원주민은 개인에게 땅을 팔 수 없었다. 원주민은 전통적으로 살아오던 땅에 계속 살며 '토착 토지 소유권'을 누리도록 허락받았지만, 이 권리라는 것이 불안정했다. 미국 정부는, 오로지 미국 정부만, '구매 혹은 정복'에 따라서 이 권리를 없앨 수 있다. 앞서 설명했듯이, 발견자 우선주의는 원주민 땅을 차지할 수 있는 유일하게 진정으로 적법하고 궁극적인 소유주가 정부뿐이라고 주장했다. 1823년 판결은 이 불가사의한 믿음을 공식적으로 비준하고 확정했다. 원주민은 토지 소유권을 지니고 있었다. 하지만 이 권리는 백인에게 허락된 토지 소유권—토지를 판매할 수 있고, 양도할 수 있는 권리—과 달랐다.

1841년에 제정된 우선 매수권 배분법Distributive Preemption Act(연방 정부 소유지에서 살고 있던 개인에게 우선 매수권을 부여하기 위한 법률—옮긴이)은 백인 정착민이 토지를 쉽게 소유할 수 있도록 허락했다. 그 덕분에 미국 서부에도 계속해서 거주민이 늘어났다. 이 법률에 의해 연방 정부는 토지 2,000여㎢를 지정된 중서부 주 아홉 곳에 나눠주었고, 시민은 무단으로 점유하고 있던 땅을 정부로부터 4,000여m²당 1.25달러로 살 수 있는 권리를 얻었다. 최소 5년 동안 그 땅을 일궈서 개량하겠다고 약속하기만 하면 됐다(약속을 지키지 않는다면 연방 정부가 다시 땅을 회수할 수 있었다). 이렇게 토지를 팔아서 얻은 전체 수익 중 10%는 주 정부가 받아서 도로와 교량, 운하, 철로를 건설하는 데 활용했다. 이 시스템은 미국의 '명백한 사명'에 막대한 혜택을 준 것으로 드러났다. 이를 이용한 사람 모두 상당한 이득을 보았다. 하지만 토지 소유권을 가질 수 없도록 배제된 이들은 당연히 혜택을 볼 수 없었다.

20년 후인 1862년, 링컨 대통령이 공유지 불하법Homestead Act 제정에 서명했다. 공유지 불하법은 토지 소유 절차를 더 쉽게 만들기 위해 고안되었다. 이 법률 덕분에 한 번도 땅을 무단으로 점유한 적 없는 사람들—예를 들어 저 멀리 도시에 사는 사람들—이 미국 토지국에 공짜나 다름없는 등록비만 내고 토지 0.65㎢ 정도를 살 수 있었다. 노예 신분에서 해방된 사람들도 법률 적용 대상이었다. 하지만 원주민은 아니었다.

막대한 비용을 들여서 대초원을 가로지르는 철로를 건설할 때도 똑같은 일이 벌어졌다. 정부는 철도회사들에 방대한 땅을 주었다—물론, 원래 그곳에서 살았던 사람들이 볼 때 그 땅이 과연 정부의 것인지는 미심쩍었다—. 철도회사는 철로가 건설될 선 양쪽으로 폭 16㎞에 길이만 수백㎞에 이르는 길쭉하고 드넓은 땅을 원하는 대로 이용하거나 치분할 수 있었다. 기업들은 그 땅을 거의 전부 팔아치워서 현금으로 수백만 달러를 벌었다. 철로 옆에 있는 땅은 결국 상업적으로 이득이 된다는 사실을 잘 알았던 정착민들이 땅을 샀다.

장래의 정착민에게서 돈을 뜯어내려는 철도회사의 책략은 무수했고, 너무도 유혹적이었다—이런 책략은 대체로 정직하게 실행되었다—. 예를 들어 벌링턴앤미주리강 철도회사는 대초원 풍경을 총천연색 판화로 그려 넣은 멋들어진 광고를 만들었다. 광고는 아이오와와 네브래스카의 평지에서 "저렴한 땅" "수천 제곱킬로미터"

를 가장 솔깃한 조건으로 판다고 알렸다. 4,000m²당 2.5달러도 안 되는 가격인 데다 이율 6%로 외상이 가능했다. 매해 원금의 7분의 1을 갚아야 하지만, 토지를 매입하고 4년 뒤부터 지급하면 되었다. 심지어 기차역에서는 '토지 탐험표'도 팔았다. 토지를 둘러보고 사는 사람은 푯값을 환불받았다. 통 크게 현금으로 땅을 사는 사람은 20%나 할인받았다. 벌링턴 철도회사는 동부를 가득 메운 이민자들이 텅 빈 중서부에 정착하기를 바라며 네브래스카에서 멀리 떨어진 뉴욕주 버펄로에 가장 먼저 광고를 냈다.

하지만 땅을 사서 소유할 수 있는 사람은 오직 백인뿐이었다. 토

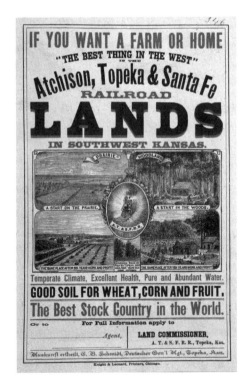

철도회사의 토지 광고. 대초원 정착을 홍보하는 데 열성이었던 미국 철도회사들은 서부의 탁 트인 대지에 토지를 소유하는 장점을 열심히 광고했다. © kansasmemory.org, Kansas State Historical Society

지 소유권은 투표권처럼 오로지 미국 시민만 가질 수 있는 권리였다. 이후로도 수십 년은 더 그럴 터였다. 미국 시민이 아니라면 기다려야 했다. 원주민은 여전히 시민이 아니었다. 토머스 제퍼슨은 조국이 자작농을 만들어내기를 바랐다. 제법 품위 있는 사람들인 자작농은 어느 인종이든 허용되었지만, 원주민 태생만큼은 확실히 여기에 포함되지 않았다.

조약이라는 당황스러운 문제도 불공정했다. 국립문서보관소에는 붉은 모로코가죽으로 장정하고 금박을 입히고 봉랍으로 장식한 엄숙한 문서들이 여전히 보관되어 있다. 이런 문서는 영속성과 소위 의미라는 것을 지닌다. 미국과 다양한 원주민 부족이 서명한 조약서 368건 중 대다수가 토지와 관련되어 있다—이렇게 조약을 맺는 관행은 미국 정부가 1871년에 끝내버렸다. 조약 다수가 후일 침해되거나, 상원이 비준하지 않아 조약 내용을 시행할 수 없었다—. 이 절차가 어떻게 진행되었는지를 보여주는 고전적 예시는 하버드대학교 교수이자 사우스다코타주 양크턴 수Sioux족의 일원인 필립 들로리아Philip Deloria가 잘 설명해준다. 양크턴 수족은 1858년 6월에 조약을 맺고 사우스다코타주 남동쪽 대초원에 있는 드넓은 부족 땅에 대한 권리를 양도했다.

사우스다코타는 원주민의 기억이, 특히 수족의 기억이 여전히 생생한 주다. 평원 원주민인 수족은 공유지 불하법으로 정착한 이들도 아니었고 농부도 아니었다. 정부가 개화한 원주민으로 불리지도 않았다. 백인은 용맹하고 당당한 수족을 두려워했다. 수족은 티피(모피로 만든 아메리카 원주민의 원뿔형 천막—옮긴이)에서 살며 끝없이 이동했다. 말 타는 재주가 대단했고, 동물을 부리는 능력도 16세기에 식민지를 개척한 스페인인이 배워갈 정도로 뛰어났다. 가장 잘 알려진 추장은 시팅 불Sitting Bull이다. 그는 1876년 리틀 빅혼 전투에서 조지 암스트롱 커스터George Armstrong Custer 장군을 무찌른 전공으로 유명하다. 이후 19세기 말, 극한의 추위 속에서 운디드 니 전투가 벌어졌고, 오글라라 수족 수십 명이 기관총에 맞아 목숨을 잃었다. 그러니 수족은 블랙힐즈(사우스다코타주와 와이오밍주에 걸쳐 있는 산악군—옮긴이)의 금을 찾아서 온 백인 정착민, 들소의 땅에 고통을 안겨주려고 찾아온 백인 정착민을 증오할 만했다. 그들은 백인 정착민이 캘러미티 제인Calamity Jane(19세기 서부 개척자—옮긴이)이나 와일드 빌 히콕Wild Bill Hickok(19세기 서부의 총잡이—옮긴이)처럼 폭력적인 인물을 숭배하는 것을 보고 경악했다. 백인이 중국인 무리나 아일랜드 노동자를 고용해서 그들의 끝없는 초원을 똑바로 가로지르는 철로를 건설하는 광경을 보고 부당하게 공격받는다고 느끼는 것도 당연했다. 바람이 부드럽게 산들거리는 그들의 초원은 백인이 나타나기 전까지는 평화로웠다. 그들은 정착민과 벼락 재산을 탐내는 백인, 걸핏하면 총질하는 군인을 당연히 두려워했고, 경멸했다. 수족을 보호하겠다는 명분으로 온 군인들은 대화를 나누거나 심지어 거래를 시도하기도 전에 먼저 총을 쏘곤 했다. 1858년 수족이 교활한 사기에 속아서 처음으로 땅을 빼앗겼을 때 충분히 이해할 만한 증오가 시작되었다. 필립 들로리아는 이 사건을 자세히 이야기했다.

정부 관료와 당황한 수족 지도자 17명이 워싱턴 D.C.에서 힘겨운 협상을 진행하는 데 석 달이 걸렸다—정부 관료들은 처음에 수

족 대표단이 어리석으리라 생각했지만, 이들은 바보가 아니었다
—. 마침내 양측은 조약의 개요에 합의했다. 이 악랄한 조약서에 수
족의 땅 46,500여km²—훗날 측량 기사들이 확인했듯이, 네발짐승
과 새뿐만 아니라 아직 알려지지 않았고 아직 누구도 손대지 않은
광물 자원도 풍부한 초지—가 수족의 통제에서 벗어나 백인 정착
민이 마음대로 사용할 수 있게 된다고 명시되었다. 겨우 1,600km²만
원주민이 독점적으로 사용할 수 있는 땅으로 남겨졌다. 슬럼가의
악독 집주인이 이제까지 시골의 널따란 지역에서 살던 사람에게 좁
은 원룸형 아파트를 내어주는 것이나 다름없었다.

들로리아 교수는 다음와 같이 썼다.

모든 조약서와 마찬가지로 이 조약서 역시 원주민 부족을 지형학적으로
더 작은 공간에 쑤셔 넣고, 이곳을 둘러싼 땅은 모두 백인 정착지로 열어두
고, 식민지 같은 체제와 보호 구역을 만드는 조항이 담겼다. 그러니 이 조
약은 보호 구역 조약이다. 보호 구역을 만들고, 보호 구역에 포함될 모든
체제를 수립한다.

이 합의에 따른 대가로 원주민 부족은 50년이 넘는 기간 동안 160만 달러
를 받는 것이다. 일종의 슬라이드제(경제 상황에 따라 임금, 물가, 세금 등을 조
정하는 방식—옮긴이)가 적용돼 첫 10년 동안은 1년에 5만 달러를, 이후로는
갈수록 더 적은 금액을 받는다. 그런데 다른 수많은 조약처럼, 이 조약도
지급금에 대한 제한 조건이 끝없이 붙는다. 우리가 정한 대로 따르지 않는
다면, 지급금을 줄일 것이다. 우리가 너희에게 관리자나 농부가 추가로 필
요하다고 판단한다면, 이 지급금을 사용해서 처리할 것이다. 7세에서 18세

사이 아동을 학교에 보내서 영어를 배우게 하지 않는다면, 지급금에서 일부를 제할 것이다. 술을 마신다면, 지급금을 빼앗을 것이다. 조약서는 이렇게 수십 장이나 계속된다. 여기에서는 너희가 포기해야 할 것을 알려주고, 저기에서는 보상금을 알려준다. 아, 그건 그렇고, 보상금은 우리가 완전히 관리할 것이다. 아, 그건 그렇고, 너희가 이 모든 구체적 사항을 정확하게 따르지 않는다면 보상금은 전혀 주지 않을 것이다. 그래서 이 조약문을 읽으면, 이 조약문을 꼼꼼하게 읽으면 몹시 슬프다. 땅이 조약의 핵심이기 때문이다. 돈과 그 돈에 벌어질 일이 또 다른 핵심이기 때문이다. 결국 조약은 원주민의 행동을 지극히 중요한 방식으로 바꾸는 일과 관련된다.

필립 들로리아의 증조부도 이 조약의 수족 측 서명인*에 포함되었다. 1858년, 당시 다코타 준주Dakota Territory였던 곳에서 백인 시민 10명이 증인으로 입회한 가운데 미국 원주민국이 조약을 조인했다. 아홉 달 뒤, 상원이 조약을 비준했고 제임스 뷰캐넌James Buchanan 대통령이 미국을 영구히 구속할 공식 조약 목록에 이 조약을 더했다.

대개 빈곤에 시달리는 원주민 6,000명이 사는 보호 구역은 요즘 "1858년 일곱 회의 모닥불의 친절한 사람들이 사는 땅"이라고 스스로 광고한다(보통 수족으로 알려진 원주민의 원래 이름은 '일곱 회의 모닥불'이라

---

* 수족 서명인은 그들의 표식으로 모두 ×자를 그었다. 이들의 수족 토착어 이름은 정말로 길었다. 예를 들어, '타—천르—피—무자TA—CHUNR—PEE—MUZZA'를 부득이 영어로 번역하면 '그의 전투용 쇠 곤봉'이었고, '체—탄—아—쿠—아—모—니CHE—TAN—A—KOO—A—MO—NEE'는 '작은 까마귀'였다. 들로리아 교수의 증조부는 '헤어리 타이Hairy Thigh(털북숭이 넓적다리)' 또는 '오울 맨The Owl Man(올빼미 사람)'이었는데, 가족의 기억이 다소 모호하다고 한다.

는 뜻의 '오체티 사코윈Oceti Sakowin'이다—옮긴이). 이 보호 구역에서 가장 번창한 사업은 픽스타운에 있는 포트 랜들 카지노다. 보호 구역 경계 너머로 10만㎢가 넘는 방목장이 뻗어 있다. 소들이 점점이 흩어져 있는 이 땅은 거의 전부 백인 목장주의 소유다. 이제 수족은 보호 구역 바깥을 그저 동경의 눈길로 바라만 볼 수 있을 뿐이다. 한때는 그곳도 수족의 집이었다.

적어도 수족은 —땅을 많이 빼앗겼고, 크게 사기당했고, 푸대접을 받긴 했지만— 원래 지내던 땅에 남을 수 있었다. 적어도 수족은 조상이 대대로 살고 사냥했던 대초원에 머무를 수 있었다. 다른 수많은 원주민 부족은 그렇게 운이 좋지 못했고, 보통 '인디언 이주'로 알려진 잔인한 마구잡이식 정책에 희생되었다. 백인이 야망을 펼치는 데 크게 해를 끼친다고 여겨졌던 원주민은 멀리, 눈에 띄지 않는 곳으로, 비질에 쓸려나가는 먼지처럼 떠나라고 부탁받고, 요구받고, 명령받았다. 원래 살았던 땅에 오늘날도 살고 있는 원주민 부족은 거의 없다. 예를 들어서 모히칸족은 1824년부터 고향 뉴욕주 동부에서 수천 킬로미터 떨어진 위스콘신주 보호 구역에 살고 있다. 미시간의 오지브와족은 정부 명령 때문에 강제로 수백 킬로미터를 걸어서 미네소타로 이주했다. 그런데 약속받았던 음식과 돈을 빼앗긴 채, 한겨울에 다시 숲속으로 길을 떠나야 했다. 오지브와족 500명이 굶어 죽었다. 가장 지독한 사례는 따로 있다. 1830년대 후반, 동부 삼림 원주민 10만 명—체로키족과 촉토족, 크리크족, 치카소족, 세미놀족 구성원—은 잔인한 총부리에 떠밀려 산맥과 평원을 가로질러야 했다. 이들은 오늘날의 오클라호마 지역의 낯설고 광활한 땅에 새롭게 정착해야 했다. 이들이 서쪽을 향해 강제로 걸어야 했던 잔혹한 길은 오늘날 '눈물의 길'이라는 수치스러운 이름으로 불린다. 이런 길은 많았다. 훨씬 덜 알려졌을 뿐, 모두 원주민을 오랜 터전에서 떼어놓기로 작정했다는 점은 하나같이 똑같았다. 절대로 씻어낼 수 없는 미국의 오명이다.

원주민이 떠난 방향은 항상 서쪽이었다. 서쪽은 백인이 약속된 운명을 성취하기 위해 움직인 방향이었기 때문이다. 원주민은 끝없이 국경이 확장되는 서쪽으로, 터전의 경계를 벗어나 미지의 땅으로, 백인의 눈에 미개하고 비참한 그들 자신 말고는 그 누구도 해를 끼칠 수 없는 곳으로 들어갔다.

원주민 이주 계획을 고안한 사람도 많았다. 가장 유명한 사람은 토머스 제퍼슨이다. 제퍼슨은 미국 역사에서 아주 이른 시기였던 1803년에 체로키족이 미시시피강 서쪽으로 이동한다면 정부 소유 토지를 제공하자고 제안했다—당시 체로키족은 캐롤라이나와 조지아 서쪽, 테네시에 살고 있었다—. 체로키족의 각 가족은 이주에 동의한다면 미개척지 2.6㎢ 정도를 얻을 것이었다. 다른 대통령들도 비슷한 의견을 냈다. 제임스 먼로James Monroe와 존 퀸시 애덤스 John Quincy Adams는 자발적으로 떠나는 원주민에게 장려금을 줬다. 가장 악명 높은 대통령은 미국의 제7대 대통령 앤드루 잭슨Andrew Jackson이었다. 민주당 출신 잭슨은 미국 남동쪽의 비옥한 땅에 살고 있던 원주민이 느낄 감정과 완강한 반대를 고려하지 않으려고 했다. 잭슨은 원주민 전원이 떠나기를 바랐다. 특히 '개화 5부족Five Civilized Tribes(백인 문화를 받아들였지만 결국 원주민 보호 구역으로 강제로 이주당한 체로키족과 크리크족, 치카소족, 촉토족, 세미놀족―옮긴이)'이라는 경멸적 이름으로 알려진 원주민들이 떠나기를 바랐다. 이 다섯 부족은 수준이 높고 자치하는 원주민으로 인정받았다. 체로키족과 크리크족, 치카소족, 촉토족, 세미놀족은 그들이 과거에 닦아놓았던 숲속 길을 따라 재산을 싸 들고 떠나라고 명령받았다. 정부가 원주민 특별 보호구Indian Territory(또는 원주민 준주라 함)로 공식 지정한 곳에서 자유를 찾을 수 있다고 들었다.

잭슨 대통령은―요즘에는 '원주민 몰살자'로 조롱받으며, 심지어 제노사이드 혐의까지 받는다― 겉으로는 친절하게 설득하는 어조를 유지하려고 애썼다. 하지만 그가 크리크족 지도자에게 보낸 유명한 교서를 읽어보면 기껏해야 번드르르한 말재주를 부리는 수준이며, 수상한 냄새가 진동한다.

친구들과 형제들이여. 주신Great Spirit(아메리카 원주민 부족의 신―옮긴이)이 허락하고 사람들이 선택해준 덕분에 제가 미국의 대통령이 되었습니다. 이제 제가 당신들의 아버지이자 친구로서 이야기를 꺼내니, 잘 들어주기를 바랍니다. 당신의 전사들은 저를 오랫동안 알아왔습니다. 당신들은 제가 피부가 흰 자식들도, 피부가 붉은 자식들도 사랑한다는 사실을 잘 알 겁니다. 제가 언제나 정직하며, 겉과 속이 다른 말은 하지 않는다는 사실도 알겠지요. 저는 언제나 당신들에게 진실을 말했습니다. (…) 지금 당신들이 있는 곳에서 당신들과 나의 백인 자식들은 서로 너무나 가까이 붙어 있어서 조화롭고 평화롭게 지낼 수가 없습니다. 당신들의 사업은 파괴되었습니다. 당신들 중 많은 사람이 일하지 않을 것이고, 땅을 일구지 않을 겁니다. 거대한 미시시피강 너머에 당신네 사람들 일부가 이미 가 있지요. 그곳에 당신의 아버지가 당신들 모두에게 넉넉한 땅을 마련해놓았습니다. 이 아버지가 충고하니, 그곳으로 떠나십시오. 그곳에서라면 백인 형제들이 당신들을 괴롭히지 않을 겁니다. 백인 형제들이 땅을 내놓으라고 요구하지 않을 겁니다. 풀이 자라고 물이 흐르는 한, 당신과 당신의 자식들 모두 그곳에서 평화롭고 풍요롭게 살 수 있습니다. 그곳은 영원토록 당신들의 땅이 될 것입니다. 지금 당신들이 사는 지역을 개선하기 위해, 아울러 당신들이 함께 데려가지 못하는 가축을 보상하기 위해 당신들의 아버지가 돈을 충분히 드릴 겁니다.

1830년부터 촉토족 2만 명이* 앨라배마의 고향 땅을 떠났다. 몇 천 명씩 무리 지은 촉토족은 발을 느릿느릿 끌고, 비틀거리고, 으스대며 활보하고, 성큼성큼 걷고, 다리를 절름거리며 이동했다. 새 정착지까지 가는 데 몇 주, 몇 달이 걸렸다. 가는 길에 수천 명이 목숨을 잃었다. 신설된 원주민국 관료들과 군인들이 원주민을 호위했다. 도망가거나 되돌아가거나 옆길로 새서 매력적인 목초지에 정착하는 원주민이 없도록 감시할 목적이었다. 원주민은 길을 걸어가며 정착하기에 알맞은 땅을 흘끗 보곤 했지만, 당연히 그런 곳을 넘봐서는 안 됐다.

---

* 촉토족은 흑인 노예 500명과 함께 떠났다. 유쾌하지 못한 사실이긴 하지만, '개화된' 다섯 부족은 노예를 소유했기 때문에, 그래서 당대의 소위 수준 높다는 백인을 흉내 낼 수 있었기 때문에 발달했다고 평가받았다. 여러 길로 나눠서 떠난 체로키족은 노예 2,000명과 함께 이동했다.

원주민을 호위한 군인들이 남긴 일기는 집단 비극을 말해준다. 제퍼슨 밴 호른Jefferson van Horne 중위는 1832년 12월에 미시시피강을 건너기 위해 배 한 척에 짐을 잔뜩 실은 원주민 수십 명과 "깜둥이들"을 태웠다고 썼다.* 12월 4일에는 간결하게 "1명 출생"이라고 적은 후, 634명이 19㎞ 정도를 이동한 후 야영했다고 기록했다.

다음 날 아침, 모든 대장이 다 함께 몰려와서 에토타호마 추장의 수레(어제 저녁에 고장 나서 야영지로 끌고 올 수 없었다)를 다시 가져올 때까지 기다려달라고 부탁했다. 나는 몇 번이나 거절했다. 이 노인과 수레를 데려가는 것이 너무 고생스러웠다. 수레를 끄는 황소는 가엽게도 매우 지쳤고, 수레는 조잡하게 만들어져 있었다. 하지만 모두가 그를 사랑하고 보살폈다. 그는 수레를 포기하지 않으려고 했다. 방침상 상태가 나쁜 노인은 두고 떠나야 했지만, 추장 없이 사람들을 데리고 이동하는 것은 불가능했다. 그는 늙고 다리를 절고 까다로워서 나머지 일행 모두보다 나를 더 애먹였다. 9시 30분에 길을 나서서 푸르누아를 건넜다. 날씨가 추운 데다 물이 깊고 물살이 빨라서 우리 팀과 말, 젊은 남자만 걸어서 건넜고 여자와 어린이, 노인은 배를 타고 건넜다. 사람들이 에토타호마의 수레를 가져와서 고쳤다. 4시쯤에 야영지를 만들었다. 15㎞.

---

* 촉토족이 탄 배는 '헬리오폴리스호'였다. 상징적인 미시시피 선미 외륜기선을 발명한 헨리 슈리브Henry Shreve가 설계한 두 척 가운데 하나였다. 헬리오폴리스호는 쌍둥이 아르키메데스호와 함께 몇 킬로미터나 되는 '쓰러진 나무' 더미를 헤치고 나아가야 했다. 엉망진창으로 얽힌 나무 둥치와 가지 수천 개가 강을 막아서 배의 진행을 방해했다. 루이지애나주의 공업도시 슈리브포트는 이 위대한 퀘이커교 기술자이자 선장의 이름을 땄다.

이들의 목적지—소위 '원주민 특별 보호구'—에는 얼마 지나지 않아 오클라호마, 피부가 붉은 사람들의 땅이라는 이름이 붙을 예정이었다. 19세기 초에 이곳은 사실상 연방 정부가 원주민을 갖다 버리는 쓰레기 처리장이었다. 광활하고 당구대처럼 평평하고 사람이 살지 않는 대초원은 동쪽으로 푸른 목초지가 우거져 있었고, 서쪽으로는 회갈색의 거친 방목지가 있었다. 가장 기본적인 수준으로만 측량되고 지도가 만들어진 이곳은 미국인 전체를 위해 원주민이 맡아줄 땅이었다. 미국 정부가 보기에 이 지역은 남동쪽에 살던 원주민 부족이 서쪽으로 오래 걸어가서 재정착하기에 꼭 알맞은 장소였다. 그래서 1830년대 말, 원주민 특별 보호구 내의 방대한 영역들이 체로키 영토, 크리크 영토, 세미놀 영토 등으로 조직되었다. 규모가 더 작은 부족들도 더 작은 규모로—그러나 똑같이 눈물 어린—추방 길을 걸어서 이곳에 정착했다. 그래서 특별 보호구에는 키카푸족, 포타와토미족, 퐁카족, 아이오와족, 소크족, 폭스족이 정착한 지역도 따로 있었다.

그런데 원주민 특별 보호구가 일종의 범원주민 낙원으로 자리 잡은 1870년대 후반, 엘리아스 코넬리우스 부디노Elias Cornelius Boudinot 대령이라는 체로키족 변호사가 무언가를 알아차렸다. 토지 8,000여㎢가 비뚤어진 T자 모양으로 샌드위치처럼 끼어 있던 것이다. 동쪽으로는 키카푸족 땅, 서쪽으로는 샤이엔족과 아라파호족의 땅, 북쪽으로는 체로키족 영토 일부, 남쪽으로는 치카소족 땅과 사우스캐나디안강 사이에 끼인 이 지역은 '어떤 용도로도 지정되지 않은 채' 버려져 있었다. 어떤 원주민 부족이나 집단도 이곳에 정착하지 않았다. 다른 원주민 부족을 정착시키겠다는 계획조차 전혀 없었다. 그 텅 빈 땅은 원칙상 원주민의 소유였다. 2,400km 떨어진 곳에 있는 정부가 기쁘게도 아무것도 모른 채 특별 보호구 전체를 원주민에게 맡겨놓았기 때문이다. 대단한 발견이었다. 그런데 미국의 훌륭한 부동산 8,000여km²가 임자 없이 텅 비어 있다는 소식이 퍼져나가자, 자기 자신과 가족과 미래를 위해 땅을 탐내는 백인들이 희망에 가득 차서 느닷없이 그 땅에 관심을 기울이고 바짝 신경 썼다. 놀랄 일도 아니었다.

1889년 랜드 러시라는 아이디어는 그렇게 탄생했다. 전국 방방

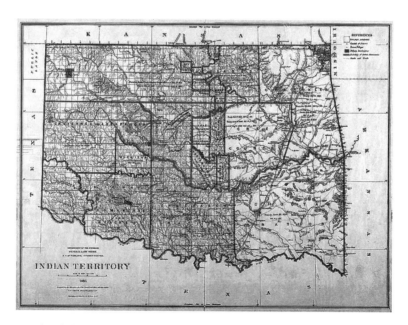

오클라호마의 미분배 토지. 원주민 특별 보호구를 계획한 워싱턴의 관료들은 대초원의 8,000여km²를 어느 원주민 부족에게도 할당하지 않고 내버려 뒀다. 그 땅의 권리를 주장하는 사람이라면 누구나 ―경쟁에서 이긴 후― 정착할 수 있었다.

곡곡의 신문에 광고가 실렸다. "오클라호마로!" 워싱턴 정부는 한꺼번에 모아서 특별 보호구에 채워 넣을 원주민이 더는 없는 마당이니 백인에게 선착순으로 토지를 나눠준다는 발상이 대단히 합리적이라고 생각했다. 게다가 수도에서 볼 때, 백인이 이전까지 원주민의 터전이었던 땅에 빼곡히 들어차 있으니 이들의 이주를 장려하는 것도 나쁘지 않았다.

정부는 랜드 러시를 시행하기로 했다. 원주민 토지 책정법Indian Appropriations Act(오클라호마에 원주민 특별 보호구를 만드는 법안)의 1889년 버전에 추가 사항이 하나 생겨났다.* 이따금 원주민 보호 구역 문제 따위를 처리하는 표준문안 법령은 원주민 특별 보호구 내에 깊숙이 파묻힌 T자 모양 미지정 토지를 1889년 4월 22일 정오에 백인 정착지로 개방하는 것을 허가했다. 백인 정착지에는 링컨 대통령이 1862년에 승인한 공유지 불하법의 기본 조항이 적용될 예정이었다. 토지 소유권을 주장하는 사람은 누구든 토지 등록비만 내면 미개척지 0.65㎢를 얻을 수 있었다. 이후 5년 동안 그 토지를 일구면, 그곳을 영원히 소유할 수 있는 권리 증서를 받을 것이었다.

습한 오클라호마 오후 하늘을 뒤덮은 적란운처럼 군중이 즉시 떼 지어 몰려들었다. 4월 말이 되자 그 수가 몇 천 명으로 늘어났다. 다들 아침에 눈을 뜨면 기병대가 지키는 경계선 너머 미지정 토지

---

* 원주민 토지 책정법에 추가 사항을 덧붙인 하원의원은 이 일이 아니었다면 잊히고 말았을 일리노이주 변호사 윌리엄 스프링어William Springer다. 기이하게도 그는 열정적인 백인 정착지 지지자에서 열렬한 원주민 인권 투사로 변모했다. 정부가 키오와족과 코만치족, 아파치족과 맺은 조약을 깨뜨리는 정부의 권리를 저지하려고 소송에도 참여했다─끝내 패소하고 말았다─.

를 희망에 부풀어서 바라보곤 했다. 기복이 완만한 대초원에는 제비꽃, 애기별꽃, 클레이토니아 등 봄꽃이 군데군데 수놓여 있었다. 흐드러지게 피어난 꽃을 보며 어느 작가는 신이 색종이 조각을 뿌려놓았다고 표현했다.

마감일 며칠 전에 캔자스를 떠나온 어느 무리는 허가를 받고 체로키족 영토에 야영지를 꾸렸다. 괜찮은 우회로가 없는 탓에 새로 생긴 철로를 따라 말을 타고 남쪽으로 내려가 미지정 토지로 들어갈 계획이었다. 애치슨-토피카-산타페 철도회사(이하 AT&SF 철도회사)가 바로 지난해에 텍사스까지 이어지는 이 철로를 완공했다. 시카고의 식품 가공 공장에서 멕시코만 항구, 특히 갤버스턴까지 소와 돼지를 운송해야 할 필요가 점점 커졌기 때문이다. 시머론강 바로 남쪽에 미지정 토지 내부의 최초 정차역이 들어섰다. 디어 크리크라고 불리는 이 중간 기착지는 사람이 시냇물을 직접 퍼서 채울 수 있는 급수탑 곁에 선 목조 플랫폼 하나가 전부였다. 4월 중순에 연방 정부는 정착민의 관심을 끌고자 근처에 작은 건물을 두 채 더 지었다. 하나는 불로 '미국 우체국'이라고 그을려 써놓은 나무판을 입구에 매단 군용 천막이었다. 데니스 플린Dennis Flynn이라는 아일랜드 이민자가 운영했다. 다른 하나는 더 크고 견고해 보이는 목조 건물로, 토지관리국이었다. 그런데 철도회사 사장들이 회사의 수석 변호사였던 존 거스리John Guthrie를 기리고자 제멋대로 기차역 이름을 바꾸어버렸다. 거스리는 당시 토피카에서 판사로 재직 중이었다. 그래서 랜드 러시가 열린 월요일 아침, 갓 페인트칠한 표지판은 사람이 살지 않는 대초원에 불과했던 이곳이 장차 오클라호마주 거스리가 될 것이라고 선언했다. 경계선 너머에 몰려 있던 군중은 이미 그 지명이 친숙했다. 랜드 러시를 알리는 총성이 울려 퍼진 후 아무나 붙잡고 어디로 갈 것인지 물어보면 하나같이 함성을 지르며 대답했다. "거스리로 간다네."

매일 아침, 우체국과 토지관리국 직원들은 4월의 따스한 햇볕을 받으며 손가락으로 책상을 톡톡 두드리고 엄지손가락을 빙빙 돌리며 시간이 되기를 기다렸다. 가느다란 산들바람 한 줄기만 불어올 뿐, 사방이 고요했다. 이따금 뇌조나 메추라기, 꼬리가 검은 얼룩다람쥐(이 지역에서는 프레리도그라고 부른다)가 보였다. 새가 눈에 보이지 않는 어딘가에서 짹짹거리는 소리도 자주 들려왔다. 어디를 보아도 군데군데 살짝 기복이 있는 대초원이 지평선까지 쭉 뻗어 있었다. 깨끗하고 맑은 개울이 흐르는 얕은 계곡에는 큰떡갈나무와 미루나무가 서 있었다.

아직 마을은 없었다. 하지만 미지정 토지 경계에 마을이나 시가지가 들어설 준비는 끝나 있었다. 이미 백 년 전부터 이 지역의 지도를 그리는 데 사용했던 측량 정보에 따라 각 구획을 신중하게 측정하고 표시해두었다. 타운십과 그 동서 경계를 나타내는 선도 모두 정해져 도면에 재빨리 그려졌다. 워싱턴에서 기차로 공수한 이 대축척 지도는 이제 토지국 사무실의 벽에 걸렸다. 너무도 친숙한 좌표계가—100년도 더 전인 1785년에 확립된 공공 토지 측량 체계로 고안되었다— 이곳 미지정 토지에도 적용되었다. 오하이오와 앨라배마, 일리노이 등 애팔래치아산맥 서쪽의 거의 모든 지역에 적용되었던 체계였다.

좌표계를 이루는 직선 모두 시작점, 즉 선이 시작되는 공식 지점이 있었다. 바로 오하이오강 기슭의 화강암 기념탑이었다. 오늘날에도 우뚝 서 있는 이 오벨리스크는 오하이오 이스트리버풀의 쇠퇴한 도에 마을 바로 바깥에 있다. 오벨리스크가 알려주는 근처 지점에서 미국 서부 전역이 측량되고 측정되었다. 아마 당대 거스리에서는 아무도 이스트리버풀의 존재를 몰랐을 것이다. 하지만 이 모든 역사를 파악하고 이스트리버풀의 진정한 의미를 음미하던 워싱턴 관료들은 지금껏 사람이 살지 않은 정착지 안팎의 측량 지점이 얼마나 중요한지 잘 알았다. 측량 지점은 어느 지역을 통째로 바꿔놓을 수 있었다.

거스리도 커다란 변화를 눈앞에 두고 있었다.

사람들은 초조해하며 시간을 확인했다. AT&SF 철도회사 인부들은 클리블랜드의 볼 워치에서 만든 공식 철로용 주머니 시계를 가지고 있었을 것이다. 시계가 정오를 알리자 다들 서로를 쳐다봤다. 미지정 토지 경계선을 따라 총성이 울려 퍼지면, 거스리는 지역 관료들이 알고 있던 곳이 더는 아닐 터였다. 그런데 아무 소리도 들리지 않았다. 그렇게 한 시간이 흘렀다. 그리고 1시 30분이 되기 직전, 사건 두 가지가 터졌다.

낮게 으르렁거리는 소리, 투덜거리는 소리, 쇠가 서로 부딪히며 쨍그랑거리는 소리가 들리더니 말이 히힝거리는 소리와 호루라기 소리, 브레이크를 끼익 밟는 소리가 이어졌다. 연기와 증기가 자욱하게 피어오르더니 남행 열차가 거스리역에 멈춰 섰다. 승객 수백 명이 고래고래 함성을 지르며 객차에서 쏟아져 나왔다. 승객이 짐을 끌어내려서 플랫폼에 올려놓자 객차 문이 쾅 닫혔다. 모두 짐가방을 챙겨 들고 우거진 풀밭으로 내려갔다.

이와 거의 동시에, 사람의 손길이 거의 닿지 않은 뒤편 초원에서 말발굽 소리가 우레처럼 울렸다. 대담하게 돌진하는 줄루족 전사들 같은 실루엣이 북쪽 하늘을 배경으로 나타났다. 줄지어 달리는 말과 요동치는 마차, 남녀 수백, 수천 명이 미지정 토지 경계에서 맹렬하게 내달려오고 있었다. 멀리서 보니 말을 탄 사람들은 꼭 마상창 시합을 벌이는 중세 기사 같았다. 더 자세히 보니 그들 모두 꼭대기에 흰 깃발이나 길쭉한 삼각 깃발을 맨 긴 버드나무 막대기를

1889년 4월 22일, 미지정 토지의 북쪽 경계에 떼 지어 모인 수천 명은 미친 듯이 말을 몰았다. 몇 시간 후, 그들은 땅에 말뚝을 박아서 소유권을 주장했다. 등록비 5달러만 내면 땅은 그들의 것이 되었다. © Getty Images

들고 있었다. 붉은 흙에 내리꽂아서 토지 소유권을 주장할 깃발이었다.

대초원의 정적이 한순간에 깨졌다. 살랑거리던 바람 소리는 우르릉 울리는 소음과 울부짖는 말발굽의 불협화음, 휙 하는 채찍 소리, 흥분에 도취해서 내지르는 고함에 ―여기에 총성까지 더해져서― 밀려났다. 수천 명이 미친 듯이 돌아다녔다. 손으로 햇빛을 가리고 먼 거리를 뚫어지도록 바라보면서 말이 달리는 방향을 휙 바꾸어대며 사방으로 질주했다. 손에 깃대를 쥔 그들은 차지할 만한 땅, 눈 깜박할 새에 정착할 땅을 찾아 헤맸다.

먼저 말에서 뛰어내려 땅에 막대기를 꽂아 넣어야 했다. 동물 뼈나 바짝 마른 버펄로 똥을 쌓고 그 위에 이름을 쓴 나무판을 올려둘수도 있었다. 그러면 소유권을 확실하게 나타낼 수 있을 터였다. 측량 번호는 가까운 표시 기둥에 적혀 있었다. 기둥이 보통 말보다 더높이 솟아 있어서 수풀 사이로 흘끗 쳐다보기만 해도 숫자를 확인할 수 있었다. 선택한 구획의 위치를 알아냈다면 이 좌표를 기억해야 했다. 각 구획은 측량 규칙에 따라 표기되기 때문에 ―예를 들어 '제8구역 남동 방면, T16N, R2W'― 기억력이 좋아야 했다. 이제 말을 몰아서 토지관리국으로 가 이미 수십 명이 서 있는 줄에 합류해서 기다리면 마침내 정부 서식 4-963번 '오클라호마 준주 거스리에서 선서한 공유지 불하 선서 진술서'를 작성할 수 있었다. 자신이 미국의 그 어떤 다른 주에서도 토지 $0.65km^2$를 무조건 토지 상속권으로 소유하지 않았다는 사실, 한 가정의 가장이거나 21세 이상이라는 사실, 미국 본토 출생 시민이거나 귀화 시민이 되는 절차를 밟는 중이라는 사실, 등록비 5달러를 이미 냈다는 사실을 엄숙하게 선서하는 행위였다.

두근거리는 마음으로 펜을 휘둘러서 서식 작성을 마치면, 오클라호마 준주 거스리의 제8구역 남동 방면에 있는 땅 0.65km², 강탈의 열광 속에서 외면받은 지 오래인 원주민에게서 최근에 훔쳐내 지금까지 공화국 정부의 자산으로 남아 있던 이 땅이 명백하게, 영원히 혹은 본인이 원하는 한 자신의 것이 되었다. 이제 아메리카합중국의 토지 소유주가 되는 것이었다—물론 소유권을 빼앗겼다고 고소하는 이가 없어야 하고, 점찍은 땅이 다른 사람과 겹치는 일이 없어야 했다. 랜드 러시 당일은 그야말로 대혼란이었으므로 이런 일은 너무도 자주 일어났다—. 지구 면적 1억 4,800만km²에서 극히 자그마하고 거의 보이지도 않을 만큼 작은 땅이지만 그래도 본인 소유의 땅이었다. 그 땅에 거스리라는 새로운 도시가 들어설 것이었다.

정말로 도시가 건설되었다! 그날 오후, 야영 텐트가 대초원에 바다를 이루었다. 토지관리국 앞에는 800m나 되는 줄이 늘어섰다. 새 정착민들의 마차에서 기다리고 있던 아내와 자식들, 하인들이 내렸다. 더 용맹스럽게 말이나 기차를 타고 온 사람들은 간소하게 꾸린 안장 가방이나 서류 가방에서 접시, 주전자, 숟가락, 부츠, 못, 철사 따위를 꺼냈다. 기차가 계속해서 도착했고, 계속해서 사람들을 토해냈다. 땅거미가 질 무렵, 사방에서 타닥타닥 타는 양초 랜턴이 가물거리며 빛을 뿜었다. 대초원은 어느덧 건설 중인 도시의 모습을 띠었다. 물은 거의 없었고, 석탄과 화장실 시설은 전혀 없었다. 진

취적인 몇 명은 호텔용 텐트를 크게 세우고 탁자를 놓았다. 직접 음식과 술을 챙겨오지 못한 사람들에게 터무니없는 가격으로 음식을 팔았고 싸구려 위스키를 내놓았다. 정착민은 거의 다 총을 소지했지만, 지금까지 알려진 바로는 심각한 폭력 상황은 전혀 없었다. 모두가 함께 극복해야 할 적은 —도시를 건설하러 온 다른 사람들이 아니라— 텅 빈 대초원이라는 인식이 퍼져 있었다. 어둠이 짙게 내려앉고 광활한 중서부 하늘에서 별이 빛날 무렵, 거스리는 공식적으로 존재하는 도시가 되어 있었다. 새로운 시민들은 완전히 녹초가 되어 곧 잠에 곯아떨어졌다.

다음날 아침, 사람들이 요리용 모닥불을 지폈고 햄과 달걀, 커피 냄새가 퍼져나갔다. 누군가 텐트 사이를 통과해 북쪽으로 말을 몰면서 도시의 첫 번째 길을 만드는 중이라고 알렸다. 그가 소리친 거리 이름은 '디비전Division'이었다. 이 길은 도시의 중간 지점이었다. 이곳에서 서쪽으로 난 모든 길 이름에는 '웨스트'가, 동쪽으로 난 모든 길 이름에는 '이스트'가 들어갔다. 이 대로들 가운데 처음으로 이름을 얻은 길은 '오클라호마가'였다. 오클라호마가는 1889년 4월 말에 남북 방향으로 뻗은 디비전가와 함께 생겨나 서로 수직으로 교차했다. 100년이 넘게 지난 오늘날에도 두 길은 서로 직각으로 만난다.

해밀턴 윅스Hamilton Wicks라는 작가는 거스리 정착지에서 아침 일찍 일어났다. 윅스가 〈코스모폴리탄Cosmopolitan〉 9월호에 실은 에세이는 오늘날과는 꽤 다른 일기 형식이다.

나는 토지관리국 근처 언덕을 거닐었고, 내 주변 사방으로 뻗어나간 경이로운 원형 파노라마를 내려다보았다. 그 첫 번째 오후, 1만 명이나 되는 사람이 드넓은 미개척 대초원을 '무단으로 점유'했다. 무수한 흰 텐트가 갑자기 대지 위에 생겨났다. 거대하고 날개가 흰 새 떼가 언덕 비탈과 계곡에 내려앉은 것 같았다.

도시의 변신 속도는 믿을 수 없을 정도였다. 1889년 4월 첫 번째 월요일 새벽에는 거스리에 정착한 인구가 정확히 0명이었다. 하지만 그날 밤 10시에 거스리 인구는 웍스가 말한 1만 명보다 더 많은 1만 5,000명이었다. 정착민과 함께 온 가족들까지 감안한다면, 그날 3초에 1명씩 오클라호마 거스리의 땅에 대한 소유권을 주장했다고 볼 수 있다. 미국에서 이처럼 빠르게 성장한 도시는 없었다.

20일 뒤, 당장이라도 무너질 듯한 텐트촌이 어엿한 마을로 변했다. 바깥세상과 연결해주는 전신도 설치되었고, 완전하게 조립된 건물들도 들어섰고(일부는 오늘날에도 여전히 서 있다), 상공회의소가 들어왔고, 서로 경쟁하는 일간신문도 3개나 생겨났다. 두 달 만에 수도 파이프도 만들어졌다. 두 달이 더 지나자 주택과 사무실, 비포장 거리 일부에 전기가 들어와서 불을 밝혔다. 그해가 저물 무렵, 거스리는 완전히 발달한 도시가 되었다. 1907년에 오클라호마가 준주territory에서 벗어나 주州의 지위를 얻자, 거스리는 주도가 되었다.

하지만 남쪽으로 48㎞ 떨어진 곳에 야심 찬 오클라호마시티가 생겨나면서 거스리는 꿈만 같던 주도 지위를 잃었다. 거스리가 주목받았던 영광의 순간은 짧게 끝났다. 거스리의 은행 금고에 보관

거스리는 미국에서 가장 빠르게 성장한 도시라고 자부한다. 1889년 4월 22일 아침까지만
해도 주민이 단 한 명도 없었지만, 해 질 무렵이 되자 인구가 1만 5,000명으로 늘어났다.
얼마 지나지 않아 인상적인 빅토리아 시대 건물들이 들어섰다. ⓒ Getty Images

했던 오클라호마주 인장을 오클라호마시티에 새로 생겨난 주 정부
본사로 강제로 옮기는 일 때문에 충돌이 빚어졌다. 자존심 강한 거
스리 시민에게서 이 중요한 물건을 빼앗는 데 고소와 법원 명령, 경
찰력의 위협이 모두 동원되었다.

　거스리는 주도 지위를 잃은 뒤로 오클라호마의 중심에서 다소
밀려났다. 거스리에는 블루그래스(기타와 밴조로 연주하는 미국의 컨트리
음악—옮긴이) 페스티벌 하나와 스티어 로핑 로데오(황소를 밧줄로 쓰러
뜨리고 묶는 로데오—옮긴이) 대회 하나, 대규모 스코틀랜드 의례 프리
메이슨 사원 한 군데(프리메이슨을 대표하는 위계 조직 두 곳 중 하나—옮긴
이)가 있다. 하지만 거스리의 진정한 보석은 도시 최초로 들어선 건

물들이다. 보통은 대형 곡물 창고와 평범한 교외 주택이 있어야 할 자리에 시대착오적 구조물 2,000여 채*가 모여 있다. 거스리는 미국 토지 대하소설 속 영묘이자 빅토리아 시대 개척 역사에 대한 기념비다. 이 도시는 수많은 미국인이 가장 소중한 상품을 손에 넣고자 달려갔던 시대를 다소 우울하게 상기시킨다. 소설가 마거릿 미첼Margaret Mitchell의 말을 조금 바꿔서 표현하자면, 그 상품은 영원히 존재하기 때문에 손에 넣기 위해서 싸우고, 목숨을 바치고, 일하고, 살아갈 가치가 있는 것으로 여겨진다.

한때 이 땅의 주인이었던 아메리카 원주민은 땅을 빼앗겼다는 사실을 절대 잊지 않았고, 앞으로도 잊지 않을 것이다. 하지만 그들이 마땅히 느꼈을 분노는 오래전에 사그라들었고, 저 멀리서 부글부글 끓을 뿐이다. 미국 정부는 이곳이든 다른 어디든 땅의 용도를 지정하거나 지정하지 않을 도덕적 권한이 전혀 없었지만, 뻔뻔하게도 이 땅을 '미지정' 토지라고 불렀다. 정부가 이런 일을 감행할 수

---

* 당대 수많은 건축가가 거스리로 와서 건물을 지으려고 시도했다. 그중 벨기에 출신 조제프 푸카르Joseph Foucar가 가장 유명하다. 파리 시청과 브뤼셀 그랑 호텔을 설계한 푸카르는 유럽을 떠나서 '대초원 위의 성'을 짓겠다는 생각으로 미국에 왔다. 그는 거스리에서 사암과 화강암으로 거대한 건물 17채를 지었다(8채가 아직 남아 있다). 그의 전문 분야는 은행과 시청, 출판사 등 고상한 건물이었다. 푸카르의 건물은 몹시 견고하게 지어졌기 때문에 무너뜨리는 것이 거의 불가능했다. 그 덕분에 거스리와 대초원의 다른 도시에는 그가 지은 건물이 아주 많이 남아 있다. 한 신문은 푸카르가 지은 건물이 "건물 파괴용 쇠공에도 끄떡없다"라고 표현했다. 하지만 수많은 이가 푸카르의 건물이 어찌 손 쓸 도리도 없이 추하다고 생각한다. 부동산 개발업자들도 거스리를 찾았다. 거스리는 장래의 자작농에게 아직 완전히 정복당하지 않은 도시였다. 가장 잘 알려진 개발업자이자 도시의 챔피언은 캐나다인 호바트 위틀리Hobart Whitley였다. 위틀리는 오클라호마에서 서쪽으로 계속 이동해서 로스앤젤레스 근처의 대규모 대지를 사들였다. 그 가운데 하나에 아내의 제안으로 '할리우드'라는 이름을 붙였다.

있게 뒷받침해준 개념은 오늘날 거의 잊혔다. 오클라호마 거스리처럼 작은 지역에서도 세상은 변했다. 하지만 겉으로는 오클라호마 랜드 러시가 끝난 직후의 나날과 거의 다르지 않다.

토지와 젠트리

4 장

Annals of
Acquisition

  유서 깊은 권리를 통해 토지를 얻었다고 생각하는 사람들도 있다. 이들은 대체로 유럽인이다. 정말 터무니없게도, 그중 다수가 영국인―잉글랜드인, 스코틀랜드인, 아일랜드인, 웨일스인―이다. 이 영국인들은 합리적 관찰자들이 시대착오적이고 부적절하다고 여길 정도로 특별한 사회적 지위를 차지한 채 법적·경제적·사회적 권력을 휘두른다.

  이 수백 명은 토지를 소유한 젠트리_{gentry}(귀족은 아니지만 대토지를 소유한 상류 계급―옮긴이)다. 젠트리는 공작과 후작, 백작, 자작, 남작, 그 외 다양한 하위 작위를 받은 영국인들과 함께 현재 영국 영토에서 놀라울 정도로 넓은 면적을 소유하고 있다. 영국 전원 지대의 3분의

1이—잉글랜드와 웨일스 전체 면적 약 15만㎢ 중 52,600㎢ 정도— 사기업이나 유서 깊은 땅 부자 가문의 소유다. 스코틀랜드 면적 약 8만㎢의 거의 절반이 부유한 지주 1,100명의 땅이다. 그중 영국의 비왕족 공작 24명이 4,000㎢가 넘는 땅을 갖고 있다. 북아일랜드의 여섯 카운티에서도 개인이 토지를 차지한 비율은 거의 비슷하다. 극소수가 이토록 불균형하게 토지를 축적하는 상황이 과연 올바르거나 정당하거나 현명하거나 지혜롭거나 합리적인지는 다음 장에서 살펴보겠다.

어떻게 이 가족들이 땅을 그렇게 많이 얻을 수 있었을까? 이들의 사연은 오랜 역사와 전설 때문에 대체로 혼란스럽다. 오래전에 잊힌 신화는 이야기에 고색창연한 분위기까지 더해준다. 세세하게 계급을 구분한 영국 계급 제도는 실력 중심주의로 나아가려는 각고의 노력에도 완전히 사라지지 않았다. 특히 대도시에서 멀리 떨어진 시골 지역에서는 계급 제도가 여전히 위세를 떨친다. 이 계급 제도에서 젠트리는 사회의 최정상에 서 있으며, 국가 질서를 지탱하는 커다란 기둥이라고 인정받는다—젠트리 계급의 남성은 말 그대로 '젠틀맨gentleman'이다. 보통 '신사'로 알려진 이 단어에 계급을 의미하는 미묘한 뜻도 있다는 사실은 영국 밖에서는 거의 알려지지 않았다—. 영국에는 '오래된' 가문들이 있다. 지주 계급인 이들은 이름뿐인 보상에 흔들리지 않는 상류층이며, 정치나 —신이 금지한— '장사'처럼 사회적 존엄성을 더럽힐 천박한 문제에 휘말리지 않으려는 지체 높은 사람들이다. 과거에—토지를 소유한 자만 투표할 수 있는 독점적 권리를 얻었던 시기에— 이 사람들은 영국을 지배하는 최상류층이었다. 이들은 막대한 자산이나 왕의 특별대우 덕분에 오늘날 영국에서 가장 안정적이고 가장 높이 평가받는 자산 형태, 즉 대토지를 축적하는 데 성공했다. 이들은 토지를 소유하고 있다. 이들의 자손은 첫째가 세습 상원의원, 둘째가 군인, 셋째가 외교관, 넷째가 상위법정 변호사, 막내이거나 가장 우둔한 자식이 영국 국교회의 주임 사제가 된다―대체로 장남이 토지와 그 토지를 관리할 재산을 물려받는다―. 더 먼 과거에는 제국의 변두리를 관리하라고 파견된 관리가 되기도 했다.

그래도 상황은 바뀌고 있다. 변화와 쇠퇴가 지주 계급에 타격을 주었다. 요즘에는 시골 젠트리 생활을 즐기는 사람이 거의 없다. 얼마 전까지만 해도 시골에서, 이를테면 북아일랜드 티론 카운티의 국경 마을 케일던 근처에서 젠트리를 찾아볼 수 있었다. 케일던의 젠틀맨은 성에서 살았다. 성은 화강암을 사치스럽게 사용하는 스코틀랜드 기준으로 볼 때 그리 대단하지는 않지만, 블랙워터강 기슭의 푸르른 초원 117㎢에 아늑하게 자리 잡고 있다. 18세기에 인도 벵골 지역에서 어마어마한 재산을 벌고 돌아온 조상이 1772년에 9,000파운드를 주고 그 영지를 사들였다. 그 조상은 매해 소작료로 7,000파운드를 벌어들일 수 있으리라 기대했다―그 지역에서 소수에 불과한 유한계급이 되기에 충분한 돈이었다―. 이 가문의 편안하고 여유로운 생활은 적어도 2세기 동안 이어졌다. 어느 날, 우리의 케일던 젠틀맨은 아침상을 물린 뒤 평소와 다름없는 그날에 무엇을 할 것인지 질문받았다. 젠틀맨은 질문이 우습다는 듯 깔깔거렸다. "뭔가를 한다고?" 젠틀맨이 고래고래 소리쳤다. "뭔가를 한다고? 대체 그게 무슨 뜻이야?"

그는 가능한 한 아무것도 하지 않는다고 설명했다. 그가 씩씩거리며 말했듯이 "인생에서 아무것도 다급하지 않기" 때문이었다. 그래도 무엇을 할 계획인지 재차 질문받자 몇 분간 생각에 잠긴 뒤 그날은 마을로 나가서 셰리주 한 병을 주문해야겠다고 대꾸했다. 런던에 있는 어머니께 술을 보내드릴 작정이었다. 그때 자신이 소유한 여러 농장 중 한 곳에서 아이가 태어났다는 소식을 들은 것이 떠올랐다. 날씨가 온화하다면 그 아기를 보러 갈 수도 있으리라. 하지만 그는 "드넓은 땅을 소유하고 소작인을 부리는 것의 장점은 다들 알아서 자기 자신을 잘 건사한다는 것이지. 내가 실제로 해야 하는 일은 사실 거의 없어"라고 대꾸하더니 〈전원생활Country Life〉 최신호를 휙 집어 들고 희귀한 돼지 품종에 관한 기사를 읽기 시작했다.

이런 삶이 아무리 즐겁고 평화로울지라도, 오늘날 젠트리는 오로지 불로소득으로만 생활하지는 않는다. 이렇게 너른 토지 아래에는 지질 구조의 섭리 덕분에 가치 있는 자원이 있을 수 있다. 과거 지주 계급은 보통 자신의 토지에서 광물을 채굴하는 것을 경멸했다. 하지만 요즘에는 광물 자원을 채굴해서 추가 재산을 깜짝 놀랄 만큼 벌어들이는 지주도 있다. 저명한 신문 칼럼니스트 맷 리들리Matt Ridley는 작위와 잉글랜드 북동부 토지 60여㎢를 물려받았다. 리들리는 영지 대저택을 둘러싼 정원에서 석탄을 노천 채굴하도록 기꺼이 허락했다. 드래그라인 굴착기 기사들이 깨끗하게 뒤처리하는데다 임차료와 석탄 판매 수익의 지분까지 주기 때문이었다—게다가 블래그던 홀의 벽이 두꺼워서 철커덕거리는 작업 소음은 거의 들리지 않았다―. 스코틀랜드 경계 북쪽의 광대한 저택에 사는 어느 젠트리 역시 운 좋게도 영지에 지하 광산이 있다. 그는 2톤짜리 석탄 덩어리를 조각해서 만든 거대한 받침돌에 골동품 은 조각상을 올려놓고 광산에서 벌어들인 이익을 기념한다.

경제학자 존 메이너드 케인스John Maynard Keynes는 영구한 수입이 보장되는 젠트리 계급을 비판했다. 땅 자체는 유한하고 드문데, 땅을 원하는 인구는 끝없이 늘어나기 때문이다. 젠트리는 자신들이 토지 관리인이라고 항변했다. 적어도 영국에 유례없이 독특하고 탁월하게 아름다운 풍경을 만들어낸다고 주장했다―지주는 영지에 떡갈나무를 심곤 했다. 죽을 때까지 그 나무가 울창하게 자라는 것을 보진 못할 테지만, 매력적인 경관을 만들어내는 데 한몫했다는 사실에 만족했다―. 케인스는 이런 견해를 받아들이지 않았다. 그는 젠트리 문제를 해결할 가장 좋은 방법은 안락사이며, 젠트리를 없애면 국토가 더 나아질 것이라고 응수했다.

세월과 세금이 천천히 젠트리의 수를 줄이고 젠트리의 영향력을 꺾으면서 케인스의 소원을 들어주고 있는 것 같다. 그런데 어떻게 토지가 애초에 그런 식으로 분배되었을까? 무척 흥미로운 문제다. 북아일랜드 케일던의 젠트리 집안은 구매라는 단순한 방식으로, 18세기 벵골에서 벌어들인 돈으로 영지를 얻었다. 낡아서 삐걱거리는 대성당을 보수할 현금이 필요했던 지역 주교가 그 땅이 더는 필요하지 않다고 생각한 덕분이었다. 하지만 구매는 유서 깊은 지주 가문이 영토를 얻는 유일한 방식이 아니었다. 젠트리는 더 복잡한 방법으로 땅을 손에 넣곤 했다. 게다가 토지 획득이 아주 오래전에 일어난 경우, 자기 가문이 어떤 권리로 땅을 얻었는지 확실하게 알 수 있는 사람은 아무도 없다.

잉글랜드에서 과거 토지 소유 사실을 정리한 가장 포괄적인 토지대장은 그 유명한《둠스데이북Domesday Book》이다. 이 토지대장은 우아한 책 두 권으로 이루어져 있다. 한 권은 양피지 475장으로 만든 개요서《소둠스데이Little Domesday》고, 다른 한 권은 양피지 413장에 글을 더 빽빽하게 쓰고 더 세련되게 마무리한《대둠스데이Great Domesday》다. 현재 두 권 모두 영국 국립기록보존관에 있다. 중세 필

손으로 쓴 《둠스데이북》 두 권은 11세기 잉글랜드 토지 소유 현황을 포괄적으로 담은 명세서다. 이 책은 영국에서 가장 귀중한 자산으로 꼽히며, 오늘날에도 여전히 법적 지위를 지닌다. © Getty Images

경사가 라틴어로 공들여 작성한 《둠스데이북》은 기본적으로 최초의 자산 조사 보고서로, 거의 1,000년 전 잉글랜드의 토지 소유와 지주 현황을 알려준다.

토지 조사를 명령한 왕은 '정복자 윌리엄'이라는 별명으로 잘 알려진 윌리엄 1세다. 윌리엄 1세는 1066년 헤이스팅스 전투에서 마지막 앵글로색슨 군주인 해럴드 왕을 격파하고 잉글랜드를 정복했다. 1085년에 시작된 토지 조사는 꽤 빠르게 끝나서 1086년에 보고서가 출간되었다. 후대 왕이 잉글랜드 전역의 사유지에 부과할 세금을 계산할 때 참고할 장부로 만들어진 듯하다.

빅토리아 시대의 위대한 사제이자 역사가인 존 자일스_{John Giles}* 는 《앵글로색슨 연대기_{Anglo—Saxon Chronicle}》를 번역해서 유명해졌다. 이 책은 《둠스데이북》 토지 조사가 어떻게 이루어졌는지, 윌리엄 1세가 토지 소유 정보를 확인하는 데 어떤 역할을 맡았는지 상당히 자세하게 설명한다.

> 그는 잉글랜드 전역의 각 주에 사람들을 보냈다. 그리고 "각 주에 몇 백 하이드[한 가족을 부양하기에 충분하다고 여겨진 옛 토지 단위로, 0.5㎢가 조금 못 된다]나 있는지, 왕의 소유지는 얼마나 되는지, 거기에 어떤 가축이 살고 있는지, 또는 해마다 주에서 세금을 얼마나 받아야 하는지" 알아내라고 지시했다. 아울러 "대주교와 교구장 주교, 수도원장, 백작은 땅을

---

* 이례적으로 박학다식한 이 인물에게는 허버트 자일스_{Herbert Giles}라는 아들이 하나 있었다. 허버트 자일스는 동료 토머스 웨이드_{Thomas Wade}와 함께 한때 많이 활용되었던 웨이드-자일스 중국어 음역 표기법을 발명했다. 이 표기법에 따르면 마오쩌둥을 오늘날과 같은 'Mao Zedong'이 아니라 'Mao Tse-tung'으로 표기한다.

얼마나 가졌는지”도 기록하라고 명령했다. 장황하고 지루할 수도 있겠지만 더 열거해보자면, “각 사람이 무엇을 또는 얼마나 가졌는지, 땅을 일구든 가축을 치든 잉글랜드 토지를 차지하고 사용하는 사람은 누구인지, 그 땅이 얼마나 가치 있는지”도 기록하라고 분부했다. 그는 문서에 적히지 않은 땅은 1하이드도, 1야드도 없도록, 심지어 (왕은 아무 거리낌이 없었다고 해도 나는 이렇게 말하려니 부끄럽다) 황소 1마리나 젖소 1마리, 돼지 1마리조차 빠짐없이 모두 찾아내라고 매우 주의 깊게 지시했다. 나중에 왕은 자세한 사항을 기록한 글을 전부 받아보았다.

노르만 출신 정복왕이 격동적으로 벌인 사업은 잉글랜드의 구조를 완전히 바꾸어 놓았다—《둠스데이북》은 그 사업의 수많은 유산 가운데 하나일 뿐이다—. 앵글로색슨 왕가의 통치는 영원히 끝났다. 잉글랜드 땅은 —사회적으로, 법적으로, 언어학적으로— 진화해서 마침내 현대 영국 사회를 만들어낼 준비를 착실하게 이어나갔다. 특히 땅과 관련된 면에서 커다란 변화가 일어났다. 노르만 군주들은 땅을 차지하는 데 터무니없이 탐욕스러웠고, 추종자에게 땅을 나눠주는 데 야단스러울 만큼 관대했다—노르만 왕은 모두 세 명이다. 진정으로 ‘잉글랜드 혈통’인 플랜태저넷 가문이 1216년에 확고하게 왕조를 세우기 전에 런던을 통치했으나 핏줄이 혼란스러운 왕들을 모두 포함한다면 여덟 명이다—.

이렇게 땅을 하사받은 운 좋은 인물들이 현대 젠트리 수천 명의 먼 조상이다. 이들은 가장 총애받는 봉신과 조신, 가톨릭 사제, 기꺼이 왕을 대신해 말을 타고 유럽 본토로 가서 전쟁을 일으킬 의지를 증명한 기사 등 200여 명이 긴밀하게 결합한 집단이었다. 왕에게서 후한 선물을 받은 사람들은 당연히 흐뭇했을 것이다. 반대로 땅을 빼앗긴 사람들은 행복하지 못했다. 하지만 이 불행한 지주들은 먼저 강탈과 탐욕에 희생되었던 옛 지주들의 전철을 밟았을 뿐이었다. 그들의 땅도 먼저 그 땅을 소유했던 사람들에게 빼앗은 것이었다. 땅 도둑질의 연쇄는 아득한 고대까지 거슬러 올라간다.

노르만족은 강인하고 교활한 전사였고, 무엇이든 원하는 만큼 차지했다. 잉글랜드에 침입한 노르만족은 브르타뉴의 넓적한 칼과 노르만의 커다란 활을 앞세워 잉글랜드 전역을 새롭게 점령했고, 수십 년 동안 우위를 점했다. 이제까지 데인족과 노르웨이인과 색슨족의 소유였던 대저택과 영지, 소구wapentake(카운티의 구성단위—옮긴이), 하이드가 하나씩 노르만족의 손에 넘어갔다.

5세기에 로마가 떠나고 11세기 중반에 노르만족이 들어올 때까지, 앵글로색슨족이 지배한 잉글랜드는 600년 동안 소규모 왕국들이—웨식스와 머시아, 노섬브리아, 켄트 등— 어지럽게 연합한 체제를 유지했다. 바로 이 시기에 이 땅은 마침내 잉글랜드라는 이름으로 조직되고 연합되었다. 아울러 잉글랜드 군주들이 왕위를 계승하며 이 땅을 통치했다.

전성기를 맞은 앵글로색슨 잉글랜드는 토지 소유 제도를 만들었다. 잉글랜드의 거의 모든 땅은 노르만족이 침입하기 이전에 이미 누군가의 소유가 되었다고 말할 수 있을 것이다. 땅과 토지 소유 개념에서 중심인 'acre(에이커, 원래 텅 빈 땅이라는 뜻이었으나 훗날 황소 한 조가 하루에 갈 수 있는 땅 면적을 기준으로 삼은 넓이 단위가 되었다—옮긴이)'라는 말도 이때 생겨났다. 에이커는 'bread(빵)'와 'earl(백작, 원래 앵글로색슨 시대에는 태수를 가리켰으나 나중에 세습 귀족 백작을 가리키는 말이 되었다—옮긴이)', 'half(절반)'와 함께 영어에서 기록이 가장 오래된 단어다. 이 사실은 땅이 음식과 사회, 셈과 함께 고대 영국에서 얼마나 중요한 개념이었는지 잘 보여준다.

여러 왕이 소유권을 행사하고, 왕을 보좌하는 종사thane(처음에 철자는 'thegn'이었다)가 토지 보유권을 받으면서 땅에 관한 공식 개념들이 채택되었다. 아울러 실제 문서화된 특허장으로 이런 권리들을 후손에게 넘겨줄 수 있었다. 10세기 잉글랜드에서는 종사 4,000명이 특허장을 받았을 경우 '특허 보유지bookland(특허장을 받아 지대를 바치고 소유하는 땅—옮긴이)'에서, 특허장을 받지 못했을 경우 '관습 보유지folkland(성문화되지 않은 관습법에 따라 보유하는 땅—옮긴이)'에서 거주했다. 노르만 귀족들이 앵글로색슨 군주를 쳐부수고 앵글로색슨의 땅을 훔친 후로 종사와 그들의 후손은 대개 토지와 권리를 잃었을 것이다.

더 먼 과거로 거슬러 올라가면 토지와 관련된 문제는 한층 더 모호해진다. 색슨족이 지배하던 혼란스러운 시대와 데인족이 통치하던 시기, 수십 년 동안 전쟁과 충돌을 일으키며 영국제도를 침략한 다른 스칸디나비아 침입자들이 군림하던 나날, 그리고 여러 권력 공백 기간이 있던 그 이전에 고대 로마 제국의 식민지 개척자가 있었다. 고대 로마는 정확히 말해 식민지 거주민의 자결권은 허락하지 않았고, 4세기 동안 엄격한 규율에 따라 체계적으로 브리타니아Britannia(고대 로마 시대 때 지금의 영국 브리튼섬의 호칭-옮긴이)를 다스렸다.

학계는 로마가 점령지 전역을 제국의 재산으로 여겼지만, 지역 부족에게 땅을 보상이나 유인책으로 나눠줄 수 있었으며 실제로도 그런 일이 가끔 일어났으리라고 믿는다—브리타니아 식민지는 호전적인 픽트족을 저지하고 제국의 가장 먼 변방에서도 질서를 유지하고자 잉글랜드의 머나먼 북쪽에 건설된 하드리아누스 방벽에까지 이르렀다—.

하지만 대체로 추정일 뿐이다. 어쨌거나 땅은 잉글랜드의 전설적인 초기 영웅담 가운데 하나에서 주목할 만한 역할을 맡은 것으로 보인다. 잉글랜드 이케니족의 위대한 전사이자 여왕인 보아디케아Boadicea—또는 부디카Boudicca, 빅토리아Victoria 등 여러 이름으로 불린다—는 서기 60년에 로마 제국에 맞서 저항했다(그 과정에서 론디니움 대부분이 불에 타버렸다). 그런데 보아디케아가 봉기를 일으킨 것은 로마 통치자들이 이제까지 확실치 않은 이유로 이케니족에게 주었던 땅을 몰수했기 때문인 듯하다. 오늘날 학자들은 로마가 애초에 이케니족에게 땅을 주었다는 사실*로 미루어볼 때 로마가 스스로를 잉글랜드 전역의 소유주로 확고하게 믿었고, 그래서 마음대로 땅을

---

* 당대 브리타니아에서 재정을 담당한 최고 책임자 카투스 데키아누스Catus Decianus는 선물이 사실 대출이라고 주장했다—이 간교한 속임수가 이케니족의 반란을 유발했다—. 결국 잔혹한 폭력이 발생했다. 보아디케아는 건방지게 제국의 통치에 도전했다는 죄로 채찍질을 당했고, 보아디케아의 딸 두 명은 로마군 지휘관들에게 강간당했다. 그러자 보아디케아는 이케니족의 군대를 규합해서 로마군이 주둔한 론디니움과 카물로두눔(콜체스터), 베룰라미움(세인트앨번즈)을 약탈했고, 잉글랜드 미들랜드에서 격전을 벌였다. 이때 보아디케아는 전차 바퀴 한가운데에 구부러진 언월도 칼날을 박아서 바퀴와 함께 돌아가도록 했다고 한다. 이 전투로 수만 명이 목숨을 잃었다. 이 전투 직후 보아디케아는 독살되었다. 로마는 머나먼 브리타니아 식민지를 거의 내버릴 뻔했다. 이 모든 것이 십여 제곱킬로미터에 지나지 않는 잉글랜드 동부 땅을 두고 일어난 분쟁 때문에 벌어졌다.

나눠주고 빌려줄 수 있었다고 추측한다. 이런 추측에서 로마의 잉글랜드 통치가 절대적이었다는 더 큰 가정이 생겨났다.

대체로 안정적이었던 로마 제국의 치세 이전에 고대 잉글랜드에서 토지 소유 개념이 어떠했는지는 극도로 모호하다. 고대 잉글랜드 사람들이 토지 소유 개념을 어떻게 합의했는지 가정해보는 것조차 지극히 어렵다. 우리는 영국제도에 다양한 부족—몸에 문신을 새기고 대청으로 얼굴과 몸을 칠하던 켈트족—이 살았다는 사실은 잘 알지만, 그들이 땅을 어떻게 대했는지는 거의 알지 못한다. 그들이 땅을 갈고 일구었다는 사실만 알려져 있을 뿐이다. 당시 사람들은 황소 두 마리로 조를 짜서 원시적인 쟁기를 끌게 했고, 경작하지 않은 전원 지대의 잘 부서지는 돌투성이 흙에 고랑 자국을 냈다. 시간이 흐르자 고랑에서 파낸 흙더미는 서로 다른 사람이 갈아놓은 고랑을, 서로 다른 사람이 정착한 집을, 서로 다른 사람이 소유한 밭을 나누는 조잡한 울타리 겸 경계선이 되었다.

잉글랜드 풍경에서 촘촘한 고랑 유적을 관찰해온 고고학자와 인류학자는 토지 소유가 고랑 사이 경계선에서 출발한 것 같다고 추측한다. 토지 소유는 아마도 예수 그리스도가 탄생하기 1,400년 전에, 다시 말해 지금으로부터 3,500년 전에 이웃 농부의 쟁기가 남겨놓은 고랑 자국과 함께 시작됐으리라.

그 이후, 잉글랜드에서 토지 소유 개념이 확고해지고, 진화했다. 이 개념은 서구 세계 전역에서 토지 소유 양식과 관습에 커다란 영향을 미쳤다. 쟁기로 갈아서 만든 고랑은 마침내 튼튼한 돌담과 로마 제국 장원 건물이 되었다. 색슨족 왕들은 충실한 종사들에게 경작지를 나눠주었다. 노르만 군주들은 토지가 왕의 소유라는 개념, 왕이 봉토를 하사한다거나 부동산을 선물한다는 개념을 고안했다. 11세기부터 강화된 봉건제 법률과 정책은 오늘날까지 몇 만 제곱킬로미터에 달하는 잉글랜드 토지를 상류층(대개는 남성)에게 독점적 소유물로 넘겨줬다. 이런 상류층 가문은 현재에도 작위가 있거나 없는 귀족에 속하며, 현대 영국의 토지 수만 제곱킬로미터를—더 정확하게는 그 토지 속 영지를— 소유한다.

셰익스피어의 희곡 《리처드 2세King Richard II》에서 랭커스터 공작 곤트의 존은 불평을 늘어놓는다. "이 소중한, 소중한 땅이 (…) 이제 임대되고 말았도다. 임차지나 하찮은 농장처럼." 토지 소유는 막중한 책임을 수반한다. 특히 오늘날 지구가 처한 상황을 생각해보면 그 책임은 더욱 무겁다. 인간이 지구를 잘 보살펴왔는지 아닌지는 수세기 동안 수많은 사람이 끊임없이, 깊이 염려한 문제다. 이런 문제는 사람들이 공유지를 사적 용도로 사용하고자 울타리를 세우기 시작했을 때, 더 잔인하게는 궁지에 몰린 소작인을 내쫓고 가축으로 땅을 메우기 시작했을 때—사람들은 이런 행동을 사회적 반달리즘이 아니라 오히려 토지의 질과 유용성을 개선하는 수단으로 여겼다— 틀어지기 시작했다.

Ⅲ부

토지 관리

Stewardship

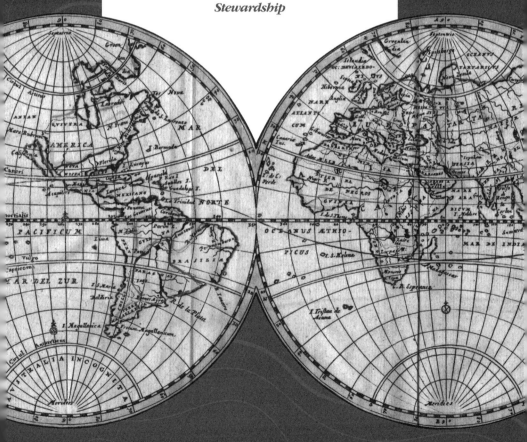

1장 토지 개량이 낳은 비극

Stewardship

법은 공유지에서 거위를 훔치는
사람을 감옥에 가둔다.
하지만 거위를 몰아내고 공유지를 훔치는
더 심각한 범죄자는 풀어준다.

— 익명인, 〈티클러 매거진The Tickler Magazine〉(1821년)

처음에는 모든 것이 청동기 농부 두 명이 쟁기질하는 방식과 고랑을 파는 모양에 달려 있었다. 오랜 세월이 흐른 후, 이제 인간이 완전히 파악하고 분할하고 관리하고 거주하고 사용하는 땅에 서로 다른 사상 두 개, 서로 다른 운동 두 개, 오래도록 이어진 사건 두 개가 힘을 발휘했다.

이 사상과 운동 두 개는 제 나름대로 땅을 더 효율적으로 사용하고 토지 소유주에게 이익을 더 많이 주기 위한 목적으로 시작됐다. 둘 중에 먼저 생겨난 '인클로저enclosure'는 일반적으로 국가가 지원하는 현상이었다. 더 나중에 생겨났고 더 잔인했고 더 악명 높은 현상 '클리어런스Clearance 또는 하이랜드 클리어런스Highland Clearance'는 대체로 스코틀랜드에서 벌어졌으며 민간이 주도했다. 인클로저와 클리어런스 둘 다 인간에게 깊은 영향을 미쳤다. 둘 다 집단 이주로 이어졌다. 인클로저 법령 문서 수백 건 때문에 수백만 명이 시골을 떠나 도시로 이주해야 했다. 클리어런스 때문에 수천 명이 스코틀랜드 황야에서 쫓겨났고, 텅 비어 아무런 제약도 없는 북아메리카로 떠나 새롭게 정착해야 했다. 인클로저는 대도시를 활성화했고, 클리어런스는 캐나다 탄생에 한몫했다고 구변 좋게 말하는 사람도 있을 것이다.

수많은 사람이 공유했던 땅을 강제로 개인 한두 명의 사유지로 바꾸는 토지 인클로저는 사회질서의 혁명, 전무후무한 대격변을 상징했다. 인클로저는 공식 허가 없이 수년 동안 진행되었다. 초기 기록을 보면, 13세기에 마을 주민의 의지와는 반대로 토지에 담장이 세워지고 그 내부가 사유지로 변했다. 1604년, 의회는 첫 번째 인클로저 법령을 제정해서 도싯 마을의 래디폴 구역 인클로저를 처음으로 뒷받침했다. 전국의 소읍과 마을, 황야, 목초지에 적용되는 이런 법령은 당시부터 20세기 초까지 거의 5,000건이나 통과되었다. 이런 법령들은 여전히 법전에 남아 있고 이론상으로는 지금도 시행되고 있다.

공식 절차나 허가를 갖추지 않은 인클로저는 훨씬 더 오래되었다. 많은 이가 잉글랜드에서는 4,000년 전인 청동기 시대 말에 이미 인클로저가 일어났다고 믿는다. 데브릴-림베리 문화 사람들이 살았던 시기, 그들이 밭에 파놓은 고랑 모양에서 토지 경계 설정과 개인 소유라는 개념이 시작된 시기다.

먼 옛날 초기 토지는 원시림으로 덮여 있었다. 고고학 증거를 보면, 심지어 석기 시대에도 인간은 이런 숲을 부분적으로 파괴해서 사로잡은 동물을 방목할 조잡한 초지를 만들었다. 석기 시대 사람들은 가시 금작화와 고사리, 기둥이 잘려 나가고 남은 그루터기, 새로 돋아난 덤불이 가득한 풍경을 남겨놓고 떠났다. 청동기 시대가 되자 농경 기술이 갑자기 발전했다. 인간은 흐뭇하게도 질 좋은 풀과 졸졸 흐르는 개울을 갖춘 곳을 초지로 개간해서 섬 같은 '목장'을 만들고, 과거에 아무렇게나 방목했던 소 떼를 그곳에 몰아넣었다. 이런 초지에는 곡식 경작지도 만들었다. 경작지는 가축이 발굽이나 뿔로 짓뭉개지 못하도록 확실히 막아야 했기에 나무 그루터기가 빼곡해서 경작에 덜 적합한 방목지와 구분되도록 울타리를 친 땅이 생겨났다.

아직 토지 소유라는 개념이 발달하지는 않았지만, 특히 의욕적인 개인이 울타리를 친 땅에서 특정 구역을 직접 책임지고 이익을 가져간다는 생각을 하기 시작했다. 통념에 따르면 최초의 진정한 인클로저는 튜더 시대에 등장했다. 도싯의 래디폴이 고전적 예시다. 다만 래디폴에서 인클로저가 공식적으로 인정받은 1604년은 스튜어트왕조 통치기가 시작되고 1년이 지난 후였다(1603년에 튜더 왕조가 끝나고 스튜어트왕조가 시작된다—옮긴이). 그런데 이 통념은 완전한 사실이 아니다. 땅을 소유하는 절차는 비공식적으로 조직되었을 것이며 수세기에 걸쳐 일어났다. 이는 자신의 이익을 위해 토지를 차지하는 습관이 아주 오랫동안 인간의 고유한 특성이었다는 사실을 암시한다.

비공식 절차는 몇 백 년 동안 위세를 떨쳤다. 13세기에 관례를 바탕으로 만들어진 보통법common law보다 한참 앞서서, 과거 잉글랜드에서 마을마다 달랐던 관습법customary law이 중세 내내 마을의 토지 분배를 규정했다—사실 공식적 힘이 훨씬 약했기 때문에 '규정'이라는 표현이 적합하지는 않다—. 어느 마을이든 대개 토지 분배가 절실했다. 마을 주민 한 명은 부쳐 먹을 땅을 겨우 4,000m²나 8,000m²만 소유했다. 소 한두 마리나 돼지 두어 마리, 양 떼나 닭을 추가로 키우지 못한다면 온 가족이 먹고살기 어려웠다. 하지만 작물을 기르는 땅에 가축을 풀어서 키울 수는 없었다. 밭에 가축을 풀어놓았다가는 곡식과 채소를 죄다 먹어 치우고 말 것이다. 가축을 키울 땅이—땔감을 베고 토탄을 모을 땅도— 더 필요했다. 그래서 관습법은 마을 주민이 '공동으로' 사용하는 인근 땅에서 가축을 기르거나 땔감을 구할 권리를 허용했다.

이런 땅은 소위 불모지였다. 마을 경계 바깥의 황무지에 거주하는 사람은 아무도 없었고, 소 떼와 나무, 누구도 관리하지 않아서 거친 풀만 잔뜩 있었다. 이 땅은 영세 농민을 위한 것이었다. 잉글랜드 시골에서는 관습법이 확립하고 정착시킨 이 관행을 모두가 받아들였다. 보통 사람은 이 공유지common land를 사용할 권리가 있었다. 지역마다 상세 사항은 달랐지만, 이런 권리는 공인되었고, 모두가 분별 있게 사용한다면 법적으로 소멸되지 않았다.

이웃끼리 '협의해서' 이런 권리를 없애거나 거래할 수는 있었다. 예를 들어 마을 사람들은 모두가 권리를 행사했던 공유지를 더 잘 사용하기로 마음을 모을 수 있었다. 그래서 공유지의 이쪽은 소에게 꼴을 먹이는 곳으로, 저쪽은 양을 풀어놓는 곳으로, 이 구석은 마을 돼지를 치는 곳으로, 여기 잡목림은 나무를 기르는 곳으로, 저 구석은 거친 초지로 나눌 수 있었다. 다시 말해 이제까지 자유롭게 사용했던 공유지에 대한 질서 의식이 있다면, 모두의 동의하에 공유지 일부를 특정 목적으로 사용하고자 '울타리로 에워쌀' 수 있었다.

이런 식으로 공유지에 울타리가 세워졌다. 상황은 몇 백 년 동안이나 상당히 순조롭게 흘러갔다. 하지만 역사에서 늘 반복되듯이, 교육과 발전이 의식을 일깨웠다. 15세기와 16세기에 교육받고 세상 물정을 깨우친 많은 사람이 공유지 제도에서 불공평을 인식하고 논쟁하기 시작했다. 사람들은 공유지를 다양한 구역으로 다시 조정하고 배정하는 건 부당하다고 외쳤다. 명백히 불공정해 보이는 상황을 참지 못한 데다 훌륭한 웅변술로 세력까지 얻은 급진적 지도자들은—켄트의 잭 케이드Jack Cade, 노퍽의 로버트 케트Robert Kett, 노샘프턴셔 레이놀즈의 존 "파우치 대장"John "Captain Pouch", 서리의 디거스Diggers(청교도 혁명 당시 평등주의 운동 단체—옮긴이) 등— 분노한 군중을 모아서 움직일 수 있다는 사실을 깨달았다. 군중은 공유지가 부당하게 분배되었다거나, 울타리 때문에 특히 비옥한 초지에 모두가 접근하지 못한다고 항의했다. 성난 군중은 울타리를 무너뜨리고, 배수로를 메우고, 금지된 목초지로 양 떼를 몰고 가기 시작했다(디거스는 런던 남쪽의 언덕에 불법으로 당근을 심었다).

18세기 초반 내내 이어졌던 이런 불안은 당대 영세 농민을 못살게 굴었던 인클로저 법령에서만 비롯된 게 아니었다. 막 생겨난 불안에는 뚜렷이 다른 감정이 있었다. 당시 영국에는 최신 발상들이 넘쳐흘렀다. 일부는 오늘날 우리가 계몽주의 운동의 시작으로 아는 것들이다. 농경 기술이 새롭게 발전해서 농기계와 네 작물 순환 윤작법이 도입되었다. 지금에야 우리는 이를 농업 혁명으로 인식하지만, 당시에는 발전을 불안하게 바라보았다. 산업혁명이 도래할 것을 알려주는 실마리도 있었다. 산업혁명은 곧 영국 사회 전체와 전 세계를 돌풍처럼 휩쓸고, 도시를 거대하게 일으켜 세울 터였다. 도시는 시골의 막대한 노동자들을 꾀어낼 것이었다.

당대의 불안은 21세기의 급격한 사회 변화에 우리가 괴로워하고 혼란스러워하는 것과 비슷했다. 막연하지만 점점 커가는 불안감이 술집과 역마차에서 흘러나오는 소문에 섞여 천천히, 변덕스럽게 퍼져나갔다. 시골 빈민—특히 사방에 울타리가 들어서는 광경을 보았던 이들—은 소위 낭만적이고 목가적인 시골 생활과 어쩐지 어울리지 않는 문제가 일어나고 있다고 생각했다. 수많은 마을에서 봉기와 폭력 사태가 벌어졌고, 소수가 목숨을 잃었다. 정부는 통행금지와 투옥, 반역죄 기소, 적지 않은 교수형으로 대응했다. 런던 정부가 시골에서 벌어지는 상황을 통제할 수 없을지도 모른다는 공포가 커졌다.

정부는 토론과 논쟁을 한참 거친 후 최선이라고 생각한 규칙을 마련했다. 정부는 모두의 이익을 위해 인클로저에 관한 소유권을 확실히 공개하고 공인할 작정이었다. 따라서 잉글랜드의 사적 토지 소유에 관한 매혹적인 체계 전체를 더욱 분명하게 밝히고 공식화할 서류를 작성하고, 지도를 제작하고, 증서를 발부했다.

도싯의 래디폴 내부와 주변 땅에 처음으로 인클로저가 공식 승인되었다. 이후 300년 동안, 이렇게 공유지에 울타리를 세워서 토지를 취득하려면 의회의 정식 승인이 필요했다. 누가 승인을 요청하든, 런던 정부의 묵인을 얻는 절차는 비용도 많이 들었고 시간도 오래 걸렸다. 하지만 절차는 대체로 비슷했다.

먼저 토지 소유주가 인클로저를 정식으로 요구해야 했다. 소유주는 토지의 궁극적 주인이 알려졌으니, 이제 그 땅에 울타리를 세워야 하며 관습적으로 그 땅에서 가축을 치거나 토탄을 캐는 사람들의 권리가 소멸돼야 한다고 요청했을 것이다. 그러면 관련된 세부 사항을 제시한 개별 법안이 작성되었다. 의회가 요청을 대충 검토했을 것이다. 인클로저가 정당할까? 토지 소유주가 대개 주장하는 대로 개인이 인클로저를 경작하는 것이 더 효율적일까? 인클로저를 허가하면 그 땅이 더 생산적으로 변할까? (당시 잉글랜드 인구가 빠르게 증가하고 있었으므로 농부들이 식량을 더 많이 생산해내야 했다.) 누가 영향을 받을까? 누가 불리해질까? 얼마나 심각하게 불리해질까? 반대로 누가 혜택을 볼까? 그 혜택이 적당할까, 아니면 과도할까? 어떤 반대 주장이 제기될까?

의회는 인클로저 가능 여부를 통지하는 양피지 문서를 결혼 예고처럼 해당 교구의 교회 정문에 3주 동안 부착해 놓았다(과거 부부가 결혼식을 올리기 전에 교회에서 3주간 일요일마다 결혼을 예고해서 이의나 반대가 있는지 살피는 관행이 있었다—옮긴이). 다들 문서를 확인하고 나면—교회에 나가는 사람 중에도 문맹이 있던 시대였다—, 명망 높고 해당 문제에 중립을 유지할 남성 세 명이 위원으로 뽑혔다. 이들은 소유주가 요청한 내용과 공유지 이용자들이 제기한 주장을 검토하고 인클로저가 정말로 공공선을 위한 것인지 아닌지 결정했다. 위원회가 보고서를 제출하면 의회가 토론을 거쳐 투표했다. 인클로저를 허가하는 방향으로 결정되면 공식적인 의회 법령이 만들어졌다. 즉, 특정 마을이나 교구, 공유지의 인클로저가 법으로 확립되는 것이었다. 여전히 누군가가 법정에서 이의를 제기할 수 있지만, 사실상 다 끝난 일이었다.

앞서 언급했듯이, 이런 일이 18세기와 19세기 내내 거의 5,000번이나 반복되었다. 의회에 법안이 끝없이 밀려들었다. 한때 공유지였던 수만 제곱킬로미터가 윗가지 울타리와 철사에 에워싸였다. 개

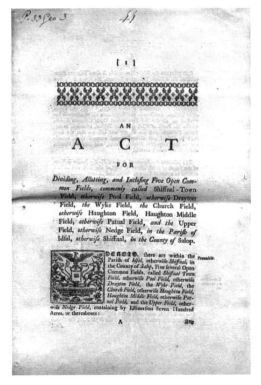

공식적인 의회 인클로저 법령. 이 법령을 인쇄해서 교회 문에 고정해놓고 모두가 읽을 수 있도록 했다. 시간이 얼마간 지나면, 지역 공유지에 울타리를 쳐서 사유지로 바꿀 수 있었다.

인들이 밭과 목초지, 숲을 수중에 쓸어 담았다. 이후로 인클로저라는 개념 자체에 수반하는 논란은 가라앉았다. 하지만 애초에 인클로저가 정당하게 여겨졌던 이유와 인클로저가 낳은 지독한 결과가 복잡하게 얽힌 탓에 오늘날까지 학계와 사회 논평가들은 골머리를 앓는다. 인클로저는 정말로 복잡한 문제다. 사회역사학자 E. P. 톰슨E. P. Thompson은 "농경 역사학의 풋내기가 일부러 이 분야를 배회하다가 붙잡히면 속히 처형당할 것이다"라고 경고했다. 하지만 이 경고에 주의를 기울인 사람은 많지 않다.

인클로저가 정당하다고 여겨졌던 이유는 무엇일까? 공식적 이유는 의회가 1773년에 통과시킨 권한 부여 법령의 기나긴 제목에서 추론해볼 수 있다. "인클로저"는 "이 왕국에서 누구나 경작할 수 있는 밭과 불모지, 공유 목초지를 더 잘 경작하고, 개량하고, 통제하기 위해" 계획된 절차였다. 그런데 한참 세월이 흐른 뒤인 1968년, 잡지 〈사이언스Science〉에 실린 악명 높은 논문 한 편이 공식적으로 언급되지 않은 이유를 암시했다. 유명한 캐치프레이즈가 된 이 논문의 제목은 "공유지의 비극"이다.

논문의 저자는 미국 생태학자 개릿 하딘Garrett Hardin이다. 하딘은 열렬한 반反이민주의자이자 우생학 지지자였고, 인구 과잉이 위험하다고 믿었다. 그는 여러 명이 공동으로 이용하는 토지는 반드시 형편없이 부정하게 이용된다고 단언했다. 사람들은 탐욕스럽거나 부주의하므로 협력해서 공유지를 돌보지 않는다. 이미 소 떼가 지나치게 많은 공유지에 자신의 소를 최대한 많이 밀어 넣어서 풀을 뜯게 한다. 공유지에서 자기가 마땅히 받아 가야 할 몫보다 더 많이 챙기려고 한다. 다시 말해서, 사람들은 신과 자연이 넉넉하게 베풀어준 풍요로움을 망가뜨린다. 하딘은 빅토리아 시대 성직자이자 옥스퍼드 대학교 수학자였던 윌리엄 포스터 로이드William Forster Lloyd의 말을 인용했다. 로이드는 1833년에 이렇게 질문했다.

> 왜 공유지에 사는 소 떼는 그렇게도 몸집이 작고 연약할까? 왜 공유지는 그렇게도 황폐할까? 왜 공유지의 작물 소출량은 인접한 사유지의 소출량과 그렇게도 다를까? 누군가가 자신의 땅에 새로운 소 떼를 더 풀어놓으면, 새로운 소 떼는 기존의 소 떼가 먹던 풀을 먹어 치울 것이다. 땅에 풀이 충분하지 않았다면, 그 사람은 소 떼를 더 들여놓아도 혜택을 볼 수 없다. 한쪽으로는 이득이지만, 다른 한쪽으로는 손해다. 그런데 그 사람이 새로운 소 떼를 공유지에 풀어놓으면, 새로운 소 떼는 공유지의 모든 소 떼가 함께 먹는 풀을 먹어 치운다. 그렇다면 원래 공유지에 있던 그 사람의 소 떼가 빼앗기는 풀의 양은 얼마 되지 않는다.

하딘의 설명대로, 이것은 진정으로 공유지의 비극이었다. 이 비극을 막을 유일하게 확실한 방법은 땅을 사유화하는 것이었다. 하딘은 "공동 소유는 가차 없이 비극을 만들어낸다"라고 썼다. 그리고 수사학적 수식을 가득 담아서 인클로저 강경론자와 공동 소유 강경론자 모두가 기억할 문단을 완성했다.

공유지보다 더 나은 대안이 완벽하게 공정할 필요는 없다. 부동산과 다른 물적 재화와 더불어 우리가 선택한 대안은 법정 상속과 결부된 사유재산이라는 제도다. 이 제도가 완벽하게 공정한가? (…) 우리는 사유재산과 상속이라는 법적 제도가 부당하다는 사실을 인정해야 한다. 하지만 이를 참고 견뎌야 한다. 누구든 더 나은 제도를 만들어낼 수 있다고 확신하지 않기 때문이다. 공유지의 대안은 너무 끔찍해서 생각하기가 어렵다. 부당함이 완전한 파괴보다 더 낫다.

이후로 전쟁이 끊이지 않았다.

좌파는 인클로저를 개탄한다. 인클로저가 농촌 빈민의 재산을 빼앗고, 영원히 궁핍에서 벗어날 수 없는 최하층을 만들어내고, 부를 불공평하게 분배하는 제도를 단단히 굳히고, 토지 소유의 불균형을 강화했다고 믿기 때문이다. 이들은 인클로저 때문에 불가피하게 공장식 농업이 도입되고 목가적인 전원이 쇠퇴하고, 결국 이 가장 불경스러운 개념으로 장난친 사회 전체가 파멸에 이를 거라 주장한다.

반대로 우파는 인클로저 덕분에 훨씬 더 효율적으로 경작할 수 있고, 식량을 훨씬 더 많이 생산할 수 있고, 사람들이 더 잘 먹고 더 건강해지고 더 부유해질 수 있었다고 믿는다. 대담하게 인클로저 제도를 시행한 나라는 민주적 자본주의 사회라는 눈부신 고지에 올라섰다고 말한다. 카를 마르크스Karl Marx는《자본론Capital》에서 인클로저를 맹렬하게 비난했다. 마르크스는 인클로저가 봉건주의 사회를 자본주의 사회로 바꿔놓아서 영세한 토지 소유주를 임금 노동자로 만들었고, 인클로저의 영향으로 규모의 경제가 생겨난 탓에 영세한 토지 소유주가 땅에서 쫓겨나 파멸했다고 주장했다. 이 주제는 교조적인 이론가들이 격렬하게 충돌하는 장이다. 예나 지금이나 어느 측에서도 자비를 베풀지 않는다.

어떤 원칙과 신념이 중요하든, 인클로저가 사회에 미친 영향은 광범위하며 명백하다. 토지 재분배라는 복권 추첨에서 실패한 사람들은 농촌에서 떠났고, 산업혁명이 일어나 공장들이 연기를 내뿜기 시작하자 제조업에서 일자리를 찾았다. 도시가 폭발적으로 성장하기 시작했다. 수천 명이 도시행 편도 기차표를 사서 떠나자 마을이 텅 비었다. 떠난 사람들은 다시는 시골로 돌아오지 않을 것 같았다. 리버풀과 글래스고, 벨파스트, 코크 항구에서는 신세계의 약속에 잔뜩 흥분한 배들이 보일러를 작동시키고 보스턴과 뉴욕, 볼티모어, 몬트리올로 급하게 출발했다. 일자리를 찾지 못한 잉글랜드 영세 농민들은 옛 고향 땅에 들어선 단단한 울타리가 명령한 대로 새로운 삶을 시작하기 위해 기차표보다 더 비싼 배표를 샀다.

잉글랜드 동부에는 바턴어폰험버라는 소읍이 있다. 바턴어폰험버는 1793년부터 인클로저에 시달렸다—혹은 인클로저를 즐겼다—. 그전까지는 공유지 23.5㎢가 드넓은 밭 여섯 군데로 나누어져 있어서 관습에 따라 모든 마을 주민이 자유롭게 가축을 풀어놓거나 경작할 수 있었다. 인클로저가 모두 마무리될 무렵, 공유지에 울타리와 담장이 세워지고 배수로가 생겨났다. 광활했던 땅은 셀 수 없이 많은 구획으로 쪼개졌다. 이 작은 땅 각각의 주인 이름이 지도에 자랑스럽게 새겨졌다. 제임스 리처드는 0.33㎢를, 조지 어플비와 "그의 아내 사라"는 0.6㎢를, 윌리엄 그래번은 1㎢를, 토머스 스크리브너는 0.28㎢를, 윌리엄 홀게이트는 0.36㎢를 소유했다. 한때 소유주가 단 하나였고 모두가 유서 깊은 권리를 나눠 가졌던 땅에 새로운 소유주나 임차인이 수십 명씩 생겨났다.

이 새로운 재산이 전부 수익성이 높지는 않았을 것이다. 땅을 새롭게 얻은 농부들 가운데 일부는 농사에 능숙하지 않아 소출이 형편없거나 소 떼가 전염병과 해충에 무릎을 꿇었을 수도 있다. 이렇게 실패를 겪은 사람들은 떠났을지도 모른다. 하지만 일부는, 어쩌면 거의 전부는 고향에 그대로 남았다. 그들에게는 이제 땅이 있었다. 부동산이 있었다. 잉글랜드 영토의 한 조각을 아무 조건 없이 상속할 수 있는 소유권이 있었다. 윈스턴 처칠Winston Churchill이 1906년에 말했던 유명한 표현처럼, 땅은 "모든 인간 존재에게 필수이고, 모든 부의 근본적 원천이다. 땅은 크기가 엄격하게 제한되며, 지리적 위치에 고정되어 있다. 말하건대 땅은 이 근본적 조건에서 다른 모든 재산 형태와 다르다."

처칠 같은 교활한 정치인의 눈으로 볼 때, 20세기 초부터 서서히 줄어들어 사실상 막을 내린 인클로저 법률 제정은 "이 왕국에서 누구나 경작할 수 있는 밭과 불모지, 공유 목초지를 더 잘 경작하고, 개량하고, 통제"하는 것 이상의 결과를 낳았다. 인클로저 법령은 서서히 진행되는 사회적 혁명을 일으키고 자극했다. 많은 사람은 인클로저가 땅이 없고 몹시 가난한 사람들을 희생해서 몹시 부유한 사람들의 권력을 늘리는 데 한몫했다고 생각한다. 하지만 인클로저는 중산층이 처음으로 땅을 가져볼 수 있는 환경을 조성하는 데 이바지했다고 볼 수도 있다. 바턴어폰험버와 마찬가지로 인클로저가 이루어진 다른 지역 수천 곳의 지도가 이 사실을 증명할 것이다.

얼마 안 되는 종잣돈을 마련할 수 있는 보통 사람들이 이제는 땅을 적당히 살 수 있었고, 그 덕분에 자본주의 경제의 핵심인 자본을 꾸준히 모을 수 있었다―종잣돈은 은행에서 대출받을 수 있다. 이론상 은행은 소액 대출로 구매할 땅의 내재적 가치가 담보 역할을 하므로 대출이 너무도 기쁠 것이다―. 이를 희망 사항에 불과하다고 말하는 사람도 있겠지만, 부끄러움을 모르는 자본주의자들은 인클로저 덕분에 부가 현실적으로 가까워졌다고 주장할 것이다.

잉글랜드에서 인클로저 운동이 일어나던 시기, 스코틀랜드에서는 인클로저와 아주 다른 토지 재분배 현상이 벌어져서 훨씬 더 비참하고 불운한 결과를 낳았다. 오늘날 잉글랜드에서 인클로저를 기억하고 확고한 의견을 제시하는 사람은 별로 없다. 반대로 스코틀랜드에서는 거의 모두가 이 토지 배분배 현상을 기억한다. 누구도 좋게 평가할 수 없는 그 현상은 '클리어런스'다.

너무도 잔인했던 이 토지 관리 제도를 시행한 이들 가운데 가장 악명 높은 인물은 자신을 기념할 조각상까지 세웠다. 하지만 2세기 후, 그는 스코틀랜드와 잉글랜드의 관계를 망친 사람 중 가장 혐오스러운 상징이 되었다.

'매니the Mannie'라고 불리는 조각상은 스코틀랜드 동북쪽, 게일어로 벤 브래기Ben Bhraggie라고 불리는 '얼룩덜룩한 언덕' 꼭대기에 서 있다. 조각상은 사방 수십 킬로미터 밖에서도 보인다. 멀리서 보면 조각상은 저 멀리 푸른 산들 사이를 가르는 커다란 라디오 안테나 철탑 같다. 더 가까이 다가가면, 거대한 석조 기단 위에 올라선 남성 석상이 눈에 들어온다. 더 바짝 다가가보자. 고귀해 보이는 석상

매니the Mannie. 서덜랜드 공작 1세의 거대한 이 조각상은 스코틀랜드 북동쪽 골스피 근처 언덕 꼭대기에 180년 동안 서서 스코틀랜드인의 저주를 받고 있다. 이 사암 조각상은 수없는 파괴 시도를 결연히 버텨내고 있다. ⓒ Alamy

은 고전적인 예복을 두르고 서서 동쪽을 바라본다. 왼손에는 공책처럼 보이는 직사각형 물건을 들고 있다. 머리에는 승리자처럼 월계관을 쓰고 있다.

이 지역의 분노한 스코틀랜드 사람들은—사실 전 세계의 분노한 스코틀랜드 사람들도— 여전히 이 30m짜리 붉은 사암 조각상을 문제 삼는다. 이 조각상은 공식 철거 혹은 비공식 파괴 대상 제1 후보로 올라가 있으며, 반달리즘과 항의의 표적이 되어 다이너마이트로 폭파하겠다는 위협에 시달리고, 시꺼먼 페인트로 먹칠된다. 가장 짜증스럽고 거슬리는 사실은 스코틀랜드에서 가장 외진 구석인 이곳 주민이 날마다 억지로 봐야 하는 저 조각상, 어디를 가나 눈에 들어오는 저 조각상, 고귀한 스코틀랜드 언덕 꼭대기에 피뢰침처럼 우뚝 서 있는 저 조각상이 다름 아닌 '잉글랜드인' 조각상이라는 것이다.

그 잉글랜드인은 조지 그랜빌 레브슨가워George Granville Leveson-Gower다. 레브슨가워는 1758년에 태어났고, 산업혁명 때 기민하게 투자하고 지극히 영악하게 결혼 상대를 고른 덕분에 막대한 재산을 쌓았다—그는 "터무니없을 만큼 부자"여서 사람들이 "부의 레비아탄(성서에 나오는 거대한 바다 괴물—옮긴이)"이라고 일컬었다—. 그는 75년 동안 꽤 비범했던 인생을 살면서 더 높은 귀족 계급으로 꾸준히 올라갔고, 호칭도 여러 차례 바뀌었다. 그는 먼저 런던 메이페어에서 트렌담 자작으로 인생을 시작했다(할아버지가 브리지워터 공작 1세, 스크룹 에거턴Scroop Egerton이었다). 이후 가워 백작이라는 이름으로 하원 의원이 되었다. 그런 다음에는 호칭이 스티트넘의 가워 남작으로 강등되었다. 이 호칭에 만족하지 못했던 그는 1803년에 스태퍼드 후작 2세로 올라섰고, 마침내 1833년에 서덜랜드 공작이라는 이름을 얻었다. 오늘날 레브슨가워는 주로 이 마지막 이름으로 불린다.

하지만 그가 공작 작위를 누린 기간은 그리 길지 않았고, 훗날 나쁜 평판은 그를 더 오래도록 따라다녔다. 그는 1833년 1월 14일에 공작 지위에 올랐다. 그리고 같은 해 7월 19일에 던로빈 성에서 세상을 떠났다. 그가 공작 작위를 누렸던 186일 이후, 비난이 영원히 이어졌다. 현재 수많은 사람이 외친다. 그의 조각상을 폭파하자! 오지만디아스(이집트 파라오 람세스 2세의 그리스식 이름. 허물어진 오지만디아스 조각상을 노래하는 퍼시 셸리의 소네트가 유명하다—옮긴이) 조각상 파편처럼 부서져 나간 잔해들을 황야의 히스꽃 사이에 흩뿌려버리자! 조각상의 거대한 코는 땅바닥에 우뚝 솟아 있을 것이고 말구유만큼 커다란 귀는 바닷새의 욕조가 될 것이다. 가터 밴드를 두른 기다란 다리 위에서는 소풍을 나온 가족들이 쉬어갈 것이다!

서덜랜드 공작 조지 그랜빌 레브슨가워는 스코틀랜드 사람들에게 불구대천의 원수다. 스코틀랜드인은 레브슨가워가 히틀러나 스탈린만큼 사악한 폭군이라고 말한다. 그를 기리는 기념비는 그가 수천 명에게 안겨준 재앙을 기억하는 기념비여야 한다. 그를 붉은 사암으로 거대하고 위풍당당하게 조각해서 온 세상에 자랑해서는 안 됐다.

1807년부터 1821년까지, 서덜랜드 여백작*과 스태퍼드 경(당시 레브슨가워는 스태퍼드 후작 2세였다)의 대리인들이 '크로프터crofter'라 불리는 스코틀랜드의 영세 농민 수천 명을 좁은 농지에서 강제로 잔인하게 쫓아냈다. 고집 세고 반항적인 농민들은 고향에서 몇 십 킬로미터 떨어진 곳에 정착해야 했다. 이는 의심의 여지가 없는 사실이다. 스코틀랜드인을 쫓아낸 주요 이유에 관해서도 이견이 없다. 스코틀랜드 하일랜드의 크고 작은 골짜기에서 수세대 동안 땅을 부쳐 먹고살았던 이들을 강제로 이주시킨—이를 '클리어런스'라고 한다—이유는 전적으로 경제적 문제였다. 서덜랜드 영지는 당대 유럽에서 규모가 가장 큰 개인 영지였다. 그런데 서덜랜드 부부는 스코

---

* 서덜랜드 여백작은 타고난 정당한 자격으로 백작 지위를 얻었다. 고작 한 살일 때 방대한 서덜랜드 영지를 물려받았기 때문이다. 남편 레브슨가워가 마침내 공작이 되자, 그녀는 서덜랜드 공작부인-여백작이 되었다.

틀랜드 농민들이 경작하던 땅을 전부 '양 방목지'로 바꾼다면 영지의 수익성을 더 높일 수 있다는 사실을 깨달았다. 양고기와 양모는 소규모 농장을 꾸리는 농민에게 부과한 소작료보다 가치가 훨씬 더 컸다.

서덜랜드 부부가 이 사실을 깨달을 수 있었던 궁극적 이유는 산업혁명이었다. 산업혁명으로 증기 기관을 가동하는 공장들이 숱하게 생겨났다. 이런 공장은 대개 빠르게 성장하는 잉글랜드 중부 도시들에 집중되어 있었다. 서덜랜드 부부는 결코 멈출 수 없는 이 새로운 움직임에 크게 투자했다. 특히 증기 기관을 활용해서 직물을 생산하는 공장에 대거 투자했다. 전 세계 남녀를 위해 바쁘고 소란스럽게 옷감을 끝없이 만들어내는 방직 공장은 양모가 필요했다. 더 튼튼하고 더 질긴 옷감을 생산하려면 양털 수백 톤에서 뽑아내는 모사毛紗를 써야 했다.

방직 공장이 옹기종기 모인 도시는 사람을 끌어들였고, 도시 인구가 빽빽하게 밀집하기 시작했다. 이제는 도시민 모두 방직 공장에서 돈을 벌었고, 그 돈으로 식량을 사야 했다. 그러니 양이 핵심이었다. 양은 새로운 산업의 새로운 요구를 충족할 수 있었다. 서덜랜드 부부는 영리하게 상황을 이해했다—새로운 산업의 요구를 어떻게 충족할 것인지 결정할 때 너무나 잔혹하긴 했지만—. 양은 식량이 필요한 사람들에게 고기를 내놓을 것이었고, 무엇보다도 중요하게, 방직 공장에 양털을, 양모의 재료를 내줄 터였다. 당시에는 아무도 몰랐겠지만, 세월이 조금 더 흐르면 증기 기차가 양고기와 양모를 도시로 더 빠르게 나르고 영국의 상품 및 서비스 수요를 더욱 늘릴 것이었다. 결국 스코틀랜드 시골은 크게 변할 수밖에 없었다.

스코틀랜드 시골이 경제 발전 때문에 엄청나게 변화한 이야기 속에서 하일랜드 클리어런스와 혐오스러운 서덜랜드 부부의 역할은 전설이 되었고, 동시에 꽤 심각하게 과장되었다. 클리어런스는 가장 흔하고 단순하게 홀로코스트와 비교된다. F. G. 톰슨F. G. Thomson은 1974년에 "피해자들은 (⋯) 유대인과 집시가 나치 치하에서 겪었던 것처럼 격렬한 증오의 대상이 되었다"라고 썼다. 데이비드 크레이그David Craig는 1990년에 "서덜랜드 가문의 관리인들이 아돌프 아이히만Adolf Eichmann처럼 강박적으로 철저하게 인구 수송을 기록했다"라고 썼다. 에릭 리처즈Eric Richards라는 작가는 서덜랜드 가문의 총관리인이자 클리어런스 집행인 가운데 가장 악명 높았던 패트릭 셀라Patrick Sellar를 소개하면서 "셀라가 스트래스네이버(서덜랜드 네이버강 유역의 너른 골짜기—옮긴이) 사람들에게 저지른 범죄는 라인하르트 하이드리히Reinhard Heydrich가 제2차 세계대전 때 프라하에서 유대인에게 저지른 차마 입에 담지 못할 짓과 어깨를 나란히 한다"라고 주장하는 책이 있다고 밝혔다.

확실히 공작부인은 소작인에게 그다지 마음 쓰지 않았다. 서덜랜드 공작 부부가 소유지의 불안한 재정 상황을 개선하는 계획을 펼치고 있던 1808년, 공작부인은 자신의 땅이 "대개 먼 과거처럼 방랑하고, 장벽과 규칙을 경멸하고, 마법을 굳게 믿는 인간들이 끝없이 모여 사는 황무지라서 요즘에는 진기한 곳"이라고 표현했다.

패트릭 셀라는 주인마님의 생각을 훨씬 더 단단하게 굳혀놓았다. 꼼꼼하고 완고한 계몽주의 시대 변호사인 셀라는 1811년에 서

딜랜드 가문의 토지 관리인으로 고용되었다. 그는 서덜랜드 여백작에게 사실상 법률 고문이나 다름없었다. 셀라는 자비 없이 임무를 수행했다. 그는 서덜랜드 영지에서 근근이 먹고사는 영세 농민들을 '원시인'이자 토인으로 불렀고, 토지 개량이라는 명목으로 농민을 가능한 한 잔인하게 내쫓는 데 조금도 양심의 가책을 느끼지 않았다. 서덜랜드 부부가 하일랜드 클리어런스를 설계한 인물은 아니었다. 수익이 나지 않는 소작 농부들을 강제로 이주시키는 일은 18세기 말에 다른 지역에서도, 스코틀랜드 저지대에서도 벌어지고 있었다. 서덜랜드 부부는 클리어런스를 시행한 이들 중 중심인물도 아니었다. 하지만 이들은 주로 셀라를 앞세워 특히나 무자비하게 농민을 쫓아냈기 때문에, 서덜랜드는 당대 잔혹성의 대명사가 되었고, 2세기 넘도록 스코틀랜드와 잉글랜드 관계를 틀어지게 만든 역사에서 지울 수 없는 존재가 되었다.

수없이 많은 클리어런스가 셀라의 지시로 일어났다. 이때 가해자와 피해자 모두 정식 절차와 맹렬한 항의, 불만스러운 묵종이라는 익숙한 전개 패턴에 익숙해졌다. 먼저 셀라가 클리어런스를 집행할 팀을 짰다. 그에게는 스코틀랜드 남부 출신의 농업 전문가인 윌리엄 영William Young이라는 동료가 있었다. 셀라와 영은 트위드 모직 옷과 방수복을 갖춰 입은 거친 하일랜드 심복들과 팀을 이루었다. 셀라 일행의 본거지는 서덜랜드 가문이 골스피 근처에 소유한 거대한 던로빈 성의 환상적인 탑들 가운데 있었다. 이들은 역마차나 2륜 마차를 타거나 조랑말에 올라타서 드넓은 서덜랜드 영지의 척박한 황무지로 들어갔다. 셀라가 농민의 문가에 도착하면, 근육

이탈리아식으로 지은 거대한 던로빈 성은 서덜랜드의 영세한 소작농 대다수가 살았던 소박한 뗏장 지붕 오두막과 극명한 대조를 이룬다. (위 : 던로빈 성 ⓒ Getty Images / 아래 : 크로프터의 집 ⓒ Getty Images)

질 몸을 위협적으로 뿜내는 험악한 하일랜드 보초들이 그 뒤에 버티고 섰다. 문이 열리면 셸라는 농가의 가장에게 문서를 건네며, 현재의 소작 기간을 공식적으로 단축한다는 스태퍼드 경의 지시를 전했다. 그 문서에는 농민 가족이 현재 소작하는 부지를 비우고 떠나 근처에 마련된 새 거처에 정착해야 한다는 명령도 담겨 있었다. 이주는 30일 이내에 완료되어야 하며, 반대나 논쟁, 호소, 저항의 여지는 전혀 없었다.

그러고 나면 셸라는 모자를 벗어서 농민 가족에게 인사하고 일행과 함께 자리를 떴다. 타고 온 마차나 말을 다시 타고 골짜기를 내달려 다음 농민에게 가서 똑같은 소식을 전했다. 셸라 일행은 골짜기 전체를 오가며 이런 일을 반복했다. 충격받고 겁에 질린 농민들은 앞으로 어찌해야 할지 알 수 없어서 얼이 빠진 표정으로 문가에 서 있곤 했다.

서덜랜드 부부는 과거에 누구도 어디에서도 시도한 적 없었던 사회 공학 프로그램을 시행하는 데 힘을 쏟았다. 그들은 방대한 영지에 도로와 다리를 건설하고(비용 절반은 정부가 댔다) 우편 서비스를 확대하고 지역을 문명화하느라 바빴다. 그들이 미개하고 후진적이라고 여겼던 방식대로 사는 토착 인구 때문에 해결해야 할 경제적, 사회적 불편이 컸기에 근대성의 빛이 너무도 자애롭게 비쳐드는 그 지역에서 토착민은 제거해야 할 무도한 존재였다.

서덜랜드 부부가 고안한 계획대로라면, 이 야만인들이 차지한 방대한 생활권을 싹 비우고 드넓은 양 방목장을 만들어야 했다. 그 대신에 기존 거주민은 서덜랜드—당연히 이 카운티의 이름이다—의 동쪽 해안을 따라 과거보다 더 좁은 12,000m² 농지를 받을 것이다. 인심 좋은 서덜랜드 여백작은 보너스도 잊지 않았다. 이주 농민을 위해 헴스데일이라는 마을까지 특별히 지을 예정이었다. 이주 농민이 새 정착지에서 물고기잡이 기술을 배우고 나면 어업에 나설 수도 있을 터였다.

어쨌거나 북해는 귀중한 어족 자원이 넘쳐흐른다고 알려지지 않았던가. 이 궁핍한 '토인'이 번영하려면 직접 바다의 선물을 낚아 올리는 법을 배우는 것보다 더 나은 방법이 있겠는가? 자신의 사람도 땅도 모두 개선하라고 명령한 여백작은 더없이 현명하고 자비롭지 않은가?

게다가 그 땅이 어떤 땅인가! 낭만적인 관점에서 보자면 이 지역은 오늘날 영국제도에서 마지막으로 남은 '야생 그대로의 황야'다. 인간의 손길이 닿지 않은 황량한 땅이 가없이 펼쳐져 있고, 도로는 대개 단선이다. 빙하가 깎아낸 평원에는 군데군데 호수가 있다. 저 멀리 서쪽으로는 거대하고 기묘한 바위 봉우리들이 서 있고, 그 사이로 바다가 기다란 혓바닥을 날름거린다. 해안 상륙 거점의 하얀 모래사장 근처에는 마을들이 자리 잡고 있다. 서덜랜드 카운티에는 '스트래스strath'라는 드넓은 대협곡들이 있다. 광활하고 풀이 우거진 이 골짜기는 다른 곳보다 더 비옥하다. 클리어런스가 1807년에 본격적으로 시작되기 전까지는 영세 농민 대다수가 중세 시대부터 이곳에 정착해 살아왔다. 오늘날 이 골짜기에 방문하면, 아담한 흰 오두막을 자주 발견할 수 있을 것이다. 대개 런던 사람들의 여름 별장이다. 이끼 색으로 물든 돌담과 바람에 시달려서 헐벗은 나무 몇 그루도 있다. 블루벨도 흐드러지게 피어 있고, 봄철에는 수선화도 핀다. 양은 어디를 가나 있고, 붉은 사슴과 독수리, 요란하게 우는 갈매기도 있다.

하지만 서덜랜드 카운티를 황야—이 단어는 인간이 맞서서 분투해봤자 이길 수 없는 자연의 압도적 힘을 암시한다—나 인간이 포기한 땅으로만 묘사하지 않는 편이 더 나을 듯싶다. 인간은 이 땅의 지배 세력이었으며, 나중에는 악의적 폭군이 되었다. 인간은 이 땅에 파괴와 절망을 유산으로 남겼고, 이 땅의 생명을 질식시켰다. 오늘날, 서덜랜드의 수많은 곳이 폐허나 다름없다. 황야 곳곳에 흩어져 있는 부서진 건물들은 파멸을 증명하는 무언의 증언이다. 마을은 버려졌고, 성당은 잊혔고, 오두막에는 지붕이 없다. 검은 돌무더기는 폭삭 무너졌고, 묘지는 찾는 이가 없어서 이끼가 잔뜩 끼었고, 녹슨 철문은 강풍에 거칠게 흔들린다.

서덜랜드 풍경이 매력적이라면, 영광스러운 시절이 끝없이 이어질 수도 있을 것이다. 하지만 수일벤과 캐니스프와 스탁 폴라이드 같은 거대하고 험준한 바위산 위로 툭하면 커다란 잿빛 구름이 들끓는다. 온 세상을 뒤덮는 비와 안개에서 스며 나오는 불길한 기운이 히스 꽃이 핀 망막한 황야 위로 내려앉는다. 그럴 때면 이곳은 음산하고, 우울하고, 심지어 험악해 보인다. 이런 날이면 겁에 질려서 농가 문간에 모여 있는 하일랜드 농민 가족에게 패트릭 셀라와 부하들이 다가가는 모습을 쉽게 상상할 수 있다. 셀라 일행은 머나먼 성에서 분부가 떨어졌으니 빨리 꺼지라고 말했으리라.

W. H. 오든W. H. Auden의 무시무시한 시 〈오 저게 무슨 소리인가O What Is That Sound〉를 떠올려보면 알맞을 듯하다. 시 속에서 군인 패거리가 계곡에 모여들더니 뜻밖에도 곧장 우리 집으로 다가와서 문밖에 진을 친다.

오 자물쇠를 부수고 문을 부수는 소리다

오 그들이 대문을 지나 안으로, 안으로 오는구나

그들의 군화가 마룻바닥을 무겁게 짓누르는구나

그들의 눈이 불타고 있구나.

킬도넌이라는 옛 마을은 패트릭 셀라와 윌리엄 영의 잔혹 행위에 대한 기억이 가장 뚜렷하게 남아 있는 곳이다. 1813년 여름, 헴스테일에서 내륙 쪽으로 겨우 몇 킬로미터 떨어진 이곳 계곡에서 폭력적인 추방이 연거푸 일어났다. 셀라와 부하들은 잔혹하게 굴었다. 6년 전 근처 어신트에서 강제 이주 계획을 본격적으로 시작한 이래 처음으로 저항에 부딪혔기 때문이다. 하일랜드에서는 소식이 느리게 퍼지지만, 1813년쯤에는—클리어런스가 시작되고 6년이나 지났다!— 킬도넌 농민들이 어신트에서만 마을 가구 48호 전체가 집과 땅을 빼앗겼다는 소식을 이미 들은 것이 확실했다. 킬도넌 주민은 셀라가 일을 처리하는 방식을 익히 알고 있었다. 서덜랜드 가문의 관리인들은 농가의 지붕에 불을 질렀고, 농민의 소 떼를 내쫓았고, 목초지를 깡그리 불태워버렸고, 산사나무 지팡이와 날이 넓은 칼을 휘둘러 농민 가족을 전부—임산부까지— 황야로 내몰았다.

그때쯤 킬도넌 주민은 셀라의 근대화 전략이 약탈당한 마을 전체를 사람이 살 수 없는 곳으로 만드는 것이라는 사실을 잘 알았다. 기존 마을이 앞으로 오직 양 떼만 살 수 있는 곳이 되면, 지주들이 꿈꾸던 거대한 양 목장이 확실하고 빠르게 지어질 터였다—이런 목장을 경영하는 사람이 거의 잉글랜드인이라는 사실은 이미 상처받은 스코틀랜드인에게 모욕을 한 번 더 안겨주었다—. 그러면 서덜랜드 영지가 임대 수익을 훨씬 더 많이 올릴 수 있을 것이었다. 정찰 임무를 맡은 셀라가 킬도넌에 처음 도착했을 때, 마을 주민은 이미 그를 기다리고 있었다. 킬도넌 주민은 위험이 눈앞에 닥쳐왔 다는 사실을 너무도 잘 알았다. 집과 땅을 빼앗는 대신 준다는 고작 12,000m²짜리 해안가 농지는 전혀 받고 싶지 않았다. 물고기잡이를 배우라는 정신 나간 제안도 받아들이고 싶지 않았다—대다수가 헤 엄칠 줄도 몰랐다—. 그들은 마지막 한 사람까지 공개적으로 저항 하겠다고 결심했다.

처음에 셀라와 던로빈 성의 수하들은 격노한 하일랜드 사람들에 게 맞수가 못 되었다. 킬도넌 주민은 연어가 풍부한 헴스데일강 유 역을 따라 이어지는 새 도로를 가로막았다. 바리케이드를 치고 돌 멩이를 던졌다. 셀라는 당황했지만, 동요하지는 않았다. 그는 허튼 짓하지 않는 사람, 집념이 강하고 인정사정없는 열성분자, 자신의 토지를 이미 근대화한 변호사이자 농장주였다. 그는 이곳의 척박한 토지에서 소작하는 영세 농민에게 경제적 미래가 아예 없다고 생 각했다. 셀라는 단순하게 고용주의 재산을 불려주려는 것이 아니었 다. 그는 몰아내려는 농민들이 차지한 땅을 전부 개량하려고 애썼 다. 그는 이 모든 것이 영세 농민을 위한 일이라고 믿었다. 스코틀 랜드 중부에 살았던 셀라의 할아버지도 오래전에 소규모 농지에서 강제로 쫓겨났다. 하지만 손자인 그 자신은 성공하지 않았나. 틀 림없이 서덜랜드의 영세 농민들도 처음에는 충격받겠지만, 시간이 지나면 자신의 삶을 더 잘 꾸리기 시작할 것이었다. 언젠가는 패트릭 셀라가 스코틀랜드와 농민에게 크나큰 선행을 베풀었다고 인정할 터였다.

킬도넌 주민은 생각이 달랐다. 바리케이드는 여전히 굳건했고, 돌멩이도 계속해서 날아왔다. 강제 추방팀이 올라탄 조랑말들은 겁을 잔뜩 집어먹고 등에 탄 사람을 거듭 땅바닥에 내동댕이치곤 했다. 킬도넌 주민은 꼼짝하지 않았다. 셀라와 부하들이 아무 소득 없이 던로빈 성으로 돌아올 때마다 당황한 주인마님은 다음날 다시 시도해보라고 분부했다. 여백작은 현명하고 자비롭다고 믿었던 계획을 시골 사람들이 거칠게 거부하자 충격받고 또 충격받았다.

8월이 되자 여백작의 인내심이 마침내 바닥났다. 여백작은 셀라와 영이 더 폭력적으로 나가야 한다고 분명히 말했다. 그리고 지역 대령에게 영향력을 행사해 셀라의 강제 추방팀에 군부대를 딸려 보냈다. 총검을 든 보병 소대는 쳐다보는 것만으로도 두려웠고, 저항하는 것이 불가능했다. 결국 킬도넌 주민은 물러서야 했다.

마을 주민이 집을 비우자 셀라는 늘 하던 대로 일을 계속했다. 우선 마을 주민이 가축을 데리고 헴스데일로 떠날 시간을 잠시 허락했다. 그런 다음, 황야에 불을 질러서 목초지를 못 쓰게 만들었다. 부하들을 시켜서 지붕의 들보를 부수고 초가지붕은 모두 불태웠다. 킬도넌 마을 전체가 완전히 파괴되어서 쓸모없는 곳이 되었다. 스코틀랜드의 미라이나 다름없었다(미라이는 베트남 남부의 작은 마을로, 1968년에 미군이 이곳 주민을 대량 학살하고 마을을 파괴했다—옮긴이). 지금도 킬도넌 폐허를 확인할 수 있다. 좋든 싫든 떠나야 했던 사람들의 보금자리를 둘러쌌던 돌담이 다 무너져 내린 채 수풀 사이로 고개를 빼꼼 내밀고 있다. 1780년대에 지은 자그마한 스코틀랜드 국교회 건물도 한 채 있다. 지금은 거의 버려졌고, 쫓겨난 하일랜드 사람들의 운명을 기억하는 명판만 남아 있다.

집을 잃은 농민의 삶은 크게 바뀌었다. 그들은 애초에 의심했던 대로 헴스데일 항구 근처의 좁고 궁한 농지가 농사에 적합하지도 않고 마음에 들지도 않는다는 사실을 깨달았다. 기나긴 비밀회의 끝에 이주민 다수가 서덜랜드뿐만 아니라 스코틀랜드 자체를 뜨기로 했다. 캐나다로, 널리 광고되던 매니토바주의 레드강으로 달아날 계획이었다. 그들은 한 스코틀랜드 사람이 그 머나먼 강 유역의 땅을 가지고 있으며, 친절하게도 그곳에 정착하는 사람들을 방해하지 않는다는 소식을 들었다. 그 소식은 사실이었다.

그들은 스코틀랜드 오크니제도의 스트롬니스에서 출발하는 허드슨만 회사의 증기 화물선 프린스오브웨일스호를 탔다. 북대서양을 건너서 도착할 목적지는 허드슨만 회사가 허드슨만 서쪽 해안에 세운 모피 거래소인 요크 팩토리였다. 현재까지 전해지는 프린스오브웨일스호의 승객 목록을 보면 모두 96명이 승선했다. 배가 아일랜드에 잠시 정박했을 때 탄 사람도 몇 명 있었지만, 대체로 ― 존 서덜랜드와 그의 가족, 진 매카이와 앵거스 매카이, 베티 그레이, 과부 바버라 맥베스 등 ― 킬도넌 골짜기의 옛 교구 명단에 이름이 올랐던 사람들이었다. 그들은 8월에 헴스데일을 떠났다. 작은 화물선에서 끔찍한 두 달을 보낸 뒤 ― 많은 사람이 티푸스로 목숨을 잃었고 뱃멀미로 고생했다 ―, 10월에 수가 훨씬 줄어든 채로 자그마한 공장에 도착했다. 겨울철 눈이 쌓이고 강이 얼어붙기 시작할 때였다.

두려움을 모르는 소규모 이주민 무리는* 허드슨만 회사가 제공한 설피를 챙겨 신고 레드강 정착지로 불리는 곳을 향해 남서쪽으로 길을 떠났다. 오래도록 걸어서 툰드라 지대를 통과하여 마침내 470㎢쯤 되는 땅에 도착했다. 고향에서 들었던 대로 허드슨강 회사가 겨우 몇 달 전에 셀커크 백작Earl of Selkirk이라는 스코틀랜드인에게 팔았다는 땅이었다. 셀커크 백작은 킬도넌 이주민처럼 땅을 빼앗긴 스코틀랜드인을 위해 조국을 건설하겠다는 희망을 품었다. 킬도넌 이주민은 몇 주 동안 툰드라를 걸으며 갖은 고생을 겪었다. 덫을 놓는 모피 사냥꾼 및 무역상이 하천 합류점을 둘러싼 평지와 그곳에서 거래할 기회를 노리는 경쟁자들과 분쟁을 일으켰을 때 저도 모르게 휘말리기까지 했다. 하지만 마침내 목적지에 정착했고, 세월이 흘러 이들의 정착지는 매니토바주 주도인 위니펙의 중심부가 되었다. 위니펙의 스코틀랜드계 시민은 가끔 킬도넌을 방문해 그들의 우울한 기원을 기념한다.

스코틀랜드 농민의 캐나다 정착에는 피할 수 없는 아이러니가 깃들어 있다. 스코틀랜드 이주민이 위니펙의 토대를 건설한 땅, 역사가 셀커크 경의 소유라고 너무도 대수롭지 않게 기록했던 땅은 당연히 백인의 '소유'가 아니었다―토지 '소유'라는 개념은 보편적으로 인정받는 개념이 아니다―. 그 땅은 오랫동안 메티스métis―

---

* 승객 명단에 오른 킬도넌 이주민 가운데는 조지 배너먼George Bannerman이라는 사람도 있었다. 배너먼의 증손자 존 디펜베이커John Diefenbaker는 호감 가는 정치인이 되어 1957년부터 6년 동안 총리직을 역임했다.

프랑스 모피 사냥꾼과 지역 원주민 사이의 혼혈인—의 고향이었다. 물론 메티스에게는 토지 권리증이 없었다. 하지만 오래전부터 그곳에 정착해서 살았던 메티스는 당연히 이방인에게 적대적이었다. 싸움과 살인이 일어났고, 때로는 군이 개입해 양측을 떼어놓아야 했다. 다른 북부 평원 원주민 부족들 역시 그 땅에 권리가 있다고 선포했다—예를 들자면 자작나무 껍질로 카누를 만드는 오지브와족이 있었다. 위니펙에서 조금만 남쪽으로 내려가면 나오는 미국 국경의 미시시피강 상류에서는 여전히 이들의 세력이 크다—. 패트릭 셀라 패거리가 위협하는 킬도넌의 넓은 골짜기가 오히려 더 평화로워 보였던 시절도 틀림없이 있었겠지만, 현재 매니토바에서는 스코틀랜드계 주민이 평화롭게 살아간다.

셀라는 클리어런스 절정기를 거치고 30년이나 더 살다가 1851년에 생을 마감했다. 널리 미움받고 저주받았지만(그의 무덤에는 꽃조차 피지 않으리라는 말이 돌았다), 직업과 관련해서는 토지를 개량한 총명한 농장주이자 선견지명 있는 개혁가라는 평판도 얻었다. 그가 없었다면, 위니펙도 존재하지 않았을 것이다.*

과격한 스코틀랜드인은 셀라의 고용주인 서덜랜드 공작 부부의 기념비를 계속해서 공격한다. 이들은 증오스러운 '매니' 조각상을

---

* 20세기에 꾸준히 사랑받았고 대성공을 거둔 역사 패러디물 《1066년과 기타 등등1066 and All That》이 세상에 태어나는 일도 없었을 것이다. 1930년에 R. J. 이트먼R. J. Yeatman과 이 책을 공동으로 출간한 교사 월터 캐러더스 셀라Walter Carruthers Sellar는 악명 높은 패트릭 셀라의 손자다. 일부 잉글랜드인은 W. C. 셀라가 아직도 잘 팔리는 놀라운 책을 쓰는 공을 세웠으므로 불명예스러운 할아버지의 잔혹하고 야만스러운 행동을 충분히 보상했다고 생각한다.

벤 브래기 꼭대기에서 하루라도 빨리 제거하기 위해 할 수 있는 일은 무엇이든 한다. 이들의 야심을 보면 언젠가는 성공할 듯싶다.

2_장 토지 축재자들

Stewardship 텍사스주, 로버츠 카운티, 분 피컨스의 메사 비스타 목장.
262㎢ 내외
텍사스 팬핸들의 오아시스―세계 최고의 메추라기 사냥터
2억 2,000만 달러로 할인된 가격
텍사스 러벅, 찰스 S. 미들턴 부자.

- 〈랜드 리포트The Land Report〉 2019년 겨울호 광고

세상에서 토지를 가장 많이 소유한 개인은 대개 군주
제 국가의 왕들이거나 이런저런 독재자들이다. 스와질란드(에스와티
니의 옛 이름)와 부탄, 요르단, 네팔, 태국, 모로코, 사우디아라비아, 레
소토의 왕들, 쿠웨이트의 에미르, 오만의 술탄, 교황, 카타르의 셰이
크 등이 그 주인공이다. 이 목록에는 물론 영국 여왕 엘리자베스 2세
도 포함되어 있다. 엄밀히 말해 엘리자베스 2세는 그레이트브리튼
및 북아일랜드 연합왕국 전체 영토의 법적 소유주다. 여왕이 소유한
땅은 셰틀랜드부터 실리 제도까지, 한때 대영제국에 속했으나 지금
은 독립한 54개국의 일부 지역을 포함한다. 아울러 여왕은 현재 이
54개국 중 32개국에서 명목상 여왕 지위를 누리고 있다. 시민 개개

인은 잘 모를 수도 있지만, 전 세계 인구의 4분의 1이 관념상 영국 군주와 봉건 관계를 맺고 영국 여왕이 소유한 땅에서 살아간다.

엄격하고 법적인 의미에서 이 영국 군주는 사실상 호주와 캐나다, 뉴질랜드 전체에 재산 관리권을 행사한다. 이 영토를 모두 합치면 여왕 소유의 땅 2,670만 9,000여km²에서 상당한 몫이 된다. 다른 수많은 민주주의 국가에서—독일이나 프랑스, 가장 분명하게는 미국에서— 개인이 토지를 소유하는 데 제한 사항은 몇 가지 없다. 하지만 오랜 세월에도 살아남은 영국 칙서가 여전히 권한을 지니는 곳에서 토지 계약은 봉신封臣이 되어 봉토를 하사받는 것과 더 비슷하다. 물론, 봉건 계약의 의미는 많이 희석되었고 역사적 의무를 강제하는 일은 거의 없다. 다소 유통기한이 지난 이론은 만약 지구 전역의 참되고 궁극적인 소유주가 신이라면, 만약 현재 영국 군주가 지상에서 신의 대리인이라면, 그 군주가 신을 대신해서, 신의 편의와 기쁨을 위해서 땅을 소유하는 것이 마땅하다고 주장한다. 이 이론을 지나치게 숭배하는 극소수의 교조주의자라면 이 터무니없는 토지 계약에 화내지 않을 듯하다.

땅 주인이 자신의 땅을 어떻게 관리하는지 생각해본다면, 나라 영토 전체를 소유한 사람을 진짜 땅 주인으로 판단하기가 당연히 몹시 어렵다. 우리는 엘리자베스 여왕이 캐나다 남서부 서스캐처원의 밀밭이 잘 관리되고 있는지 아닌지 알 것이라고 기대할 수 없다. 긴급한 관심사가 무수히 많은 사우디아라비아 왕이 아라비아반도 남부의 루브알하리 사막에 있는 모든 모래언덕의 상태를 신경 쓸 것이라고 기대할 수도 없다. 토지 관리를 구성하는 세세한 요소들은 군주 지위 없이 방대한 땅을 소유한 개인들의 토지를 살펴볼 때만 제대로 고려될 수 있다.

영국에서 일반 개인들이 소유한 땅은 미국과 호주 같은 광활한 요새에서 개인이 소유한 드넓은 대지와 비교하자면 보잘것없지만, 그래도 상당히 넓은 편이다—여전히 계급이 사회를 지배하는 수상쩍은 나라에서 토지 소유 문제는 비밀스럽기로 악명 높은 탓에 개인의 토지 보유 현황을 자세하게 알아내기는 힘들다—. 영국에서 토지를 가장 많이 소유한 일반 개인은 아마 부클루 공작Duke of Buccleuch일 것이다. 부클루 공작의 땅은 1,093㎢가 넘는다고 알려졌는데, 내가 이 글을 쓰고 있는 시기에 공작이 경지와 농장을 아찔한 속도로 팔고 있다는 보도가 나왔다. 영국 공작들이 소유한 영국 땅을 모두 더하면 4,047㎢가 조금 넘는다. 작지 않은 규모지만, 전 세계 주요 땅 부자들의 자산과 비교하면 아무것도 아니다.

어떤 자료를 보든 대체로 세상에서 토지를 가장 많이 소유한 개인들은 모두 호주인이다. 놀랄 만한 소식은 아니다. 호주의 평범한 소 목장이나 양 목장조차 얼마나 큰지 생각해보라. 호주에서 가장 큰 단일 부동산은 호주 남부에 있는 애나 크리크 양 목장이다. 이 목장의 면적은 거의 24,281㎢에 달한다. 잉글랜드 전체 면적이 겨우 13만㎢라는 사실을 생각해보라. 잉글랜드의 지주들은 몹시 초라해질 것이다. 호주에서 가장 넓은 목장 상위 10곳의 면적을 모두 합치면 한때 호주의 모국이었던 나라의 전체 면적보다 다소 더 넓다.

호주의 어느 토지 소유주는 다른 모두를 압도한다. 대단한 사업가 지나 라인하트Gina Rinehart는 호주에서 규모가 가장 큰 철광석 광산회사 중 한 곳을 물려받았다. 소유한 여러 회사 명의로 토지 11만 7,000㎢를 보유한 라인하트는 현재 세상에서 토지를 가장 많이 소유한 개인인 듯하다. 세계 최고의 땅 부자 지위를 차지하려고 경쟁했던 이들 중에는 키드먼 가족도 있다―할리우드 배우 니콜 키드먼 Nicole Kidman이 이 집안의 친척이다―. 키드먼 가족은 라인하트의 쟁쟁한 경쟁 상대가 될 뻔했지만, 경쟁을 용납하지 않았던 라인하트가 맞수를 무릎 꿇리고 최고 자리를 차지했다. 라인하트의 땅은 겨우 미미하게 더 큰 잉글랜드와 달리 철광석이 풍부하다. 철광석을 실은 벌크 화물선은 북쪽으로 출발한 지 단 며칠 만에 주요 고객인 중국에 도착한다. 그녀가 소유한 기업들이 벌어들이는 돈 덕분에 라인하트는 호주에서 가장 부유한 개인, 전 세계에서 가장 부유한 개인, 전 세계에서 가장 부유한 여성 목록에 늘 이름을 올릴 수 있다. 게다가 이런 목록에서도 대체로 늘 한 자릿수 안에 든다. 라인하트는 여러 대저택으로 구성된 소함대를 거느리고 있으며, 여러 격렬한 법정 분쟁에도 휘말려 있다(자기보다 훨씬 더 어린 필리핀 출신 계모와 돈 문제로 벌인 소송이 가장 유명하다. 14년이나 이어진 이 분쟁에 호주의 흥미진진한 타블로이드지 독자층이 몹시 탐닉했었다). 더불어 그녀는 끊임없이 전 지구를 도는 초호화 선박 MS 더 월드호에서 상갑판의 침실 세 개짜리 선실을 소유한 소수 중 한 명이기도 하다. 혹자는 이 초호화 주거용 크루즈가 직접 크루즈를 살 만큼 부유하지는 않은 부자를 위해 만들어졌다고 심술궂게 설명하기도 한다.*

---

* 미국의 유명한 TV 리얼리티쇼 진행자 주디 셰인들린Judy Sheindlin도―TV에서는 '판사 주디'로 불린다― MS 더 월드호의 주민이다.

지나 라인하트. 거대 광산회사 상속녀인 그녀가 물려받은 방대한 토지를 보며 호주 원주민
은 호감보다 두려움을 느낀다. 하지만 가족 구성원과 벌인 흥미진진한 법정 싸움 때문에
라인하트는 훨씬 더 인간적인 이미지를 얻었다. © Getty Images

　자산이 워낙 방대하다 보니 라인하트는 꼭 작은 군주국의 왕처
럼 보인다. 그래서 라인하트의 땅이 어떻게 운영되고 관리되는지
평가하려고 하면, 부탄을 소유한 부탄 국왕이 국토 환경에 미치는
영향이나 아르헨티나와 포르투갈의 교황청 소유 대토지에 교황이
미치는 영향을 평가할 때와 같은 문제가 발생한다. 라인하트의 토
지 관리에 관한 정보는 모두 라인하트의 공개적 태도로 파악할 수
밖에 없다. 예를 들자면, 라인하트는 기후 과학 회의론을 홍보하는
단체들에 상당한 액수를 기부한다고 알려져 있다. 라인하트는 기후
과학 회의론에 관해 널리 글을 썼고, 2011년에는 이렇게 단언했다.
"나는 대기 중으로 이산화탄소를 더 많이 배출하는 것이, 특히 호주
처럼 상대적으로 작은 나라에서 이산화탄소를 배출하는 것이 기후

변화에 중대한 영향을 미칠 것이라고 믿는 지질학자나 일류 과학자는 한 번도 만난 적이 없다."

라인하트는 호주의 광범위한 노동자 계급에도 그다지 호의적이지 않은 것 같다. 라인하트는 노동 계급이 "징징거림"을 멈춰야 한다고, "술이나 담배, 사교 모임을 줄이고 일을 더 많이 하는 등 직접 돈을 더 벌 수 있도록 변화"해야 한다고 조언했다. 평소 인터뷰를 잘 하지 않는 라인하트는 어느 인터뷰에서 이 주제에 열을 올렸고, 만약 호주인이 "경제 부문에서 경쟁할 때처럼 나태하게 올림픽 대회를 치른다면, 대중이 격렬하게 반응할 것이다. 아프리카 사람은 일하고 싶어 하며, 아프리카 노동자는 하루에 2달러 미만을 받고도 기꺼이 일하려고 한다. 이런 통계를 보면 이 나라의 미래가 걱정스럽다"라고 말하기까지 했다.

지나 라인하트가 오스트레일리아 원주민 80만 명을 정확히 어떻게 생각하는지는 거의 알려지지 않았다. 미국의 아메리카 원주민과 마찬가지로, 오스트레일리아 원주민 역시 호주 땅을 자신의 소유라고 여기며 자신들이 호주 땅에서 살아갈 자격이 충분하다고 믿는다. 라인하트가 이 호주 땅을 어떻게 생각하는지도 알려지지 않았다. 다만 라인하트의 기업들은 확실히 원주민을 많이 고용했다. 라인하트의 견해는 분명하지 않지만 라인하트의 아버지, 직설적 발언으로 악명 높은 랭 핸콕Lang Hancock의 견해는 호주에서 자주 언급된다. 핸콕은 원주민이나 원주민의 토지 소유권을 거의 신경 쓰지 않은 것 같다. 그는 철광석이 풍부한 원주민 땅을 보존할 것이 아니라 광산을 파야 한다고 보았다.

핸콕의 발언을 들어보자. "호주에서 광산은 우리 대륙 전체 면적의 0.2%만 차지할 뿐이지만, 1,400만 명을 부양한다. 내 땅이든, 네 땅이든, 토인blackfellow(오스트레일리아 원주민을 경멸적으로 이르는 말—옮긴이) 땅이든, 다른 누구의 땅이든, 광산 채굴을 하지 못하는 신성한 땅은 없어야 한다. 그러니 원주민의 토지 소유권이나 자연 따위에 관한 질문은 존재해서는 안 된다."

핸콕은 1984년에 텔레비전 방송에 나와 훨씬 더 거리낌 없이 의견을 밝혔다. 그는 일자리가 없는 원주민—특히, "쓸모없는 사람들, 상황을 받아들이지 못하는 사람들, 혼혈아들half-caste('blackfellow'와 마찬가지로 모욕적인 표현이다—옮긴이)"—에게 중심가에서 복지 수표를 받아 가게 해야 한다고 제안하며, 그 이유를 이렇게 설명했다. "그들이 거기에 모이면, 내가 물에 약을 탈 것이다. 그러면 그들은 불임이 되어서 나중에 스스로 퇴화할 테니, 문제가 해결될 것이다."

아버지의 죄가 마찬가지로 직설적인 외동딸에게 돌아갔으리라는 의견이 상상조차 불가능한 생각은 아닐 듯하다. 어쨌거나 라인하트가 소유지를 대하는 태도는 지하 광물 자원에서 짜낼 수 있는 이익만으로 완전히 정의할 수 있다. 호주 사람들은 라인하트가 가장 집착하는 대상이 돈이라고 말한다. 한국과 일본, 중국은 손에 넣을 수 있는 적철석(산화철로 이루어진 광물로 제철에 필요하다—옮긴이)이라면 마지막 부스러기까지 간절히 원하고, 라인하트의 회사는 어디든 철광석이 풍부한 토지 11만 7,000㎢를 소유했으니 라인하트의 땅이 맞을 궁극적 운명은 쉽게 예측할 수 있을 것이다. 적어도 한동안은 그 땅에 구멍이 뚫리고 철광석이 도려내질 것이다. 그런 다음에는 원래 상태와 비슷하게 되돌아갈 것이다. 전 세계의 수많은 광산 회사는 광산을 원래 환경으로 되돌려놓아야 한다는 법적 의무를 지고 있기 때문이다.

호주의 광산 거물들은 '전통적인 소유주들'을 뭐라고 불렀을까? 랭 핸콕은 원주민에게 전혀 마음 쓰지 않았고, 자기 회사에서 일하는 원주민 노동자에게 돈 대신 음식이나 담배를 임금으로 지급했다. 원주민은 돈이 생기면 술을 마시는 데나 쓸 것이라고 믿었기 때문이다. 핸콕은 —초기 호주 정착민 대다수와 마찬가지로— 오스트레일리아 대륙 내부 대부분이 '무주지', 적절해 보이는 개발 기회가 무르익은 임자 없는 땅이라고 생각했다.

최근에는 법률이 바뀌었고, 주인 없는 땅으로 여겨졌던 곳이 실은 주인 있는 땅이었다는 사실이 인정되었다. 요즘 이 주인은 지구상에서 가장 오래된 문명을 지속해서 일구어왔다고 여겨진다. 약 6만 년 전에 피어난 이 문명은 이집트 문명이나 중국 문명, 그리스 문명보다 훨씬 더 오래되었다. 호주 정부도 이런 현실을 인정했고, 한때 'GABA'Great Australian Bugger ALL('bugger all'은 '아무것도 없음'을 가리키는 속어, 'gaba'는 오스트레일리아 오지를 가리키는 구어다—옮긴이)로 불렸던 곳에서 거래할 때는 항상 전통적 소유주와 그들의 역사 및 필요에 특별히 주의하고, 배상금과 존경을 똑같이 제공하라고 요구한다. 지나 라인하트에게 공정하게 말하자면, 라인하트도 이런 법률을 따르는 것 같다. 라인하트가 규정 준수를 꺼린다는 증거는 없다. 라인하트는 철광석을 원하고, 돈을 원한다. 그녀가 아버지를 따라서 호주 땅을 제멋대로 짓밟지 못하게 막는 규정이 존재한다면, 그녀는 아무런 불평 없이 준수할 것이다.

당연히 미국에도 어마어마한 부를 자랑하는 토지 소유주들이 꽤 많다. 땅 부자 상위 20위 안에 드는 사람들이 소유한 대토지는 각각 2,000㎢를 훌쩍 뛰어넘는다. 상위 200명의 토지를 모두 더하면 플로리다주 전체만큼 넓다. 게다가 개인 소유 토지가 늘어나는 속도는 경이로울 정도다. 2007년 이후 땅 부자 100명이 소유한 미국 토지는 50%나 늘어났고, 증가 속도가 둔화할 기미는 전혀 보이지 않는다. 이런 땅 부자들은 대개 목장주다. 이들의 대지는 하나같이 텍사스나 목축에 유리한 서부 주들에 있고, 그중 대다수가 19세기에 목장을 운영했던 조상에게서 물려받은 땅이다. 이런 토지 소유주들은 자신의 땅을 숭배하고, 광활한 서부의 책임감 있는 목장 경영을 대중의 신뢰를 받는 공익사업이라고 생각한다. 다른 대토지 소유주는 ─주택 건설이나 제지를 위한─ 벌채가 막대한 재산을 더 지속 가능하고 더 수월하게 벌어들이는 방법이라고 생각한다. 이들의 땅은 서부 목장 대지보다 더 습하고 언덕이 많은 편으로, 태평양 연안 북서부 지방이나 북동부의 넓은 삼림지대에 있다.

수십 년 동안 북아메리카의 대토지를 지배해온 이 대지주들의 이름은 소수를 제외하면 전국적으로 유명하지 않다. 오리건주에는 리드 가문과 가문의 목재 회사가 있다. 이곳의 삼림지대에는 스팀슨 가족의 대토지도 있다. 루이지애나주에는 마틴 가문의 벌채 회사가 있다. 라이커스 가문(라이커스 브라더스 증기선회사라는 유명한 기선 회사의 소유주이기도 하다)은 플로리다와 쿠바 간 목재 무역으로 한때 큰 수익을 남겼다. 텍사스의 샌안토니오 인근에는 오코너 가족의 목장이 있다. 텍사스 남부에는 거대한 브리스코 목장과, 마찬가지로 방대한 킹 캐틀 목장이 있다. 웨스트버지니아에는 해머 가문이 있고, 메인주와 캐나다의 뉴브런즈윅에는 어빙 가문이 있다. 뉴잉글랜드에서는 19세기에 노예 무역상이었던 핀그리 집안이 드넓은 토지를 보유했다. 에머슨 가족은 캘리포니아의 고지대 내륙 산맥에 잘 관리되었다는 삼림을 소유하고 있다. 이런 가문들은 막대한 재산을 쌓았지만, 그 누구도 아주 유명하지 않으며 사유지가 있는 지역 밖에서는 거의 알려지지 않았다.

이런 가족들에게는 역사적 오명이 따라다닌다. 예를 들어서, 캐나다 제재소 경영주 K. C. 어빙K. C. Irving의 후손들은 이제 뉴브런즈윅에서 세인트존이라는 작은 도시 거의 전체를 지배한다. 어빙 가문은 세인트존의 발전소를 운영하며 연료 공급을 좌우하고, 도시의 부두와 신문사, 수많은 가게까지 경영한다. 막대한 재산을 두고 내분이 야단스럽게 이어졌지만, 어빙 가족의 주요 회사인 J. D. 어빙 유한회사는 제지 및 펄프, 철도, 트럭 수송, 조선, 잡화, 냉동 감자, 포장, 크레인 임대, 플라스틱, 아이스하키팀, 신문사 12곳, 해운, 버스, 타이어 판매 대리를 아우르는 방대한 계열사를 갖고 있다. 여기에 미국 뉴잉글랜드와 캐나다 동부의 삼림지대 5,050㎢까지 있다. 어빙 가문은 이 땅에 해마다 나무 2,000만 그루를 새로 심는다고 주장하며, 가문의 방대한 토지 자산을 지속 가능하게 관리하는 데 전념한다는 세평을 증명한다.

이들은 오래되고, 전통적이고, 다소 인습적인 대지주들이다. 하지만 현재 토지를 가장 많이 소유한 사람은 최근에 대지주 무리에 합류한 새내기들인 듯하다. 대체로 이 새내기들은 다양한 사업 영역에서 어마어마한 성공을 거두었다. 사업 분야는 토지 자체와는 별로 관계가 없으며, 대개 방송이나 패스트푸드와 관련 있다. 이들은 만년에 이르자 절대 변치도 않고 썩지도 않는 데다 시장이 어떻게 요동치더라도 크게 영향받을 일이 거의 없는 투자처에 투자하기로 마음먹었다. 아무래도 아메리카에서 아주 넓은 대지를 소유하고 다양한 방식으로 활용하고 싶다는 충동을 느낀 듯하다.

테드 터너Ted Turner도 그중 한 명이다. 1978년, 터너는 "세상이 끝날 때까지" 텔레비전 뉴스를 모으고 방송하기 위해 당시에도 상당했던 재산을 담보로 케이블 뉴스 네트워크, 즉 CNN을 설립했다. 터너는 다른 사업—레슬링, 옛 영화, 러시아 TV 방송, UN 기부와 지지 등—도 했고, 점점 경쟁이 치열해지는 업계에서 경쟁자들과 사나운 언쟁을 수없이 벌이곤 했다. 그러더니 엄청나게 넓은 땅을 사들이기 시작했다.

터너는 오하이오에서 태어나 남부 지방에서 교육받으며 자라났지만, 환경 운동이라는 측면에서 볼 때 수많은 낭만주의자와 마찬가지로 열렬한 서부 애호가가 되었다. 그가 산 땅은 대개 몬태나와 캔자스, 오클라호마, 네브래스카, 뉴멕시코에 있다. 터너의 땅은 모두 7,689㎢이다. 그중 가장 넓은 구역은 뉴멕시코 최북단, 콜로라도주 주 경계 근처에 있는 목장이다. 굉장히 건조한 사막 지대에 펼쳐진 2,428㎢짜리 목장의 절반은 그레이트플레인스에, 서쪽 절반은 상그레데크리스토산맥에 걸쳐 있다.

이 목장에는 미국 서부의 역사에서 유일무이한 사연이 얽혀 있다. 아파치 원주민의 고향이었던 이곳은 1840년대에 멕시코 정부가 프랑스 모피 사냥꾼에게 무상으로 불하했던 방대한 토지*의 중심이었다. 이 사냥꾼의 아일랜드계 프랑스인의 사위 뤼시앵 보나파르트 맥스웰Lucien Bonaparte Maxwell은 유명한 산악인이었다. 맥스웰은 이곳의 산맥에서 금을 발견해서 땅을 더욱 넓힌 다음, 이 땅을 어느 영국 회사에 통째로 팔았다. 그 후(서부의 유명한 무법자 빌리 더 키드Billy the Kid가 1881년에 뉴멕시코의 어느 목장에서 사살된 후), 이 방대한 토지는 마침내 더 작은—그러나 여전히 드넓은— 구획들로 쪼개졌다. 오늘날 그 땅들 가운데 하나는 전미총기협회가, 다른 하나는 미국 보이스카우트**가 소유하고 있다. 가장 넓은 구획은 이제 '베르메호 파크 목장'이라는 이름으로 CNN의 테드 터너 차지가 되었다.

테드 터너는 미국 상류층의 일반적 생각과 전혀 다른 정치적 견해를 날카롭게 표현한다. 터너의 의견 몇 가지를 예로 들면 다음과 같다. 이란의 핵 무장을 허가해야 한다, 팔레스타인은 이스라엘과 마찬가지로 테러리즘에 경도되지 않았다, 북한에는 잔혹 행위가 거의 없다, 여성에게는 임신을 중단할 절대적 권리가 있다, 기성 종교

---

* 미국 정부는 토지 무상 불하 제도를 많이 이용했다. 정부는 공동선을 위한 프로젝트라면 자금을 구하기 위해 불하받은 국유지(물론 원주민에게서 빼앗은 땅)를 파는 것을 허락했다. 모릴법(1862년 링컨 대통령이 승인한 토지허여법)은 매사추세츠 대학교, 뉴저지의 러트거스 대학교, 뉴욕의 코넬 대학교 같은 공립대학교를 설립하는 데 드는 비용을 마련하기 위해 연방 정부가 불하한 땅 6,880㎢가 판매되어도 좋다고 허용했다. 불하받은 땅이 불충분하다고 여겼던 코넬 대학교는 다른 지역에서 미사용 국유지를 추가로 선택하도록 허가받았다. 대학 측은 위스콘신의 삼림지대를 골랐고, 그 땅을 판매한 돈으로 미국에서 가장 훌륭한 학문 중심지 중 한 곳을 세웠다.

** 1993년에 이곳 보이스카우트 소유지에서 티라노사우루스 렉스의 발자국 화석이 발견되었다. 전 세계에서 유일하게 고생물학계가 확인한 화석이다.

는 보통 개탄스럽다. 터너는 열성적인 환경보호론자이며 인간이 지구 온난화라는 위기를 초래했다고 진심으로 믿는다. 그는 멸종 위기종을 보호하는 데 수백만 달러를 쓴다. 가장 최근에는 뉴멕시코주 베르메호 파크 목장에서 남쪽으로 몇 백 킬로미터 떨어진 사유지에 볼슨거북이라고도 불리는 멕스코고페거북을 들여오는 데 열성이었다. 거북 보존회는 터너의 아낌없는 지원을 높이 사며, 한때 멸종 위기에 내몰렸던 이 거대한 거북 종이 다시 행복하게 번성하고 있다고 발표했다. 터너가 자신의 이익을 전혀 추구하지 않는 것은 아니다. 터너는 '테즈 몬태나 그릴'이라는 레스토랑 체인점을 40여 군데쯤 열었고, 미국 외식 인구에게 미국을 상징하는 유제류(소

CNN 창립자 테드 터너. 최근까지 미국에서 가장 넓은 사유지를 가진 사람이었으나, 라이벌 미디어 재벌인 존 멀론John Malone에게 1위 자리를 내주었다. 터너는 서부에서 아메리카들소 개체 수를 복구하자고 촉구하는 데 힘을 쏟고 있다. © Getty Images

나 말처럼 발굽이 있는 동물—옮긴이) 아메리카들소를 맛보라고 최선을 다해 설득하는 중이다. 그는 지난 몇 년 동안 하이플레인스에 있는 사유지에 들소를 들여오려고 상당한 노력을 기울였다. 그는 책임감 있게 들소를 사냥해서 고기를 얻으며, 상식적인 방법으로 들소 개체 수를 조절한다고 주장한다.

터너에게 들소를 미국 서부에 들여오는 일은 일종의 사명이 되었다. 불가지론자인 그의 현재 모토는 '모두를 구하자'이다. 터너는 19세기 서부 정착민의 경악스러운 행동이 이 장엄한 포유류를 멸종 위기로 내몬 것은 너무도 분명한 사실이라고 말한다. 사실, 19세기의 논리는 버펄로 배척보다는 원주민 배척에 더 가까웠다. 서부 정착을 장려하던 사람들은 대평원 원주민 사냥꾼 집단이 들소를 사냥하지 못하게 막자고 주장했다. 원주민 공동체의 주요 고기 공급원인 들소를 사냥하지 못하게 하면, 수많은 원주민이 굶어 죽을 것이고 백인 정착민이 토지를 차지하기가 더 쉬워질 터였다. 하지만 그럴듯해 보인 이 명분은 얼마 지나지 않아 도저히 막을 수 없는 잔인한 탐욕으로 변했다. 곧 들소 사냥꾼 수천 명이 대초원에 떼를 지어 모여들기 시작했다. 대부분이 50구경 총으로 무장했다. 사냥광들은 이 커다란 총이 수천 킬로그램이나 나가는 몸으로 느릿느릿 움직이며 유순하고 얌전하게 풀을 뜯는 생명체를 고꾸라뜨리는 데 최고의 수단이라고 여겼다.

사냥꾼들은 기차를 타고 들소를 잡으러 왔다. 잡지 〈하퍼스 Harper's〉는 다음과 같이 보도했다.

포트헤이스에 발착하는 캔자스퍼시픽 철도회사의 기차는 거의 전부 버펄로 떼와 경주를 벌인다. 가장 흥미롭고 짜릿한 광경은 경주의 마지막 단계다. 기차는 버펄로 떼의 속도와 거의 비슷하게 속도를 '줄인다.' 승객들은 원주민으로부터 기차를 보호할 목적으로 제공된 총을 꺼내 들고 객차의 창문이나 플랫폼에서 쏜다. 소규모 접전이라도 격렬하게 벌이는 것 같다. 어린 수소가 잠깐 궁지에 몰릴 것이다. 용기를 내보더라도 제 무덤을 파는 격이다. 기차에 있는 총이 전부 그 소를 향하기 때문이다. 그 소가 죽거나 바로 옆에 있는 다른 소가 죽을 것이다.

19세기 중반, 들소 5,000만 마리가 이렇게 손쉬운 방법으로 살육되었다. 기차가 지나가면 꼭 전함의 측면이라도 되는 것처럼 총 수백 개가 끝없이 불을 뿜었다. 말에 올라탄 원주민들은 공포에 질려 입을 떡 벌린 채 그 광경을 바라보곤 했다. 기차가 지평선 너머로 사라지고 나면, 바람이 대초원을 다시 정적으로 덮었다. 대체 무슨 영문인지 이해할 수 없는 원주민은 선로 옆에 쓰러진 들소 사체 수백 구를 멍하니 바라보았다. 사체는 곧 뜨거운 햇살 아래서 썩어가며 부풀어 올랐을 것이다. 백인 사냥꾼들은 들소를 죽이는 것 자체에만 관심을 보였을 뿐, 죽은 들소를 가져가지도 않았다. 어느 기차 승객들은 한 계절에만 들소를 6,000마리 죽였다고 주장했다. 가루로 갈아서 비료로 뿌릴 버려진 들소 두개골이 산더미로 쌓여 있는 사진이 공개되어 유명해졌다.

터너는 이 섬뜩한 사건의 충격을 여전히 떨치지 못했다. 들소 집단에 다시 생명을 불어넣으려는 터너의 노력은 빛을 보고 있다. 그

한때 네브래스카와 대초원 너머 서부에서는 기차에 타서 지나가는 들소에게 총을 쏘는 일이 재미있는 스포츠로 여겨졌다. 그 여파로 들소 수백만 마리가 목숨을 잃었고, 들소 두개골이 15m씩이나 쌓였다. 들소를 신성하게 여겼던 원주민은 살육 광경을 보고도 믿지 못하며 눈물을 흘렸다. ⓒ Getty Images

는 이제 아메리카들소 5만 마리를 직접 키우고 있고, 다른 사육자들도 인기 있는 버펄로 보존 대열에 합류하고 있다. 들소는 이제 멸종할 위기에서 벗어났다. 들소 고기는 소고기에 집착하는 미국 시민에게 아직 틈새시장 상품이다—터너의 레스토랑 사업이 거둔 성공은 그리 대단하지 않다—. 하지만 8,000㎢에 달하는 터너의 땅은 그레이트플레인스 일부가 원래의 자연 상태에 가깝게, 19세기 정착민이 약탈하고 파괴하기 전으로 회복하는 데 이바지했다.

그런데 테드 터너는 이제 미국에서 제일가는 땅 부자가 아니다. 1위 자리는 다른 미디어 거물 존 멀론John Malone에게 돌아갔다. 코네티컷의 아일랜드계 가톨릭교도 후손으로 태어난 엔지니어링 억만장자 멀론은 케이블 TV 초창기에 재산을 쌓았다. 현재 멀론은 리버티미디어와 애틀랜타 브레이브스 야구팀, QVC 쇼핑 채널, 시리우스 위성 라디오를 운영하며, 익스피디아 여행사에도 대지분을 보유하고 있다. 다시 말해서 멀론은 21세기 미국 경제의 중심인물이다. 그가 소유한 미국 땅은 무려 8,903㎢나 된다. 아일랜드에도 사유지 13㎢가 더 있다. 아일랜드 위클로 카운티에 있는 동화 속 요정 나라 같은 커다란 성과 아일랜드에서 가장 훌륭한 조지 왕조 시대 저택으로 꼽히는 킬데어 카운티 리피강 기슭의 캐슬마틴이 멀론의 것이다.

2011년, 존 멀론은 테드 터너와 치열한 경쟁을 몇 년이나 벌인 끝에 미국 최고의 땅 부자 지위를 거머쥐었다. 멀론도 서부 땅을 사들이기 시작했다. 뉴멕시코와 콜로라도, 와이오밍, 몬태나,* 네브래스카에 걸쳐 뻗어 있는 로키산맥 지대에서 멀론의 땅을 모두 합치면 4,047㎢ 정도 된다. 그는 사유지 여러 곳에서 단거리 경주마를 기르고 훈련한다. 육우도 키우는데, 특히 네브래스카에 소가 압도적으로 많다. 그의 실버 스퍼 목장은 네브래스카 노스플랫강 기슭에서 비육장(울타리를 치고 사료를 급여해서 소를 살찌우는 노천 사육장—옮긴

---

* '하늘이 높은 땅Big Sky Country'으로도 불리는 몬태나는 크기가 얼마든 땅을 사려는 사람들을 끌어들이는 자석 같은 곳이 되었다. 한때 나 역시 몬태나에, 헨리 데이비드 소로Henry David Thoreau와 노먼 매클린Norman Maclean이 탄생시킨 야생 판타지에 마음을 빼앗겼다. 시 〈그곳을 흐르는 강A River Runs Through It〉을 지은 매클린은 몬태나 비터루트강 동쪽 기슭의 탁 트인 땅 0.32㎢를 40만 달러에 샀다. 내가 그곳에 집을 지을 형편이 됐더라면, 가수이자 배우 휴이 루이스Huey Lewis와 배우 크리스토퍼 로이드Christopher Lloyd, 배우 앤디 맥도웰Andie MacDowell이 내 이웃이었을 것이다. 하지만 나는 현금이 없어서 1년 만에 땅을 팔았다. 땅을 팔고 받은 80만 달러도 기꺼웠다. 그런데 10년 후에 다시 그 땅을 찾아갔더니, 부동산 중개인이 최근 땅값을 선뜻 알려주지 못하고 머뭇거렸다. 땅값은 125만 달러로 뛰어 있었다. 눈물이 났다.

이)으로 운영된다. 멀론은 서부의 대지를 손에 넣은 뒤로 미국 북동부에도 관심을 기울였다. 먼저 뉴햄프셔에서 땅을 사들였고, 메인주 최북단의 삼림지대 3,966㎢를 사서 마침내 터너를 미국 제일의 땅 부자 자리에서 밀어냈다.

그렇게 선두에 섰던 멀론은 평소답지 않게 소유 중독을 "바이러스"라고 일컬었고, 터너에게서 바이러스가 옮은 것 같다고 말했다. 그는 사람이 "실은 절대로 땅을 소유할 수 없다"라는 진부한 격언을 거듭 말한다. "땅 주인은 그 땅의 관리자다. 그러니 땅 주인은 정말로 훌륭한 관리자가 되어야 한다. 하지만 살아가는 동안 자신의 땅에서 산책할 수 있고, 말을 타고 달릴 수 있고, 트럭을 몰 수 있고, 탁 트인 곳에 있을 수 있다면 분명히 즐거울 것이다."

지금까지 알려진 바로는, 그 어떤 동물이나 식물도—거북도 아메리카들소도— 존 멀론을 구세주나 보호자로 여기지 않는다. 멀론은 말, 특히 순종 말을 사육하는 데 열정을 쏟는다. 플로리다에도, 아일랜드 남부 곳곳에도 그의 종마 사육장이 있다. 미국 서부에 있는 멀론의 소 목장은 "야생 초지와 목장이 건강한 균형을 이루고 탄소를 토양에 저장할 수 있는 지속 가능한 방식으로 운영되는데, 탄소를 저장하고, 침식을 줄이고, 식량 안보를 보장하는 초지와 토지에 영향을 주는 것은 오직 말과 소의 발굽뿐"이라고 한다.

멀론의 홍보 대행사는 메인주 핸콕 카운티에 있는 그의 방대한 토지에 관해서도 비슷한 소개 글을 썼는데, 멀론이 탄소 배출을 상쇄하고자 "광합성을 이용한다"라고만 밝혔다. 그런데 홍보 대행사가 전문 지식이 그리 대단치 않은 독자에게 알려주지 않은 사실이 있으니, 멀론의 메인주 사유지 전체를 뒤덮은 나무는 소유주의 명령이 없어도 늘 광합성을 한다. 간단히 말해, 광합성은 멀론이 아니라 나무가 하는 일이다. 핸콕 카운티 땅에는 전나무와 가문비나무, 단풍나무와 자작나무가 빼곡하다. 말코손바닥사슴과 곰, 스라소니도 산다. 연어가 미어터질 만큼 많은 시냇물도, 송어와 농어가 가득한 호수도 있다. 메인주 내륙 전체는 기본적으로 비행기를 타고 세인트로렌스강에서 뉴햄프셔주 경계까지 뉴잉글랜드 북부 상공을 지나가며 아래를 내려다보면 눈에 들어오는 풍경과 거의 비슷하다. 짙은 초록색 숲, 인간의 손이 닿지 않아 순결하고 거칠고 잊힌 숲이 끝없이 펼쳐져 있다.

그런데 메인주에는 멀론의 막대한 사유지와 관련해서 결코 모르고 지나칠 수 없는 문제가 하나 있다. 국제 자연보호협회는 멀론이 전국에 있는 사유지를 개량하고 야생을 보전하는 데 노력을 기울인다며 찬사를 보냈지만, 메인주에서 볼 때 멀론이 과연 노력하고 있는지 그다지 확실하지 않다. 메인주 천연자원위원회는 주의 숲에서 벌목 작업이 널리 이루어진다는 사실을 충분히 안다—이 사실을 모른다면 태만한 것이다—. 메인주 땅의 95%가 사유지이며, 메인주 내륙에서 중심 산업은 벌채와 제지다. 그 대신 위원회는 새로운 토지 소유주에게 환경을 심각하게 파괴하는 개발이 불가능하도록 적어도 사유지 일부를 보호 구역으로 설정하라고 압박한다. 이런 보호 구역에는 원자력 발전소나 비행기 이착륙장, 단기 휴양지가 들어설 수 없다. 이제까지 메인주의 토지 소유주들은 이런 압박에 시달려왔는데, 멀론은 보호 구역을 설정하겠다는 의사를 아직 내비

치지 않았다. 다만 사유지에 대중의 접근을 허락하는 메인주의 비공식적 전통은 따를 것이다. 스노모빌이나 스키를 타는 사람들, 머나먼 북부의 추운 야생을 좋아하는 강인한 사람들은 멀론의 땅에서 취미를 만끽할 수 있다. 더 얌전한 사람들은 영혼을 달래는 데 최고라는 삼림욕을 시도해볼 수 있을 것이다.

간단히 말해서 미국에서 토지를 가장 많이 소유한 두 사람은 방대한 사유지의 자연 풍경을 보전해야 한다는 책임감을 상당히 느끼고 있는 듯하다. 두 사람은 자기 영토를 황폐하게 만들고, 땅에서 원하는 것이라면 무엇이든 마음대로 가져가고, 미래는 조금도 신경 쓰지 않았던 과거의 악덕 자본가들과 공통점이 거의 없는 것 같다. 사람들은 이 새 지주들이 관리하는 땅이 동식물과 함께 번영하리라고 희망하고 상상한다.

하지만 악덕 자본가가 완전히 사라지지는 않았다. 아마존 창립자이자 소유주 제프 베이조스Jeff Bezos는 텍사스 서부에 있는 사유지 1,619㎢를 블루 오리진 우주 로켓 발사지로 이용한다. 언론을 꺼리는 "조용한 스탠", 스탠 크론케Stan Kroenke는 영국의 아스널 축구팀을 비롯해 다양한 스포츠팀과 경기장을 소유하고 있으며, 막대한 월마트 자산을 물려받은 앤 월튼Ann Walton과 결혼했다. 최근 크론케는 텍사스 북부에서 2,023㎢에 이르는 웨거너 목장을 사들였다. 끊임없이 이어지는 울타리 단 하나에 에워싸인 웨거너 목장은 미국에서 가장 넓은 목장이라고 한다. 크론케는 이 땅을 사자마자 목장 부지 내부의 여러 호숫가에서 수십 년 동안 살아왔던 궁핍한 노인들에게 추방 통지서를 보냈다. 그 땅에 오랫동안 살았던 빈민들이 결국 줄지어 고향을 떠나는 광경은 비참했다—이들의 조상들은 옛 목장주들과 되는 대로 비공식적 계약을 맺고 목장 부지 내 다이버전 호수 근처에서 수십 년 동안 살았었다—. 크론케를 향한 이들의 증오는 끝을 모른다. 쫓겨난 사람들은 마지막으로 호수를 지나가며 목청 높여 저주를 퍼부었다.

악덕 자본가 얘기에서 그 누구보다도 월크스 형제를 빼놓을 수 없다.

미국 토지 소유주들을 위한 성경이나 다름없는 계간지 〈랜드 리포트〉는 분명히 경멸적인 어조를 담아 보수적 복음주의자 패리스 월크스Farris Wilks와 댄 월크스Dan Wilks 형제가 현재 미국에서 열두 번째 땅 부자라고 보도했다—이미 토지 2,855㎢를 보유했던 월크스 형제는 2019년에 12.6㎢를 더 사들였다. 이들이 충동구매를 멈출 기미는 전혀 보이지 않는다—. 〈랜드 리포트〉는 해마다 발표하는 토지 소유주 상위 100명 목록에 월크스 형제를 짧게 소개하며 "그들은 땅을 사랑한다"라는 논평만 남겼다. 목록에 오른 나머지 99명에게는 대체로 과한 찬사를 늘어놓았지만, 월크스 형제에게는 친절한 말을 단 한 마디도 남기지 않았다. 독자는 잡지 편집자들이 월크스 형제를 별로 좋아하지 않는다는 사실을 분명히 감지할 수 있을 것이다.

대중은 월크스 형제뿐만 아니라, 형제의 사유지가 가장 많은 주까지—특히 아이다호 남서쪽의 산지— 경멸하는 듯하다. 아이다호와 몬태나에서 시작해 로키산맥을 따라 텍사스 서부까지, 월크스 형제는 지난 몇 년 동안 거대한 산림-방목장 제국을 건설하고 확장해왔다. 그러는 동안 초대받지 않은 타인은 누구든 자신의 사유지에 절대 접근하지 못하게 막았다. 그 땅의 예전 토지 소유주들이 얼마나 관대하고 인자했는지는 아랑곳하지 않았다. 윌크스 형제는 무장 경비원을 고용하고, 서둘러 대문을 짓고, 차량 파괴용 구덩이를 파고, 공공 도로 한가운데에 가시철조망 울타리를 쳤다. 이제 그들의 차지가 된 땅에 사람들이 들어오거나 지나가지 못하게 막기 위해서였다. 심지어 사람들이 그들의 사유지에 바짝 붙어서 지나가는 것조차 막으려고 했다.

2019년, 어느 신문에는 이런 기사가 실렸다. "많은 지역 주민은 이 새로운 땅 주인이 그동안 야외에 쉽게 접근할 수 있어서 좋았던 생활 방식을 위협한다고 생각한다. 아울러 한때 공유지로 여겨졌던

아이다호 플레이서빌에 있는 산림 도로. 사람들은 오랫동안 이 도로에서 자유롭게 걷고 스노모빌 따위를 몰았다. 그런데 언론 노출을 꺼리는 텍사스 출신 억만장자 윌크스 형제가 땅을 사더니 접근을 모두 막아버렸다. © Max Whittaker

땅을 빼앗겼다고 불만을 토로한다." 거리 시위도 있었다. 아이다호 주도인 보이시의 주 정부 건물 밖에 수백 명이—아이다호 기준으로는 대규모 군중이다— 모여서 방해받지 않고 숲과 강에 접근할 수 있게 해달라고 요구했다.

원래 윌크스 형제는 텍사스 포트워스에서 160㎞ 떨어진 시스코의 건조한 방목지대에서 평범하게 살았다. 아버지는 벽돌공이었고, 석조 건설 회사를 성공적으로 경영했다. 그런데 윌크스 형제가 성년에 이르자 느닷없이 행운이 쏟아졌다. 형제는 셰일가스 시추 산업에 초기부터 뛰어들었고, 수압 파쇄용 장비를 파는 회사를 차렸다. 수압 파쇄법은 석유가 섞인 셰일에 구멍을 뚫고 화학물질을 섞은 물을 고압으로 집어넣어서 바위를 부수고 천연가스와 석유가 흘러나오게 하는 시추법이다.

윌크스 형제가 초창기부터 핵심 역할을 맡은 셰일가스 시추 산업은 환경을 파괴하지만, 미국에서는 극도로 인기가 있다. 석탄 채굴, 석유 시추, 셰일가스 시추 등 채굴산업을 마음껏 허용하는 다른 나라에서도 마찬가지다. 대통령과 텍사스 주지사, 텍사스 카운티 행정수반이 연이어 공화당에서 당선된 가운데, 윌크스 형제의 기업 프랙 테크는 순식간에 수백만 달러를 벌어들였다. 2011년, 윌크스 형제는 35억 달러를 받고 신생 기업을 싱가포르 국부펀드가 이끄는 투자자 그룹에 팔았고, 각자 14억 달러씩 나눠 가졌다. 거의 단 하룻밤 사이에 꿈도 꿔보지 못한 돈이 손에 들어왔다. 그들은 별 고민도 없이 서부의 드넓은 땅을 사는 데 그 돈을 최대한 많이 쓰기로 결정했다.

월크스 형제가 늘 순수한 성공을 거둘 수 있었던 것은 아니다. 미국 서부에서는 개인 토지 소유주와 공유지 보호 감독관의 싸움이 전혀 새롭지 않다. 서로 이웃한 토지 소유주들의 경쟁도 낯설지 않다. 미국 영화를 공부하는 학생이라면 이 사실을 너무도 잘 알 것이다. 그러나 오늘날 점점 더 많은 슈퍼 리치가 이제까지 거의 공유지였던 넓은 전원 지대를 사들여서 울타리를 두른다—18세기 잉글랜드가 떠오른다—. 지역 주민은 시골 생활에서 소중했던 부분에 접근하지 못하고 차단당한다고 느낀다. 미국 야외에서 가장 아름답고 순수했던 곳에서 야영하고, 스키를 타고, 사냥하고, 산책하고, 등산하고, 카누를 탔던 사람들은 이제 장애물과 경비, 투견, 불친절한 표지판과 마주친다. 담장 너머를 들여다보면 고독 속에 개인 제트기와 활주로, 막대한 재산에 딸려오는 무수한 부속품, 감시 카메라가 있다. 이중 그 무엇도 타인을 보살피기 위한 물건이 아니다.

월크스 형제는 —보이시 신문의 한 칼럼니스트가 표현했듯이— "두 개의 아메리칸 드림" 사이에서 점점 심각해지는 대립 속 악당이자 상징적 희생양이 되었다. 한편으로는 모두가 개인의 소유권이 절대적 권리라는 데 동의한다. 하지만 다른 한편으로는 고요한 목가적 아름다움에 영적인 시가 깃들어 있으며, 우리에게 탈출구가 되어주는 풍경을 보전하려는 노력은 미국 대중의 영혼에 무한한 혜택을 가져다준다는 데에도 거의 모두가 동의한다.

월크스 형제는 땅을 사고 그 땅을 지키거나 개발업자에게 팔면서 그저 신의 뜻대로 행할 뿐이라고 말한다. 이런 발언은 지역 주민의 마음을 조금도 달래주지 못하고, 문제 해결에 아무런 도움도 되지 않는다. 윌크스 형제는 지극히 독실하다. 어떤 이는 유별나게 독실하다고 표현할 것이다. 소문에 따르면, 형제의 부모 보이Voy Wilks 와 머틀 윌크스Myrtle Wilks 부부는 극단적으로 보수적인 그리스도 교회Church of Christ에 다녔으나 종교적 형제들에게서 '제명'당하는 이례적 벌을 받았다고 한다. 훨씬 더 엄격하고 완고한 교리를 고수했기 때문인 듯하다. 윌크스 형제는 부모보다 한 걸음 더 나아가서 직접 교회를 세웠다. 이 교회가 속한 여호와의 성회Assemblies of Yahweh 교파 또는 제7일 교파는 당황스러운 규칙을 따른다. 전통적인 유대 의례와 유대 율법을 고수하고, 구약 성서를 말 그대로 해석하고 받아들이고, 토요일을 안식일로 정하고, 크리스마스나 부활절이나 성금요일을 기리지 않는다. 공중도덕에 관해서는 어떤 경우든 임신 중단은 살인과 다름없고, 동성애는 중대한 범죄와 마찬가지라고 본다. 동성애라는 "비천하고 실성한" 관습은 "우리 민족의 끝"이자 "여호와와 맺은 약속을 깨는 것"으로 볼 수 있다. 윌크스 형제도 교회연단에 서서 이렇게 설교한다.

윌크스 형제의 토지 소유와 관련해서 더욱 염려스러운 일이 있다. 이들은 환경 보호주의에 관한 문제를 철저하게 무시하고, 기후 변화를 그저 공상으로 치부한다. "우리는 지구를 만들지 않았습니다. 그러니 어떻게 우리가 지구를 살릴 수 있겠습니까?" 패리스 윌크스가 앵무새처럼 되풀이하는 불평이다. "여호와가 통제한다는 사실을 깨달으면 훨씬 더 편해집니다. 그런 책임은 그분께 넘길 수 있습니다. 극지방 얼음이 조금 녹고 있다면, 뭐, 그것도 신께서 보낸 메시지겠죠." 윌크스 형제는 소아성애와 수간이 미국에서 곧 합법이 되리라고 믿는다. 미국은 종교적으로 예견된 종말, 아마겟돈, 그리스도와의 재회를 향해 빠르게 달려가고 있다. 인간의 끝 모르는 죄악과 불신이 파멸을 초래했다. 이들은 도널드 트럼프_{Donald Trump}가 악의 무리를 물리칠 최고의 지도자, 가장 준비가 잘된 지도자, 악의 무리가 끼친 피해를 바로잡으려는 각오가 가장 결연한 지도자라고 생각한다. 더 나아가 트럼프와 트럼프의 소중한 대의를 지지하기 위해 수백만 달러를 후원했다.

바로 이런 사람들이 현재 미국 국토의 2,853㎢를 소유하고 있다. 윌크스 형제는 신의 이름으로 울타리를 세우고, 여전히 주 정부가 대체로 공공재산이라고 여기는 도로를 막고, 사유지에서 벌목꾼을 내쫓고, 사유지에서 스노모빌이나 스키 타는 것과 설피를 신고 다니는 것을 금지했다. 그리고 뜻을 관철하고자 로비스트를 고용해 사유지 무단출입에 관한 아이다호주 법률을 고치려고 나섰다. "하늘에 계신 우리 아버지가 많은 선물로 우리를 축복해주셨고, 우리 가족의 우선 사항은 그 선물을 지키는 것"이기 때문이었다. 극도로 부유한 사람이 끈질기게 압력을 가한 결과, 개정된 무단출입 금지 조치들은 정말로 아이다호주 법률로 확립되었다.

3장 어디에도 못 가기, 아무 데나 가기

Stewardship

Cuius est solum, eius est usque ad coelum et ad inferos.*
누구든 땅을 가진 자가 위로는 천국부터 아래로는 지옥까지 소유하리라.

– 13세기 이탈리아 법학자 프란시스쿠스 아쿠르시우스Franciscus Accursius의 말로 전함

땅을 소유한다는 개념에서 핵심은 다른 사람들에게 그 땅에서 나가라고 말할 권리다. 토지 소유주는 법률상 그 유명한 권리 다발을 누릴 수 있다. 권리 다발에는 점유할 권리와 통제할 권리, 즐길 권리, 처분할 권리 그리고 이 장의 주제와 가장 관련 있는 타인을 추방할 권리가 있다. 토지 소유주는 다른 사람들을 쫓아낼

---

* 비행기가 발명되고 나서 이 오래된 금언은 엉망으로 꼬여버렸다. 우리 집 위를 지나가는 비행 물체가 과연 무단침입한 것인지 따지는 소송이 몇 년 동안 줄을 이었다. 1946년의 유명한 '미국 대 코스비' 소송에서 법정은 건물이나 토지 소유주가 독점적으로 소유할 수 있는 공중은 약 111m(365피트)라고 판결했다. 요즘 드론을 날리는 사람들이 드론을 122m 위 상공으로 날리는 것도 이 때문이다. 122m 위라면, 어느 건물이나 토지 위를 기웃거리며 날아다녀도 법적으로 아무 문제가 없다.

수 있고, 다른 사람들이 자신의 사유지로 잘못 들어서는 것을 금지할 수 있고, 경찰 등 법률 집행관에게 자신의 사유지를 '무단침입한' 사람을 쫓아내 달라고 요구할 법적 권리가 있다.

무단침입은 거의 말 그대로 산과 언덕만큼이나 오래된 이론이자 법률 개념이다. 하지만 현실에서 이 무례한 행동을 대하는 태도는 가지각색이다. 미국의 모든 주는 무단침입을 심각한 사유 공간 침해로 여긴다. 사유지 주인이 떠나달라고 요구하거나 명령했는데도 즉시 떠나지 않는다면 범죄다. 무단침입을 전혀 다르게 바라보는 지역도 있다. 어떤 나라에서는 무단침입이 완전히 합법이다—다만 대단히 합리적인 제한 조치가 있다—. 이런 나라에서는 누구든 초대받았든 아니든 타인의 사유지에 있는 것이 법적으로 아무런 문제가 없으며, 무단침입한 사람에게 떠나라고 명령하는 것이 오히려 가벼운 범죄에 해당한다.

무단침입 또는 불법 침해를 가리키는 단어 'trespass'는 프랑스에서 유래했다. 이 말은 일반적으로 범위나 한도에서 벗어나는 위반과 일탈을 의미하며, 법정에서는 더 넓은 의미로 사용되어서 '법률의 경계를 넘어서는 것'을 가리킨다. 무단침입은 매우 구체적인 법적 의미 세 가지로 구분된다. 각각은 공인된 용어로 '개인에 대한 불법 침해'(예를 들어 폭행), '재산에 대한 불법 침해'(예를 들자면 다른 사람의 소유물 훼손), '토지에 대한 불법 침해'이다. 이 세 번째 침해가 우리가 다룰 내용이다. 무단침입은 15세기부터 토지에 대한 불법 침해라는 구체적 이름으로 불리는 법적 개념이었다. 토지 소유주가 자신의 땅에 다른 사람들이 오지 못하게 막을 권리를 침해하는 건 불법 행위이며 민사상 범죄다. 더 나아가 사유지를 훼손하거나, 무단침입한 사람이 총기를 들고 있거나, 공유지 및 출입 금지 구역—비행장, 군사 기지, 철로, 원자력 발전소—에 무단침입한다면 형사상 범죄에 해당한다.

무단침입과 관련된 법은 적어도 겉으로는 민주적인 국가에서 가장 강력하게 집행된다. 미국에서는 —특히 플로리다와 루이지애나, 텍사스에서— 특히나 명백하게 집행된다. 무단침입자가 무기를 휘두르며 토지 소유주의 목숨을 위협하지 않는 한 총을 쏘아서는 안 된다고 법이 구체적으로 금지하는데도 토지 소유주들이 초대받지 않은 손님에게 총을 쏜다는 충격적 이야기가 흘러나오는 곳도 바로 이런 주들이다. 이런 주들에서는 '무단침입 시 총격'이라는 경고 표지판도 사방에서 볼 수 있다. 이런 표지판은 무단침입을 억제하는 수단으로 허용되지만, 곧 벌어질 연속 사격에 대한 경고로는 간주되지 않는다.

내가 사는 매사추세츠 지역에는 매해 가을이면 사냥 주간이 정해진다. 그러면 석궁이나 흑색 화약 머스킷, 소총 등 다양한 무기를 든 사냥꾼들이 아주 많이 찾아온다. 주로 사슴을 사냥하지만, 때때로 흑곰을 사냥하기도 한다. 마을 경계에는 사냥꾼에게 의무 사항을 알려주는 표지판이 붙는다. 피에 굶주린 작업을 원하는 사냥꾼은 반드시 토지 소유주에게서 서면 허가를 받아 항상 허가증을 지니고 다녀야 한다. 사냥에 나서지 않는 사람은 사냥 주간 동안 실내에 머무르라고 권고받는다. 아울러 몸집이 큰 반려동물이 사슴으로 오인당하지 않도록 빛을 반사하는 주황색 조끼를 입히라는 충고도 받는다. 사냥을 허가하지 않는 토지 소유주는 사유지 둘레에 줄을 두르고, 약 30m마다 나무에 주황색 표지판을 달아야 한다. 표지판의 가장 위에는 '안내'라는 말이, 그 아래로는 장황한 경고문이 적힌다. 우선 '무단침입 금지'라는 표현이 나올 것이고, 허용되지 않는 구체적 행동—특히 사냥—의 목록이 이어질 것이다.

토지 소유주들이 보기에 주 법률은 사냥꾼에게 우호적인 경향이 있다. 토지 소유주가 적절한 거리마다 경고 표지판을 붙이지 못했다면, 게다가 무단침입한 것으로 추정되는 사냥꾼이 약삭빠른 변호사를 고용한다면, 토지 소유주의 무단침입 고발은 절차상의 문제 때문에 법적 효력을 잃을 수 있다. 더욱이 무단침입자가 남의 사유지에서 다친다면—예를 들어서 발을 헛디디는 바람에 다리가 부러진다면—, 그 무단침입자는 '유인적 위험물attractive nuisance' 법리(누군가가 다른 사람의 사유지에 있는 매력적인 위험물에 이끌려서 무단으로 침입했다가 그 위험물 때문에 상해를 입는다면, 사유지 주인이 그에 대한 책임을 져야 한다는 법리를 말한다—옮긴이)에 따라 사유지 주인을 고소할 수 있다. 미국의 복잡 미묘한 토지 관련 법규를 잘 모르는 사람은 이런 법리를 보며 법이 완전히 잘못되었다고 생각할 것이다.

텍사스에는 드넓은 목장이 숱하게 많으며, 특히 서부에는 울타리를 두르지 않은 사유지가 대부분이다. 따라서 이곳에서는 토지 소유주와 무단침입자에 관한 규정이 엄격하고 상세할 뿐만 아니라 강력하게 집행된다. 더 자세히 살펴보자. 텍사스주 형법은 형사상 무단침입을 "유효한 동의 없이 타인의 사유지에 들어가거나 머무르는 것"으로 규정한다. 주 형법 제7편 제30장은 울타리를 두르지 않은 사유지에서 무단침입에 대한 경고를 제시하는 방법에 관해 특별한 규정 사항을 정해놓았다.

경고문은 사유지나 건물 입구에 세운 표지판 하나 혹은 여러 개에 표시할 수 있다. 표지판은 불법 침입자의 관심을 상당히 끌어야 하며, 출입이 금지되었다고 알려야 한다.

사유지 내부의 나무나 기둥에 식별용 보라색 페인트로 칠한 표식을 여러 개 남길 수도 있는데, 이때 표식은 길이 20.3㎝(8인치) 이상, 너비 2.54㎝(1인치) 이상의 수직선이어야 한다.

표식은 땅에서 91.4㎝(3피트) 이상 152.4㎝(5피트) 이하로 떨어져 있어야 하며, 사유지로 다가오는 사람이 누구든 쉽게 볼 수 있는 위치에 있어야 한다.

삼림지대일 경우, 표식은 서로 30.5m(100피트) 이상 떨어져서는 안 되며, 삼림지대가 아닐 경우, 서로 305m(1,000피트) 이상 떨어져서는 안 된다.

매사추세츠에서는 이렇게 공식 조항을 만들어서 문제를 처리하지 않는 편이다. 옛 소유주가 표지판을 달아 경계를 표시해놓은 나무들이 너무 많이 자란 탓에 나뭇가지가 구부러지며 낡은 금속판을 감싸버리는 일은 아주 흔하다. 그러면 표지판이 쪼그라들어서 한때 '무단침입 금지'였던 문구는 '무지'나 '무입금'이 되곤 한다. 영리한 변호사는 이런 표지판 때문에 경계가 무효해지며, 침입자는 처벌을 면해야 한다고 주장할 것이다.

경고 표지판 그 자체는 사람들이 타인의 사유지에 출입하는 것을 막지 못한다. 타인의 무단침입을 막기 위해 전통적으로 설치하는 미국의 발명품은 '악마의 밧줄', 가시철사다―19세기 중반에 발명된 이후 전 세계로 널리 퍼졌다―.

가시철사를 탄생시킨 아이디어는 정말로 단순하다―자신이 발명했다고 주장하는 사람이 적어도 예닐곱 명은 된다―. "철사 두 가닥을 꼰다. 그 위로 짧은 철사를 가로로 놓고, 꼬아놓은 철사를 감는다. 이때 완전히 감지 말고, 양쪽 끝부분이 서로 다른 방향으로 가시처럼 튀어나오게 둔다. 가시를 감지 않은 철사로 가시가 감긴 철사를 단단하게 지탱한다. 제대로 만들었다면, 가시는 울타리 철사와 직각을 이룰 것이고 흔들리거나 좌우로 움직이지 않을 것이다." 이렇게 멋들어지지만 이해하기 어려운 설명을 쓴 사람은 미국으로 이주한 잉글랜드인의 후손, 조지프 글리든Joseph Glidden이다. 글리든은 1874년 말에 처음으로 가시철사에 대한 특허를 가장 설득력 있게 요구했다.* 글리든이 유용성을 증명한 이 발명품은 뜻밖의 결과를 낳았다. 글리든의 가시철사는 거의 하룻밤 만에 미국인의 식습관을 크게 바꾸어 놓았다.

변화는 가시철사의 원래 용도가 동물을 우리 안에 가둬두기 위한 것이라는 단순한 사실에서 비롯됐다. 가시철사는 애초에 사람을

---

* 제이컵 헤이시Jacob Haish라는 독일계 이민자는 일리노이주 서부의 들판에 무시무시한 가시가 달린 오세이지 오렌지 덤불로 처음 울타리를 세웠다. 헤이시는 글리든보다 열 달 먼저 금속 가시철사에 대한 특허를 얻었지만, 그 탓에 8년이나 맹렬한 소송전을 치러야 했다. 결국, 글리든이 미국 대법원에서 승소했다. 캔자스에서 지금까지 간행되는 〈바브드 와이어 매거진Barbed Wire Magazine〉은 이 유명한 소송의 여파에 관해 다양한 기사를 쓴다. 이커바드 워시번Ichabod Washburn 등 다른 자칭 가시철사 발명가들에 관해서도 호의적인 기사를 낸다. 워시번은 직접 발명해낸 철사 제조 공정으로 재봉틀 바늘 제조업을 일구었다.

막기 위한 물건이 아니었다. 글리든은 가시철사로 동물을 우리 안에 가둬두는 일이 얼마나 쉬운지 보여주고자 텍사스 팬핸들 서부의 평원에 직접 드넓은 방목장을 지었다. 그리고 풀이 거의 없는 이 목장 안에 소를 무려 2만 마리나 집어넣었다. 글리든은 비교적 적은 비용으로 엄청나게 많은 소 떼를 울타리 안에 몰아넣을 수 있었다. 새롭게 만든 가시철사를 193㎞쯤 사용해서 목장 둘레 전체를 감싸는 데 39,000달러쯤 들었다. 기존의 목조 울타리를 세우는 것보다 훨씬 저렴했고 훨씬 수월했다.

많은 소 떼를 한곳에, 심지어 편리하게도 시카고의 가축 수용소

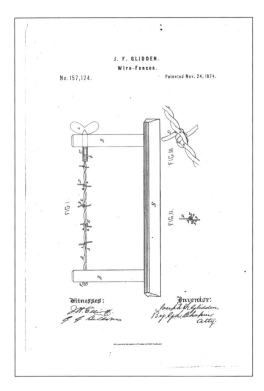

가시철사에 대한 157124번 특허. 조지프 글리든이 1874년에 특허를 따낸 뾰족한 가시철사는 원래 동물을 우리 안에 가둬두기 위해 고안되었다. 하지만 이 '악마의 밧줄'은 전 세계에서 주로 낯선 사람을 막기 위한 용도로 쓰인다.

로 향하는 철도 가까운 곳에 몰아넣을 수 있었던 덕분에 당시 미국을 사로잡은 "소고기 노다지beef bonanza"가 가능해졌다. 소고기는 별안간 저렴하고 손쉽게 구할 수 있는 먹거리가 되었고, 순식간에 돼지고기를 제치고 전국에서 가장 사랑받는 저녁 식사 메뉴가 되었다. 생산자의 관점으로 볼 때, 대규모 소 떼를 한곳에 몰아넣으면 경제적 이득이 컸다. 그래서 현재 중서부의 혐오스러운 농업 풍경, 비육장이 탄생했다. 소고기를 지나치게 섭취하면 심장 건강에 나쁘다는 사실을 고려할 때─불필요하게 많은 소 떼가 기후변화에 미치는 영향은 제쳐두고라도─, 글리든의 발명품이 결국 현재 미국인의 높은 심장마비 발병률로 이어졌다고 말할 수 있으리라.

글리든이 특허번호 157124번으로 유명한 발명품의 특허를 취득하고 텍사스 팬핸들에서 발명품의 유용성을 입증해 널리 홍보하자, 미시시피강 서쪽에 있는 농부는 누구나 새로운 가시철사로 사유지를 두르기로 작정한 듯했다. 철도회사도 농부를 똑같이 따라 했다. 철도회사는 가축이나 육중한 몸으로 기관차를 파괴하는 들소가 선로 위를 위험하게 어슬렁거리는 것을 원치 않았다. 그래서 가시철사를 수천 톤이나 구매하여 철로를 따라 철사 울타리를 세웠다.

가시철사 산업은 성공 가도를 달렸다. 수십 년 동안 무게와 강도, 가시 모양이 다양한 악마의 밧줄이 출시되었다. 마침내 가시철사의 지독스럽게 불쾌한 형제, '레이저 와이어'까지 탄생했다. 칼날이 달린 레이저 와이어는 오늘날 전 세계에서 원치 않는 움직임을 막는 기본 장벽이 되었다. 가시철사와 레이저 와이어는 죄수를 가둔다. (호주에서는) 토끼가 안으로 들어오지 못하게 막는다. 북한 사람이 남쪽으로 넘어오지 못하게 막는다. 파키스탄 사람이 동쪽으로 넘어오지 못하게 막는다. 고리 모양으로 감아놓은 가시철사는 세계대전에 참전한 군인들이 참호 속에서 안전하도록 지켜줬다. 여러 박물관이 갖가지 가시철사를 전시한다. 미국 내 다양한 주의 철사 수집가 협회는—특히 캘리포니아와 캔자스, 콜로라도, 네브래스카 협회가 유명하다— 박람회를 연다. 이런 박람회에서 가시철사는 미국의 개척과 확장을 나타내는 강력한 상징물로 선보여진다. 무단침입이 얼마나 무모한지 가장 생생하고 고통스럽게 깨우쳐주는 물건이기도 하다. 특히 미국에서는 그렇다.

하지만 스코틀랜드에서는 그렇지 않다.

오늘날 스코틀랜드에는 무단침입 같은 것이 사실상 존재하지 않기 때문이다. 현재 스코틀랜드에는 누구나 어디든, 언제든, 밤이든 낮이든, 그 땅이 누구의 소유이든, 땅 주인이 사유지에 타인의 출입을 반대하든 말든 상관없이 마음대로 돌아다닐 수 있는 절대적 법정 권리가 보장된다. 일반적으로 모두의 접근권이 토지 소유주의 사생활권보다 앞선다. 이 혁명적인 발전은 2003년에 시작되었고, 이제는 누구도 거스를 수 없다. 스코틀랜드에서 대토지를 소유한 이들 일부는 격렬하게 반대하고 분노를 쏟아냈다. 하지만 새로운 제도는 시행되고 초기 몇 년 동안 문제를 거의 일으키지 않았을뿐더러 공익에도 크게 이바지했다.

운동하기 위해서든 그저 기분을 전환하기 위해서든 너른 지역을 얌전히 돌아다닐 권리는 수세기 동안 인간에게서 빼앗을 수 없는 권리였다. 상식과 공공 예절은 이 권리가 너무도 기본적이라 어떠한 설명도 필요가 없다고 알려주며, 마땅히 그래야 한다. 현재로서는 그 어디에서도 대중이 공기를 호흡할 권리를 제한하자거나 사람들이 바다에서 헤엄치지 못하게 막자고 제안하지 않는다. 공기도, 바다도 모두의 것이다. 한때는 공기와 바다뿐만 아니라 땅도 인간의 생득권을 구성하는 요소였다. 하지만 최근에는 땅의 공공성이 유례없이 크게 줄어들었다. 토지를 사용할 권리도 인간 공통의 권리지만 심각하게 훼손되었다. 토지 사유권을 도입했기 때문이다. 가시철사와 경고 표지판, 맨트랩(불법 침입자를 잡기 위한 함정이나 덫―옮긴이), 토지 감시인, 산탄총 같은 위협적인 발명품이 토지 사유를 도왔기 때문이다.

그러나 인정 많고 정중한 지역은 아직 남아 있다. 특히 스칸디나비아 지역에서 땅을 마음대로 돌아다닐 유서 깊은 권리는 지금까지 살아남았다. 스웨덴 사람들은 이 권리를 '모든 사람의 권리 allemansrätten(자연 접근권으로도 부른다)'로 부르며 소중히 여긴다. 북유럽 사람들은 대체로 상식을 따르며, 어디든 마음대로 돌아다닐 권리는 법으로 제정할 필요가 없는 권리라고 생각한다. 이곳의 법적 원리는 그저 죄형법정주의뿐이다. 즉, 불법이 아니라면 처벌할 수 없다. 핀란드에서는 '무단출입 금지' 표지판을 세운다는 생각을 천박하고, 무례하고, 불필요하게 여긴다.

관련 규정은 당연히 있으며, 일부 규칙은 몹시 흥미롭다. 예를 들자면, 라플란드에서 외부인은 진들딸기를 따면 안 된다. 라플란드 사람이 할 일이기 때문이다. 핀란드에서는 순록을 괴롭히거나, 이끼를 훔치거나, 다른 사람의 집 근처에서 야영할 때 지나친 소음을 내면 안 된다. 하지만 다른 사람이 소유한 호수에 말을 데려가서 헤엄치게 할 때는 허락을 받을 필요가 없다. 노르웨이에서는 경작지에 눈이 덮여 있을 때만 건너갈 수 있다. 타인의 접근을 막으려고 해변에 울타리를 세우는 사람은 무거운 벌금을 물어야 한다. 16세 이하 아동은 원할 때마다 마음대로 낚시할 수 있지만, 성인이 사유지에서 낚시하고 싶다면 낚시 면허를 따고 사유지 주인에게서 허가도 받아야 한다. 스웨덴에서는 누구나 어디든지 갈 수 있다. 이 권리는 절대적이며, 사람들은 '방해 금지, 훼손 금지' 조항만 따르면 된다. 다만 해변에 접근하는 데에는 제한 사항이 몇 가지 있다. 바닷가 주택의 '해변과 바로 인접한 곳hemfridzon'을 걸어 다닐 절대적 권리는 존재하지 않는다(물론, 누가 그곳을 걸어 다닌다고 하더라도 화를 낼 집주인은 거의 없다). 그 대신 스웨덴 당국은 해변을 거니는 사람들에게 추가 혜택을 주기 위해서 어떤 해변이든 100m 이내에 새로운 주택을 짓지 말라고 권한다. 그러면 사람들이 피해야 하는 '해변과 바로 인접한 곳'이 새롭게 생겨나지는 않을 것이다.

마음대로 돌아다닐 명백한 권리 목록은 계속 이어진다. 일부는 놀랍기까지 하다. 예를 들어보자. 벨라루스는 구소련에서 탈퇴한 나라다. 벨라루스의 국가 헌법에는 숲과 농지가 공유지로 명시되어 있다. 누구나 아무 허가 없이 벨라루스의 깊은 숲속으로 들어가서 목재나 과일, 산딸기류 열매, 약초 따위를 원하는 만큼, 필요한 만큼 가져갈 수 있다. 에스토니아에서는 특별히 헤이즐넛을 마음껏 따갈 수 있다. 반대로 체코에서는 홉을 기르는 정원을 걸어서 지나가려면 반드시 허락받아야 한다. 다른 정원은 대체로 자유롭게 통과할 수 있다. 스위스에서는 특정 칸톤(행정 구역 유형 중 하나)의 특정 지역을 과도하게 사용하는 경우에만 반대에 부딪힌다. 독일 남부 바이에른주에는 '버섯 조항Schwammerlparagraph'이라는 법이 있다. 이 법에 따라 모두가 바이에른 숲에서 야생 식물을 찾고 가져갈 절대적 권리를 지닌다.

확실히 미국과는 다른 이 지역들에는 무단침입이라는 개념 자체를 향한 무언의 혐오가 존재한다. ―간단히만 말하자면― 땅에 접근할 권리는 어느 모로 보나 공기나 물에 접근할 권리와 똑같다는 인식이 강하기 때문이다. 그러나 영국에서는 21세기로 들어설 때까지 땅에 접근할 권리가 절대적이지 않았다.

보행자협회 같은 단체가 거센 압력을 가하자, 영국 의회는 그 유명한 CROW 법―시골 및 통행권법Countryside and Rights of Way Act 2000― 입법을 제안했다. 스칸디나비아에서 모든 사람의 권리로 여겨지는 것과 거의 똑같은 권리를 영국의 수많은 지역에서 행사하도록 허가하는 내용이 담긴 법률이다. 영국인 대다수는 땅에 접근하는 것이 신이 내려준 권리가 '아니라' 토지 소유주가 베푸는 특권이라고 깊이 믿었다. 정부는 이 법률이 국민의 근본적 가정을 상쇄할 수 있으리라고 인정했고, 땅에 접근할 권리를 보장할 법적 수단을 모색했다―북유럽 국가는 입법이 필요하다고 여기지도 않았다―. 영국인이 땅에 접근할 권리와 같은 문제를 북유럽 사람들처럼 생각하는 데까지 이르려면 시간이 오래 걸릴 것이다. 하지만 영국 정부는 적어도 첫걸음을 내디뎠다.

반면에 스코틀랜드는 크게 도약했다. 스코틀랜드가 토지 관련 문제에서 잉글랜드의 이웃과 통치자들과 다른 길로 나아갈 수 있었던 것은 스코틀랜드인만 참여한 1997년 스코틀랜드 국민 투표 결과 덕분이었다. 당시 투표에 참여했던 400만 명 중 대다수가 스코틀랜드는 런던의 중앙정부로부터 권력 일부를 넘겨받아서 스코틀랜드 문제를 독자적으로 처리해야 한다는 데 동의했다. 따라서 스코틀랜드는 1999년부터 의원 129명으로 구성된 단원제 의회를 에든버러에 설치했다. 2014년에 열린 스코틀랜드 국민 투표에서 스코틀랜드 사람들은 영국에 남기를 선택했지만, 스코틀랜드의 민족주의 성향은 꾸준하게 강화되고 있다. 남쪽 경계 너머 불쾌한 중앙정부가 좌우하는 문제를 바꾸고 개혁하겠다는 투지도 결연하다.

토지 개혁이 좋은 예다. 2011년부터 국민당이 이끄는 스코틀랜드 의회는 관련 법률을 잇달아 제정하며 토지 문제를 철저하게 변화시켰다. 핵심은 일찍이 2003년에 통과된 법안이었다—법안 내용 세 가지 중 둘은 정확히 누가 스코틀랜드에서 땅을 살 수 있는가 하는 문제와 연관 있으며, 부유한 가문 겨우 300곳이 스코틀랜드 땅 절반을 소유하는 기이한 현실을 영원히 바꿔놓았다. 이 흥미로운 내용은 나중에 다루기로 하자—. 이 법률에서 무단침입 개념과 가장 관련 있는 내용은 사람들에게 모든 땅에 무제한으로 접근할 권리를 주는 법적 틀을 마련했다. 현재 스코틀랜드 법률이 명기한 근본 원칙은 세심하게 고안된 야외 접근 규정의 '안내'—훨씬 더 엄혹한 '규칙'이라는 단어보다 더 친근하고 편안한 단어다—를 따른다면 모두가 모든 땅에 접근할 수 있다는 것이다. 스코틀랜드 사람은 야외 접근 규정이 물론 규정이기는 하지만 훨씬 더 인간 친화적이며, 잉글랜드에서 3년 앞서 제정된 CROW 법보다 권리를 더 많이 부여한다고 자랑스럽게 말한다.

2003년부터는 다른 사람의 이익을 존중하고, 환경을 소중히 보살피고, 자신의 행동을 책임진다면 스코틀랜드 전역이 누구나의 것이 되었다. 스코틀랜드의 모든 산과 황야, 들판과 숲, 해변과 언덕, 만과 호수,* 스쿠르sgùrr(높고 뾰족한 바위산 봉우리를 가리키는 스코틀랜드 게일어—옮긴이)와 자갈 비탈에서는 누구나 걸을 수 있고, 자전거를 탈 수 있고, 헤엄칠 수 있고, 카누를 탈 수 있고, 말을 탈 수 있고, 야영할 수 있고, 등산할 수 있다. 다만 자동차처럼 엔진이 달린 탈것은 함부로 몰 수 없다. 개를 데려온다면 보호자가 확실하게 통제해야 한다—'양 겁주기sheep—worrying'는 개의 잘못된 행동을 가리키는 공식 용어이며, 이런 짓을 저지른 개는 면책받지 못하고 죽임을 당할 수도 있다—. 개인 주택에 불필요할 만큼 가까이 다가가지 않고 타인의 정원에 들어가지만 않는다면, 스코틀랜드 거의 전역이 라플란드처럼 활짝 열려 있다. 게다가 진들딸기를 발견한다면—스코틀랜드에서는 '애버린averin'이라고 한다— 마음대로 따서 먹어도 좋다. 스코틀랜드에는 진들딸기 우선권을 지닌 라플란드 사람이 없기 때문이다.

---

* 엄밀히 말하자면, 스코틀랜드에는 호수가 스털링셔의 멘티스호 딱 하나뿐이다. 자연적으로 생겨난 다른 수역은 전부 좁은 협만loch(스코틀랜드에서 육지에 거의 둘러싸인 좁은 만—옮긴이)이다. 인공호수는 스코틀랜드 전역에 드문드문 흩어져 있다. 1819년 래머뮤어 언덕에 가느다랗게 수놓인 인공호수는 프레스메넌호라고 불린다. 허슬호는 영국의 전 총리인 알렉산더 프레더릭 더글러스 홈Alexander Frederick Douglas-Home의 영지에 있다.

야생으로 되돌아간 세상

Stewardship

내가 그 단어를 호흡해서
세상의
모든 사람을 사라지게 만들고,
세상을 세상에
넘겨준다면, 그 사실을
발설할 텐가? 큰 소리로
외칠 텐가?

- 영국 계관시인 사이먼 아미티지Simon Armitage

삼중으로 쳐놓은 레이저 와이어 울타리에는 전기가
흐른다. 지뢰와 부비트랩도 잔뜩 설치되어 있다. 탐조등에서는 환
한 빛줄기가, 기관총 위장망에서는 레이더가 흘러나와 주위를 더듬
는다. 이곳은 장황한 조약과 정전 협정에 속박된 땅이자 인간이 손
대지 않은 자연 그대로의 땅이다. 한반도 내 이곳 903㎢는 1953년
초가을부터 텅 빈 채 누구의 방해도 받지 않고 서 있다. 이곳은 전
쟁이라는 지옥이 만들어낸 비무장지대Demilitarized Zone(이하 DMZ)다.
대략 위도 38도 선을 따라 그어진 휴전선에서 남북으로 각각 2㎞
씩, 총 4㎞ 폭으로 설정된 DMZ는 남한과 북한을 들쭉날쭉하게 자
른다. DMZ는 당연히 인간의 광기를 보여주는 기념물로 보이지만,

뜻밖에도 그 안에서는 상당히 경이롭고 희망찬 일이 벌어지고 있다. 가로로 길게 뻗은 이 땅은 한편으로는 세상에서 가장 위험한 곳으로 손꼽히지만, 다른 한편으로는 완벽하게 평화롭다. 오랫동안 잊혔던 동물과 식물 무리는 그 고요함에 이끌려 이곳을 찾았고, 기적 같은 기회를 맞았다. 동물과 식물은 야생 속에서 되살아나 번성하고 있다.

길이 약 240㎞에 이르는 DMZ 내부에 온대지역 생태의 살아 있는 박물관이 생겨났다. DMZ는 남한과 북한의 군대가 다시 격렬하게 충돌하는 것을 막기 위해 특별히 고안해낸 장벽이지만, 오히려 자연 생태계가 미약하나마 부활하는 터전이 되었다. 지구상에서 인간 존재에 방해받지 않도록 보장받은 몇 안 되는 지역 중 하나이기 때문이다. 인간은 누구도 DMZ에 들어갈 수 없다. 그 덕분에 자연은 평화 속에서 번창하고 있다.

적어도 어느 정도는 평화롭다고 할 수 있다. 남북한의 철책 양쪽과 언덕 꼭대기와 곳에 설치된 확성기는 상상도 하지 못할 만큼 큰 소리로 쉴 새 없이 선전 방송을—국가, 연설, 가요, 진군가, 조지 오웰의 소설에 나올 법한 승전 발표, 분노 등— 토해낸다. 이 지역을 지키는 군인들은 귀마개를 써야 할 지경이다. 하지만 고배율 망원경으로 철책선 너머를 들여다보면, 그 안에 사는 동물들은 소음에 아랑곳하지 않는 것 같다.

생겨난 지 1,000년이나 됐고 이제는 벼가 제멋대로 자란 논 위에 두루미 떼가 가볍게 내려앉는다. 논바닥을 쪼더니 만족스러운지 으스대며 걷다가 비행 중대 대형으로 다시 날아오른다. 이내 먹이가

남한과 북한을 나누는 휴전선을 중심으로 폭 4㎞, 길이 240㎞에 이르는 넓은 DMZ에는 다양한 네발짐승과 새가 살아간다. 인간의 출입이 금지된 땅이라, 동물을 괴롭히는 인간도 없다. 사진 속 새는 이곳에서 번식하는 두루미다. ⓒ Getty Images

더 많은 근처 논에 다시 내려앉는다. 다른 새도 똑같이 근심 걱정 없고 평안하다. 희귀하고 특별한 천연기념물인 재두루미를 비롯해 꿩, 까치, 멧비둘기, 직박구리, 박새, 딱따구리는 대체로 남한에서 보기 드문 새이지만, 현재 이곳에서는 수천 마리가 목청껏 우짖는다(쾅쾅 울려대는 확성기 때문에 새소리는 거의 들리지 않는다). 포유류도 마찬가지다. 반달가슴곰과 스라소니, 고라니, 산양, 노란목도리담비, 가끔 모습을 드러내는 아무르표범 등이 계획에 없던 드넓은 자연 보호 구역에서 행복하게 살아가는 것으로 알려졌다.

대자연에 대지를 넘겨주자는 생각, 그래서 세월이 흐르면 수세기에 걸친 인간 활동으로 인한 파괴를 완전히 되돌리거나 적어도 어느 정도 복구할 수 있으리라는 생각은 새롭지 않다. 무려 기원전 18세기에 나왔던 〈길가메시 서사시The Epic of Gilgamesh〉에서 저자는 메소포타미아 숲이 파괴되었다고 한탄한다. 후대에 크나큰 영향을 미친 이 서사시*의 다양한 판본에서 저자는 신의 세상에 상처를 입혀놓은 인간이 신에게 어떻게 해명할 것인지 궁금해한다. 오늘날, 우리는 자연이 DMZ의 땅을 되찾았다는 이야기, 방사능에 노출되어서 인간이 모두 떠난 체르노빌 주변 지역이 예전의 야생 상태로 돌아갔다는 소식을 듣는다. 그럴 때면, 이길 운명이었던 힘이—자연이, 정글이— 결국 정말로 승리했다는 사실을 알고 비뚤어진 즐거움을 느낀다.

그런데 가끔 그 힘은 너무도 격렬하고 공격적이어서 오히려 패배한다. 가끔 정글의 법칙은 보기에 좋고 마음에 드는 자연을 바라며 우연히 찾아온 인간에게 지독하리만치 잔인할 수 있다. 1960년대 말 네덜란드에서 시작한 실험은 선의로 행동하는 인간과 인간이 풀어놓은 자연의 요동치는 힘의 충돌을 잘 보여준다.

앞선 장에서 네덜란드의 해안 간척지 플레볼란트가 만들어진 역사를 다뤘다. 과거에는 그 누구도 소유하거나 정착한 적 없던 땅이 처음으로 분배되어서 이제는 사람들이 그곳을 소유하고, 농장을 경영하고, 거주한다는 사실도 함께 보았다. 하지만 인간이 플레볼란트를 모조리 차지하지는 않았다. 1968년, 플레볼란트의 주도 렐리스타트와 가까운 땅 50.6㎢에 울타리가 세워졌다. '오스트파르더르

---

* 〈길가메시 서사시〉에 가장 먼저 나오는 이야기는 나중에 구약 성서와 호메로스의 작품에도 등장한다—대홍수와 노아의 방주 이야기가 가장 좋은 예다—.

스플라선Oostvaardersplassen'이라는 이름이 붙은 이 지역은 일부러 자연 상태로 만들어졌다. 네덜란드 생태학자들은 한때 이곳과 인접한 풍경이었던 북유럽 습지를 모방해서 동물을 풀어놓고 식물을 심었다. 야생에서 살아가는 커다란 초식동물들도 짝짓기하며 번식할 수 있게 대규모로 들여왔다. 스코틀랜드 서덜랜드에 사는 사슴과 비슷한 붉은사슴, 작지만 튼튼한 코닉konik(습지대에 사는 조랑말로, 폴란드가 원산지라서 폴란드 코닉이라고도 부른다—옮긴이), 강인한 헤크heck 소도 있었다. 헤크는 유럽 소의 선조인 '오록스aurochs'를 복원하려던 1920년대 축산업 실험이 실패하며 태어난 독일산 소다. 유럽의 야생동물 프로젝트는 죄다 오록스를 원한다. 오록스는 장엄하고, 왕처럼 위풍당당한 인상을 풍기는 듯하다(문헌에 따르면 마지막 개체가 17세기 초에 폴란드 숲에서 죽었다). 〈쥐라기 공원〉에나 나올 법한 실험실에서 현재 살아 있는 유럽들소와 다소 비슷한 이 야생 소를 복원하려고 온갖 노력을 기울였지만, 모두 실패했다. 그래서 플레볼란트에서는 헤크 소가 오록스를 대신했다.

처음에는 모든 일이 척척 잘 풀렸다. 풀이 자라고, 바닷새가 늘어나고, 해변에 사는 물떼새와 네발짐승이 습지대에 북적거리고, 새롭게 정착시킨 소와 사슴, 말이 목초지를 가득 메웠다. 수많은 동물이 만족스럽게 번식했다. 그러자 2016년 겨울 무렵 오스트파르더르스플라선의 초식동물 개체 수는 5,230마리라는 기록적 수준에 이르렀다. 암스테르담과 오스트파르더르스플라선을 오가는 기차를 타고 온 관광객들은 네덜란드의 야생 생태 조성 실험을 자랑스러워하며 경탄했다. 새로 만든 땅 어디에 가든 새로 들여온 동물과 나무와 풀이 있었다. 이곳을 네덜란드 세렝게티라고 부르는 사람들도 있었다.

그런데 2017년 겨울, 유례없는 추위가 닥쳤다. 야생 생태를 만든다는 것은 인위적으로 개입하지 않는다는 뜻이다. 인간은 보호소도, 먹이도, 의료 지원도 제공하지 않는다. 겨울이 더디게 흘러가는 동안, 풀은 모조리 얼어 죽었고 땅은 쇳덩이처럼 단단하게 굳었다. 동물이 마실 물도 꽝꽝 얼어서 끈질기게 핥아도 소용없었다. 동물이 죽어 나가기 시작했다. 굶주림을 이기지 못하고 극도의 흥분 상태에 빠진 동물은 죽어가면서 나뭇가지를 찢어발겼다. 나무도 죽기 시작했다. 혹독했던 몇 주 동안 관광 열차를 타고 지나가는 관광객들은 얼어붙은 땅에 쓰러져 있는 사슴과 소 사체를 보곤 했다. 전부 썩어서 배가 터질 듯 부풀어 있었다. 방문객은 눈 뜨고 보기 어려울 만큼 수척해진 말들도 보았다. 말들은 하도 굶주린 탓에 흉곽이 잔뜩 부어 있었고, 영화 〈에일리언〉의 외계 괴물처럼 흐느적거리며 느릿느릿 정처 없이 돌아다녔다. 나무는 부러져서 죽고, 땅은 군데군데 팬 흙터로 가득한 그 풍경에는 희망이 모두 무너져 있었다.

명사수들이 동원되어서 아직 죽지 않은 동물의 고통을 끝내주었다. 관리인들은 대중의 고통을 줄여주려고 철로 근처에 쓰러진 동물 사체를 치웠다. 계절이 바뀌기 시작했지만, 오스트파르더르스플라선의 동물 4,000마리가 죽고 난 뒤였다. 겁 없는 사람들은 살아남은 동물에게 먹이를 주려고 한밤중에 건초더미 400개를 불법으로 들여오려고 했고, 대규모 시위도 벌였다—이들은 고속철도 선로를 건너며 법을 어겨야 했다. 오스트파르더르스플라선은 네덜란드 정부가 지원하는 야생 생태 조성 실험이었고, 이 실험을 방해하는 사람은 누구든 화를 입을 터였다―.

오스트파르더르스플라선 실험을 시작했던 일부는 계속해서 실험을 옹호했다. 방문객을 실은 기차는 바닷가로 가서 크게 불어난 새 떼를 보여주었다. 흰꼬리수리는 언제나 인기 있었다. 댕기물떼새, 뒷부리장다리물떼새, 황오리, 수염오목눈이도 마찬가지였다. 목초지가 황폐해져서 말과 소가 굶어 죽은 것은 초식동물의 수가 지나치게 많았기 때문이 아니었다. 오스트파르더르스플라선으로 돌아온 거위들이 교배에 성공한 탓이었다. 무수히 많은 거위가 포유동물보다 먼저 초지를 차지하고 풀을 으적으적 씹어 먹었다. 당국은 2017년 겨울에 벌어진 일이 납세자 일반이 보기에―명백히 충격받은 아이들이 보기에도― 혐오스럽겠지만, 자연의 법칙에 따라 일어났다고 설명했다. 납세자 일반은 야생 보호 구역을 좋아하는데, 대체로 이런 보호 구역이 계획되고 운영되는 방식은 자연의 법칙과 다르다고도 덧붙였다. 그러니 야생 생태 조성은 불쾌한 사업이 될 수 있으며, 대중 가운데 지나치게 민감한 사람들은 이런 사업에 거리를 두는 편이 좋을 것이다.

최근 영국에서는 더 규모가 작은 야생 생태 조성wilding 프로젝트가 열광적 유행이 되었다. 벌써 단언하기에는 지나치게 이른 감이 있지만, 이런 프로젝트는 인류가 기후를 망가뜨리고 빙하를 녹이고 계절을 바꾸고 풍경을 더럽히고 망치는 일 말고 다른 걸 할 수 있다는 사실을 세련되게 일깨워주는 것으로 널리 찬사받는다. 야생 생태 조성은 선한 일, 지적이고 감수성 풍부한 토지 소유주들의 행동,

생태 재앙의 전조가 되는 흐름을 되돌리는 수단으로 여겨진다. 《여섯 번째 대멸종Sixth Extinction》이라는 인기 있는 책에 따르면 처음에는 벌, 그다음에는 곤충, 그다음에는 더 큰 동물들이 휘청거리다가 서서히 사라지고 결국에는 모두가 멸종하는 상황으로 이어질 것이다. 지금 영국은 살아남은 야생동물에 열정적이고 감탄스러운 관심을 기울이고 있다. 환경을 다루는 책이나 양부터 매, 오소리, 큰뇌조까지 개별 생명체를 다루는 책은 상당한 인기를 누린다. 특히, 명망 높은 작가이자 환경 운동가 조지 몬비오George Monbiot가 가장 정력적으로 옹호하는 야생 생태 조성은 지구의 죽음을 막는 데 도움을 줄 수 있는 실천으로 여겨진다. 어떤 사람들은 야생 생태를 조성하는 이들을 이 시대의 영웅, 우리의 구세주로 바라본다.

그리 오래되지 않은 영국의 야생 생태 조성 역사에서 대중에게 가장 잘 알려진 인물은 찰스 버렐Charles Burrell과 이사벨라 트리Isabella Tree다. 버렐과 트리 부부는 런던에서 남쪽으로 몇 시간 정도 운전하면 나오는 넵 영지에서 15년 동안 다소 전통적인 낙농장 겸 경작농장을 운영했다. 1987년, 당시 23세였던 버렐이 14㎢쯤 되는 영지와 근사한 성 한 채를 물려받았다. 이 때문에 버렐은 계급에 집착하는 영국 대중의 손쉬운 비난 대상이 되었다. 놀라운 일도 아니었다. 영국 사람들은 야생지 조성이 거부들이나 하는 활동이라고 힐난한다. 어쨌거나 버렐은 젊은 아내 트리와 함께 다양한 작물을 키우고, 소 떼와 양 떼를 기르고, 젖소도 600여 마리 돌보면서 농장을 멋지게 꾸려나가려고 했다. 하지만 농장에서는 수익이 거의 나지 않았다. 1999년, 넵 농장을 방문한 수목 전문가가 버렐 영지의 아주 오래 묵은 아름드리 떡갈나무 두 그루가 농장에서 사용하는 살충제 때문에 천천히 죽어가고 있다고 알려줬다. 버렐과 트리는 그 말을 듣고 마음을 바꾸어먹었다. 사람들은 부부의 결심이 위험하고 끔찍한 결과를 가져올 것이라며 두려워했다. 부부는 기계 장비를 모두 내다 팔고, 저장해둔 비료를 전부 없애고, 내부 울타리를 죄다 헐고, 농장과 동물과 식물을 내버려 둬서 '야생 상태'로 돌려놓기로 했다.

버렐과 트리는 그들의 땅에 야생 생태를 조성할 생각이었다. 두 사람은 영리하고 창의적인 전략을 숱하게 세워서 아마도 더 행복했을 과거 방식으로 되돌아가려고 했다. 두 사람은 그때까지 그다지 성공적이지 못했던 잉글랜드 남부의 농장에 야생 생태를 '만들어냈다'. 두 사람이 활용한 여러 방법 가운데 하나는 오래된 초식동물

잉글랜드 남부 넵의 14㎢ 영지에 서 있는 찰스 버렐과 이사벨라 트리. 두 사람의 땅은 2000년부터 생태복원 운동의 중심지가 되었다. © Christopher Pledger / Telegraph Media Group Limited, 2018

을 데려오는 것이었다. 버렐 부부는 다름 아닌 오스트파르더르스플라선 실험에 참여했던 네덜란드 생태학자 프랑스 베라Frans Vera에게 조언을 구했다. 베라는 오스트파르더르스플라선에 코닉과 헤크 소, 붉은사슴을 도입하는 일을 감독했었다. 버렐과 트리는 원래 기르던 젖소와 고기소를 새롭게 야생 상태로 만든 땅 안에서 돌보며 몇 년을 기다렸고, 시간이 흐르면 대자연이 버렐과 버렐의 가족, 버렐의 선조들이 이제까지 해왔던 것보다 더 잘 해낼 수 있는지 확인하려고 했다.

네덜란드는 너무도 많은 사람을 괴롭혔던 무자비한 생태 법칙을 단호하게 따르며 타협을 절대 허용하지 않았다. 하지만 버렐과 트리는 넵 영지를 관리하며 동물에게 어느 정도 도움을 베풀었다. 수의사가 찾아와서 소 떼의 건강을 추적 관찰했다. (소 떼를 찾는 목동도 한 명 두었다. 소 개체 수가 더 늘어난 데다, 소가 새롭게 자라난 숲이나 내버려 둔 들판에 솟아난 덤불과 풀숲에 꼭꼭 숨는 경향이 있었기 때문이다.) 네덜란드에 모진 추위가 찾아왔을 때처럼 긴급한 경우에는 먹이를 추가로 주기도 했다. 그런데 흥미롭게도 동물이 스트레스를 받았을 때조차 추가 먹이나 약품이 별로, 혹은 전혀 필요하지 않았다. 동물은 인간이 관리하지 않는 새 환경에 적응하며 스스로 치료하는 것 같았다. 모든 동식물이 진짜 자연의 법칙에 따라 번식하는 상태에 이르려면 늑대 같은 최상위 포식자가 필요하다. 하지만 이 야생 생태에는 늑대가 섞인 적이 전혀 없으니 결국 이 모든 일이 이목을 끌려는 곡예에 불과하다고 말하는 사람들도 있다. 이곳에 글램핑과 요가를 즐길 수 있는 장소가 있다는 사실이 일부가 느끼는 의구심을 키우기도 한다.

적지 않은 전업 농부들은 야생 생태 조성을 대단히 못마땅해한다. 농부들은 분별 있는 토지 관리가 완전한 포기보다, 심지어 넵 농장 프로젝트처럼 계획되고 관리되는 포기보다 훨씬 더 책임감 있다고 주장한다. 또한, 널리 홍보된 유럽의 야생 생태 조성 프로젝트에 큰 관심을 보인 미국인들은 미국 동부 주들의 농부들이 벌써 수십 년 전부터 포기를 통한 야생 생태 조성을 시행해오고 있다고 지적했다. 버몬트주나 뉴햄프셔주처럼 춥고 거친 지역의 농부들은 더 알맞은 환경을 찾아 남쪽이나 서쪽으로 이동했다. 그들은 버지니아주나 미주리주, 오리건주 등 토질이 더 좋고 쟁기를 고장 내는 돌멩이가 적은 강가 저지대를 찾았다.

농부들이 두고 떠난 땅은 가축의 배설물로 덮여 비옥해졌다.* 그러자 이차림(원시림의 벌채나 파괴 후에 자연적으로 발생하는 숲, 재생림으로도 부른다—옮긴이)과 사탕단풍 숲이 무성하게 우거졌다. 단풍나무는 너무 오래 묵어서 겨울철에 시럽을 수확할 수는 없지만, 숲을 이동하며 거주하거나 노동하는 사람들에게 훌륭한 경재(활엽수에서 얻은 단단한 목재—옮긴이)를 제공할 수 있을 터였다. 이 북부 숲에는 물푸레나무와 히코리나무, 떡갈나무 임분林分(숲 내의 나무 종류 등이 비슷하여 다른 숲과 구분되는 숲 범위—옮긴이) 말고도 백송 임분이 있었다. 백송은 쑥쑥 자랐다. 임분 사이로 흐르는 시내는 인간이 손대지 않았기 때문

---

* 가축 배설물의 활용도를 발견하고 뜻밖의 기쁨을 얻은 주인공은 잉글랜드 동부 농부들이다. 호주의 양모 수입에 붙은 관세가 오르는 바람에 잉글랜드 동부의 농부들이 직접 양 떼를 기르고 양털을 깎아봤자 경제성이 없었다. 양 목장을 사들여서 경작농장으로 바꾼 농부들은 뜻밖에도 양 배설물이 수십 년간 쌓여서 아주 비옥해진 땅을 샀다는 사실을 발견했다. 땅의 소출도 훌륭했다.

에 곧 비버의 댐으로 가로막히곤 했다. 그래서 생겨난 연못에는 제왕나비 떼가 북적거렸고, 주변 나뭇가지에는 새들이 떼 지어 앉았다. 숲에는 독수리 둥지, 야생 칠면조 떼도 수두룩하게 생겨났다. 흑곰과 코요테, 여우, 부엉이, 호저, 사슴 등 갖가지 동물 무리가 숲 전체를 차지했다. 이전에는 인간이 탈곡기를 돌리고 돌담을 쌓는 등 시끄럽게 움직이며 농장이 활발하게 돌아간다는 사실을 알려주는 소음을 내는 바람에 멀리 떠나 있었던 새들도 크게 무리를 지어 돌아왔다. 나는 매사추세츠주 시골에 오랫동안 버려져 있던 18세기 건물에서 산다. 요즘 이곳에서 볼 수 있는 것은 야생 생태가 모범적으로 복원된 땅이다. 인간이 무심코 내버려 두자 의도하지도 않았고 상상조차 못 했던 생물학적 결과가 생겨난 이 땅에는 숱한 동물들이 숨어서 이상한 소리를 내며 살아간다.

미국 농부들만 스스로 이주하는 종이 된 것은 아니다. 유럽 전역에도 버려진 농장들이 있다. 옛 농장주가 더 나은 땅을 찾아서 떠난 예도 있지만, 대개는 그저 농업이 맞지 않다고 생각해서 도시로 떠나는 엄청난 도전을 감행한 경우다. 스페인과 그리스, 이탈리아 시칠리아와 토스카나에서도 인간이 포기하고 버린 농장은 미국 뉴잉글랜드에서 버려진 땅과 비슷한 결과를 맞았다. 다만 유럽의 많은 지역에서는 버려진 땅에 넓고 화려한 사유지들이 불쑥 생겨났다. 햇살을 갈망하는 영국인들이 버려진 농장과 땅을 헐값에 사들이기도 했다. 확실히 이 영국인들은 새로운 부동산을 야생 지역으로 바꾸지 않을 것이다. 그런데 자연으로의 복귀가 냉혹한 상업적 또는 군사적 현실에서 비롯된 경우에는 그 결과가 일종의 시골 공학을 좋은 뜻으로 실행해서 얻은 결과와는 아주 다르다—어쩌면 널리 홍보된 야생 복원의 결과보다 더 '진실할' 것이다—. 버렐 부부가 야생 생태를 조성한 넵 농장은 테마파크다. 하지만 농부 가족이 1세기 전에 버리고 떠난 매사추세츠 부동산은 스스로 야생 생태를 복원했다. 이는 인간이 교묘하게 설계해서 얻은 결과가 아니라 그저 땅이 버려진 탓에 생겨난 결과다.

더 나아가 야생 생태 복원을 비판했던 농부들에게 한 번 물어보라. 어떻게 식량을 생산해서 국가의 식량 요구량을 충족할 수 있을까? 그러니까, 애초에 농장의 목적은 무엇일까? 북반구의 부유한 나라들이 머나먼 아프리카와 남아메리카 사람들이 스스로는 굶주려가며 길러낸 작물로 배를 채우는 것이 완전히 옳고 마땅할까? 서구 사회에서 퀴노아가 유행하며 수요가 크게 늘자, 페루와 볼리비아에서 퀴노아만 재배하는 바람에 생겨난 불행한 결과를 생각해보라. 그런데도 우리는 서식스에 아무런 식량도 생산하지 못하는 야생 지대를 만드는 데 탐닉해도 될까? 논쟁은 여전히 분분하다. 토지는 인간이 관리해야 할까, 아니면 자연이 마음대로 하도록 내버려 둬야 할까? 1999년, 넵 농장에서는 울타리가 무너졌다. 30년 전, 플레볼란트 해안 간척지의 오스트파르더르스플라선에는 울타리가 들어섰다. 넵 농장이나 오스트파르더르스플라선이 과연 성공했는지—이런 모험이 자연에 굶주린 관광객들을 위해 교훈적인 광경을 만들어내는 것을 넘어서서 '성공'했다는 것이 과연 무슨 의미이든지 간에— 단언하기는 아직 이르다. 이 유별난 야생 생태 복원 선구자들의 예를 똑같이 따라 하려고 서두르는 사람은 거의 없다.

5장 남반구의 지혜

Stewardship

> 우리 어머니와 아버지는 내게 이 땅을 보살피는 법을 많이 가르쳐주
> 셨다. 우리는 말을 타고 이 땅의 여러 지역에 가곤 했다. 땅을 보살피
> 면서 총알같이 달렸다. 시대가 변했고, 우리 땅도 조금 변했다. 하지만
> 나는 여전히 지식이 풍부하고, 이제는 내가 자식과 손주에게 지식을
> 물려줄 때가 됐다. 우리 어머니와 아버지는 내가 이 땅을 보살핀다면,
> 땅도 나를 보살필 것이라고 말씀하시곤 했다.
>
> - 호주 노던주 카카두 국립공원, 원주민 토지 소유주 바이올렛 로슨Violet Lawson

18세기의 신사이자 박물학자, 막대한 부와 사회적
명망을 쌓은 유명인사인 조지프 뱅크스Joseph Banks는 방대한 링컨셔
영지 덕분에 땅에 관해 잘 알았다. 1770년 4월 말에 호주 남동부의
뉴사우스웨일스에 도착한 뱅크스는 망원경을 이용해서 아주 독특
한 일이 벌어지고 있다는 사실을 발견했다.

그 유명한 제임스 쿡James Cook 선장이 모는 군함 HMS 인데버호
를 타고 온 뱅크스는 눈앞에 펼쳐진 전원 지대에서 분명히 인간이
관리한 흔적을 보고 일기에 기록을 남겼다. "어떤 곳에는 맨땅이 드
러나 있지만 (…) 땅은 대체로 그리 크지 않은 나무들로 뒤덮여 있
고 (…) 나무들은 서로 떨어져 있으며, 큰 나무 밑에서 자라는 아주

작은 덤불조차 없다." 나중에 쿡 선장은 시골 지역에 잠시 방문했다가 훨씬 더 놀라운 광경을 보고 글을 남겼다. "우리는 그곳에 숲과 잔디밭과 늪지가 다채롭게 펼쳐져 있는 것을 발견했다. 큰 나무 밑에 자라는 덤불은 어떤 종류든 전혀 없었고, 나무들은 서로 멀찍이 떨어져 있었다. 시골 지역 전체, 적어도 지역 대부분에서는 나무를 한 그루도 베어내지 않고 경작할 수 있을 것 같았다." 꼬박 2년 동안 19,000여㎞나 항해하여 고향에서 멀리 떨어진 지역에 온 영국인 무리에게 이 광경은 특히나 놀라웠을 것이다.

기이한 상황은 이뿐만이 아니었다. 탐험대원 중에는 뱅크스의 소묘 화가로 고용된 시드니 파킨슨Sydney Parkinson도 있었다. 뱅크스가 발견한 식물을 아주 감각적이고 아름답게—과학적으로도 정확하게— 수백 장 그린* 파킨슨은 멀리서 보니 이 새로운 땅이 "아주 쾌적하고 비옥해 보였다. 아래의 덤불이 제거된 나무들은 젠틀맨의 사유지 공원에서 가꾸는 나무 같았다"라고 썼다.

분명히 인간의 손으로 개량된 토지였다. 누가 땅을 그렇게 가꾸었는지 알아내는 데는 얼마 걸리지 않았다. 당시 인데버호는 뉴홀랜드라고 알려진 지역의 가장자리에 있는 가파른 절벽 사이 작은 만으로 빠르게 다가가고 있었다. 뉴홀랜드는 그 지역을 처음 발견

---

* 시드니 파킨슨의 소묘와 수채화는 동판에 새겨진 후, 1980년과 1990년 사이에 런던에서 34권짜리 《화집Florilegium》으로 인쇄되었다. 파킨슨은 자기가 식물 삽화에 얼마나 막대한 공을 세웠는지 결코 알지 못했다. 인데버호가 자바에서 출발해 케이프타운으로 가는 길에 이질로 세상을 떠났기 때문이다. 파킨슨은 비좁은 선상 선실에서 힘겨운 조건을 이겨내고 그림을 그렸다. 타히티에서 지낼 때는 벌레가 그림을 대부분 먹어 치웠다고 불평하기도 했다.

했지만, 탐험하지는 않았던 네덜란드인들을 기념해서 붙인 이름이었다. 그런데 돛대 꼭대기의 망대에 올라가 있던 선원이 별안간 사람을 발견했다. 창과 막대기를 든 사람 두 명이 만 입구에 있는 바위에서 망을 보고 있었다. 다른 네 명은 태연하게 물고기를 잡고 있었다. 쿡 선장은 배를 돌렸다. 돛이 산들바람을 받자 배가 재빠르게 나아갔다. 선장은 선원 몇 명을 모아서 배에 실어놓은 작은 돛단배에 올라타고 해변으로 다가갔다. 물가에 나무껍질로 만든 텐트가 예닐곱 개 있었고, 그 옆에 피부가 가무잡잡한 여자들이 무리를 지어서 불을 살피고 있었다. 인데버호 선원이 발견했던 어부 네 명이 벌써 돌아와서 여자들에게 물고기를 건네주었다.

쿡 선장은 지금이야말로 그들에게 다가가기 좋을 때라고 느꼈지만, 곧바로 쫓겨났다. 창으로 무장한 남자들이 화를 내며 선원들에게 달려들었다. 쿡은 험악해진 그들을 진정시키려고 애쓰면서 선물을 해변에 던졌지만, 원주민의 적개심만 돋울 뿐이었다. 태도의 변화를 끌어내고자—거만한 제국주의적 태도가 풍기는 표현이다—쿡은 선원에게 가장 공격적으로 달려드는 원주민을 (가볍게!) 쏘라고 지시했다. 총을 맞은 원주민은 즉시 방패를 떨어뜨리고 텐트로 꽁무니를 뺐다. 선원들은 그 방패를 전리품으로 챙겨서 잉글랜드로 가져갔고, 현재 그 방패는 케임브리지에 있는 박물관에 전시되어 있다. 방패를 빼앗긴 원주민은 현재 오스트레일리아 다라월 원주민의 그위걸 일족으로 알려져 있다. 오늘날, 이들의 후손은 몇 번이고 되풀이해서 케임브리지를 방문해 조상이 빼앗긴 물건을 되찾으려고 노력했지만 어림도 없는 일이었다.

도둑맞은 오스트레일리아 원주민 방패. 제임스 쿡 선장과 오스트레일리아 원주민은 1770년에 처음으로 조우했다. 이들의 만남은 그리 행복하지 못했다. 쿡 선장이 이끄는 선원들은 원주민 무리와 소규모 충돌을 일으켰고, 나무 방패를 전리품으로 빼앗아갔다. 현재 그 방패는 잉글랜드 케임브리지에 있는 박물관에 전시되어 있다. 방패의 주인은 방패를 돌려받기를 원한다. © Alamy

결국 쿡과 선원들은 원주민과의 첫 접촉이 그다지 성공적이지 못했다는 사실을 받아들이고 체념한 채 배로 물러났다. 인데버호는 해안을 따라 북쪽으로 올라갔다. 그런데 그레이트 배리어 리프(호주 북동부 퀸즐랜드 해안과 나란히 있는 커다란 산호초—옮긴이) 내부에서 커다란 어려움에 부딪혔다. 배가 산호에 부딪히는 바람에 선체가 거의 뜯겨 나갔다. 선원들은 배를 기울여서 수리해야 했다—배 이름을 따서 인데버강이라고 이름 붙인 시내의 입구에 배를 대고 7주 동안 기다려야 했다. 그곳에 들어선 정착지는 오늘날 아니나 다를까 '쿡타운'으로 불린다—.

쿡타운 근처에서 다른 문제가 두 가지 더 생겼다. 제임스 쿡은 새로 발견한 땅이 잉글랜드 소유라고 공식적으로 선언했고, 이 지역—처음에는 뉴홀랜드로 불렸던 방대한 동부 해안 전체—에 뉴사우스웨일스라고 이름 붙였다. 쿡과 인데버호 선원들은 현지 원주민과 좋은 관계를 쌓았다—오늘날의 시드니 근처에서 지냈던 그위걸 일족과는 전혀 다른, 구구이미티르 부족이었다. 이 부족은 인데버호 선원들이 배를 수리하며 머무를 때 여러모로 도움을 주었다—. 쿡과 뱅크스가 나중에 관찰했듯이, 구구이미티르 부족은 전원 지대를 감명적일 만큼 부지런하게 보살폈고, 커다란 정성을 쏟아서 작물과 지역 숲을 관리했다. 자연 세계와 자연의 변화도 분명히 높은 수준으로 이해했다. 영국인 모두 깊은 인상을 받았다. 그래서 해군성이 탐험대의 공식 보고서에서 구구이미티르족을 칭찬하는 내용을 모두 삭제했다는 사실은 잔인한 아이러니로 남아 있다.

쿡과 뱅크스, 다른 해군 장교들은 원주민과 마주치자 2년 전 잉글랜드에서 출항할 때 들었던 원주민에 관한 공식 조언을 분명히 다시 떠올렸을 것이다. 인데버호 탐험은 왕립학회*가 후원했다. 인데버호가 출항을 준비할 즈음, 학회 회장이었던 스코틀랜드 출신 천문학자 모턴 백작 14세 제임스 더글러스James Douglas는 쿡의 손에 안내서를 슬쩍 쥐어 주며 발견하는 땅에 거주민이 있다면 어떻게

---

* 공식적으로 명시된 쿡 탐험의 목적은 순수하게 천문학적이었다. 쿡 탐험대는 금성이 태양 면을 통과하는 것을 관찰해야 했다. 만약 관측이 매우 정확하다면, 삼각측량을 통해 지구와 모체 항성의 거리를 상당히 정밀히 측정할 수 있을 터였다. 인데버호가 오스트레일리아를 돌아서 항해한 것은 공식적으로는 우연히 일어난 부수적 사건일 뿐이었지만, 비공식적으로는 오스트레일리아 탐험이 항해의 핵심 요소였다.

처신해야 하는지 알려주었다.

그들은 자연히, 그리고 가장 엄밀한 의미에서 그들이 거주하는 여러 지역의 법적 소유주다. 그들의 자발적인 동의가 없다면 유럽 국가는 그들의 땅 어디든 차지하거나 그들 사이에 정착할 권리가 없다. 그 사람들을 정복한다고 해도 정당한 권리를 얻을 수 없다. 그들은 절대로 먼저 침략한 쪽일 수 없기 때문이다.

제임스 쿡은 결코 제국주의적이지 않은 이 지시를 아주 뻔뻔하게 무시했다. 처음에는 런던 왕실을 위해 그 지역을 점령하고, 그다음에는 지역 주민의 바람에 전혀 아랑곳하지 않으면서 더글러스의 명성에 지울 수 없는 오점을 남겼다. 오스트레일리아 대륙이 영국 식민지였던 시기든 독립한 이후의 시기든, 쿡의 행동은 오늘날까지 백인 정착민과 원주민 수백만 명의 관계를 특징짓는 잔인함과 무심함, 오만함이라는 유산을 낳았다. 세상에서 가장 오래된 문명 중 하나로 꼽히는 오스트레일리아 원주민 문명은 수세대 동안 경시받았다. 그런 상황 속에서 원주민은 수가 줄어들었고, 존엄성을 모두 빼앗겼다.

그런데 수많은 오스트레일리아 원주민을 특징짓는 토지에 관한 기술과 지식, 경외심이 18세기 말 조지프 뱅크스와 동료들에게 깊은 인상을 남겼다. 그뿐만 아니라 오늘날 재차 영향력을 발휘해서 그동안 무시받았던 원주민의 비범한 자질을 온 세상에 일깨워주기도 한다. 이제까지 칭송받지 못하고 기억되지 못했던 원주민의 자질은 2020년 초에 호주의 수많은 지역이 상상도 할 수 없을 만큼 맹렬하고 파괴적인 산불에 다 타버렸을 때에야 주목받았다. 산불은 호주 백인의 마음에 끔찍한 상처를 입혔다. 그런데 원주민 지도자들과 나머지 세상이 산불 그 자체는 아마도 그렇게 해로운 현상이 아닐 것이라고 알려주자 백인은 잠시 멈춰서 귀를 기울였다. 산불은 오스트레일리아 역사에서 고대 농업의 수단으로 오랫동안 활용되었다. 정착해서 살아온 땅에 관해 여전히 아는 것이 별로 없는 무수한 호주 백인은 오랫동안 '토인'이라고 멸시해왔던 사람들에게서 조금 더 배울 수도 있었다. 사실, 쿡과 뱅크스가 그 먼 옛날 1790년에 짐작했던 대로, 원주민은 땅에 관해 심원한 지식이 있었고 어떻게 땅을 대해야 그 땅에서 살아가는 모두에게 이로울지 잘 알았다.

산불은 요즘엔 파멸로 보이지만, 고대부터 사회를 구제하는 수단으로 활용되었다. 참담했던 2020년 한여름 몇 주 동안, 호주 남동부와 남부에서 잇달아 발생한 대화재는 전 세계 언론의 헤드라인이 되었다. 오스트레일리아 원주민은 슬프고 당황스러운 표정으로 고개를 저으며 웅얼거렸다. "그러게, 우리가 뭐랬어." 원주민은 큰 나무 아래서 자라는 덤불을 계획적으로 불태우는 관습을 오랫동안 실천해왔다―2세기 전 쿡과 뱅크스, 시드니 파킨슨은 나무 아래 잡목 덤불이 없다는 사실에 놀라 이를 기록했다―. 마른하늘에서 치는 번갯불이나 부주의 탓에 일어나는 더 큰불이 통제를 벗어나 널리 번지는 것을 막기 위해서였다. 원주민은 백인이 삼림의 큰 나무 아래 자라는 덤불을 가만히 내버려 두는 것을 보고 혼란스러워했다. 호주처럼 지독하게 더운 지역에서는 언제든지 불이 날 수 있었다. 게다가 나무 아래 덤불 같은 불쏘시개가 관리되지 않은 채로 마구 자라나면 불이 통제하기 어려울 만큼 맹렬하게 번지곤 한다.

호주 최북단 자비루라는 작은 마을에서 살아가는 원주민 활동가 바이올렛 로슨Violet Lawson은 거주 지역의 드넓은 유칼립투스 숲에서 '차가운 불cold fire 혹은 Noongar fire'을 일으키는 '나뭇가지 태우기stick-burning' 관습을 가르친다. 봄철이 되면 로슨은 매주 숲으로 나가 좁은 땅 백여 군데에 불을 피운다. 이때 기온과 바람 방향에 맞춰서 불을 피우는 타이밍을 정해야 한다. 로슨은 털이 복슬복슬한 나무껍질 조각에 불을 붙여서 들고 다닌다―스코틀랜드 농부가 하일랜드의 야생 히스를 태우려고 불쏘시개를 지니고 다니는 것과 비슷하다―. 이 나무껍질을 풀에다 스치듯 문질러서 불꽃을 옮기고, 적당히 잘 타는 좁은 풀밭에 불을 지른다. 잘 지켜보고 있다가 불길이 시야를 넘어서까지 퍼질 것 같으면 불을 끈다. 불은 민감한 식물을 보존할 수 있을 만큼 차가워야 하지만, 쓸모없는 죽은 나뭇잎을 태워서 없앨 만큼 뜨거워야 한다. 근처 원주민 삼림 감시원은 이렇게 일부러 피운 불은 간질거릴 정도여야지 격렬하게 날름대서는 안 된다고 말한다.

이 기술은 교외 주민이 정원 잔디밭을 깎는 것과 크게 다르지 않다. 나뭇가지 태우기나 잔디 깎기나 지나치게 지저분한 부분을 정리하고, 초목의 재생을 촉진한다. 나뭇가지를 태우면 나중에 목초 씨앗이 떨어져서 새롭게 싹을 틔울 흙 위에 영양분 층이 얇게 덮인다. 인구가 희박한 이 벽지의 원주민은 영리하게도 작은 불을 놓아서 큰불을 막는 기술을 오랫동안 발전시켜왔다. 그런데 더 발달했

오스트레일리아 원주민은 잘 제어된 '차가운 불'을 주기적으로 일으켜서 큰 나무 밑에 자라는 덤불을 깨끗하게 정리하고 대화재가 발생할 가능성을 줄이는 관습을 오랫동안 실천해 왔다. ⓒ Alamy

고 수준이 높다고 자부하는 백인 도시 거주민들은 그저 대화재가 일어나기를 기다렸다가 사람과 기계를 소규모로 동원해서 불과 싸울 뿐이다―비용도 훨씬 많이 들고 생명에 훨씬 더 위협적인 대응책이다―.

호주 정부, 더 정확히 말하자면 더 진보적인 호주 주 일부는 원주민의 조언에 분명히 귀를 기울였다. 요즘 일부 지역은 원주민의 전통적인 불 놓기 기술을 사용하도록 허락하며, 심지어 권장하기까지 한다. 옛 식민주의 태도가 크게 뒤집힌 것이다. 과거에는 사실 원주민의 불 지르기를 금지했다. 초기 정착민은 새로운 고향의 먼 풍경에서 군데군데 연기가 피어오르는 광경을 보았다. 원주민이 삼림 깊숙한 곳에 지른 차가운 불에서 피어오르는 연기였다. 무지했던 백인은 원주민의 토지 관리를 위험한 관습으로 여기며 격렬하게 항의했고, 완전히 금지했다. 이런 금지법은 빅토리아 시대에 북아메리카와 남아메리카, 아프리카, 유럽이 장악한 아시아 여러 지역에서도 제정되었다. 겁 많은 유럽인은 그 불의 용도를 몰랐고, 불을 해롭고 사악한 목적으로 이용하는 원주민에게 죽임을 당할까 봐 두려워했다.

오늘날, 많은 원주민이 호주 남부 도시의 교외를 방문하고는, 죽임을 당할까 봐 두려워하는 쪽은 오히려 자기들이라고 말한다. 전혀 관리되지 않아 빽빽해진 숲과 불태우지 않아서 널리 뻗어나간 나무 아래 덤불, 높이 자란 건조한 풀 때문이다. 기이한 현실이다. 어느 젊은 원주민 여성은 "무서웠습니다"라고 말했다. 그 여성은 시드니에서 남쪽으로 두 시간 거리에 있는 건조한 나우라에서 잠시 살았었다. "잠을 잘 수가 없었습니다. 모두에게 집에 가야 한다고 말했어요. 그곳은 불에 타서 사라질 거예요. 그러면 대재앙이 될 겁니다."

충분히 불안할 만했다. 2020년 1월부터 나우라 신문은 그 여성이 두려워했던 바로 그 대재앙을 보도했다. 최근 심각했던 호주의 산불 중에서도 특히나 잔인한 산불이 발생했다. 나우라는 불길에 전소됐다. 거대한 불길은 작은 도시의 북쪽으로, 남쪽으로 번져서 맹위를 떨쳤다. 숄헤이븐강 한쪽 편에서는 적어도 20m는 되는 불기둥이, 반대편에서는 40m나 되는 불기둥이 치솟았다. 그보다 더 작은 화염 수십 개가 몇 십 년 동안 화마를 입은 적이 없었던 지역에 생겨났다. 불기둥 때문에 기름에 전 듯한 사악해 보이는 누런색 구름이 뭉게뭉게 피어올랐고, 그 바깥에서 발생한 천둥이 우르릉거렸다. "남풍이 대략 9시나 9시 반쯤에 닥쳐올 겁니다. 운 나쁘게도 바로 당신들이 그 바람과 싸워야 합니다." 지역 소방서장이 불안에 떠는 주민에게 상황을 설명하면서 한 말이다. "빌어먹을, 대체 무슨 일이 벌어질지 저는 도저히 모르겠습니다."

소방서장은 정말로 앞날을 예측할 수 없었다. 남풍은 예상보다 두 시간이나 일찍 닥쳐왔다. 시속 100㎞가 넘는 강풍이 숲을 통과하며 질주했다. 바람은 흙과 먼지, 재를 격렬하게 휘저었고, 모든 것을 연기로 가득 메웠다. 소방기동대는 이곳저곳으로 서둘러 움직이며 거의 마구잡이로 치솟아 오르는 불을 끄려고 용을 썼다. "우리는 불을 막을 수 없습니다. 그저 최선을 다해서 불길을 통제하려고 애쓸 뿐이죠." 나우라의 어느 소방관이 생각해낸 화재 진압 전략은 이뿐이었다. 소방기동대는 토요일에 주 전역으로 파견되었고, 규칙을 깡그리 무시하는 상대와 벌이는 체스 경기의 말처럼 움직였다. "사방이 지랄 맞았어요."

하지만 상황은 그렇게까지 나쁘지 않을 수도 있었다.

자비루의 바이올렛 로슨을 비롯해 저자 아홉 명이 원주민의 잘 통제된 방화 관습을 탐구하여 2010년에 학술 보고서를 발표했다. 보고서에서 이들은 너무도 자주 피해를 주는 산불을 바라보는 호주 백인의 태도에 관해 중요한 점을 지적했다. 로슨은 원주민이 몇 세기 동안 불을 겪어왔다고 적었다. 따라서 원주민을 아주 오랫동안 미개하다고 여겼던 백인은 원주민의 말을 경청해야 하고, 원주민의 지혜와 지식을 존중하고 수용해야 한다고 덧붙였다.

일반적으로 원주민은 오랫동안 살아왔던 땅을 관리하는 법에 관한 지혜가 풍부하며 선견지명이 있다. 호주에서 멀리 떨어진 곳의 예시를 살펴보자. 이 예시는 몇 번이고 거듭해서 언급된다. 인도 남동부에서 1,000㎞ 정도 떨어진 안다만 제도에서 '문명'과 거의 접촉하지 않고 살아가는 사람들은 놀랍게도 2004년의 파괴적인 쓰나미를 겪고도 모두 살아남았다. 이 쓰나미가 덮친 다른 지역에서는 무려 25만 명이나 목숨을 잃었다. 안다만 제도 주민은 대체로 거대한 파도를 무사히 건너냈다. 세대를 걸쳐 전해 내려온 오래된 노래가 생존 방법을 알려준 덕분이었다. "바닷물이 갑자기 멀리 물러나면, 달려서 언덕으로 가야 한다." 안다만 제도 주민은 노랫말을 따랐고, 모두 익사를 피했다.

안다만 제도 주민에게는 발전된 문자 언어가 없다. 그 탓에 자기가 더 똑똑하다고 생각하는 백인은 안다만 제도 주민을 문맹의 미개인이라고만 여겼다. 하지만 외부인에게 대체로 알려지지 않았을 뿐, 안다만 제도 주민에게는 풍요롭고 강력한 구전 전통이 있다. 그들은 바로 그 전통이 전해준 지혜 덕분에 2004년 12월에 밀려든 죽음의 파도에서 벗어났다. 안다만 제도 주민의 생존은 바로 그런 혜안이 없는 사람이 목숨을 잃었다는 사실을 바깥세상에 간단하게 일깨워줬다. 우월하다고 자부했던 이들은 너무나 똑똑해서 거칠고 변덕스러운 대자연의 본질적 위험을 이해하지 못했던 것이다.

오스트레일리아 원주민도 안다만 제도 주민과 다르지 않다. 로슨은 학술 보고서를 통해 오랫동안 인정받지 못했던 원주민의 기술에 찬사를 보낸다. 아울러 그들은 알았지만 우리는 몰랐던 것을 존중하고 다른 사람들에게 전해야 할 필요가 오늘날 긴급하다고 강조한다.

원주민은 적어도 4만 년 동안 오스트레일리아 북부에서 거주해왔고, 그동안 법률과 의식, 구전 역사, 자세한 생태학 지식으로 이루어진 풍요로운 문화를 발전시켜왔다. 거의 2세기 동안 유럽에 식민 지배를 받았지만, 오스트레일리아 북부의 넓은 지역은 원주민의 소유로 남아 있거나 원주민이 관리하고 통제할 수 있도록 최근에 반환되었다. 원주민의 최우선순위는 토지 관리 의무에 충실하기 위한 토착 지식과 관습을 기록하고 소생시키는 것, 젊은 세대가 원주민 땅과 바다의 관리인이 될 수 있도록 준비시키는 것이다. 최근 몇 년 동안 비원주민 사이에서 전통적 생태학 지식과 관습을 현대의 토지 관리에 적용하는 것이 가치 있다는 인식이 높아졌다.

2018년 11월 말, 시드니에서 남쪽으로 멀리 떨어진 시골 도시 가까운 곳에서 원주민 소방대가 전통적인 '차가운 불'을 놓다가 다른 사람들에게 발견되었다. 며칠 전 그 도시는 대화재에 처참하게 시달렸었다. 불길은 12㎢ 넘는 땅을 휩쓸었고, 가구 100여 채를 파괴했다. 원주민이 유서 깊은 불 놓기 기술을 활용해서 끈기 있게 작업했던 곳은 도시에서 8㎞ 정도 떨어져 있었다. 원주민 무리는 불에 타지 않은 고무나무 숲 이곳저곳에 작은 불을 피워서 나무 아래서 자라는 관목을 깨끗하게 태워 없앴다. 관목에 불을 붙이다가도 불꽃이 너무 커지면 밟아서 껐다. 그들은 명상 수행을 하듯이 고요했다. 고성을 지르지도 않았고, 당황하거나 허둥대지도 않았고, 육중한 기계를 쓰지도 않았다. 그저 불을 붙여놓은 털이 보송보송한 나무껍질 조각 하나를 들고 가벼운 마음과 목적의식으로 일했다. 꼭 숲과 함께, 대자연과 함께 일하는 것 같았다.

젊은 원주민 조지 앨드리지George Aldridge도 이 작업에 참여했고, 애정을 담아 주변 풍경을 설명했다. 그는 숲속 곳곳의 풀밭에 불을 피우고, 불꽃이 일어나다가 꺼지는 모습을 바라보고, 까맣게 타서 뜨듯해진 땅을 샅샅이 살피며 새로운 풀이 얼마나 빨리 자라날지 상상했다. "땅을 관리하고 내 땅을 돌보는 일을 좋아합니다." 앨드리지는 갓 피어오른 향긋하고 푸른 연기 줄기 속에서 무릎을 꿇고 앉은 채 말했다. "땅은 나의 어머니, 우리 어머니입니다. 어머니는 우리를 돌봐주시죠. 그러니 우리 역시 어머니를 돌봐드리는 게 맞습니다."

대개 우리가 절대로 하지 않는 일이다.

6장 공원, 휴양, 플루토늄

Stewardship

나는 나 자신으로 살지 않네, 반대로 나는
나를 둘러싼 세상의 한 부분이 되네. 내게
높은 산은 감동이지만, 와글와글하는
인간 도시는 고문이라네.

– 바이런 경Lord Byron, <차일드 해럴드의 순례Childe Harold's Pilgrimage> 제3편 72연(1816년)

도시는 땅이 죽는 곳이다. 물론 처음부터 그렇지는 않았을 것이다. 수많은 사람이 모여 살면서도 도시를 둘러싼 전원 지대와 애써 동등하게 공존하며 즐길 수 있었던 시대가 있었다. 우르와 바빌론, 하를렘과 타오스, 앙코르, 테오티우아칸처럼 문명의 초기 중심지에서는 그랬다. 하지만 18세기 말, 산업혁명이 일어나고 전 세계의 막대한 인구가 시골에서 도시로 이주하자 땅 그 자체가 사라지기 시작했다. 인간은 자연의 연약한 아름다움을 게걸스럽게 삼켜버렸다. 어떤 이들은 애도하며 노래한다. "그들은 낙원을 아스팔트로 덮고 주차장을 세웠어."(캐나다의 싱어송라이터 조니 미첼Joni Mitchell의 노래 〈크고 노란 택시Big Yellow Taxi〉의 노랫말이다―옮긴이)

물론 법적 의미에서 땅은 계속 존재했다. 대체로 무언가의 아래에 깔려서 보이지 않을 뿐이다. 가격이나 비용, 심지어 가치라는 면에서 볼 때 도시에서 땅은 어마어마하게 비싼 것이 되었다. 도시의 땅이 형식과 내용 면에서 상당히 다른 존재로 바뀌면서 오랫동안 땅을 '땅답게' 만든 것 역시 꾸준히 변했다. 오늘날, 대도시가—도쿄, 멕시코시티, 상하이, 런던, 뉴욕, 서울, 카이로, 로스앤젤레스, 충칭— 들어선 곳에서는 아스팔트와 콘크리트가 초원과 숲의 자리를 차지했고, 회색이 초록색을 몰아냈다. 둑을 쌓았던 개울은 타일을 간 하수도가 되었고, 굴을 파던 동물은 지하 터널을 다니는 지하철이 되었고, 산과 언덕 사이 골짜기는 고층빌딩 사이 자동차로 꽉 막힌 골짜기가 되었다.

도시 경계 너머 교외에서 토지 파괴는 더 은밀하게 일어나고 있다. 땅이 사라졌다는 사실은 교묘하게 감춰진다. 여전히 존재하는 것처럼 보이는 땅은 대체로 전원을 인위적으로 꾸며낸 복제품이다. 골프 치는 사람들이나 더 아이러니하게는 소위 '컨트리클럽' 회원들이 큰돈을 내고 탁 트인 교외에서 가장 푸릇푸릇한 이 복제품을 이용한다. 지난 2세기 동안 컨트리클럽이라고 불린 시설은 결코 진짜 컨트리(시골)가 아니다. 진짜 시골을 흉내 내려고 할 뿐이고, 클럽 고참 회원들이 먼 옛날에 가보았을 환상적인 시골을 —상당한 연회비를 받고— 떠올리게 해주려고 애쓸 뿐이다.

도시의 공공장소는 오래전부터 도시가 이런 상실을 인정하고 제공한 대체물이다. 고대 그리스의 아고라는 시민이 모두 모여서 지도자의 연설을 듣고, 사람들을 만나고, 정치에 열중하고, 상거래를 할 수 있는 공간의 필요성이 인정된 곳이다. 아고라는 사실상 시민의 공유지였다. 현대로 들어와서도 도심에 공유지를 충실히 보존하고 있는 도시들도 있다. 잉글랜드 북부의 뉴캐슬어폰타인을 예로 들어 보자. 이곳에는 런던과 뉴욕에 인공적으로 조성한 대공원보다 훨씬 더 넓은 4㎢ 농지, '타운 무어Town Moor'가 보존되어 있다. 사람들은 이곳에서 양 떼나 소 떼를 풀어놓고 풀을 뜯게 해도 되고, 사냥개를 데리고 토끼를 쫓아도 된다. 경비행기를 타고 날 수도 있다.

　캐나다 밴쿠버의 스탠리 파크도 타운 무어와 면적이 거의 같다. 스탠리 파크도 근본적으로 인간이 손대서 바꾸지 않는다는 혜택을 누린다. 스탠리 파크는 과거에 군사 보호 구역이었다가, 밴쿠버시가 1886년에 부지를 사들였다. 제2차 세계대전까지 소규모 포병대가 이곳을 지켰지만, 밴쿠버시는 이곳을 도시와 바다 사이에 삼나무와 가문비나무, 솔송나무가 빼곡한 야생 숲으로 남겨두었다. 밴쿠버시는 공원을 아름답게 꾸민답시고 조경 설계사를 고용하려 들지 않았다. 스탠리 파크는 인간이 새롭게 만든 땅으로 둘러싸인 채 원래 그대로의 모습을 간직한 섬이라고 말할 수 있을 정도다.

　지방자치단체가 소유하고 조경한 공원은 훨씬 더 자주 찾아볼 수 있다. 각각 파리의 동쪽 끝과 서쪽 끝에 있는 뱅센 숲과 불로뉴 숲은 원래 왕실 사냥터였다. 이 두 숲은 지금도 진짜 전원 지대를 연상시킨다. 로스앤젤레스와 샌디에이고에 있는 대형 공원들이나 런던의 리치먼드 파크도 극도로 혼란스러운 도시에서 살아가는 사람들의 마음을 차분하게 달래주기 위해 정성스럽게 조성되어 관리된다. 다만 이런 공원이 어떤 의미로 보나 공유지이며 모두가 아무런 제한 없이 이용할 수 있다고 말할 수는 없을 것이다. 런던의 리치먼드 파크, 부시 파크, 그리니치 파크에는 붉은사슴과 다마사슴이 상당히 많다. 그런데 이 사슴들은 보기와는 달리 야생동물이라고 하기 힘들다. 이들의 조상은 헨리 8세가 사냥용으로 들여왔다. 현재 사슴들이 떼 지어 뛰노는 공원들은 한때 공유지였을 수도 있지만, 지금은 엄밀히 말해 왕실 소유지인 땅의 대표적 예다(부시 파크는 600년 전에 공유지였다). 따라서 공원에서 살아가는 동물도 보통 사람들이 아니라 재위 중인 영국 왕이나 여왕의 소유다.

　서유럽에서 동쪽으로 더 나아가면 '마이단maidan'으로 불리는 도시 광장이 있다. 마이단은 말 그대로나 비유적으로나 도시의 허파 기능을 맡은 탁 트인 초지다. 혼잡한 도시에서 환기가 잘되는 휴식처이며, 과거에는 결핵의 위험을 잠시 피할 수 있는 피난처이기도 했다. 그런데 일부 마이단—우크라이나의 키이우(키예프) 마이단과 이집트 카이로의 타흐리르 광장—은 최근 정치 활동의 중심지라는 악명을 떨치게 되었다. 경찰과 시위대가 충돌해서 치명적 결과를 낳는 일이 비일비재한 탓이다. 인도 콜카타의 초우링기 구역과 후글리강 사이에 아무런 방해도 받지 않고 쭉 뻗어 있는 마이단은 인도 독립과 관련해 더욱 진기한 의미를 지닌다. 요즘 벵골 사람들은 이 마이단을 외국의 제국주의 통치에 대한 보상과 사과로 여긴다. 광대한 콜카타 마이단은 캘커타(콜카타의 옛 이름—옮긴이)가 영국령 인도의 수도였을 때 영국이 건설했다. 당시 마이단의 기능은 두 가지였다. 하나는 연병장, 다른 하나는 더 사악하게도 무차별 사격지대였다. 마이단은 바로 옆에 붙어 있는 인도군 윌리엄 요새를 무법자의 위협으로부터 보호했다—이론상 높은 요새의 벽에 있는 군인들은 반란군이 어느 방향에서 다가오든 총탄을 퍼부을 수 있었다—. 제국주의 식민 통치가 모두 끝난 지금, 4㎢ 정도 되는 마이단은 거의 야생 상태로 되돌아갔다. 염소와 소가 풀을 뜯고, 독수리와 솔개와 연이 날아다니고, 사람들이 크리켓이나 축구를 하고 한가로이 거닌다. 마이단은 여전히 군대 소유다—1947년부터는 자연스럽게 독립한 인도의 군대가 소유한 땅이 되었다—. 마이단을 조각내고 주택을 지어서 미어터질 듯한 콜카타의 수백만 명에게 나눠줄 수도 있었다. 하지만 마이단은 과거의 죄를 뉘우치기라도 하듯 아무런 변함없이 남았고, 인도인이 불행했던 시대를 통렬하게 일깨워준다. 그런데 이상하게도 마이단의 남쪽에는 빅토리아 여왕을 기리는 빅토리아 기념관이 아직도 멀쩡하게 서 있다. 전 인도 총독 조지 커

원래 영국군이 윌리엄 요새 병영을 보호하기 위해 건설했던 콜카타 마이단은 오늘날 인도에서 가장 붐비고 혼잡한 도시에서 살아가는 수백만 명의 행복한 자연 쉼터가 되었다. ©
Getty Images

즌George Curzon의 명령으로 건설된 웅장하고 위풍당당한 대리석 건물은 현대 인도에 남아 있는 몇 안 되는 식민지 시대 기념물 가운데 하나다. 기념관이 허물어졌더라면 마이단이 식민 통치를 잊으라고, 용서하라고 간곡히 말할지도 모르지만, 고스란히 남아 있는 기념관의 존재 자체가 이 간청을 억누른다.

전 세계의 수많은 도시 설계자도 용서를 빌어야 할 것 같다. 진정으로 장엄하고 찬란한 도시는 분명 많지만, 그렇다고 해도 여전히 소수다―베네치아나 두브로브니크처럼 관광업의 압력에 심각하게 파괴된 도시도 수두룩하다―. 전 세계 수백만 명이 마지못해 살아가야 하는 도시 대다수는 인구 성장 때문에 새롭게 건설되었다. 최근까지 인간의 손을 타지 않아 깨끗했던 땅은 이제 끔찍하다고 말해도 무방할 정도다.

이 현대 도시들은 제임스 톰슨James Thomson의 시가 묘사했고, 귀스타브 도레Gustave Doré의 그림이 인상적으로 포착했던 19세기 중반 런던처럼 "끔찍한 밤"의 도시다. 유토피아를 꿈꾸며 올바르게 계획하고 건설한 도시에는―잉글랜드의 웰린과 포트 선라이트, 인도의 찬디가르, 파키스탄의 이슬라마바드, 심지어 미국 인디애나주의 뉴하모니까지― 인구 집적을 잘못 계획해 흉물스럽고 지나치게 혼잡한 모습이 수도 없이 보인다. 이런 광경을 보완해줄 요소나 도시가 삼켜버린 자연 풍경을 생각나게 해주는 요소는 거의 없다. 현대 중국에는 인구 100만 명이 넘는 도시가 100개 이상이다. 대부분이 지난 50년 안에 생겨났고, 솔직하게 말해서 거주하기에 만족스럽다고 할 만한 곳은 거의 없다. 인도도 비슷하다. 전 세계에서 가장 오염

된 도시 50곳 가운데 14곳이 중국에 있으며, 몽골과 방글라데시에
도 각각 1곳이 있다. 나머지 34곳은 모두 파키스탄과 인도에 있다.
서구 사회의 도시들이라고 완전무결한 것은 아니다. 미국 도시 빈
민의 충격적인 주거 상황을 떠올려보라. 세인트루이스의 프루이트
아이고 주택 단지는 말로는 다 못 할 만큼 끔찍했는데, 현재는 다행
히도 허물어졌다. 100㎞ 넘게 뻗은 디트로이트 제퍼슨 애비뉴도 생
각해보라. 제퍼슨 애비뉴의 서쪽 끝 도회지는 최근까지 철저하게
파괴되어 있었지만, 운하교 너머 부촌 그로스 포인트의 대저택에는
'피부가 어두운 정도'가 용인되는 수준인 사람만 살 수 있었다.

　더는 합법이 아닌 레드라이닝redlining(금융 기관이 지도에서 슬럼 지구
를 붉은 선으로 표시하고 담보 융자나 보험 인수 등을 거부하는 특별 주의 지역으

1951년, 세인트루이스는 0.243㎢ 부지에 프루이트 아이고 주택 단지를 건설할 계획을 세
웠다. 이 단지는 미국에서 가장 큰 공공 주택 단지 건설 프로젝트 가운데 하나로 꼽혔다. 하
지만 프루이트 아이고는 범죄의 온상이자 사회적 실패작으로 여겨졌고, 결국 건설 20여
년 만에 철거되었다. ⓒ Getty Images

로 지정하는 것—옮긴이) 관행이나 토지 사용 제한 조약, 특정 인종이나 특정 성향을 지닌 사람이 특정 지역에 거주하는 것을 방해하는 법적 의제는 최근 도시 세계의 특징이지만, 이 장에서 다룰 내용은 아니다. 토지 수용eminent domain(정부가 공공 사용을 위해 보상을 대가로 사유지나 재산을 수용하는 것—옮긴이) —미국 외에서는 강제 수용compulsory purchase이라고 일컫는다— 원칙도 여기서 자세히 다룰 수는 없다. 토지 수용을 통해 개발이라는 미심쩍은 명목하에 부적합한 위치에 들어선 주택을(물론 누군가에게는 여전히 집이다) 불도저로 밀어버리고 고속도로나 상업적으로 중요한 쇼핑몰을 짓도록 허락할 수 있다. 이런 관행은 수많은 도시의 수많은 부분을 파괴해왔다. 잠시 이 장의 주제에서 벗어나 말하자면, 이 모든 법적 술책은 죄다 현대 서구 문명의 구상이다. 이런 제한 사항은 아메리카 원주민의 삶에서 결코 찾아볼 수 없었다. 아마존의 야노마미족이나 티에라델푸에고의 주민, 아프리카 반투족이나 알래스카의 이누이트족, 일본의 아이누족도 마찬가지다. 인간인 우리가 우리 자신에게 저지르는 일을 한번 생각해보라. 우리는 이런 일을 우리가 사는 도시에서 가장 지독하게 저지르는 경향이 있다. 물론 우리는 자연 속에서도 형편없이 행동한다—원주민 토지를 통째로 몰수하고 방대한 땅을 합병한 사실을 기억하자. 뒤늦게 진실을 알아차린 우리 중 그 목적을 자랑스러워할 수 있는 사람은 거의 없다—. 하지만 아름다운 풍경의 존재 자체가 오염시키고 파괴하고 추하게 만들려는 우리의 원초적 본능을 억제한다고 말할 수 있으리라. 가장 냉정한 변호사나 가장 비정한 개발업자라도 멈춰 서서 산맥이나 숲속 빈터, 날아가는 거위 떼를 고려할 수 있을 것이다. "정말로 이곳을 개발해야 할까? 이렇게도 아름다운 곳을 망쳐야 할까?"

도시에서는, 도시와 가까운 곳에서는 그렇게 파괴하는 일이 더 쉽다. 도시는 이미 파괴되어 있다. 그러니 상황이 악화되기 전에 한 번 더 파괴해서 돈을 더 벌어보는 게 어떨까? 특히나 참혹한 예시는 로키산맥의 멋진 동쪽 구릉지에 있는 '1마일 높은 도시', 콜로라도 덴버에서 찾아볼 수 있다(덴버는 해발 1.6㎞, 즉 1마일 위 고지대에 세워진 도시라서 이런 별칭으로 불린다—옮긴이).

미국의 거의 모든 도시는 면적이 얼마나 되든 순환 고속도로로 둘러싸여 있다. 원래 이 고속도로는 대도시 중심지역에서 차량이 빠르게 이동하도록 돕기 위해 건설된다. 런던에도 M25 도로가 있고, 파리에도 외곽 순환도로 페리페리크가 있다. 하지만 이런 도로는 대개 미국적 현상이다. 일부 외곽 순환도로는 유명해져서 전 국민이 아는 이름이 되었다. 워싱턴의 캐피털 벨트웨이가 좋은 예다. 캐피털 벨트웨이 내부에는 복잡한 정치 세계가, 그 너머로는 값비싼 교외 지역이 있다. 비슷한 순환 고속도로가 애틀랜타에서 포트워스까지, 미니애폴리스에서 샬럿까지, 세인트루이스에서 루이빌까지 미국 전역에 있다.

하지만 덴버 주위에는 그런 도로가 없다. 어떤 지도를 보더라도 마찬가지일 것이다. 덴버 북부와 동부, 남부를 따라 이어지는 유료 도로인 470번 도로가 있기는 하다. 시내 중심의 사무실 건물들에서 대략 19㎞ 떨어져 있는 이 도로는 이해할 수 없게도 도시의 로키산맥 쪽에서 사라져버린다. 즉, 470번 도로는 서쪽이 트여 있는 불완전한 원형이다. 공중에서 내려다보거나 지도를 살펴보면, 한 조각을 잘라낸 케이크 같다. 덴버 시민은 수년 동안 '고속도로 종료 지점'을 알리는 커다란 노란색 표지판 두 개를 보며 짜증스러움을 느꼈다. 표지판 하나는 케이크의 북쪽 끝, 블룸필드라고 불리는 교외에서 버펄로 고속도로와 교차하는 지점에 있고 다른 하나는 잘 보존된 옛 광산 마을 골든에 있다.

골든에서 버펄로 고속도로로 가고 싶다면, 로키산맥의 바깥 비탈 사이로 구불구불 나 있는 미로 같은 뒷길을 헤치고 나아가야 한다. 만약 이 고속도로가 완전한 원형으로 이어지지 않은 것이 콜로라도주의 유명한 환경 친화적 정서 때문이라고 생각한다면, 환경 운동가들이 로키산맥의 지맥에 펼쳐진 미개척 대지에 아스팔트와 철을 들이붓는 공사를 반대했기 때문이라고 생각한다면, 단단히 오해한 것이다. 도로가 완전히 건설되지 않은 이유는 복잡다단하다. 가장 중요한 이유를 한 가지 꼽자면, 이 지역 대부분이 가장 치명적이고 불쾌한 원소 가운데 하나로 알려진 물질에 심각하게 오염되어 있다는 사실이다. 오염만 아니었더라면 쾌적한 고지대 교외였을 이곳에서 1940년에 고방사성 은빛 금속이 처음 발견되었다. 바로 플루토늄이었다.

1952년부터 1992년까지 40년 동안 이 지역은 제멋대로 뻗어나간 로키 플랫츠 플랜트Rocky Flats Plant 공장 부지였다. 경계가 삼엄했던 이 비밀 공장에서 핵무기 부품이 제조됐다. 구체적으로 말하자면, 로키 플랫츠 플랜트의 노동자 5,000명은 핵무기의 핵심인 플루토늄 피트plutonium pit를 만들었다. 볼링공만 한 플루토늄 피트는 핵

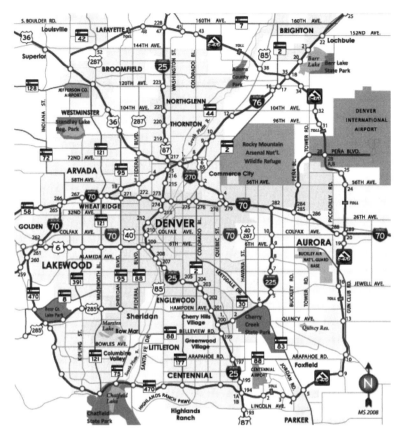

콜로라도주 덴버를 두르는 고속도로의 북서쪽 사분면에는 커다란 구멍이 있다. 이곳 토양
이 플루토늄에 오염되었기 때문이다. ⓒ AAA

무기 세 종류에 모두 사용된다. 하나는 첫 테스트를 거친 후 1945년
일본에 투하된 표준 핵분열 무기이고, 다른 하나는 5년 후인 1950
년에 시험된 증폭 핵분열 무기, 마지막은 1952년 마셜제도에서 처
음으로 시험했을 때 가공할 위력을 자랑한 2단계 열핵무기(수소폭탄)
다. 표준 핵분열 무기와 증폭 핵분열 무기에서 플루토늄 피트는 직
접 폭발하는 부분'이었다'. 열핵 무기에서 플루토늄 피트는 더 파괴

적인 폭발을 위한 장치로 사용된다. 우선 플루토늄 피트가 터지면 그 자체로도 거대한 폭발이 일어난다. 이 폭발은 눈 깜짝할 사이에 폭탄의 핵융합 성분을 활성화하고, 결국 파괴력 면에서 그 무엇에도 비할 수 없는 최종 폭발이 일어난다. 이렇게 핵무기 기술이 개선되자, 플루토늄 피트를 무진장 많이 만들어야 한다는 사실이 분명해졌다. 제조 공장에 관한 전략적 결정도 내려졌다.

미국은 막강한 핵무기를 구성하는 다양한 부품을 여러 공장에서 제조해야 하며, 이런 공장은 보안 때문에 미국 전역에 널리 퍼져 있어야 한다고 결정했다. 플루토늄 자체는 처음에 워싱턴주의 핸포드 원자력 보호구에서, 나중에 테네시주의 오크 리지 플랜트에서 생산되었다. 무기 조립은 텍사스 서부의 팬텍스 플랜트가 맡았다. 플루토늄 피트는 콜로라도주 로키 플랫츠 플랜트가 테네시주에서 생산된 금속을 이용해 제조했다. 조금의 오차도 없이 완벽한 정밀도를 자랑해야 하는 공정이었다. 설계는 캘리포니아주 리버모어와 뉴멕시코주 로스앨러모스에 있는 주요 정부 연구소 두 군데가 책임졌다. 피트가 제조되면 철통같은 보안 속에서 텍사스 애머릴로 근처 팬텍스 플랜트로 운송되었다. 핵무기가 완전히 조립되면 부비트랩과 각종 보안 장치를 설치한 견인 트랙터 호송대에 실려서 대규모 육군, 공군 병력과 무장 헬리콥터의 호위를 받으며 여러—해군 또는 공군— 군사 기지로 보내졌다. 각 군사 기지에서 다양한 운반 수단에 핵무기를 탑재하면, 마침내 발사 준비가 모두 끝났다.

로키 플랫츠 플랜트는 핵폭탄 제조에서 가장 더러운 부분을 처리하기 위해 건설되었다. 바로 이곳에서 소름 끼칠 만큼 무시무시하고 지독하게 위험한 방사성 금속, 핵분열을 기다리는 핵무기의 검은 심장을 주조하고 가공해야 했다. 플루토늄 피트가 제조될 부지는 덴버 북서쪽에서 24㎞ 정도 떨어진 곳으로 정해졌다. 1951년, 정부는 지면이 완만하게 기복을 이루는 이곳 고지대에서 26㎢를 취득했다. 다우 케미컬 회사가 고용되어 플루토늄을 제련하고 단조하고 가공하는 첫 공장 건물들을 운영했다. 6년 만에 부지에 공장 건물 27채가 들어섰다. 1960년대가 되자 그 수는 2배로 늘어났다. 모든 공정은 군대의 요구를 충족하기 위해 가장 삼엄한 군사 보안 속에서 이루어졌다. 아마 밀폐 환경 통제 시스템이 있었을 것이다. 그 어떤 테러리스트도 미국 핵무기 부품에 손을 댈 수 없었다. 미세한 플루토늄 입자 단 하나도 부지 전역에 마구 뻗어 있는 공장 건물 밖으로 빠져나가 대기 중으로, 땅속으로, 물속으로 퍼질 수 없었다. 혹시라도 그런 일이 터진다면, 수많은 이가 끔찍한 운명을 맞았으리라.

그런데 실제로 그런 일이 벌어졌다. 다우 케미컬이 관리했던 26년 중 초반에 사고가 터졌다. 무기 제조 수준의 플루토늄, 특히 동위원소 239Pu와 관련해 대단히 파괴적이었던 화재가 적어도 두 차례 있었다. 이 금속은 세상에서 가장 위험한 물질 중 하나로 알려져 있다. 239Pu는 고방사성 물질이며, 반감기는 24,110년이다. 239Pu를 지름 10㎝, 무게 5kg 정도의 공으로 만든다면, 임계(핵분열 연쇄 반응이 일정한 비율로 유지되는 상태—옮긴이)에 도달해서 폭발할 수 있다. 공학 기술이 충분히 발달했다면—오직 주권국가에서나 가능한 일이지만—, 임계 질량(핵분열 연쇄 반응을 유지하는 데 필요한 최소 질량—옮긴이)을 테니스공 정도 크기로 줄일 수 있다. 이런 공은 제조하기가 극도로 까다롭다. 터무니없이 쉽게 불붙고, 맹렬하게 타기 때문이다. 다우 케미컬이 감독했던 로키 플랫츠 플랜트에서도 두 번이나 그랬다. 두 경우 모두, 화재가 발생해 피트를 절삭하고 성형하고 연마하려던 공간의 플렉시글라스(유리처럼 투명하고 견고한 합성수지인 폴리메타크릴산메틸 수지의 상품명—옮긴이) 보호막과 피트를 다루는 데 쓰는 장갑을 태워버렸다. 이렇게 화재가 발생하면 플루토늄 금속 입자 수백만 개가 방출된다—집진기가 포집하지 못하면 대기 중으로 퍼져나간다—. 사람이 이 입자를 들이마시면 아주 이른 시일 안으로 암에 걸릴 것이다(걸릴 '수 있다'가 아니라 걸릴 '것이다'). 플루토늄 약 450g으로 200만 명을 쉽게 죽일 수 있는 것으로 추정된다.[*]

1957년과 1969년에 화재가 일어났을 때, 불타는 플루토늄 연기 기둥이 공장 굴뚝으로 빠져나가서 저지대로 부는 강한 서풍을 타고 덴버 서부의 경작지와 농장과 주택 단지로 퍼져나갔다—1969년 화재 때는 굴뚝 오염을 정화하는 데 2년이 걸렸다—. 1972년, 연방 정부는 오염물질의 추가 확산을 막고자 공장 둘레에 땅 20여km²를 사들여서 완충지대로 만들었다. 그러고도 얼마 안 가 다시 20여km²를 더 사들였다. 공장 내부에서 발생한 문제도 통제 불능 상태에 빠져들었다. 방사성 폐기물을 보관하는 대형 통들에서 구멍이 발견되었고, 지역 상수도에서 트리튬(수소 동위원소 중 하나인 인공 방사성 원소—옮

---

[*] 추종자가 대단히 많은 소비자 보호·반공해 활동가 랠프 네이더Ralph Nader는 플루토늄 약 450g이 80억 명을 죽일 수 있다고 주장했다. 훗날 네이더의 추정치는 완전히 잘못된 것으로 드러났다.

긴이) 수준이 올라갔다. 지역 토양 샘플에서 바람을 타고 이동한 플루토늄도 발견되었다. 덴버의 보건 관계자들이 불평하기 시작했다. 덴버 서부 교외에서 주택 단지 개발 속도가 느려졌다. 그러자 불안에 떨던 콜로라도 주민이 곧 시위를 벌였다. 처음에는 수백 명, 나중에는 수천 명이 공장 문 앞에 모였다. 일부는 공장 안에 침입했다가 체포되기도 했다. 지역 토지 소유주들은 정부가 사유지를 오염시켰다며 고소했다. 상황이 이렇게까지 번지자 속수무책이 되어가던 공장은 널리 알려지게 됐다.

1976년에 다우 케미컬이 해임되고, 록웰인터내셔널―한때 우주왕복선부터 TV 수상기, 트럭 차축, 요트, GPS 장치, 커피메이커까

점점 늘어나는 미국 핵무기에 쓰일 플루토늄 피트는 덴버 외곽 로키 플랫츠 플랜트에서 제조되었다. 공장은 오염 스캔들로 1992년에 문을 닫았다. 그 후로 오염을 정화하는 데 수년이 걸렸다. ⓒ Getty Images

지 광범위한 제품을 제조하던 대기업이었다—이 그 자리를 물려받았다. 록웰인터내셔널은 1975년부터 1990년까지 제조 상품 포트폴리오에 수소폭탄용 플루토늄 피트도 포함할 수 있었다. 하지만 이 회사는 플루토늄 피트를 제조하는 데 필요한 기술이 아주 부족했던 것으로 드러났다. 사실, 록웰인터내셔널이 너무도 무능하고 부패하고 무책임한 것으로 판명된 바람에 1989년에 전례 없던 일이 일어났다. 록웰인터내셔널은 운영 책임을 맡았을 뿐이고 로키 플랫츠 플랜트는 사실상 핵폭탄을 책임지는 에너지부 산하 연방 정부 기관이라는 사실을 고려해볼 때, 이 일은 훨씬 더 놀랍다.

1989년 7월 6일 아침에 벌어진 그 일은 미국 관료제의 연대기에 오래도록 당당하게 남을 것이다. 그날, FBI 팀이 로키 플랫츠 플랜트의 가공할 보안 장벽을 뚫고 들어왔다. 표면상으로는 잠재적 테러 위협에 대처하는 프로토콜을 시행하는 것을 놓고 공장 책임자들과 평범한 대화를 나누기 위해서였다. 완벽하게 일상적인 절차였다. 극적인 일은 전혀 없었다. 모든 것이 정상적이었다.

공장 관리자들이 테이블 앞에 편안하게 앉자, 별안간 FBI 팀 대장이 진짜 출동 이유를 밝혔다. 대장은 이 방문이 '현장 급습'이라고 공식적으로 발표했다. 이 기습은 '사막의 빛 작전Operation Desert Glow'이라는 공식 명칭이 붙은 범죄 조사의 출발점이었다. FBI 팀 대장은 서류 가방에서 즉시 수색 영장을 꺼내 들었고, 충격에 빠져서 얼굴이 새하얗게 질린 관리자들 앞에 내려놓았다. 바로 그 순간, 연방 정부 요원들이 버스 여러 대에서 우르르 몰려나오더니 공장 건물 800채의 모든 문을 부쉈고, 모든 지하 저장고를 열었고, 쇠 지렛대로 모든 창고 시설을 뚫고 들어갔고, 모든 서류 캐비닛을 급습해서 털었다. 로키 플랫츠 플랜트 내부에서 정확히 무슨 일이 벌어지고 있는지 알아내기 위해서였다. 이곳에서 적어도 미국 환경오염법이 조직적이고 심각하게 위반되고 있으며, 숱한 범죄 공모자들이 오래전부터 벌어지고 있던 법률 위반을 부지런히 은폐하고 있다는 의혹이 제기되었기 때문이었다.

다시 말해 연방 기관이 형제 격인 다른 연방 기관을 법적 부적격과 통모 혐의로 수사하는 상황이 벌어진 것이었다. 유례없는 일이었다. 나중에 다 밝혀졌듯이, FBI가 수사를 진행할 만한 이유는 차고 넘쳤다. FBI 수사관들은 어떤 일을 진행하는 중인지 잘 알았다. 현장을 급습하기 전 1년 동안 로키 플랫츠 플랜트를 은밀히 감시했기 때문이었다. 방사선 증거를 모으기 위해 공장 위로 비행기를 띄웠고, 내부 고발자들에게 사진과 녹음, 유출된 문건을 가져오라고 지시했다. 대배심(23명 이하의 배심원이 고소장을 예심하고, 12명 이상이 증거가 충분하다고 인정하면 정식으로 기소를 결정하는 심리―옮긴이)이 열렸다. 정식 기소가 결정되었고, 재판이 열렸다. 사건은 대체로 비밀에 부쳐졌다(다만 당시 〈웨스트월드Westworld〉로 불렸던 신생 잡지사가 훌륭하게 추적 보도하며 대형 사법 스캔들이 될 뻔했던 이 사건을 폭로했다). 록웰인터내셔널은 벌금으로 수백만 달러를 내야 했다. 고위 관리자들은 형사상 유죄 판결과 징역형을 면했다. 이 모든 사건은 국가 안보라는―이 경우에는 핵폭탄 산업― 모호하게 규정된 이익에 정의가 부정당했다는 인상을 남겼다. 이 인상은 좀처럼 지워지지 않을 것이다.

1990년대 들어 록웰은 파면당했고, 공장은 폐쇄하기로 결정되었다. 미국 해군은 최신 잠수함 발사 미사일에 더는 플루토늄 트리거가 필요하지 않다고 발표했다. 그러자 로키 플랫츠 플랜트에서 플루토늄 피트를 제조하는 사업도 거의 순식간에 소멸되고 말았다. 노동자 4,000명이 해고되었고, 다른 4,000명은 보직을 전환했다. 공장의 새로운 주요 사업이 오염 정화로 바뀌었기 때문이다. 플루토늄은 다른 공장에 보냈고, 오염물은 콘크리트 안에 넣어서 다른 곳으로 옮겼다. 수년이 걸리는 10억 달러짜리 복원 및 복구 프로그램이 느릿느릿 진행되었다. 워싱턴주 핸포드, 펜실베이니아주 스리마일섬, 체르노빌, 후쿠시마 등 핵 시설이 있었던 다른 지역에서는 너무도 익숙한 프로그램이었다. 2005년 10월, 연방 정부는 로키 플랫츠 공장 일대가 완벽하게 정화되어 오염 이전 상태로 되돌아갔다고 선포했다. 사람이 이곳에 다시 드나들며 생활할 수 있다고도 했다. 하지만 땅을 90㎝ 이상 파서는 안 됐다. 로키 플랫츠 플랜트 부지의 토양에서 위쪽 90㎝만 완전하게 정화되거나 다른 흙으로 교체되었기 때문이다.

이후로 몇 년 동안 소송이 줄을 이었다. 플루토늄 오염 때문에 건강을 해쳤다거나 주택 가치가 떨어졌다고 주장한 사람들은 배상금을—건당 3억 7,500만 달러— 받았다. 공장 터 일부는 야생동물 보호소로 만들어졌지만, 개장이 오랫동안 연기되었다. 덴버에서 자녀가 이곳에 방문하도록 허락할 부모는 많지 않을 것이다. 내가 이 책을 쓰고 있는 지금, 블룸필드는 오랫동안 끊겨 있던 E-470 도로를 연장해서 옛 로키 플랫츠 부지를 통과하는 것을 허락하지 않겠다고 결정했다. 블룸필드는 잔류 방사선 수치가 너무 높다고 주장한다.

토지 관리는 복잡한 일이다. 인클로저든 클리어런스든, 울타리를 세우는 것이든 야생 생태를 복원하는 것이든, 옹호하는 사람도 있고 비판하는 사람도 있다. 하지만 이런 현상 가운데 그 무엇도 토지 그 자체에 좋거나 나쁜 영향을 영구히 미치지 못한다. 심지어 영향을 아주 오랫동안 미치지도 못한다. 울타리는 세워졌다가도 허물어진다. 토지 소유주는 바뀐다. 규제는 느슨해지기도 하고 엄해지기도 한다. 인구는 늘어났다가 줄어들기를 반복한다. 야생동식물은 많이 불어났다가 떼죽음을 당하고, 다시 불어난다. 산불과 들불이 맹위를 떨치다가도, 불길이 사그라지면 씨앗에서 싹이 튼다. 풍경은 끝없이 변화하는 세상 속 일부다. 풍경은 인류가 일부러 저지르거나 무심코 저지른 거의 모든 공격을 용서하거나 잊는다.

물론 방사능은 예외다. 콜로라도주의 아름다운 고지대에서 로키 플랫츠 플랜트가 있었던 토양에는 지금도 239Pu가 얼룩덜룩하게 남아 있다. 인간이 만들어낸 이 극악무도한 물질은 앞으로도 수천 년, 수만 년 동안 남아 있을 것이다. 지구에서 거의 영원토록 지워지지 않는 얼룩이 되어 인간이 땅과 풍경을 얼마나 잔혹하게 다루는지 일깨워줄 것이다.

콜로라도는 아메리카 원주민 특별 보호 구역이 지극히 적은 주다. 콜로라도 내 연방 정부의 땅에 갇혀서 살아가는 원주민 수도 그리 많지 않다. 한때는 샤이엔족과 아라파호족, 아파치족, 쇼쇼니족이 이 땅에 살았다. 이제는 없다. 어쩌면 잘된 일인지도 모른다. 원주민이 오랫동안 숭배했던 땅에 쳐들어온 백인이 그 땅을 어떻게 다루었는지 안다면 다 함께 고개를 푹 숙이고 눈물을 흘렸을 것이다.

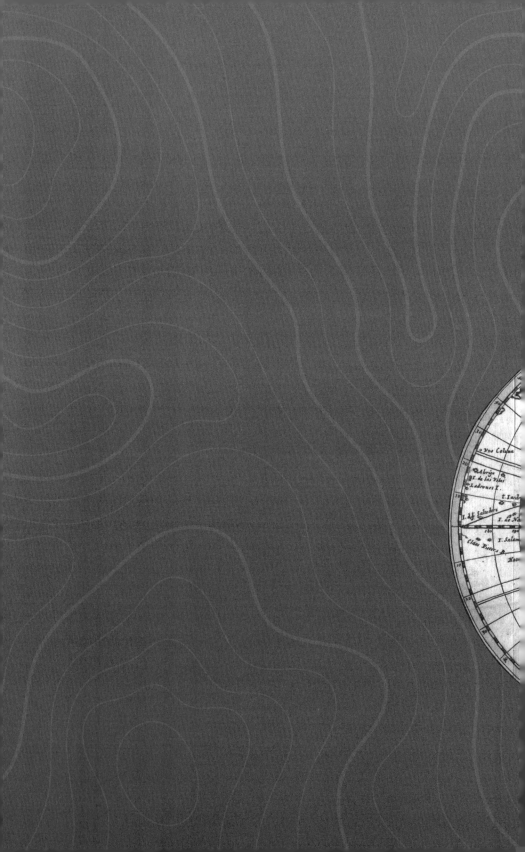

IV 부

전쟁터

Battlegrounds

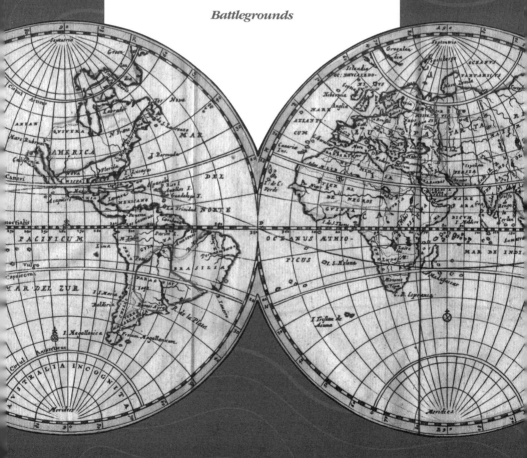

1장 음산한 뾰족탑들

음산한 뾰족탑들

Battlegrounds

해가 지고 떠오르는 사이에
부당한 일들이 저질러져서
역사 속에 뼈처럼, 따로 떨어져 누워 있구나.

― W. H. 오든W. H. Auden, 《F6 등반The Ascent of F6》, 2막 5장(1936년)

나는 1970년대 초반에 북아일랜드 벨파스트에서 풋내기 특파원으로 근무했다. 그때 우리 부부는 젊은 가톨릭교도 여성을 아기 돌보미로 고용했다. 이 여성을 메리라고 하자. 메리는 앤더슨타운에 살았다. 당시 벨파스트에서 아일랜드 공화국을 지지하는 교외 마을 가운데 가장 악명 높은 곳이었다. 앤더스타운에 있는 거의 모든 집이 (메리네 집도) IRA(아일랜드공화국군) 대원에게 피난처가 되어주었고, IRA의 무기를 안전하게 숨겨주었다. 내가 북아일랜드를 떠난 후에도 우리 가족은 메리와 오랫동안 연락하며 지냈다. 그런데 메리네 부모님이 메리에게 폭력에 물든 벨파스트를 떠나 캐나다로 가라고 강권했고, 결국 메리는 브리티시컬럼비아주의 밴쿠버에 정착했다.

시간이 흐르고 메리는 결혼했다. 메리의 남편도 벨파스트를 떠나 브리티시컬럼비아에 정착한 사람이었다. 이 남자를 제럴드라고 부르겠다. 제럴드는 개신교도였다. 그냥 개신교도가 아니라 진정으로 호전적인 개신교도였고, 끔찍이도 가톨릭을 혐오하는 목사 겸 정치가 이언 페이즐리Ian Paisley가 이끄는 교회에 다녔다. 제럴드는 벨파스트의 쇼트 스트랜드라는 동네에서 살았었다. 벨파스트에서 가장 정력적으로 영국에 충성을 바치는 곳, 얼스터 의용군Ulster Volunteer Force(북아일랜드 왕당파 무장단체로 영국과 미국, 아일랜드가 테러 조직으로 지정했다—옮긴이)이 대원을 모집하는 기지, 오렌지당Orange Society(1795년에 아일랜드의 개신교도가 조직한 비밀 결사대—옮긴이)의 보루였다. 간단히 말해서 제럴드는 메리가 두려워하고 경멸했을 요소를 빠짐없이 갖춘 남자였다. 반대로 메리는 제럴드가 교황 절대주의자papist(교황 제도를 두는 로마 가톨릭을 낮잡아 부르는 말—옮긴이) 악마라고 여길 여자였다.

메리와 제럴드의 결혼 생활은 지금까지 45년간 이어지고 있다. 이제 은퇴 시기를 맞은 두 사람은 자식을 세 명 낳아서 길렀고, 손주도 여럿 두었다. 두 사람 모두 밴쿠버 공공 행정을 지탱하는 기둥이다. 메리는 보육, 제럴드는 고속도로 유지보수와 관련된 업무를 맡고 있다. 한 명은 가톨릭교도고 다른 한 명은 개신교도라는 사실은 별로 중요하지 않다. 50년 전 두 사람의 고향 동네가 화합을 상상할 수조차 없을 만큼 적대적이었다는 사실도 그다지 중요하지 않다. 캐나다에서 이런 사실은 조금도 중요하지 않다. 아일랜드인 사이의 다툼은 두 사람이 밴쿠버 공항 활주로에 발을 내디딘 순간 끝났다. 메리와 제럴드도, 아일랜드 공화국과 북아일랜드의 정치 상황에 관해 생각하는 사람 대다수도 이제 동의하듯이, 다툼의 핵심은 사실 땅이었다.

제럴드나 그와 생각이 같았던 사람들은 벨파스트에 살던 시절, 자신의 도시가 영원히 런던 정부의 통치를 받아야 하고 영국에 확고부동하게 충성을 다하는 지역이 되어야 한다는 생각을 목숨 바쳐 수호하는 것이야말로 신이 명령한 의무라고 믿었다. 메리는 앤더슨타운의 작은 임대주택에서 살면서 툭하면 총격에 놀라고 시달렸던 시절에 제럴드와 다른 소망을 품었다. 먼 훗날 아일랜드섬 전역이 지형 그대로 온전하고 평화롭게 통일되어서 더블린 정부의 평등하고 온화한 통치를 받기를 꿈꿨다.

두 집단의 논쟁은 어떤 의미로 보나 종교와 별 상관이 없었다. 오히려 통치와 점유, 조직, 주권, 독립, 정치적 연합, 분리, 법 체제 같은 개념과 훨씬 더 관련 있었다. 이런 것들 모두 결국에는 메리와 제럴드가 살았던 땅, 벨파스트와 퍼매너와 티론과 아마와 앤트림과 런던데리와 다운(모두 북아일랜드 지역명이다—옮긴이) 사람들이 살았던 땅을 지배하는 자가 결정했다. 사람들이 그 땅에서 멀어지면 다툼도 약해진다. 사람들이 그 땅으로 돌아가면 오래된 싸움이 다시 일어날 것이다.

깊은 역사적 균열이라는 짐을 안고 있는 땅에 사는 사람들에게 장소의 중요성에 관해 구변 좋게 떠들어댈 수 있다. 하지만 고향에서 으르렁대며 열띠게 싸웠던 사람들이 전 세계의 다른 지역으로 이주한 뒤에는 비교적 평온하게 살아가기도 한다는 사실을 잊지 말자. 1990년대 중반 르완다 집단학살에서 도망친 투치족과 후투족 다수가 캐나다 앨버타와 미국 노스다코타에서 살아간다. 오늘날 이들은 상대 부족에게 더 다정한 것 같다. 시카고에 사는 세르비아인과 코소보인은 이제 서로에게 적대적이지 않은 듯하다. 시카고 북부 데번가 양쪽 끝에서 사는 인도인과 파키스탄인도 마찬가지다. 이 사람들을 동아프리카나 발칸반도, 인도 아대륙으로 되돌려보내면 전쟁의 불꽃이 다시 튈 것이다. 충돌을 낳았던 땅에서 사람들을 멀리 떨어뜨려 놓으면, 불안한 평화가 자주 돌아오곤 한다. 물론 언제나 그렇지는 않으며 잘 알려진 예외를 다음 장에서 살펴볼 것이다. 하지만 적대감은 거의 항상 거리가 멀어지면 가라앉고, 땅 위에서 살아가는 이들 모두 그저 사람일 뿐이니 갈라서기보다는 뭉치는 편이 낫다는 더 큰 인식이 찾아온다.

메리와 제럴드가 가장 분명한 예시다. 이제 메리와 제럴드의 가족 중 아일랜드에 남아 있는 사람은 전혀 없으며, 두 사람이 아일랜드를 찾는 일도 거의 없다. 두 사람의 집은 캐나다다. 캐나다에서는 아일랜드에서와 달리 깊고, 심각하고, 끊이지 않았던 다툼이 일어나지 않는다. 앞으로도 영영 일어날 것 같지 않다. 메리와 제럴드는 그저 계속해서 살아갈 수 있다. 이제 두 사람이 땅에 보이는 관심은 어떻게 해야 로키산맥의 작은 언덕에 있는 자그마한 은퇴 주택을 둘러싼 땅 2,000여m²에 식물을 잘 심고 가꿀 수 있느냐다. 그런 관심이면 충분하다.

불경한 땅

Battlegrounds

밸푸어('밸푸어 선언'으로 이스라엘과 아랍의 분쟁을 낳은 영국 정치가)가 아랍인과 유대인 사이 문제에 휘말려봤자 아무 쓸모가 없다네(위험하다는 사실은 말할 것도 없지). 그 지역에 불필요한 문제가 일어날 걸세. 머지않아.

- 러디어드 키플링Rudyard Kipling, 1925년 헨리 라이더 해거드H. Rider Haggard에게 보낸 편지

1947년 9월 26일 금요일 오후, 미국 롱아일랜드의 레이크 석세스 마을에 있는 스페리 자이로스코프 회사의 옛 전시 본부에서 영국 장관—헌신적인 사회주의자이자 노동조합원, 암벽등반가이자 등산가인 아서 크리치 존스Arthur Creech Jones—이 성명을 발표했다. 그 결과는 누구도 예상치 못했다. 아니 더 정확히 말하자면, 결과를 모두가 과소평가했다. 하지만 이 발표는 세상에서 해결이 가장 힘든 토지 분쟁을 낳았다.

퉁퉁하고, 안경을 썼고, 온화하고, 이 발표가 아니었더라면 다소 잊혔을 이 공직자는 UN 총회에서 —UN 대표단은 상설 본부가 맨해튼 동편에 건설되고 있는 동안 레이크 석세스의 불결한 공업 용

지에서 회의를 열었다— 영국이 사반세기 동안 이어온 불운한 팔레스타인 지배를 끝내고 1948년 5월 중순까지 영국군을 모두 철수시킬 것이라고 통지했다.

그때까지 영국이 통치했던 옛 오스만제국의 영토 20,234㎢에는 올리브 농장과 시트러스 과수원과 염소치기의 오아시스와 바위투성이 사막과 종교적 중요성이 비할 데 없이 크고 깊은 고대 도시들이 있었다. 지중해와 요르단강 사이, 북쪽의 레바논 국경부터 남쪽의 아카바만과 홍해까지 펼쳐져 있는 이곳은 가장 비옥하고 희망찬 약속의 땅이었다. 유대인과 아랍인 사이에서 이 레반트 땅의 양도를 놓고 논쟁이 벌어졌다. 앞으로 수백만 명이 수십 년 동안 똑같은 논쟁을 치열하게 이어가고, 이 논쟁 때문에 터진 전쟁과 암살과 테러 행위가 오늘날까지 계속될 터였다. 하지만 존스가 1947년 초가을의 금요일에 이 소식을 발표하고 토요일 아침에 진지한 영국 신문 전체가 이 소식을 톱뉴스로 실었을 때, 런던의 우리 가족에게 정말로 중요했던 일은 아버지가 드디어 집으로 돌아오신다는 사실뿐이었다.

젊은 군인이었던 내 아버지는 몹시 힘겨운 전쟁을 이미 한 차례 겪어보셨다. 처음에는 상황이 희망찼다. 아버지는 1943년 북아프리카 사막에서 전차 중대를 지휘하셨고, 그리 심각하지는 않았던 소규모 전투를 숱하게 거치셨다. 그러던 중 뜻하지 않게 본국으로 소환되어서 비밀 훈련을 받으셨다. 나중에 노르망디 디데이 상륙으로 알려진 상륙작전을 위해서였다. 그 유명한 6월 6일 오버로드 작전Operation Overlord(노르망디 상륙작전의 연합군 측 암호명—옮긴이)이 마침내 개시되었을 때, 아버지는 부대를 이끌고 오마하 해변에 성공적으로 상륙하셨다. 하지만 아버지의 운은 사흘 후에 바닥났다. 노르망디 시골의 깊고 좁은 길에서 매복 공격과 맞닥뜨리는 바람에 포로로 잡혔고, 결국 브라운슈바이크라는 작센 도시의 장교 포로수용소 Oflag 79에 갇히셨다. 아버지는 전쟁이 끝날 때까지 몇 달을 포로수용소에서 보내야 했다. 1945년 3월, 미군이 아버지를 풀어주었다. 그런데 아버지가 런던 집으로 돌아와 보니 놀라운 소식 두 가지가 기다리고 있었다. 첫 번째, 집이 나치의 V-2 비행 폭탄에 맞아서 무너지고 없었다. 두 번째, 내가 태어나 있었다.

육군성은 다정다감한 기관이 아니었고, 시대는 무자비했다. 군은 아버지를 즉시 런던과 무너진 집과 갓 태어난 아들에게서 떼어내 군 수송선에 태웠고, 지브롤터 해협과 몰타, 사이프러스를 거쳐 팔레스타인의 하이파 항구에 내려놓았다. 아버지는 팔레스타인에서 맥 빠지고 거북한 2년을 보내셨다. 존스가 UN 총회에서 군 철수를 발표한 후에야 다른 군인 1만 명과 함께 해고 통지를 받으셨다. 드디어 아버지는 완전히 제대해서 집으로 아주 돌아갈 수 있다는 명령을 들으셨다. 아버지의 종군 기장 리본에는 얇은 금속 기념 막대기가 보태졌다. 아버지는 감사 인사를 잔뜩 받으셨고, 공식적으로 제대하셨고, 민간인으로 돌아가도록 허락받으셨다.

아버지가 배치받은 지역의 근대 역사는 크게 세 시기로 나눠볼 수 있다. 아버지가 파견되었을 당시, 이 지역은 두 번째 시기를 지나고 있었다. 첫 번째 시기는 16세기 초반에 시작됐다. 16세기 초부터 4세기 동안 이 방대한 지역은 오스만제국의 시리아 빌라예트(오스만제국의 1차 행정구획으로 '주'에 해당한다—옮긴이)에 속해 있었다—전체 면적은 22,258㎢, 또는 이스라엘에서 요즘도 여전히 쓰이는 옛 터 키식 넓이 단위로 계산하자면 2,200만 두남*이다—. 오스만제국이 이집트 맘루크 왕조를 몰아낸 1516년부터 다마스쿠스의 황금 보좌 에 앉은 오스만 왈리(빌라예트를 다스리는 주 장관—옮긴이)가 꿈꾸듯 이 지역을 다스렸다. 그리고 예루살렘 산자크(빌라예트 아래 행정구획인 '군' —옮긴이)를 통치하는, 프랑스어를 구사하는 오스만인을 개념상의 부장관으로 두었다(다만 술탄이 몸소 임명하는 부장관은 콘스탄티노플 정부 의 고관들에게 직접 보고했다). 19세기 중반까지 이 신성한 땅은 거의 완 전히 아랍인의 땅이었다—다만 고대의 여러 시기에는 사실상 유대 인이 살았다—. 1850년에 이 지역의 유대인 인구는 전체의 4%였던 듯하다. 이들 대다수는 시리아 빌라예트의 유서 깊은 도시들 시장 에 깊숙이 틀어박힌 신앙심 깊은 종교학자들이었다. 그런데 19세기 후반 즈음에 유대인 인구가 늘기 시작했다. 이유는 두 가지였다. 제 정 러시아에서 정부가 후원하는 듯한 포그롬(제정 러시아의 유대인 대학 살에서 비롯한 용어로 인종·종교 탓에 벌어지는 집단학살을 가리킨다—옮긴이)이 일어난 데다, 1897년에 시오니즘이라는 철학 개념이 공식적으로 탄 생했기 때문이었다. 시오니즘은 나라 없이 전 세계에 흩어진 유대 인이 다윗의 도시, 예루살렘의 언덕으로 돌아와서 다시 조국을 재

---

* 오스만제국 시기 두남은 그리스의 스트레마stremma처럼 다소 유연하게 쓰이는 단위였다. 처음에는 황소 한 조가 단 하루에 갈 수 있는 땅 너비를 기준으로 정해졌다. 나중에는 각 변의 길이가 40 보폭에 해당하는 정사각형의 넓이를 가리키는 단위로 바뀌었는데, 이라크 와 팔레스타인에서 재는 보폭 길이가 아주 다른 것으로 드러났다. 최근 두남은 미터법으 로 다시 정립되어서 대개 1,000m² 또는 0.1헥타르를 의미하는 것으로 여겨진다.

건하는 것을 목표로 삼은 유대 민족주의 운동이다.

　오스만 통치자들은 유대인의 팔레스타인 이주를 허락하거나 권장하지 않았고, 오히려 이주민이 땅을 사는 것을 금지했다. 그때쯤에는 공식적인 오스만 토지 법전이 있었고, 서구식 토지대장과 토지 분배 방식도 완전히 발달해 있었다—예를 들어 땅이 신 또는 오스만 술탄의 소유라는 사상은 영국의 모든 땅이 영국 군주의 소유라는 영국식 개념과 같았다—. 토지법에는 마을 토지를 공동으로 소유한다는 개념도 제시되어 있었다. 이 법은 오스만제국보다 더 오래 살아남아서 살짝 수정을 거친 뒤 영국의 위임 통치 규정에 포함되었다. 더 나중에는 이스라엘 법령에도 어느 정도 포함되었다.

　곧 유대인들은 영리하게 움직였고, 오스만 땅을 살 수 없다는 금지 조항의 허를 찔렀다. 오래전 성경에서 약속한 가나안 땅, 시온 땅 조각을 손에 넣겠다는 열망이 너무도 간절했다. 20세기 초, 유대인은 대리인을 이용하는 등 다양한 방식으로 소규모 농장과 마을을 사들였다. 유대인 마을 주민이 공동으로 땅을 사는 일도 있었다. 유대인 인구수도 불어나기 시작했다. 1916년, 오스만제국이 다스리는 팔레스타인 땅에 유대인 8만여 명이 살았다. 아직 전체 인구의 10%에는 못 미치는 수치였다. 그런데 제1차 세계대전이 터지고 유럽에서 전쟁이 잇따르자 유대인 인구수가 다시 줄어들었다. 당시 유대인 숫자는 너무도 적어서 유대인에 위협을 느끼는 비유대인은 거의 없었다. 전쟁 이전 팔레스타인 주민은 유목민이든 은행가든, 농부든 노동자든 가릴 것 없이 서로에게 품위 있는 관용을 베풀며 살아갔다. 이 시기에 동유럽 유대인 촌락에서 빠져나와 다양한 이주 물결에 동참한 시골 유대인 대다수는 팔레스타인에 와서 집단 키부츠를 세웠고, 당대의 표현처럼 '사막을 꽃피우게' 하느라 바빴다. 그러는 동안 오스만제국은 나른하게 바라보고만 있었다.

오스만제국이 제1차 세계대전에서 유럽 연합국에 참패하고부터 상황은 빠르고 극적으로 변했다. 세계대전을 계기로 팔레스타인 근대사에 두 번째 단계가 찾아왔다. 바로 영국의 팔레스타인 위임 통치기였다—내 아버지는 이 시기의 마지막 무렵에 세상에 알려지지 않은 소박한 역할을 맡으셨다—. 1917년, 영국이 오스만제국을 궤멸하리라고 이미 예상했던 외무장관 아서 밸푸어는 그 유명한 선언을 통해 시오니즘 운동이 너무도 간절하게 바랐던 일, 마침내 유대인이 팔레스타인에 고국을 건설하는 일을 지원하겠다고 약속했다.

당시 널리 박해받던 유대인이 특별히 안타까웠기 때문은 아니었다. 시오니즘에 열렬히 동감했기 때문도 아니었다(당대 영국 지배 계급은 아랍 측에 애정을 —지나치게 낭만적인 표현이긴 하지만— 조금 더 많이 느꼈다). 약삭빠른 밸푸어가 영국 시오니즘 운동의 지도자인 로스차일드 경Lionel Walter Rothschild에게 온 세상이 다 아는 그 편지를 보내서 이스라엘 건설을 약속한 데에는 이중의 속셈이 있었다. 첫째, 독일과 전쟁 중이었던 영국은 이 약속을 계기로 영향력 강한 미국 유대인이 영국을 도와주기를 바랐다. 둘째, 러시아는 물론 중부 유럽으로 번진 포그롬을 피해서 달아난 수많은 유대인이 결국 팔레스타인에 정착해서 근처 이집트의 수에즈 운하를 보호하는 데 힘을 보태주길 바랐다. 수에즈 운하는 인도를 비롯해 영국의 동양 식민지를 본국과 이어주는 핵심 연결고리였다. 밸푸어 선언은 이타주의에서 비롯된 결정이 결코 아니었다. 대영제국의 다른 권모술수 대다수와 마찬가지로 외교 게임에서 이기기 위해 고도로 계산된 정치 행위였다.

밸푸어 선언은 즉각 실질적 효과를 낳았다. 유대인은 마침내 시오니즘의 꿈을 이룰 수 있다고 감지했다. 유대인에게 오랫동안 거부당했던 민족의 터전 팔레스타인으로 이주하라고 권하던 이들은 설득에 더욱 열을 올렸고, 유대인이 팔레스타인에 정착하는 속도도 빨라지기 시작했다. 팔레스타인 내 유대인 인구는 아직 많지 않았지만, 유력 인사들이, 특히 다른 나라에서 재력과 영향력을 모두 지닌 인물들이 유대인 이민을 지원했다. 유대인의 팔레스타인 정착 경향이 뚜렷하게 나타났다. 유대인이나 유대인의 대리인이 팔레스타인 땅을 모조리 사들이기 시작했다.

팔레스타인 이주는 《탈무드(유대교의 고대 율법과 전통을 집대성한 책—옮긴이)》에서 말하는 의무라고 믿는 사람들도 있었다. 의무감이 어찌나 강렬했던지, 율법에서 이렇게 말하기까지 했다.

유대인이 에레츠 이스라엘(극단적 시오니즘에서 유대민족의 땅을 가리키는 개념, 성경에서 이스라엘 영토가 가장 넓었을 때의 지역과 일치한다—옮긴이)에서 비유대인으로부터 집을 한 채 산다면, 심지어 안식일에도 권리증을 작성할 수 있다(유대교는 안식일을 엄격하게 지키기 때문에 이날은 어떤 일도 하지 않고 휴식해야 한다—옮긴이). 안식일에도? 과연 그럴 수 있는가? 라바*가 설명했던 대로, 비유대인에게 권리증을 작성하도록 지시하면 된다. 비록 율법

---

* 《탈무드》에 나오는 바빌로니아 랍비. 토론 기술로 유명하다.

은 안식일에 유대인이 할 수 없는 일을 비유대인에게 시키는 것을 금지하지만, 랍비들은 에레츠 이스라일 정착 때문에 이 계율을 포기했다.

이렇게 경전과 교리와 신념의 문제가 노쇠해가는 대영제국의 삐걱거리는 술책 속으로 곤두박질쳤다. 연합국이 오스만제국을 무찌르자 곧 영국군이 팔레스타인을 점령했다. 몇 달 후, 영국 식민 정부가 구성되어 군대로부터 권력을 넘겨받았고 1920년 7월 초부터 실질적으로 팔레스타인을 통치했다. 팔레스타인 총독부는 국제연맹의 인가하에 팔레스타인을 지배하기 위해 관례대로 식민 정부에 필요한 전부를 갖추고 찾아왔다. 서리와 요크셔, 스코틀랜드와 콘월 출신 관료들—소말릴란드부터 사모아, 멜버른, 콜카타까지 해외 식민지에서 일반 행정과 공공사업, 해상 세력 감독, 세금 징수 등을 관리하며 잔뼈가 굵은 관리들—이 자그마한 바닷가 땅 조각을 전담했다. 남북으로 322㎞가 채 안 되는 이 땅은* 기독교와 이슬람교에 특별히 의미 있는 곳이었고, 특히 전 세계의 거의 모든 유대인에게 신성한 곳이었다. 이곳은 공식적으로 대영제국의 신생 식민지가 되었다. 공식 명칭도 '영국 위임통치령 팔레스타인'으로 바뀌었다.

런던 정부는 성도聖都 예루살렘도 실질적으로 지배했다. 예루살

---

* 내가 시리아 다마스쿠스에서 지낼 때 친구였던 어느 UN 직원이 이스라엘 하이파에 가서 수상 스키를 타보라고 제안했다. 전차가 득실거리는 골란고원을 지나 견고한 국경 장벽을 통과해서 이스라엘로 들어가는 여정은 두 시간도 걸리지 않았다. 점심때 지중해에서 신나게 물을 튀기다가 시리아 집으로 돌아왔는데, 오후에 차 마실 시간은 넉넉했다.

렘에 1,000년 만에 처음으로 기독교 정부가 들어섰다. 처음에 총독부는 이 특별하고 영광스러운 도시를 다스릴 능력을 자신하며 야심을 드러냈다. 하지만 총독부의 야망은 당대의 지나친 격정과 비극적으로 어긋난다는 사실이 대번에 드러났다. 들끓는 격정은 유럽의 유대인이 아랍인 사이에서 살기 위해 수천 명씩 몰려오면서 드러나기 시작했다. 아랍인들은 갑자기 자신의 영토가 약탈당하는 상황을 지켜보며 당연히 경악했다.

한동안 영국은 손에 넣은 고대 도시들의 아름다움을 소중히 여기며 광을 내려고 애썼다. 성전산, 알아크사 모스크, 성묘교회, 통곡의 벽이 모두 영국의 수중에 들어왔다. 식민 관료들은 순진한 꿈을 잔뜩 품었다. 그들 중 이상주의자들은 시간이 흐르면 아랍인과 유대인이 공존하는 법을 배워서 함께 팔레스타인 통치 계급을 형성할 수 있으리라고 희망했다―어쨌거나 영국인이 보기에 아랍인과 유대인은 그렇게 다르지 않았다―. 공상은 여기서 그치지 않았다. 식민 통치자들은 영국이 너무도 좋아하고 찬미해온 정치 체제와 귀족 계급에서 오랫동안 교육받고 살아온 사막의 아랍 상류층이 바르샤바와 베를린, 키이우에서 망명한 유대인 지식인과 잘 어울려 지낼 수 있으리라고 예상했다. 아랍 상류층은 유대인의 서점에서 구매한 책으로 서재를 꾸밀 것이고, 빈 출신 제빵사의 제과점에서 크림 케이크를 먹을 것이다. 그뿐만 아니라 브로니슬라프 후베르만 Bronislaw Huberman의 팔레스타인 관현악단(폴란드계 유대인인 후베르만이 이스라엘 텔아비브에 조직한 관현악단―옮긴이)이 연주하는 음악회에도 참석할 것이다. 음악회에서 거장 아르투로 토스카니니 Arturo Toscanini(팔레스타인 관현악단에서 지휘를 맡은 적 있다―옮긴이)의 우아한 지휘에 경탄하고, 망명 음악가들이 가져온 귀중한 스트라디바리우스 바이올린과 과르니에리 바이올린의 숫자에 감탄하리라. 전도유망한 약속의 땅 예루살렘은 세월이 흐르면 복구되어서 다시 한 번 거룩해질 것이고, 마침내 문명의 통치와 지배를 받게 될 것이다.

이 꿈은 얼마 지나지 않아 재로, 산酸으로, 쓰라린 고통으로 바뀌고 말았다. 팔레스타인에는 조화와 예절 대신 투쟁과 봉기, 반란과 추악함이 찾아왔다. 새롭게 이용할 수 있는 레반트 땅을 누가 차지할 것인가 하는 곤란한 문제 때문에 사회적 혼란과 분노를 자아내는 행동들이 마구 튀어나왔다. 아일랜드에서처럼, 여기 팔레스타인에서도 핵심은 땅이었다.

팔레스타인을 4세기 동안 지배했던 오스만제국은 시리아 빌라예트와 예루살렘 산자크 영토 20,200여km^2를 외국인에게는 절대 판매할 수 없다는 정책을 엄격하게 고수했다. 19세기 후반에 이 금지조치가 다소 느슨해졌지만, 유대인은 여전히 팔레스타인 땅을 살 수 없었다―밸푸어 선언 전에 이주한 소수는 대개 오스만에 적대적인 제정 러시아에서 탈출한 사람들이었다―. 1919년에 팔레스타인에서 권력을 잡은 영국은 새로운 규정을 대거 발표했다. 주로 아랍 시골 농부를 보호하기 위해서였다. 이제부터 관청의 승인이 없다면 누구도 땅 0.24km^2 이상을 살 수 없었고, 땅을 살 때 3,000팔레스타인 파운드 이상을 쓸 수 없었다.

이런 규정을 두고 상황을 통제하기 위한 용감한 시도라고 평가하는 사람도 있을 것이다―그런 사람이 많지는 않겠지만―. 하지만 새로 몰려든 유대인은 규제 조항을 교묘하게 피할 방법을 발견했고, 유대인의 토지 구매는 급증했다. 주로 개인이 아니라 부유한 국외자들, 시오니즘 동조자들과 지지자들이 땅을 사들였다. 팔레스타인에서 땅을 사고 이주와 정착을 장려하기 위해 막대한 자금이 특별히 조성되어 투입되었다. 가장 규모가 크고 잘 알려진 기금을 꼽아보자면, 에드몽 드 로스차일드Edmond de Rothschild가 설립한 팔레스타인 유대인 식민화 협회의 기금(이 돈으로 땅 506㎢를 샀다), 팔레스타인 토지 개발 회사의 자금, 유대 민족 기금이 있다. 특히 유대 민족 기금이 가장 중요했다.

유대인이 자금을 충분히 모으고 팔레스타인에서 방대한 땅—이제까지 레바논인이나 시리아인, 영국 위임통치령 국경 바깥의 다른 아랍인들이 소유했던 땅—을 모조리 사들일 최종 능력을 갖추고 나자, 땅을 잃은 아랍 노동자들이 상당히 많이 생겨났다. 땅을 산 유대인은 이런 아랍 노동자를 믿지 못해서 고용하지 않았다. 그러자 아랍인과 유대인 사이가 본격적으로 벌어지기 시작했다. 상황이 점차 나빠지면서 아랍인의 폭동과 봉기, 파업은 당대의 흔한 현상이 되었다. 아랍인은 1,000년 동안 대대로 물려받아서 갈아 일구고 염소를 쳤던 땅을 유대인이 은밀히 몰수하고 통째로 강탈했다고 여겼고, 대규모 시위를 벌이며 항의했다. 아랍인과 유대인 간 불화는 때때로 통제 불능이 되었다. 특히 1933년과 1936년에는 극심해진 갈등이 여러 도시로 퍼져나갔다. 갈등 양상도 설명하거나 평가하기에는 너무 다양했다.

식민지를 통제하는 방안을 막대하게 개발해놓았던 영국도 갈등을 가라앉히고 물밀듯 쏟아져 들어오는 유대인의 이주 행렬을 막아보려고 무수히 시도했다. 1930년대만 해도 팔레스타인의 유대인 인구는 20만 명이 채 안 됐고, 아랍인이 유대인보다 4배나 더 많았다. 게다가 아랍 인구의 출생률이 (대체로 식민지의 의료 서비스가 개선된 덕분에) 느닷없이 치솟아서 영국은 상황이 안정됐다고 생각했다. 인구 통계는 통제할 수 있고, 관리하기 쉽고, 적절하고, 적당해 보였다. 그런데 아돌프 히틀러가 나타났다. 수정의 밤Kristallnacht(1934년 나치가 조종한 유대인 습격 사건—옮긴이)과 반제회의Wannseekonferenz(1942년 베를린 외곽 반제에서 열린 나치 친위대와 행정부처 수뇌부의 이 회의에서 독일이 점령한 지역에서 유대인을 말살하기로 한 결정이 승인됐다—옮긴이), 최종 해결 Endlösung(유대인 문제를 최종적으로 해결할 말살 계획—옮긴이), 홀로코스트 가 이어졌다. 유대인 이주의 수문이 영원히, 활짝 열렸다. 팔레스타인으로 향하는 유대인 이주 물결이 끝없이 치솟았다.

이스라엘 하이파와 하데라, 아슈도드, 아슈켈론, 야파의 항구에 금방이라도 부서질 듯한 난민 선박이 수십 대씩 몰려왔다. 내 아버지를 포함해 영국군은 배를 돌려보내라고, 재산을 빼앗기고 두려움에 제정신이 아닌 유럽 출신 유대인을 사이프러스나 더 먼 모리셔스 수용소로 보내라고 지시받았다. 하지만 손쓸 수 없는 지경이었다. 영국의 꿈이 끝나버렸다. 문명과 안정성의 희망이 내동댕이쳐졌다. 30년 전에 밸푸어가 했던 약속을 지켜야 할 때가 왔다. 그래서 아서 크리치 존스는 레이크 석세스 마을에서 영국의 위임 통치를 끝내겠다고 발표했다.

영국 정부는 내 아버지와 피로에 전 동료들이 뜨겁고 거친 팔레스타인 땅에서 이미 잘 알고 있던 사실을 1947년 가을에야 깨달았다. 팔레스타인으로 들어온 유대인 수천 명이 느끼는 격렬한 감정이 군사적으로나 정치적으로나 더는 버틸 수 없는 상황을 낳았다는 사실이었다. 겉으로는 동요하며 주저하는 듯하던 국제 사회도 유대인이 오래전에 약속받은 거룩한 고향 땅에 대한 권리를 보장받아야 한다고 요구했다. 유대인의 격정은 훨씬 더 커다란 폭력으로 나타나 아랍인을 향했다. 지역 평화를 유지해야 하는 외국 군대도 무사하지 못했다. 폭탄과 총격, 교수형에 목숨을 잃은 영국군도 100명이 넘었다. 점점 심각해지는 유대인 폭동의 배후에 있던 게릴라 조직 가운데 가장 가혹했던 이르군(시온주의 무장단체)이 저지른 짓이었다. 하루빨리 유대인에게 팔레스타인을 통째로 넘겨주지 않는다면 상황은 계속 나빠지기만 할 것이고, 결국 전면적인 내전이 벌어져서 가망 없는 통제 불능 상태에 빠질 것이 불 보듯 뻔했다.

오늘날, 존스의 완곡한 UN 연설을 자세히 분석해보면 영국 정부가 빠르게 허물어지고 있는 제국의 골칫거리에서 손을 떼고 꽁무니를 내빼기로 드디어 결심하고 1947년 9월에 전 세계에 공식적으로 이를 발표했다는 사실을 이해할 수 있다. 영국은 팔레스타인인과 유대인이 스스로 문제를 해결하도록 이 골치 아픈 영토를 공식적으로 포기하고 떠날 작정이었다.

이르군은 영국을 정말로 확실하게 쫓아내고 싶었는지 영국이 떠나기로 한 기한을 겨우 5주 앞두고 예루살렘 외곽의 데이르 야신 마을에서 극적으로 참혹한 대학살을 저질렀다. 1948년 4월 9일, 이르군의 비정규군들이 한밤중에 이 작은 촌락에 침입했고 주민 가운데 최소 120명을 죽였다. 사망자 수를 255명으로 집계하는 이들도 있다. 신체 절단과 강간, 잔혹 행위, 살육은 멈추지 않았다. 한 달 후에 열린 철수 기념식에서 어떤 감언이설과 아첨이 나왔든, 새로운 이스라엘 국가는 분명히 슬픔을 가눌 길 없이 비극적으로 출발했다.

1948년 5월 14일, 영국 국기가 모든 공공건물에서 내려갔고 해군은 위임통치령 팔레스타인 거주민에게—아랍인과 유대인, 다른 비유대인 모두에게— 작별을 고하는 비가를 연주했다. 군 장성들이 날카로운 눈초리로 지켜보는 가운데 여름 군복을 차려입은 마지막 보병 파견대가 크게 안도하며 상륙정에 올라타 지중해로 빠져나갔다.

위임통치령 팔레스타인의 고등판무관 앨런 커닝엄Alan Cunningham 장군은 군대가 떠나자 영국 공군 비행기 더글러스 C-47 다코타를 타고 떠났다. 예루살렘의 심각하게 파괴된 킹 데이비드 호텔을 기지로 삼았던 커닝엄은 런던에서 팔레스타인의 식민 관료와 군 장성에게 전보를 보내 제국의 우울한 식민지 귀퉁이에서 떠나라고 지시했다. 그리고 커닝엄 자신이 퇴장하면 팔레스타인은 영국의 위임통치령에서 독립 주권국가로 공식 변경된다고 발표했다. 이 주권국의 이름 '이스라엘 국가the State of Israel'*는 오늘날까지 변함없이 남아 있다. 폴란드 출신 망명자이자 열렬한 시온주의자 다비드 벤구리온

---

* 이스라엘이 공식적으로 설립되기 전 시온주의자들은 '이스라엘 땅'이라는 뜻의 '에레츠 이스라엘'이라는 이름을 사용했다. 레반트 남부인 에레츠 이스라엘은 성경에 아주 다양한 규모로 언급되기 때문에 넓이와 모양을 정확하게 규정할 수 없다. 현실성 있는 국명이라기보다는 유대 국가를 세우고 싶다는 시오니즘의 꿈을 반영한 이름으로 보아야 한다. 영국이 위임통치하던 약 사반세기 동안 시온주의자들은 당대의 정치 현실에 소망을 불어넣어 영국령 팔레스타인을 '팔레스타인-EY', 즉 '팔레스타인-에레츠 이스라엘'이라고 부르며 가짜 국명을 만들어냈다.

David Ben-Gurion이 총리가 되었고, 새롭게 건설한 해안 도시 텔아비브를 수도로 삼았다. 고대 사막 도시 야파가 있었던 텔아비브야파(1950년에 텔아비브와 야파를 합쳐서 텔아비브야파가 되었다—옮긴이)는 1909년에 베두인족에게서 사들인 땅*에 건설되었다.

벤구리온이 새로운 국가를 건설하며 발표한 선언문은 단락 19개로 구성되어 있다. 아마도 가장 중요한 내용은 선언서 절반쯤에 나온다.

> 이스라엘 국가는 유대인 이민과 망명자 회합을 받아들일 것이다. 모든 거주민의 이익을 위해 나라를 발전시킬 것이다. 이스라엘의 선지자들이 예상했던 것처럼 자유와 정의, 평화에 바탕을 둘 것이다. 종교나 인종, 성별과 상관없이 모든 거주민에게 사회적, 정치적 권리의 완전한 평등을 보장할 것이다. 종교와 양심, 언어, 교육, 문화의 자유를 약속할 것이다. 모든 종교의 성소를 보호할 것이다. 국제연합 헌장의 원칙에 충실할 것이다.

팔레스타인 사람들은 이스라엘이 공식적으로 탄생한 날인 1948년 5월 14일을 '나크바', 즉 '대재앙'이라고 불렀다. 팔레스타인 사람 거의 모두가 벤구리온의 선언서에 등장하는 모든 단어를 조롱했다. 평등이라고? 흥! 자유라고? 흥! 원칙에 충실하다고? 흥! 팔레스타

---

* 유대인 이민자는 땅을 살 수 없다는 오스만제국의 금지 조항을 피하기 위해 네덜란드 은행가이자 저명한 시온주의자 야코부스 칸Jacobus Kann이 처음 사들인 땅이었다. 칸은 네덜란드 귀족이었던 덕분에 나치의 네덜란드 점령기 초반에 벌어졌던 잔혹 행위를 어느 정도 피할 수 있었다. 하지만 끝내 칸은 아내와 함께 체코슬로바키아 북부의 테레지엔슈타트 강제 수용소로 보내졌고, 1944년 수용소에서 생을 마감했다.

인 사람 거의 모두가 이스라엘이 탄생하고 첫 몇 달 동안 벌어졌던 잔혹 행위와 강탈, 노골적인 토지 절도를 지켜보며 독립 선언서와 현실의 간극을 비난했다. 팔레스타인 사람들은 데이르 야신 대학살이 이스라엘 탄생에 뒤따르는 폭력 중 작은 일부에 지나지 않는다고 말한다. 짓밟히며 낙담하고 사기가 꺾인 팔레스타인 사람 수만명이 고향을 떠나기 시작했고, 한동안 난민이 되어 떠돌아야 했다. 그들은 캐러밴이나 자동차, 낙타 행렬을 따라 서쪽 가자나 동쪽 요르단, 더 멀리 안전한 곳으로 달아났다. 1949년까지 팔레스타인 사람 72만 명이 도망가거나 추방당했다. 결국, 이스라엘 인구에서 유대인이 차지하는 비율이 압도적으로 높아졌다. 현재 이스라엘 인구 870만 명 가운데 유대인은 650만 명, 아랍인은 180만 명(전체의 5분의 1 정도)이다.

토지를 둘러싼 논쟁에서 유대인과 팔레스타인인의 주장은 당연히 극과 극으로 상충한다. 시온주의자들은 이스라엘 탄생 초기에 벌어졌던 일이—더 나아가 악명 높은 제3차 중동전쟁을 포함해 이스라엘 건국 이후에 일어난 모든 전쟁에서 벌어졌던 일도— 반감을 품은 아랍인의 거센 공격에 대한 타당하고 점진적인 대응이었다고 주장할 것이다(1967년의 제3차 중동전쟁에서 승리한 이스라엘은 요르단강 서안과 해안의 가자 지구를 합병했다). 양측은 아직도 분쟁을 멈추지 않았다. 가끔 낙관적인 상황이 찾아오기도 했지만, 용서나 진정한 화해의 조짐은 전혀 보이지 않는다.

땅은 논쟁의 핵심으로 남아 있다. 현재 이스라엘 국토 대부분은 사실상 이스라엘 국가의 소유다. 이스라엘 정부는 유대 민족이 땅을 정부에 맡겼다고 주장한다. 땅은 그곳에 사는 사람들에게 임대된 것이다. 유대 민족 기금이 사들인 방대한 대지는 이스라엘 토지 공사가 관리한다. 토지 공사는 유대인인 이스라엘 국민에게 토지 임차를 허락하지만, 보안상의 이유로 아랍인인 이스라엘 국민에게는 임대를 일부 제한한다고 한다. 개인이 소유한 땅도 조금은 있다. 이런 사유지는 돈만 있다면 누구든, 유대인이든 이슬람교도든 기독교도든 살 수 있다.

1948년 건국 이후 몇 달 동안 벌어진 일은 대개 오래전에 사람들의 시야에서 사라져버렸다. 하지만 오늘날 언론 보도 헤드라인을 장식하는 분쟁을 나열하자면 끝이 없다. 이스라엘 건국 초기의 불

2000년, 시멘트 장벽이나 가시철조망으로 이루어진 644㎞짜리 '분리 장벽'이 건설되기 시작했다. 장벽은 요르단강 서안 지구를 완전히 둘러쌌다. 이스라엘 정부는 장벽이 팔레스타인인의 폭력으로부터 자국을 안전하게 지켜준다고 말한다. © Getty Images

화가 낳은 의붓자식들인 분쟁은 더 악화됐고 일상이 되었다. 이스라엘은 세계의 많은 사람이 이스라엘이 불법으로 점령했다고 여기는 땅에 유대인을 위한 주택을 새로 짓고, 팔레스타인인의 집을 불도저로 밀어버리며, 팔레스타인인이 국가 안보를 위협할 수 있는 장소에 가지 못하도록 거대한 시멘트 장벽을 쌓아 올린다. 팔레스타인인의 근거지에서는 이스라엘 민간인 주택을 향해 로켓포를 일제히 퍼붓는다. 이 모든 일은 양측의 분노에 기름을 들이붓기만 할 뿐이고, 양측을 영원토록 분노하게 할 뿐이다.

오늘날 이스라엘 내부에서 맹렬하게 들끓는 근본적 문제는 토지 소유와 관련 있다. 이스라엘에서 팔레스타인인과 유대인이 충돌하는 문제는 북아일랜드에서 가톨릭교도와 개신교도가 충돌했던 문제와 거의 같다. 다만 중요한 차이가 하나 있다. 밴쿠버에 사는 메리와 제럴드가 그 차이를 충분히 증명한다. 아일랜드 사람을 아일랜드 바깥으로 데려가면, 그들의 분쟁은 얼마나 오래됐든 증발한다. 하지만 레반트 사람을 레반트 바깥으로 데려가더라도 그들의 분쟁은 비참하게도 어떻게든 살아남는다. 레반트의 분쟁은 뿌리 깊은 검은 곰팡이처럼 단단히 달라붙어서 사라지지 않는다. 이스라엘 유대인과 아랍인의 분쟁은 세월이 아무리 흐르더라도, 분쟁 당사자들이 아무리 고향에서 멀어지더라도 죽음을 단호히 거부한다.

분쟁의 깊은 역사 자체가 토지를 향한 중동의 열정이 얼마나 오래가는지 잘 보여준다. 윈스턴 처칠은 끝없이 이어지는 아일랜드인의 불화를 은근히 꼬집으며 유명한 말을 남겼다. "대홍수의 물이 모두 마르자, 퍼매너와 티론의 음산한 뾰족탑들이 흠집 하나 없는 모습을 드러냈다. 아일랜드인의 논쟁은 영원토록 온전히 보전되기 때문이다." 사실 아일랜드는 진정한 영원함이 무엇인지 몰랐다. 아일랜드의 길고 파란만장한 역사에서 벌어진 일은 똑같이 파란만장하지만 훨씬 더 성스럽다고 여겨지는 땅에서 벌어진 일에 비하면 아무것도 아니다. 아일랜드인이 아일랜드 토지 소유권을 가장 혹독하게 빼앗겼던 사건은 400년 전 17세기에 일어난 크롬웰Oliver Cromwell의 아일랜드 정벌이었다. 하지만 이스라엘인과 아랍인은 2,200만 두남에 이르는 레반트 땅 소유권을 두고 꼬박 '4,000년' 동안 물어뜯을 듯이 싸우고 있다. 팔레스타인 목동과 이스라엘 상인은 레반트 땅이 오로지 자신들만의 것이라고, 상대방은 누구든 그 땅에 아무런 권리가 없다고 철석같이 믿는다. 그래서 상대에게 모욕을 안겨줄 만큼 터무니없는 수준과 규모로 무단침입을 저지르며, 결판이날 때까지 사력을 다해 싸우려 든다.

　그 땅이 정말로 누구의 것이냐 하는 문제에서 예나 지금이나 그누구도 단 한 번도 의견의 일치를 본 적이 없다.

　이 지역의 운명은 오래전부터 대개 지질과 지리, 지형이 결정해왔다. 팔레스타인의 모래 언덕과 비옥한 평야는 고대 캐러밴 대상행렬이 이집트와 메소포타미아를 오가는 길에 있었다. 오늘날 전세계의 연결 통로—호르무즈 해협, 풀다 갭, 카이바르 고개, 수에즈운하, 허드슨-모호크 갭, 믈라카 해협—처럼 레반트 땅도 격렬한충돌이 빚어지고, 경계심을 영원히 늦출 수 없고, 완강하게 보호해야 하는 지역이었다. 이집트의 지역 부족 가운데 하나였던 고대 히브리인은 추방과 방랑, 정착(기원전 1400년경에 처음으로), 학살, 고난으로 점철된 복잡한 역사 속에서 이 연결 통로를 지나갔다. 그들은 수 세기 동안 고난을 견뎠다.

유대인은 이 모든 극적 사건과 고역을 거치면서도 전통과 의식을 끈질기게, 거의 기적적으로 보존했다. 고향에서 얼마나 멀리 떨어져 정착했든, 얼마나 멀리 흩어졌든 상관없었다. 19세기 시오니즘의 야망은 유대인을 다시 일으켜 세웠다. 유대인은 햇빛을 받아 눈을 깜박이며 제2의 조국인 유럽의 다양한 정착지에서 빠져나왔다. 그리고 다시 고향 땅으로, 고대 유목민의 연결 통로로 돌아왔다. 그래서 자기 민족과 이 땅을 흔히 동일시할 수 있다는 주장에 타당성이 생긴다.

성경은 유대인의 이야기를 신화화했다. 이 이야기는 주로 방랑하는 민족이 경작하고 개량하는 땅에 관한 것이다(특히《여호수아서》가 자세하다). 그런데 《레위기》는 땅이 여호와의 것이며, 땅을 "영원히 팔지 말라. 땅은 다 내 것이고, 너희는 나그네요 동거인으로 나와 함께 있느니라"라고 일깨워준다. 토지 관리는 성경이 꾸짖고 타이르는 주제였다.《레위기》25장 9절에 적혀 있듯, 50년마다—즉 '일반적인 해'를 49번 보내고 나면— '희년(유대 민족이 가나안에 들어간 해부터 계산해서 50년마다 기념하는 해방의 해—옮긴이)'이 돌아온다. 희년에는 땅을 묵혀서 쉬게 하고, 히브리 노예를 자유롭게 풀어주고, 탁트인 시골에서 과거에 팔렸던 모든 땅과 집을 옛 주인이나 그 자손에게 돌려줬다.

희년을 의미하는 영어 단어 'jubilee'는 히브리어 '요벨(יובל)'에서 왔다. 요벨은 행사나 중요한 사건을 시작할 때 부는 '나팔'을 의미한다. 희년은 땅을, 땅이 자기 위에서 살아가고 자기를 돌보는 인간에게 베풀어주는 모든 것을 기쁘게 기리는 행사였다.

성경에 등장하는 '희년' 개념은 오늘날 팔레스타인 땅 20,200여km² 에 대한 숱한 소유권 주장을 정당화하려는 유대인 학자에게 단 하나의 가장 매혹적인 요소다. 희년 개념은 이 지역의 정착민이 과거 몇 천 년 동안 단순히 올리브를 기르고 염소를 치고 우물에서 물을 길은 것이 아니라 어쨌거나 인간이 아닌 신의 소유인 땅을 보살피고 관리하고 공유했음을 시사한다. 이를 유대인은 희년으로, 아랍인은 대재앙으로 여긴다. 이렇게 서로 거세게 충돌하는 철학 사이의 논쟁은 수세기 동안 이어졌고, 오늘날에도 계속된다.

그러는 동안 팔레스타인 풍경은 고통과 대혼란에 흠뻑 젖었을지라도 완전히 중립을 지킨다. 지리와 지형의 자식들인 모래와 자갈, 바위와 절벽, 하곡과 소금 호수, 해변과 오아시스, 도시 길거리 모두 세상의 이 구석에서 영원한 분쟁의 대상이라는 제 역할을 묵묵하게 받아들인다. 땅은 고통과 참사를 모두 견뎌낸다. 인내하며 영원히 지속하는 것은 오로지 땅뿐이기 때문이다.

3장 비옥한 흑토에서 맞은 죽음

Battlegrounds

친구를 위해 수의를 지었다.

슬픈 옷감.

그녀는 피를 사랑하고, 사랑한다.

이 러시아 땅을.

– 안나 아흐마토바Anna Akhmatova, 《영웅이 없는 시Poem Without a Hero》(1940년~1965년)

토지 분쟁은 수많은 지역에서 수많은 형식으로 벌어지고, 수세기 동안 이어진다. 최근 가장 가슴 아픈 분쟁 가운데 하나에서는 방대한 토지—중부 유럽에서 유달리 비옥한 땅 수만 제곱킬로미터— 관련 논쟁과 저널리즘이 폭력적으로 만났다. 특히 1933년 봄, 젊은 영국 기자 한 명이 뭔가 지독하게 잘못된 일을 발견하고는 이 분쟁에 얽혀들었다. 당시 우크라이나 중앙 평야에서는 감히 헤아릴 수도 없는 수준의 범죄가 벌어지고 있었다.

그 기자의 이름은 가레스 존스Gareth Jones. 1905년 사우스웨일스에서 지역 교사의 아들로 태어났다. 존스는 서른 번째 생일을 하루 앞두고 고향에서 머나먼 만주 서부에서 세상을 떴다. 홀쭉하게 마른 몸에 안경을 쓴 이 젊은이는 머리에 총알을 세 방 맞고 살해되었다.

재능이 경이로웠던 이 웨일스 청년은 소련의 무시무시한 국내 비밀경찰인 내무인민위원회NKVD의 중국인 요원 또는 일본인 요원에게 죽임을 당한 것으로 알려져 있다. 이것이 사실이라면, 존스는 직접 목격한 사실을 2년 전 신문에 보도한 일 때문에 보복 살해된 것이었다. 존스는 소련이 우크라이나 중부에서 방대한 경작지를 몰수했으며 그 과정에서 수백만 명을 굶어 죽게 했다고, 잔인성과 지속성에서 그 어디에도 비할 데 없는 집단학살을 일으켰다고 직설적으로 비난했다. 오늘날 우크라이나에서 가레스 존스는 영웅으로 칭송받는다. 존스를 기리는 조각상도 여럿이고, 기념판과 기념비도 아주 많다. 존스를 다룬 할리우드 영화도 당연히 있다.

존스의 기사는 1933년 3월 31일 금요일에 런던의 〈이브닝 스탠더드Evening Standard〉에 처음 실렸다. 존스의 극적이고 참혹한 보고서가 대단히 중요했던 것은 소련을 직접 맹비난했기 때문이었다. 소련 당국은 존스의 보도에 달리 반박하지 않았다. 당의 정책이 연방의 남부 지역에 널리 퍼진 기근을 낳았다는 주장을 부인할 이유가 충분했었다고 생각할 사람들도 있을 것이다. 오히려 〈뉴욕 타임스〉 기자 월터 듀런티Walter Duranty가 존스의 보도를 논박하고 나섰다. 리버풀 태생의 영국인 듀런티는 11년 동안 〈뉴욕 타임스〉 모스크바 지부 기자로 활동한 이력이 있었다. 그는 영향력과 권력, 명성이 상당하고 연줄도 든든한 인물이었다. 볼셰비키 혁명의 사회적, 정치적 영향을 광범위하게 평가하고 획기적인 보도 시리즈를 발표한 덕분에 퓰리처상도 받았다.

하지만 가레스 존스가 보도했던 비극은 완전히 진실인 것으로 드러났다—듀런티의 초기 보도에는 이 사건이 조금도 실리지 않았다—. 진실이 충분히 확인되자 전 세계가 충격에 빠졌다. 영세 농민 1,000만 명이 굶어 죽었다. 어쩌면 더 많은 사람이 죽었을 것이다. 요즘 사람들은 대체로 —물론 모두는 아니다— 1932년과 1933년 우크라이나에서 벌어진 일을 전형적인 집단학살로, 그것도 근대 역사에 제대로 기록된 그 어떤 집단학살보다 규모가 훨씬 더 큰 집단학살로 여긴다.

현재 이 사건은 우크라이나 안팎에서 '홀로도모르', 즉 '기아로 인한 대량 살상'으로 불린다. 홀로도모르는 스탈린의 광기 어린 정책이 격발한 탓에 발생한 것으로 알려졌다. 이런 정책은 우크라이나의 평범한 농민에게서 땅을 빼앗아 산업화한 거대 집단 농장을 만들고자 했던 모스크바 독재에서 비롯됐다. 이념에 매몰되어 있던 소련 당국의 정책은 마르크스주의 공유제 이상에 완벽하게 부합하는 집단 농장 대신 상상조차 할 수 없는 수준의 인재人災를 낳았다. 가레스 존스는 처음으로 이 참사를 온 세상에 폭로했다—얼마 지나지 않아 그 대가로 목숨을 내놓아야 했다—.

존스의 폭로는 1933년 3월 29일 수요일 〈뉴욕 포스트〉의 머리기사로 처음 등장했다. 다만 기사는 존스가 아니라 다른 퓰리처상 수상자 H. R. 니커보커H. R. Knickerbocker의 이름으로 나갔다. 존스가 은밀하게 우크라이나에 탐사를 나갔다가 돌아와 베를린에서 기자회견을 열었을 때 니커보커와 만나 이야기를 나눴었다. 〈뉴욕 포스트〉 기사는 헤드라인부터 냉정하고 노골적이었다. '기근이 러시아를 집어삼키고, 수백만 명이 죽었다고 (…) 영국인이 말한다.' 다음 날 다른 신문들도 소련의 기근 이야기를 실었다. 하루가 더 지나 금요일이 되자 존스는 〈이브닝 스탠더드〉에 직접 기사를 발표할 수 있었다.

러시아에서 훌륭했던 것이 전부 사라져버렸다. 5개년 계획이 낳은 주요 결과는 러시아 농업의 비극적 파멸이었다. 나는 3월의 눈이 내린 시골 마을 여러 곳을 돌아다녔고, 이 파멸이 불러온 암울한 현실을 직접 목격했다. 배가 부어오른 아이들을 보았다. 농민의 오두막에서 밤을 보냈는데, 아홉 명이 한방을 쓰기도 했다. 만나본 농민하고는 전부 이야기를 나눠봤다. 대화하고 내린 전반적 결론은 러시아의 농업 현황이 이미 파국에 이르렀으며, 1년 안에 상황이 열 배 더 악화하리라는 것이다. 지금 당장도 상황이 심상치 않다. 시골 마을에서 수백만 명이 죽어 나가고 있다. 내가 방문해본 마을 중에서 수많은 사람이 죽지 않은 곳은 단 한 군데도 없었다. 그렇다면 한 달 후에는 어떻게 될까?

사람들이 남은 감자를 한 알씩 세고 있다. 하지만 어느 집이든 감자가 동난 지 오래다. 예전에는 소먹이로나 주던 비트 역시 6월, 7월, 8월에 새 식량이 생기기 전에 바닥날 것이다. 비트조차 먹지 못하는 사람이 많아질 것이다.

"감자 있습니까?" 나는 이렇게 물어보았다. 농민 모두 슬픈 표정으로 고개를 저었다.

"소는요?" 이렇게도 물어보았다. 러시아의 영세 농민에게 소는 부와 식량, 행복을 뜻한다. 소는 농민의 삶에서 중심이라고 할 수 있다.

"소도 거의 다 죽었소. 사료마저 우리가 먹어야 할 판인데 어떻게 소를 먹이겠소?"

월터 듀런티의 반박은 같은 날 〈뉴욕 타임스〉 13면에 실렸다. 기사 제목은 불안감을 덜어주려는 듯 '배고픈 러시아, 굶어 죽을 상황은 아니야'였다. 듀런티는 며칠 전 존스의 베를린 기자회견에 대응하고자 우크라이나 상황을 담은 800단어짜리 기사를 써서 모스크바에서 전보로 보냈다. 모스크바 담당 편집자는 뉴욕의 경쟁 신문사에서 쏟아져 나오는 비난에 틀림없이 긴장했을 것이고, 듀런티를 압박했을 것이다. 먼저 듀런티는 다소 피곤하다는 어투로 존스를 "열정적이고 적극적인 사고"의 소유자로 소개했고, 존스가 "러시아어를 배우는 데 수고를 아끼지 않았으며, 상당히 유창하게 러시아어를 말할 수 있다"라고 덧붙였다. 그러더니 오만한 어조로 바꿔서 이 웨일스 기자를 맹렬히 비난하기 시작했다. 그는 "우크라이나 하르키우 근처 시골 마을을 64㎞ 걸어 다니며 슬픈 상황을 발견한 데에" 근거한 존스의 판단이 "다소 성급"하다는 인상을 받았다고 표현했다. "존스의 판단이 커다란 나라의 전체 모습을 보여주기에는 상당히 부족하다고 생각한다. 하지만 그는 그 무엇에도 파멸이 임박했다는 믿음을 떨치지 못할 것이다."

이즈음에 찍은 듀런티의 사진을 보면, 듀런티가 모스크바 아파트에 손님 두 명과 편안하게 둘러앉아서 저녁 식사를 하는 모습을 확인할 수 있다. 그들 곁에는 젊은 트로츠키Trotsky를 소름 끼치도록 빼닮은 하인이 시중들며 레드와인을 따르고 있다. 저녁상은 양초와 은식기, 고급스러운 식탁보로 차려져 있다. 사진을 찍은 사람이 앉은 자리 앞에 놓인 접시에는 음식이 푸짐하게 담겨 있다. 사진 속에서 식사하는 사람들은 배가 고팠겠지만, 확실히 굶주리지는 않았을 것이다. 아마 단 한 번도 굶주려본 적이 없었을 것이다.

듀런티는 다작하는 기자였고, 그가 첫 반박 기사를 내고 이후 며칠 동안* 쓴 기사들은 탄생한 지 15년이 된 비대한 공산주의 정권의 성장과 일반적 성공, 번영, 훌륭한 결실을 꾸준히 노래했다. 4월 6일, '소비에트 산업이 큰 수익을 자랑하다'. 4월 7일, '소비에트가 봄철 파종의 증가를 환호하다'. 4월 10일, '러시아에서 파종이 계속 늘어나고, 새로운 정부 기관인 기계-트랙터국이 식량 생산에 박차를 가하다'. 4월 21일, '소비에트에서 파종이 이루어진 면적, 작년보다 세 배 증가 (…) 낙관적 전망이 명백. 카를 라데크Karl Radek(폴란드계 유대인인 러시아 공산주의 이론가—옮긴이)의 전언: "작물이 잘 자란다면, 전 세계를 꾸짖을 수 있다."'

바로 전해에 퓰리처상을 받았던 듀런티는 권위가 대단했다. 당시 사람들은 듀런티가 존스를 비판하는 말을 그대로 믿었고, 듀런티가 스탈린을 열렬히 칭찬해도 합리적이고 타당한 반응이라고 받아들였다. 하지만 대중의 믿음도 오래가지 않았다. 실제로 우크라이나에서 벌어진 일의 진상이 더 분명하게 드러나고, 스탈린과 심복들이 얼마나 비이성적이고 흉포한지 낱낱이 밝혀지자 듀런티의 명성도 추락하기 시작했다. 〈맨체스터 가디언Manchester Guardian〉에

---

* 그해 4월 듀런티가 시간과 관심을 쏟았던 다른 이야기는 모스크바에서 열린 여론 조작용 재판 쇼였다. 이 대형 정치 재판을 받은 영국인 셋은 간첩 행위와 사보타주를 저지른 것으로 드러나 두 명은 감옥에 갇혔고 한 명은 추방되었다.

1930년대 우크라이나 농업의 공영화를 격찬하는 화려한 선전 포스터. 집단 농장 설립 정책이 모두에게 번영과 행복을 가져다주리라고 설득한다.

서 활발하게—하지만 익명으로— 활동했던 기자 맬컴 머거리지Malcolm Muggeridge는 듀런티가 자신이 아는 "최악의 거짓말쟁이"라고 말했다. 20세기 중반 미국의 유명한 칼럼니스트 조지프 앨숍Joseph Alsop은 "거짓말"이 듀런티의 "장사 수단"이라고 표현했다.

논란이 심각해지자 결국 〈뉴욕 타임스〉는 1990년에 이미 사망한 지 오래된 특파원과 관계를 끊어버렸다. 신문사는 공개적으로 듀런티를 맹비난했고, 60년 전 듀런티의 모스크바 보도 활동이 "이 신문사에서 최악의 보도 활동 가운데 하나"라고 매도했다. 후폭풍은 사그라지지 않았고, 듀런티의 퓰리처상 수상을 사후 취소하자는 움직임까지 일었다. 1990년에도, 2003년에 〈뉴욕 타임스〉가 다시 수상 취소를 요구했을 때에도, 퓰리처 위원회가 열렸지만 위원회는 수상 철회를 거절했다. 능수능란한 회피 기술을 선보인 퓰리처 위원회는 —옛 언론계 동료들과 정보기관, 심지어 FBI에서 증거를 어마어마하게 내놓았는데도— 듀런티가 자신의 기사가 크렘린의 선전에 물들어 있다는 사실을 완벽하게 알았으며 고의로 거짓말했다는 증거가 없다고 딱 잘라 말했다. 만약 듀런티가 고의로 거짓 기사를 썼다면 수상을 철회했을 것이라고 덧붙였다. 듀런티를 둘러싼 논란은 미국 저널리즘 역사에서 볼썽사나운 대목이 되고 말았다. 다만 〈뉴욕 타임스〉가 시대의 요구에 부응해 난국에 대처했고, 그런 추잡한 보도가 —바라건대— 다시는 일어나지 못하도록 막을 대책을 준비했다고 평가할 수는 있을 것이다.

듀런티는 가레스 존스의 탐사를 오만하게 무시했지만, 존스가 "시골 마을을 64㎞ 걸어 다니며" 발견한 것—정말로 발견한 것—은 1929년 봄을 강타했던 소련 정부의 정책이 낳은 경악스러운 실제 결과였다. 소련의 정책은 연방의 남부 곡창 지대에서 일하는 영세 농민과 농민이 소유한 땅을 분명하게 겨냥했다. 이 정책의 명시적 의도는 소비에트 연방의 농민 계급에 특별한 요소 단 하나를 파괴하는 것, 농민 계급의 땅을 통째로 빼앗아 막대한 국가 소유로 바꾸는 것이었다.

스탈린은 소위 5개년 계획이라고 불리는 이 정책—신생 소비에트 연방의 산업, 농업 부문을 대거 변화시키려는 경기 부양 프로그램 중 첫 번째—을 1928년 10월 1일에 공식적, 실질적으로 시행할 생각이었다. 1928년 10월은 계획의 세부 사항이 완전히 결정되기 6개월 전이었다. 정책은 성급하고 조잡하게 고안될 수밖에 없었고, 당연히 대실패로 드러났다. 1929년 7월 9일, 〈런던 타임스〉는 저돌적인 당 간부 세르게이 시르초프Sergey Syrtsov가 공개적으로 이 프로그램을 호되게 비판했다고 보도했다.* 시르초프는 공개 비판을 통해 소비에트 인민 가운데 대혼란에 책임이 있는 계급이 누구라고 생각하는지 분명하게 밝혔고, 이 의견은 스탈린의 귀에도 들어갔다. 결국 시르초프의 비판은 훗날 5개년 계획과 떼려야 뗄 수 없는 비극을 불러일으키고 말았다.

시르초프는 '쿨라크куляк'라는 입에 담지 못할 저주스러운 단어를 내뱉었다. 터키어 어원에서 비롯한 쿨라크를 말 그대로 번역하면 '주먹'이라는 뜻이다. 소비에트 공산주의 어휘에서 쿨라크는 돈을 주먹에 꽉 쥐고 쓰지 않는 수전노, 땅을 어느 정도 소유하고 땅으로 적당히 이익을 내는 시골 부농을 의미했다. 혁명가가 보기에 쿨라크는 기생충이었다. 소련 남부와 동부의 광활한 곡창 지대에서 살아가는 쿨라크 수백만 명은 소비에트 인민 가운데 가장 비열하고 해로운 존재로 여겨졌다. 가장 탐욕스러운 지주나 자본가와 상종인 쿨라크는 민중이 무조건 경멸해야 할 계급이었다.

---

* 이 기사는 '제국 및 해외 소식' 지면에 '5개년 계획의 실패'라는 제목으로 실렸다. 같은 지면에 놓인 다른 기사들을 보면 당대 〈런던 타임스〉 독자가 얼마나 박식했는지 충분히 알 수 있다. '티라의 오라크자이 분쟁', '아프가니스탄 전쟁, 살라미스 논쟁이 해결되다', 가장 수수께끼 같은 '렌스의 쾨니히슈툴' 같은 표제에는 부연 설명이 따로 필요하지 않았다. 이 마지막 기사는 —한때 신성 로마 제국의 선제후가 사용했던— 1376년에 지어진 건축물 제거와 라인강을 내려다보는 유명한 절벽을 가리킨다.

쿨라크는 강력하고 현명한 혁명 원칙과 땅에서 일하지만 땅을 소유하지는 못한 궁핍한 소농민 사이에 끼어든 장애물이었다. 마르크스와 레닌, 엥겔스는—스탈린도— 소농민을 세상의 소금이라고 여겼다. 농민이야말로 듬직한 어깨로 거대한 소비에트 혁명의 동력을 지탱할 수 있었다. 세르게이 시르초프는 기본적으로 빈농과 중농—소비에트 공산주의는 두 계급을 확실히 구분했다—이 쿨라크의 악의적이고 반혁명적인 주문에 사로잡혔다는 징후를 보이기 시작했기 때문에 5개년 계획이 불안하게 출발했다고 보았다. "중농이 우리에게서 등을 돌리고 쿨라크 편에 붙었다"는 가장 흔하게 표출되는 정서였다. 경제 계획에 활력을 불어넣어 활발히 실행하려면, 쿨라크 계급을 없애고, 쿨라크의 땅을 완전히 빼앗고, 가장 사악한 '세균'—당 회의 참석자 대다수의 입에 오르내렸던 단어—의 악취를 영원히 뿌리 뽑아야 했다.

혁명 순수주의자는 오래전부터 쿨라크를 증오했다. 최근 워싱턴 D.C.의 미국 의회 도서관 기록 보관소에 레닌이 직접 쓴 메모가 있다는 사실이 알려졌다. 레닌이 모스크바에서 남동쪽으로 644㎞ 떨어진 펜자 볼로스트를 감독하는 충실한 소비에트 관리인에게 지시 사항을 적어서 보낸 메모였다(볼로스트는 제정 러시아 시대까지 자치를 허용하던 작은 행정구획이었으나, 1923년부터 1929년까지 이어진 소비에트 행정 개혁 때 폐지되었다—옮긴이).

펜자에 있는
쿠라에프 동지와 보시 동지, 민킨 동지,

그 밖의 다른 공산주의자 동지에게 보냄

동지들! 쿨라크 볼로스트 다섯 군데가 일으킨 반란은 아무런 자비도 베풀지 말고 진압해야 하오. 혁명 전체의 이익을 위해 필요한 일이오. 지금 우리에게는 '쿨라크에 맞서는' 최후의 결정적 전투가 남아 있소. 그러니 이번에 본보기를 보여줘야 하오.

1. 악명 높은 쿨라크와 부자, 고리대금업자를 적어도 100명은 교수형에 처할 것(실패하지 않으려면 공개 처형해야 함).
2. 그들의 이름을 공개할 것.
3. 그들의 재산을 모두 몰수할 것.
4. 인질을 처형할 것(어제 보낸 전보에 따라서).

이번 일은 주변 수백 킬로미터 내에 사는 사람들이 보고, 전율하고, 깨닫고, 고함칠 방식으로 처리해야 하오. 인민의 고혈을 빨아먹는 쿨라크들을 억누르고 목 조릅시다.
우리에게 전보를 보내 이 메모를 받아서 그대로 처리했다고 알려주시오.

레닌

추신. 이번 일에는 가장 거친 사람들을 동원하시오.

세르게이 시르초프의 메시지는 10년 전 레닌이 쓴 메모 속 정서와 너무도 닮았다—세상을 뜬 지 4년이 된 레닌을 기념하기에도 적절했으리라—. 이 메시지는 소련 정부 건물의 회랑에서, 우크라이나와 다른 지역의 당 기관원들 사이에서 메아리쳤다. 그러자 5개년 계획도 에너지를 얻었고, 마침내 비극이 펼쳐지기 시작했다. 1930년 여름, 비극의 첫 번째 징후가 드러났다. 쿨라크들이 체포되어 쫓겨났다. 토지 몰수와 곡물 비축, 처형, 굶주림이 시작됐다. 이 정책은 1932년에 위력을 발휘했다. 1933년 초가 되자 가레스 존스는 우크라이나와 모스크바 남부의 시골에서 기이하고 소름 끼치는 일이 벌어진다는 제보를 받았다. 존스는 처음으로 소련 시골 마을을 방문했고, 끔찍한 수준으로 벌어지던 비극을 전 세계에 알리는 데 힘겹게 성공했다.

쿨라크를 공격하고 기근이 진정으로 시작된 후에 벌어진 일은 본질상 시르초프의 초기 우려가 옳았다는 사실을 증명했다. 쿨라크와 빈농은 정말로 저항했다. 농장을 집단화하려는 시도에 저항했고, 막대한 양의 곡물을 지역 밖으로 보내서 새로이 공업화의 길을 걷고 있는 나라의 방대한 일꾼을 먹이라는 명령에도 저항했다. 쿨라크는 소박하긴 해도 다소 안정적이었던 생활 방식을 포기하려 하지 않았다. 시골 지역 전체는 직접 소비하려고 생산한 식량을 머나먼 공장으로 보내는 데 반대했다. 쿨라크는 당 위원들에게 지금까지 늘 그랬듯이 잉여 식량을 가져가라고, 하지만 시골 주민이 먹을 양은 넉넉히 남겨달라고 요구했다.

처음에 집단화 조직은 난폭하긴 해도 상당히 효율적으로 작동했다. 당의 지역 책임자들은 지주의 재산이 아무리 보잘것없어도 전부 거두어들이고, 농장 시설을 빼앗고, 울타리를 허물고, 트랙터와 수확기를 새로 지은 거대한 차고로 옮겼다. 모스크바에서 명령이 떨어졌다. "토지 구획을 구분하는 경계선을 전부 지우고, 밭을 전부 합쳐 단 하나의 땅덩어리로 만들라." 연방의 광활한 농업지대 전역에 커다란 콜호스колхоз가 생겨나기 시작했다—콜호스는 집단 농장을 가리키기 위해 특별히 만든 새 단어였다—. 하지만 아그로고로다агрогорода—고향에서 쫓겨난 소농민을 수용할 거대한 농업 도시를 가리키기 위해 새롭게 고안한 단어—는 결코 성공하지 못했고, 아그로고로다 같은 새로운 인구 밀집 지역은 허세가 많이 빠진 용어 '콜호스 정착지'로만 알려졌다.

콜호스도, 아그로고로다도 모두 성공했어야 했다. 사실, 잠깐은 성공률이 대단했다. 1930년 1월과 2월에 집단 농장으로 흡수된 농민 가족 수는 1,100만에 이르렀다. 변화 속도가 너무 빨라서 농민이 적응하지 못할까 봐 스탈린조차 불안해할 정도였다. 스탈린은 1930년 3월에 공산당 기관지〈프라우다Pravda〉에 글을 써서 자신이 "성공에 도취해서 아찔하다"라고 밝혔고, 수도에서 파견한 당의 기습 부대 일부와 사상을 전향시키기 위해 급하게 훈련한 인사 25,000명이 농민 공동체를 지나치게 괴롭히지 않도록 한동안 느긋하게 지내게 할 것이라고 설명했다.

공연한 말이었다. 시골 주민은 이미 분노에 차 있었고, 심지어 반항심까지 가득했다. 1930년이 끝나갈 즈음, 거대한 폭동이 당장에라도 폭발할 듯한 분위기에 모스크바 지도부가 진노했다. 처음에는 농민을 염려했던 스탈린이 특히나 격분했다. 극구 칭찬받았던 5개년 계획이 다시 삐걱대는 것 같았다. 보통 정치국의 홍보 조직은 월터 듀런티가 뉴욕 독자를 위해 기꺼이 쓰곤 했던 선전을 만들어내는 데 능수능란했지만, 더는 손쓸 수가 없다는 사실을 감지하기 시작했다. 공장 노동자를 먹여 살려야 했다. 쿨라크의 소규모 재산에 사회주의 원칙을 단호하게 적용해야 했다. 1929년 소비에트 연방에 존재했던 작은 가족 농장 2,000만 곳을 강경하게 콜호스 20만여 개로 바꾸어야 했다—토지로 속임수를 부리는 이 위업은 오로지 강압과 위협, 폭력을 통해서만 달성할 수 있었다—. 이제는 모두가 모스크바의 명령에 복종해야 했다. 소련 당국은 머뭇거리는 농민이 당의 명령에 동조하도록 단호하게 행동해야 한다고 느꼈다.

1932년 여름, 당국은 강경 대응에 나섰다. 공산당 요원들이 경작지로 흩어져서 신경제정책New Economic Policy(5개년 계획의 공식 명칭)을 순순히 받아들이라고 요구했다. 쿨라크는 당장 재산을 포기해야 했다. 이제부터 새 농장에서 생산한 작물은 전부 국가 창고로 보내고 농민이 마음대로 사용할 수 있는 곡물은 한 톨도 남기지 말라는 지시도 즉각 효력을 발휘했다. 농민은 식량을 생산해야 했지만, 식량을 사용할 권리는 없었다. 손수 길러낸 곡물을 먹을 수도 없었고, 가족을 먹일 수도 없었다. 이제 땅은 농민의 것이 아니라 명백히 국가의 것이었다. 이 지침을 어기는 자는 누구든 굴라크(주로 정치·사상범을 수용했던 강제 노동 수용소 또는 수용소를 담당하던 정부 기관—옮긴이)로 보내지거나 현장에서 총살됐다. 이 새로운 정책 때문에 고통받는 사람이 생겨난다고 해도, 결코 새로운 정책이 잘못되었기 때문은 아니었다. 스탈린의 말을 빌리자면, 그런 고충은 "옛 정부와 지주들, 자본주의자들이 우리에게 겁먹고 주눅 든 인민을 유산으로 남겼고 (…) 인민은 엄청나게 고통받을 운명"이기 때문이었다.

고통은 빠르게 시작되었다. 재판과 총살, 쿨라크 제거 정책이 불러온 고난, (시골 생활에서 중심이었던) 교회 공격, 강제 추방, 즉결 처형 전부 너무도 무시무시했다. 하지만 가장 고통스러워서 결코 잊을 수 없는 것은 점점 심각해지는 굶주림이었다. 인민은 직접 생산해 낸 식량을 모조리 빼앗겼다. 자기 자신이 먹을 것은커녕, 배고파서 울부짖는 아이들에게 먹일 것도 없어서 혹독한 겨우내 식량을 미친 듯이 찾아 헤맸다. 하지만 먹을 것은 전혀 없었다.

창고에는 공장 노동자에게 나눠줄 곡물이 가득했지만, 얼굴이 핼쑥한 군인이 감시했다. 곡식을 훔치거나 아주 조금이라도 몰래 비축하다가 발각되면 고의적 방해 행위나 반혁명적 행동으로 몰려서 끌려갔고, 대체로 총살당했다. 시골 주민은 겁을 먹었고, 입을 다물었고, 굶주렸다.

홀로도모르를 가장 잘 설명하는 글은 영국 역사학자 로버트 콘퀘스트Robert Conquest가 1986년에—지금과 달리 홀로도모르 당시 기록물이 완전히 개방되지 않았던 시기— 쓴 《슬픔의 수확The Harvest of Sorrow》이다. 콘퀘스트는 우크라이나 시골 주민의 증언을 인용했는데, 그 주민은 마오쩌둥 집권기 중국의 홍위병과 비슷한 활동 단체가 숨겨놓은 식량을 수색하던 일을 이야기했다.

이 단체는 다음과 같은 사람들로 구성되었다. 셀소비에트(소련의 시골 지역에서 최하위 행정 구역을 담당한 시골 위원회—옮긴이)의 상임간부회 출신 혹은 그저 셀소비에트 출신 한 명, 콤소몰(공산 청년 동맹) 조직원 두세 명, 공산당원 한 명, 지역 교사. 가끔 협동 행정조직 책임자나 구성원도 포함되었다. 여름방학 때는 학생도 몇 있었다.

단체마다 소위 곡물 수색 전문가가 한 명씩 있었다. 전문가는 기다란 쇠 지렛대를 가지고 다니면서 주민이 숨겨놓은 식량을 찾았다.

단체는 이 집 저 집 돌아다녔다. 우선 집에 들어와서 묻는다. "정부에 안 내고 챙긴 곡식이 얼마나 되오?" "하나도 없소. 못 믿겠거든 직접 찾아보시오."가 일반적인 짧은 대답이었다.

그러면 '수색'이 시작된다. 그들은 집 안과 다락, 실내 창고, 식료품 저장실, 지하 창고를 뒤졌다. 그런 다음 집 밖으로 나가서 헛간과 돼지우리, 곡식 곳간, 밀짚 더미를 들쑤셨다. 화덕 크기도 검사해서 벽돌 뒤에 곡물을 감춰둘 공간이 있는지 확인했다. 다락에 빛을 비춰보고, 마룻바닥을 마구 내리쳐보고, 안뜰과 정원을 내리밟으며 돌아다녔다. 수상쩍은 곳을 발견하면 지렛대로 찔러보았다. 1931년에는 작물을 숨겼다가 발각된 사례가 몇 건 있었다. 숨긴 양은 대체로 45㎏ 정도였고, 가끔 90㎏도 있었다. 그런데 1932년에는 발각 사례가 한 건도 없었다. 찾을 수 있었던 것은 대체로 닭 모이로 남겨둔 곡물 몇 킬로그램이었다. 이런 '잉여 곡물'마저 빼앗아갔다.

1932년이 되자 찾을 곡물조차 하나도 남지 않았다. 잉여 곡식도, 숨겨놓은 곡식도 없었다. 수많은 사람이 굶주리기 시작했다. 팔다리가 홀쭉하게 야위고, 단백질 결핍성 영양실조로 배가 부풀어 오르고, 머리가 축 늘어졌다. 휘청이며 걷던 사람들이 길가에 픽픽 쓰러졌고, 모두가 보는 앞에서 숨을 거뒀다. 아직 목숨이 붙어 있는 사람들도 축 처져서 고통스러워할 뿐이었다. 시골 주민 죄다 굶어 죽게 생겼는데 수색 단체는 연민보다 호기심을 보였다. 사람들이 굶고 있으면서도 아직 죽지 않았다면 틀림없이 어딘가에 불법으로 식량을 챙겨 두었으리라고 짐작했다. 어느 수색 단체 구성원은 "몸이 붓지 않은 농민의 집을 구석구석 뒤진 끝에 나무껍질과 나뭇잎이 뒤섞인 밀가루를 한 봉지 찾아냈다. 그는 마을 연못에 밀가루를 부어버렸다."

스탈린의 가혹한 정책에서 골자는 토지 집단화였다는 사실을 꼭 기억하자. 처음에는 집단화가 자발적이었지만, 나중에는 쿨라크의 격렬한 반대 때문에 강제로 바뀌었다. 국가 주도로 쿨라크 계급을 절멸했기 때문이었든, 경제 정책 자체가 끔찍하게 실패했기 때문이었든, 50년 후 소련 역사가 말해주듯이 소비에트 공산주의가 전부 실패했기 때문이었든, 집단화가 불러온 비극을 축소할 수는 없다. 기근과 기아의 본질을 축소할 수도 없다. 로버트 콘퀘스트는 양심의 가책에 시달리는 어느 수색 대원의 기억도 인용한다.

나를 비롯해 우리 세대는 목적이 수단을 정당화한다고 굳게 믿었다. 우리의 위대한 목표는 공산주의의 보편적 승리였고, 그 목표를 위해서는 모든 것이 허용되었다. 거짓말도, 도둑질도, 수십만 명 심지어 수백만 명을 파괴하는 것도. 우리의 작업을 방해하거나 방해할 가능성이 있는 사람, 우리를 가로막는 사람이라면 파괴해도 괜찮았다. 이런 일을 주저하거나 의심한다면, 나무만 볼 뿐 숲을 보지 못하는 사람들의 자질인 '지적 결벽성'과 '어리석은 자유주의'에 굴복하는 것이었다.

참혹했던 1933년 봄, 나는 사람들이 굶어서 죽는 것을 보았다. 배가 부어오른 아낙들과 아이들이 퍼렇게 질린 채 텅 비어 생기 없는 눈으로 숨 쉬는 것을 보았다. 시신도 보았다. 누더기가 된 양가죽 코트와 싸구려 펠트 부츠를 신은 시신, 농민 오두막에 있는 시신, 옛 볼로그다의 진창이 된 눈 속에 있는 시신, 하르키우의 다리들 아래 있는 시신. 나는 이 모든 광경을 보고도 제정신을 잃지도 않았고 자살하지도 않았다. 나는 겨울에는 농민의 곡식을 빼앗아야 했고, 봄에는 충격적인 작업 방식으로 볼셰비키 파종 계획을 성취하고자 해골처럼 비쩍 마르거나 배가 흉하게 부어서 제대로 걷지 못하는 사람들을 밭에서 일하라고 설득해야 했다. 하지만 내게 이런 일을 시킨 사람들을 저주하지도 않았다.

내 신념을 잃지도 않았다. 예전과 마찬가지로, 믿고 싶었기 때문에 믿었다.

스탈린이 제정했고 잔혹하게 집행되도록 지시했던 규정 중 가장 잔인한 것은 '다섯 밀 이삭 법the law of five ears of wheat'으로 불린다. 1932년 8월에 제정된 이 법에 따라 수확이 끝난 집단 농장 경작지에 남아 있는 곡식 이삭을 하나라도 주워가는 사람은 최소한 10년 동안 투옥하거나 현장에서 즉시 처형할 수 있었다. 심지어 어린아이가 밭에 남은 곡식 이삭을 줍더라도 체포해서 강제 추방하거나 총살할 수 있었다. 우크라이나 사람들은 공포에 질렸다. 대기근을 겪고 오늘날까지 살아남은 사람들은 여전히 러시아를 향한 분노와

우크라이나 희생자 추모비. 홀로
도모르 시기 우크라이나에서는
수백만 명이 굶주린 탓에 느리고
고통스럽게 죽음을 맞았다. 이 기
근은 스탈린이 구체적으로 지시
한 집단학살로 널리 알려져 있다.
ⓒ Getty Images

비통함을 느낀다.

　나는 무더웠던 2019년 여름에 몇 주 동안 우크라이나를 여행했
다. 수도 키이우의 남쪽에 있는 드니프로강 계곡을 따라 이동하면
서 유럽 남동부의 곡창 지대로 들어갔다. 미국으로 치면 캔자스와
네브래스카, 캐나다로 치면 서스캐처원과 매니토바 같은 지역이었
다. 완만하게 경사진 이 지역은 초목이 무성했고 아주, 아주 비옥했
다. 높다란 산울타리나 껑충한 포플러 담장이 밭을 나누고 있었다.
한여름이라 드넓은 밀밭은 버터 같은 노란색으로, 옥수수밭은 짙은
초록색으로, 유채밭은 선명한 노란색으로, 대두나 브로콜리, 감자,
보리, 비트, 해바라기를 심은 밭은 조금 더 연한 초록빛으로 물들어
있었다. 우크라이나 국토 가운데 약 32,375㎢에는 검은 흙이 두껍

게 깔려 있다. 너무도 기름져서 수고롭게 채소를 기를 필요도 없이 바로 떠먹어도 좋을 것 같다. 밭이 지평선까지 끝도 없이 펼쳐져 있다. 다만 미국의 대평원보다는 조금 더 인간적인 규모다. 이 땅에는 멧돼지와 비둘기, 자고새가 가득한 숲과 언덕과 시내가 군데군데 수놓여 있기 때문이다. 이곳의 농부는 당연히 행복하고, 자신의 땅을 자랑스러워하고, 이 땅의 풍요로움을 고마워한다.

농부들은 동방정교 교회를 찾아서 감사 기도를 올린다. 교회의 돔 지붕은 우크라이나 시골 어느 마을에 가든 찾아볼 수 있다. 시골 주민은 일요일마다 교회를 찾아서 열정적으로 기도한다. 그보다 더 자주 교회에 가는 사람도 많다. 내가 방문했던 시골 마을 가운데 주민이 교회에 가서 기도하고 감사드리지 않는 곳은 한 군데도 없었다. 로사바와 푸스토비티 같은 작은 마을이나, 미로니우카와 울라디슬라우카 같은 큰 마을이나 마찬가지였다. 주민은 교회 바깥 묘지에도 잠시 머무르곤 한다. 홀로도모르 피해자들이 묻힌 곳이다. 각 추모비에는 밀 이삭을 한데 모으고 철사로 감아서 묶은 기념물이 있다. 요즘 홀로도모르 사망자의 무덤 곁에는 우크라이나 동쪽에서 전사한 젊은 군인들을 눕힌 새 무덤이 생겨났다. 러시아의 침략에 맞서 싸웠으나 헛되이 목숨을 잃은 이들이다. 이 군인들의 부모나 아내, 형제자매는 러시아가 물러나기를, 크림반도에서 떠나기를, 우크라이나를 평화롭게 내버려 두기를 기도한다. 여기 사람들은 이제까지 한 번도 평화를 누려보지 못한 것 같고, 대체로 앞으로도 결코 평화를 누리지 못하리라고 생각한다.

음울하게도 러시아는 우크라이나의 풍경에 끊임없는 관심을 보인다. 러시아의 의도는 역사와 언어와 종교와 정서적 연결에 뿌리를 두고 있다. 두 나라의 역사와 언어, 종교, 연결성은 정의하기도, 수량화하기도 어렵지만 서로를 강력하게 끌어당기는 자석이다. 먼 옛날 9세기부터 키이우 대공국(9세기 후반부터 13세기 초중반까지 키이우를 중심으로 러시아, 우크라이나, 벨라루스 일대에 존재했던 국가—옮긴이)은 훗날 러시아 제국이 될 땅의 정신적 중심이었고, 동방정교의 탄생지였고, 비옥한 흑토 체르노좀으로 식량을 길러내서 북쪽의 방대한 이웃 국가를 먹일 운명을 타고난 곳이었다. 스탈린이 우크라이나 사람에게 저지른 악행은 벨라루스 국경에서 흑해까지, 카르파티아산맥에서 우랄산맥까지 이르는 지역에서 결코 잊히지 않을 것이다. 모스크바가 그 어떤 부드러운 말을 건넨다고 한들, 우크라이나 사람의 분노와 괴로움을 결코 달래지 못할 것이다. 우크라이나 국민 모두 이 땅은 우크라이나의 땅이라고 확고하게 믿는다.

하지만 러시아도 풍요로운 이 땅이 필요하다. 혹은 이 땅이 필요하다고 확고하게 믿는다. 러시아는 너무 넓고 너무 빈곤한 데다 러시아 사람은 우크라이나의 지리와 지질이 아주 오랫동안 베풀어온 선물 없이는 살 수 없어서 우크라이나 땅에 대한 소유권 주장을 멈출 수 없다고 믿는다. 아무리 수많은 우크라이나 사람이 일요일마다 시골 교회에 가서 철사로 만든 밀 이삭 앞에 머리를 조아린다고 한들, 아무리 20세기에서 가장 경악스러운 집단학살에 희생된 수백만 명의 이름이 새로 지은 거대한 키이우 홀로도모르 박물관의 검은 대리석판에 꼼꼼하게 새겨진다고 한들, 러시아의 입장은 변함없을 것이다.

우크라이나의 땅 자체는 살아남았고, 현재 너무도 기름지다. 이 땅에서 살며 만족스럽게 일했던 수백만 명이 끔찍하게 목숨을 잃었다는 사실을 생각해보면 잔인한 아이러니로 느껴진다. 홀로도모르로 세상을 떠난 사람들은 오늘날 대중의 기억 속에서만 살아 있다. 대기근 사망자의 이름은 대리석 추모비에 새겨졌거나 신문 기사에나 등장할 뿐이다. 서른이 채 되기도 전에 대기근의 실상을 알렸던 웨일스 출신 가레스 존스처럼 영웅적인 젊은 기자들이 쓴 신문은 지금 누렇게 바래고 있다. 대기근 희생자들은 이제 굶주리며 떠돌아야 했던 바로 그 비옥한 흑토에 묻혀 있다.

4장

강제 수용과 몰수

Battlegrounds 여기서 우리는 잘못을 인정한다.

- 워싱턴 D.C. 미국 국립공원 관리청, 일본계 미국인의 애국심을 기리는 사암 기념비에
새겨진 문구로, 로널드 레이건Ronald Reagan 대통령의 1988년 공식 사과에서 인용

1944년 4월 말 월요일 아침이었다. 봄철에 맞지 않게 쌀쌀한 데다 흙먼지가 잔뜩 낀 바람이 소투스산맥에서 아이다호 평원으로 아우성치며 불어왔다. 지금 우리가 당시를 재구성해본다면, 바로 그때 딸기 재배 농부였던 31살의 아키라 아라마키가 수용소 막사 침대에서 눈을 떴을 것이다. 군인 한 무리가 그를 흔들어 깨웠다. 군인들은 평소와 달리 미소 짓고 있었다. 그들은 이유를 말해주지 않고 그저 걸으라고 지시했다. 이왕이면 서둘러 수용소 사무실로 가서 봉투를 받으라고 말했다—수용소가 아주 넓은 데다 건물이 이리저리 흩어져 있어서 800m나 가야 했다—.

아라마키는 무슨 일이 닥칠지 짐작했다. 지난달부터 이 순간을

기다렸다. 이미 늦겨울부터 소문이 파다했다. '미니도카'라 알려진 방대한 강제 수용소에 2년 동안 갇혀 있던 일본계 미국인 수천 명은 '국가 안보에 대한 위협'이 아니라고 간주될 경우 풀려날 것이라고 들었다. 서부 주들에는 이런 수용소가 9개 더 있었다. 아라마키와 부인, 갓 태어난 아들 같은 일본계 미국인 12만여 명이 오랫동안 지연된 석방을 기다리고 있었다. 아라마키는 침착하게 걷기 시작했다. 마음이 들떠서 발걸음도 이내 빨라졌고, 마침내 막사 블록 사이를 뛰어서 관리 사무소의 대문 앞에 도착했다. 벌써 도착한 사람들은 한 줄로 서서 자기 이름이 불리기를 기다리고 있었다. 잘 아는 얼굴도 있었지만, 수용소에 갇힌 사람이 8,000명이나 되는지라 대체로 겨우 안면만 튼 사이였다.

모든 일이 순식간에 벌어졌다. "아라마키!" 정부의 강제 수용소를 운영하는 전시 외국인 격리수용기관의 민간인 공무원이 그를 불렀다. 공무원은 젊은 농부에게 커다란 갈색 마닐라지 봉투를 건네더니 씩 웃으면서 악수했다.

예상했던 대로 봉투 안에는 물건이 세 개 들어 있었다. 하나는 독수리와 화살로 이루어진 미 육군의 기장이 도드라지게 찍히고 루이스라는 2성 장군의 서명이 적힌 증명서였다. 증명서에는 아라마키가 이제 자유인이며 다른 미국 시민 모두와 똑같이 대우받아야 한다고 적혀 있었다. 클립으로 함께 고정해놓은 빳빳한 5달러짜리 지폐도 다섯 장 있었다. 마지막으로 군대의 공식적 이동 보증서가 있었다. 앞으로 7일 동안 유효한 이 표가 있으면 아무런 제한 없이 버스나 기차를 타고 아이다호 남부 스네이크강 평원의 외딴 수용소에서 벗어나 고향으로—오랫동안 방치된 딸기밭으로— 돌아갈 수 있었다. 그의 고향은 워싱턴주 벨뷰, 수용소에서 서쪽으로 1,046㎞가량 떨어진 곳이었다.

철조망 너머에 버스가 모여 있었다. 아라마키가 막사로 돌아가서 몇 안 되는 소지품을 챙기고 경비병에게 보고하고 나면, 풀려난 수감자들과 함께 버스를 타고 24㎞ 떨어진 미니도카 마을의 유니언 퍼시픽 철도역에 갈 수 있을 것이다. 경비병은 아내와 아들을 데려갈 수 없다고 말했다. 규정 사항이라고 할 뿐 별다른 설명은 없었고, 괜히 걱정하지 말라고 했다. 마찬가지로 수용소에 억류된 그의 어머니도 설명할 수 없는 이유로 조금 더 머물러야 했다.

아라마키는 유니언 퍼시픽 철도역에서 멋진 유선형 열차에 탈 수 없었다—초저녁에 출발해서 멈추지 않고 달리는 이 기차는 부유한 승객들을 시카고에서 오리건주 포틀랜드까지 빠르게 실어다 줬다—. 그 대신, 매일 아침 11시 15분에 미니도카 간이역에 잠시 멈추는 완행열차인 포틀랜드 로즈를 탔다. 고된 여정이었다. 특히 봄에 힘겨웠다. 로키산맥 고지대의 고갯길은 자주 가로막히곤 했고, 기차는 길이 뚫릴 때까지 기다려야 했다. 일이 전부 잘 풀린다면, 점심 무렵에 아이다호 주도 보이시에 도착할 수 있었다. 그곳에서 태평양 표준시 지역으로 넘어갈 것이고, 저녁 시간에 오리건주 헌팅턴에서 10분간 정차할 것이다. 스네이크강을 따라 이동하는 기차는 자정에 펜들턴을 지나고, 후드강 근처 마을에서 해돋이를 보고, 아침 식사 시간에 포틀랜드에 도착할 것이다. 오후 2시가 되면 드디어 기차가 증기를 내뿜고 끼익하는 브레이크 소리를 내며 시애틀의 유니언역 종점에 들어설 것이다. 역에서 택시를 탄다면 한 시간 만에 딸기 농장으로 갈 수 있으리라. 물론, 그를 태워줄 기사가 있을 때의 이야기였다. 아라마키는 태평양 전쟁 후반기에 이른 당시에 일본인을 향한 미국인의 적대감이 얼마나 큰지 잘 알았다.

아키라 아라마키는 여정이 얼마나 오래 걸리든 신경 쓰지 않았다. 마침내 집으로 돌아가는 길이었다. 가족 모두와 만날 수는 없지만, 적어도 부모님 때부터 거의 30년 동안 끈기 있게 일구고 보살펴 온 가족 농장과 재회할 수 있었다. 4만m²가 조금 넘는 아라마키의 농장에선 과일이 풍성하게 생산됐다. 이런 농장들 덕분에 자그마한 벨뷰는 미국의 딸기 수도로 자리매김했다.

그런데 상황은 아라마키의 예상대로 흐르지 않았다. 그가 미국 정부 수용소에 부당하게 억류되어 고향 땅을 비운 사이에 다른 사람이 그의 땅을 빼앗아 가버렸다. 아라마키는 자신이 재산을 박탈당했다는 사실을 깨달았다. 아니, 재산을 박탈당했다고 생각했다.

아라마키 집안의 가장인 아라마키 히코타라는 1904년 늦가을에 미국에 도착했다. 원래 고향은 일본 남부 구마모토였다. 오늘날 작고 달콤한 맛이 나는 굴로 유명한 구마모토는 지난 세기 초까지만 해도 쇼군과 사무라이와 확고부동한 고립이라는 전통에서 헤어나지 못한 상태였다. 일본의 이 오랜 전통은 50여 년 전 매튜 페리 Matthew Perry(1854년에 미일 화친조약을 맺고 일본을 개항시킨 미국 해군 장성—옮긴이) 제독이 미국의 '검은 배'를 이끌고 찾아왔을 때 급작스럽게 전복되었다. 하지만 구마모토에는 당시 전국을 휩쓸던 근대화 열풍이 아직 휘몰아치지 않았다. 아라마키 히코타라가 고향을 떠나기로 마음먹었을 때 일본은 형편이 그다지 좋지 못했다. 러일전쟁이 한창이었고, 국고는 나라가 아니라 징집된 군대에 모두 사용되었다. 온 나라에 빈곤이 만연해졌다. 지방도시나 현은 도쿄나 요코하마, 오사카 같은 대규모 산업·상업 중심지보다 타격이 훨씬 더 컸다. 훨씬 더 외딴 시골에—구마모토 같은 지역에— 사는 빈민은 미국의 노동 환경이 더 낫다는 소문을 들었다—게다가 강제로 징집되어 러일전쟁 전선으로 끌려갈까 봐 두려워했다—. 이주 노동자를 모집하는 사람들이 지방 곳곳으로 퍼져 약속의 땅에 보수가 많은 일이 있다고 선전했다. 그러자 처음에는 수백 명이, 나중에는 수천 명이 더 나은 삶을 찾아 태평양을 건너기 시작했다. 아라마키 히코타라도 이 대열에 동참했다. 훗날 후손들이 이야기한 바에 따르면, 아라마키 히코타라는 사무라이 계급 출신으로 태생이 나쁘지 않았고, 꽤 수월하게 뱃삯을 마련할 수 있었다. 요코하마에서 출발해 대양을 건너는 배는 아라마키가 유일하게 찾을 수 있었던 목적지, 캐나다의 밴쿠버 항구로 떠났다.

아라마키 히코타라는 싸늘한 12월에 밴쿠버에 도착했다. 도착하자마자 —알 수 없는 이유로— 걸어서 미국 국경을 건너 워싱턴주 벨링햄으로 갔다. 그는 국경을 넘는 길에 마주친 일본인과 함께 더 남쪽의 시애틀 도심으로 내려가지 않고 벨링햄에서 한동안 머무르기로 했다. 최근 시애틀에 반아시아 정서가 맹렬하다고 들었기 때문이었다. 아라마키와 다른 일본인들은 철도회사에서 일자리를 구했다. 아라마키는 이내 구역 감독으로 승진했다. 아마 사무라이 계급 특유의 당당한 태도 덕분이었을 것이다. 동료들은 아라마키를 아주 좋아했고, 모두가 함께 일하는 퍼시픽 노스웨스트 철도 회사 사장의 이름을 따서 제임스 J. 힐이라고 불렀다. 얼마 후 그는 워싱턴호수 동편을 가로지르는 신설 노선 쪽으로 근무지를 옮겼다. 인간의 손길이 별로 닿지 않아 훨씬 더 거친 지역이었다. 여러 시골 마을이 새로운 철도 노선을 이용했고, 일본인 이민자 상당수가 고용되어서 선로공이나 엔진 경비원으로 일했다. 임금이 쥐꼬리만 해서 백인은 거들떠보지도 않는 일자리였다. 그런데 대개 농촌 출신이었던 일본 노동자들은 이 지역의 농업 잠재력을 대번에 알아차렸다. 새로운 철로 양쪽으로 일부만 개간된 채 자연 그대로 남아 있는 질퍽질퍽한 땅에도, 호수 건너 시애틀의 주택 건설에 사용할 목재를 공급하느라 벌목 회사들이 완전히 벌채해서 아무것도 남지 않은 땅에도 잠재력이 깃들어 있었다.

노동자 사이에서 권위가 있었던 아라마키 히코타라는 철도회사를 떠나 스스로 삶을 개척할 것인지 심사숙고했다. 마침내 그는 아직 개발되지 않아 개척자에게나 어울릴 이 시골 지역에서 상황이 어떻게 돌아가는지 이해했다. 야심이 있었던 아라마키와 다른 이민자들은 지역 지주들—대부분 벌목 회사였다—의 모임에 나가서 양측에게 이익이 될 계획을 제안했다. 이민자들이 나무 그루터기만 남은 땅을 깨끗하게 정리할 테니—아주 고된 작업이라 백인은 꺼렸다— 그 대신 정리한 땅에서 과일과 채소를 기를 권리를 달라고 요구했다. 5년을 기한으로 땅을 빌려서 이 기름지고 축축하고 퇴비가 충분히 깔린 땅에 가장 적합한 작물을 기르겠다고 했다. 양상추와 셀러리, 양배추 그리고 딸기였다.

계약은 대단히 잘 풀렸다. 아라마키 히코타라는 땅을 받아서 투지를 불태워 개간했다. 4,000여m²마다 거대한 그루터기가 30개씩 있었다. 원래 그루터기는 형체가 없어질 때까지 톱으로 잘라내고 도끼로 팬 다음, 말을 부려서 뿌리를 뽑아내야 했다. 하지만 일본인 이민자들은 더 위험하게도 발파용 화약이나 다이너마이트를 사용해서 그루터기를 가루로 만들어야 했다. 팔다리나 얼굴, 심지어 목숨을 잃는 사람이 적지 않았다. 하지만 땅은 서서히 깨끗하게 정리되었다. 쟁기와 갈퀴로 갈아엎은 흙에 씨를 뿌리고 작물을 기를 준비가 끝났다. 아라마키는 현지 기후―일본 남부보다 더 서늘했지만 습기가 알맞았다―와 노동 환경을 잘 이용했고, 온 힘을 다해서 일했다. 그 덕분에 돈을 넉넉하게 모았고, 1910년에 타사키 토와를 '사진 신부picture bride'(20세기 초반 하와이와 미국 서부 해안으로 이주한 일본 및 조선 이민자의 결혼 관행. 중매쟁이가 고국에 있는 여러 신붓감의 사진을 보여주면, 이민자가 마음에 드는 사람을 골라서 결혼했다―옮긴이)로 골라서 벨뷰로 초대해 결혼식을 올렸다. 3년 후 아라마키 부부는 아들을 낳았다. 바로 앞서 언급한 아키라다.

그때쯤 아라마키 가족은 미국에 완전히 적응했고, 태평양 북서쪽 지역에서 새로운 삶을 살아갔다. 미국의 이민 정책이 비교적 느슨했던 20세기 초, 미국 서부로 건너왔던 일본인 농장 노동자 3만여 명 가운데 다수는 그저 돈을 벌어서 고향에 돌아가기만을 원했고, 모은 돈을 사용하지 않고 그대로 쥐고 있었다. 하지만 아메리칸 드림을 믿은 사람도 적지 않았다. 아라마키 가족처럼 농부였거나 앞으로 농부가 되려던 사람들이 아메리칸 드림을 실현하려면 땅을 사야 했다.

하지만 표면상으로는 불가능한 일이었다. 일본 이민자는 미국 시민이 아니었다. 그들은 '잇세이─世'였다. 일본어에서 따온 구어 표현 같지만 사실 미국에서 공식적으로 쓰이는 명칭인 '잇세이'는 미국에 머무르며 노동할 수 있지만, 시민권을 얻을 수는 없는 이민 1세대를 의미한다. 시민이 아니니 당연히 미국 토지를 소유할 수 없었다. 당시 아시아인이 물적 재산을 취득하는 것을 엄격하게 금지하는 외국인토지법이 워싱턴주를 비롯해 미국 전역의 주에서 통과되었다─아시아인은 미국 영토 내에서 토지의 크기와 위치, 질에 상관없이 절대로 합법적 지주가 될 수 없었다─. 아라마키 가족은 토지를 살 돈이 분명히 있었다. 8년 동안 성실하게 저축한 돈으로는 벨뷰 바로 바깥의 땅 4만여m²를 살 수 있었다. 하지만 토지관리국 직원은 어찌할 수 없다는 듯 두 손을 들었다. 아라마키가 아무리 자주 지갑을 보여주며 땅을 살 돈이 있다는 사실을 증명해도 공무원들은 불가능하다고만 말했다. 법으로 엄격하게 금지되어 있기 때문이었다.

아라마키 가족이나 그 지역의 검소한 잇세이들은 규정을 회피하는 방법을 찾았다. 법률에 구멍이 하나 있었다.

1921년, 아라마키 히코타라가 땅을 살 만큼 돈을 넉넉하게 마련했을 때 아들 아키라는 8살이었다. 아키라는 공식적으로 '니세이二世', 즉 잇세이의 자식인 이민 2세대였다. 하지만 단순히 일본 이민자이기만 한 것은 아니었다. 아키라 아라마키는 미국에서 태어났기 때문에 미국 연방 수정헌법 제14조의 시민권 조항에 따라 미국 시민이었다. 그는 생득권에 따른 시민이었다. 따라서 아키라 아라마키는 일본에서 태어난 부모와 달리 자신이 태어난 나라에서 더 많은 권리를 행사할 수 있었다. 일본 이민자는 벨뷰에서 땅을 살 수 없다고 하더라도 아키라 아라마키는 확실히 땅을 살 수 있었다. 권리증에 서명을 하거나 공중인 앞에서 선서할 수 없을지는 몰라도, 땅 주인이 될 수는 있었다. 관념상으로도 땅 주인이 될 수 있었고, 실제로도 땅 주인이 되었다.

그래서 어린 아키라 아라마키는 벨뷰에서 미들레이크스라고 불리는 지역에 나무 그루터기를 깨끗하게 제거한 농지 4만여m²의 합법적이고 명백한 소유주가 되었다. 서류 작업이 마무리되고 돈거래까지 모두 끝나자, 히코타라와 토와 아라마키 부부는 팔을 걷어붙이고 나섰다. 그루터기는 이미 모조리 제거되었기 때문에 곧바로 경작을 시작했다. 더 복잡한 딸기 농사를 대비해 흙을 가꾸면서 소득도 얼마간 올리기 위해 처음에는 여러 채소와 토마토, 포도를 조금씩 키웠다.

여름철을 두어 번 보낸 후에야 본격적으로 딸기를 재배할 수 있었다. 1923년에 아라마키 가족은 소박한 성공을 맛보았고 지역 사회에서도 어느 정도 위신이 섰다. 아라마키 가족은 다른 이웃과 친구와 마찬가지로 —당시 근처에 땅을 소유한 일본인 가족이 10가구는 되는 것으로 추정된다. 미들레이크스 거의 전역이 일본인 소유였다고 보아도 무방할 것이다— 트럭에 반짝반짝 빛나는 빨간 딸기를 싣고 호수 건너 시애틀의 시장으로 가져갔다. 딸기는 시애틀에서 남쪽의 포틀랜드나 심지어 샌프란시스코로 운송되어서 비싼 값에 팔려나갔다(다만 얼마 후 캘리포니아주는 다른 주에서 수입한 과일과 채소에 엄격한 검역 절차를 부여했다). 때로는 딸기를 시애틀 대신 여름철 손님이 점점 늘어나는 지역 시장으로 가져가 조금 더 저렴한 가격으로 팔기도 했다.

이민 초기 아라마키 가족의 삶은 힘겨웠겠지만, 이제는 희망이 보였다. 미국 시골에 자그마한 밭뙈기라도 갖고 있다는 사실 덕분이었다. 이민자에게 땅은 아무리 좁아도 그 가치를 헤아릴 수 없을 만큼 소중했다. 아라마키 히코타라와 이웃 이민자들은 삶이 고달팠겠지만, 그래도 자신이 성실하고 재능 있는 농부라는 사실을 증명했다. 이들이 길러낸 작물은 훌륭하고 믿을 만한 품질과 —딸기에는 정말로 중요한—달콤함을 보장했고, 유달리 잘 팔렸다.

미국으로 건너온 일본계 농부들은 특유의 농업 방식을 그대로 유지했다. 당시 여전히 농업 국가였던 일본에서는 작은 농지가 비옥한 평야에 오밀조밀 모여 있었고, 농민은 소규모 농사에 익숙했다. 황금빛으로 물든 곡식이 파도처럼 넘실거리는 대평원 경작지를 관리하는 것은 일본의 농업 방식이 아니었다. 일본에서는 소규모 논농사가 지배적이었고, 절임 반찬을 만들 뿌리채소나 일본 음식의 중심인 콩과 식물*을 함께 재배해서 토질을 회복시켰다. 일본 이민

---

* 페리 제독의 1853년 일본 원정에 동행했던 군의관 대니얼 그린Daniel Green은 "흔히 일본 콩이라 불리며, 갈라지는 줄기에서 자라고 꼬투리에 털이 복슬복슬한 독특한 콩"을 보고 강한 호기심을 느꼈고, 1854년에 표본을 가지고 미국에 돌아왔다. 미국 농부들은 이미 60년 전부터 이 콩의 특성—특히 추위와 더위에 잘 견디고 흙에 상관없이 잘 자라는 성질—에 마음을 빼앗겨서 경작하기 시작했다. 그 콩은 대두다. 아주 먼 과거부터 일본에서 중요했던 대두는 이제 미국 농업에서도 매우 중요한 작물이 되었다.

일본에서 이주해온 농부들이 벨뷰에서 성공을 거두자, 해마다 딸기 축제가 열렸다. 축제에서는 딸기 여왕 한 명과 딸기 공주 다섯 명을 뽑았고, 전형적인 미국식 길거리 퍼레이드도 했다.

자는 이 재배 기술을 미국 서부로 가져왔고, 서부 주들을 미국 식량 생산의 선봉에 세우면서 농업 풍경을 바꾸어 놓았다.

하지만 일본인이 법적으로 구매하거나 임차할 수 있는 땅은 보통 —그루터기로 가득한 벨뷰의 불모지처럼— 생산력이 거의 없었다. 흙이 저질이라 기존 농부들이 거들떠보지도 않았다. 새로 이주한 농부들은 자연이 주는 온갖 재해—병충해, 홍수, 쇄도하는 메뚜기 떼, 기아에 이를 지경인 흉작—와 맞닥뜨렸다. 하지만 한결같은 자세로 그 모든 역경을 어렵사리 이겨냈다. 인근의 백인 농부들이 충격받고, 감탄하고, 질투할 정도였다. 질투는 해로운 결과를 낳을 수 있고, 실제로도 그랬다. 백인 농부 상당수가 급증하는 반아시아 인종차별 현상에 휘말렸다. 아시아 배척 연맹Asiatic Exclusion League이나 황금 서부 선주민Native Sons of the Golden West 같은 단체와 양당 의원들은 일본 이민자들의 농사를 훼방하려고 애썼다.

일본 이민자는 근면함과 결의, 단결, 낙관주의로 전부 극복했다. 통계를 보면 알 수 있다. 1920년에 캘리포니아 인구는 350만 명이었고, 그중 일본계는 71,000명이었다. 전체 인구의 2%인 일본계 주민은 캘리포니아 전체 농산물의 12%를 생산했고, 이 작물의 가치는 약 6,700만 달러에 이르렀다. 태평양 전쟁이 일어나기 직전인 1941년까지 서부 주들에서 일본계 주민이 생산한 시장 판매용 청과물의 비중은 무려 42%까지 치솟았다. 하지만 일본계 주민이 전체 인구에서 차지하는 비율은 여전히 3%가 채 되지 않았다. 일본계 농부가 소유한 경작지 면적이 0.16㎢를 넘기는 경우도 거의 없었다. 그러나 이들은 미국 서부에서 생산되는 완두와 셀러리, 고추, 딸기의 90%를 길러냈다. 아스파라거스와 양배추, 캔털루프 멜론, 당근, 양상추, 양파, 수박은 25~50%였다. 일본계 농부가 포도를 기르는 땅은 121㎢였고 자두와 복숭아, 살구, 체리, 아몬드를 기르는 땅은 77㎢였다. 닭도 아주 많이 키웠다. 무엇보다도 화훼 산업 가치의 65%를 좌우했다. 이 모든 것이 서부 주들에서 가장 척박한 땅을 일구어 얻은 결실이었다. 일본계 농부를 지지한 사람들이 날카롭게 지적했듯이, 이 농부들 덕분에 모든 농산물의 가격이 계속 낮아질 수 있었고 궁극적으로 서부 주의 소비자들이 혜택을 보았다.

하지만 양차 세계대전 사이 시기에 일본계 농부를 지지했던 사람들은 아예 없다고 해도 좋을 만큼 적었다. 반대로 일본계 농부를 혐오하는 이들의 요란한 목소리는 날이 갈수록 커졌다. 백인 농부는 일본계 농부 때문에 이제까지 한 번도 겪어보지 못한 경쟁에 직면했고, 백인 농부를 대표하는 단체—미국 농민연맹과 그레인지Grange라는 전국 조합단체—는 최선을 다해서 일본계의 도전을 저지했다. 로스앤젤레스 카운티 농민연맹은 주 정부에 토지에 관한 일본인의 권리를 취소해서 일본인이 농지뿐만 아니라 '어떤 땅이든' 임차하거나 소작하거나 소유하지 못하게 막아달라고 로비했다. 밸런타인 매클래치Valentine McClatchy라는 사람은 특히나 적극적이었다. 부유하고 영향력 있는 매클래치는 캘리포니아 새크라멘토의 신문사 소유주이자 유명한 지주, 일본인 배척 연맹의 회원이었다. 1920년, 매클래치는 다음과 같은 법정 의견서를 제출했다.

일본인은 경제적 경쟁에서 우위를 지닌다. 부분적으로는 인종적 특성과 검소함, 근면함, 낮은 생활수준, 기꺼이 장시간 근무하려는 의지, 남성처럼 일하는 여성 등 때문이다. 이런 특성에 이례적인 협동과 단결, 여러 활동 단체를 통한 일본 정부의 지원까지 보태진 탓에 지역 사회나 산업에 전념하는 일본인은 백인을 쉽게 대체할 수 있다.

이런 정서는 전혀 새롭지 않았고, 매클래치는 제1차 세계대전 이전부터 이와 같은 주장을 펼쳤었다. 일본인을 향한 감정은 세계대전이 끝날 무렵부터 격렬해지기 시작했다.* 1930년대에 대공황이 일자리를 모두 파괴해버리고 미국인의 생활에서 너무도 많은 영역에 영향을 끼치자—하지만 서부 해안 지역에 있는 일본계 주민의 농업 공동체는 별다른 타격을 받지 않았다—, 일본계 주민을 향한 의구심과 적대감은 당대의 중심 사상이 되었다(일본계 주민을 "거만한 야마토 민족의 앞잡이"라고 부르는 사람들도 생겨났다). 대통령으로 새롭게 당선된 프랭클린 루스벨트Franklin Roosevelt는 일본계 인구를 예의 주시하면서 FBI에 보고서를 작성하라고 지시했다—미국에서 가장 서쪽에 있는 워싱턴과 오리건, 캘리포니아, 애리조나 네 곳의 일본계 주민은 모두 합쳐 12만 명으로 늘어 있었다—. 태평양을 건너온 이웃을 향한 지정학적 적대감이 커지기 시작했다. 매클래치 같은 사람들은 일본계 농부가 도쿄 정부로부터 명령받고 자금을 지원받으며 미국 서부를 식민화하려는 단 하나의 목적에 열중하는 '비폭력 침략군'이라고 주장했다. 그러니 일본계 주민은 감시받아야 하고, 그들의 모든 동태는 조사돼야 하며, 미국 국토를 집어삼키려는—혹은 더 사악한— 그들의 야욕은 철저히 저지돼야 했다.

아라마키 히코타라는 1936년에 병에 걸려서 세상을 떴다—그래서 다행히도 핍박을 피할 수 있었다—. 당시 23살이 된 아키라 아

---

* 점점 커지는 일본인 '위협'에 대해 미국 관료 사회가 얼마나 공포를 느꼈는지는 미군이 1919년에 내린 결정을 보면 확인할 수 있다. 미군은 당시로서는 정체를 규명할 수 없었던 '아시아 적군'의 침략에 대응하기 위해 서부 해안으로 대규모 군대를 옮기려면 시간이 얼마나 걸리는지 확인하고자 육로로 대륙 횡단 원정을 시작하기로 했다. 이때 가상의 적은 일본이었다. 국방대학은 일본이 1905년에 모두의 예상을 깨고 러일전쟁에서 승리한 이후 일본을 잠재적 위협으로 간주했다. 캘리포니아에서 일본계 농부가 맡은 역할에 대한 의심은 더 큰 맥락에서 살펴봐야 한다—훗날 밝혀졌듯이 일본계 주민은 완전히 무고했다—.

라마키는 자신의 농장에서 어머니와 함께 계속 딸기를 재배했다. 46세였던 토와 아라마키 부인은 여전히 건강해서 농사일을 할 수 있었다. 삶은 평소와 다름없이 흘러갔다. 그때쯤 벨뷰는 꽤 커다란 마을로 성장해 있었고, 일본인이 소유한 가게—식료품점, 커다란 가구 상점, 약종상, 이발소 등—도 많았다. 아라마키 모자는 미국과 일본 제국 사이에 긴장감이 점점 높아지고 있다는 사실을 잘 알았을 것이다. 수많은 백인 이웃이 일본계에 적대감을 느끼며 독설을 퍼붓는다는 사실도 잘 알았을 것이다. 하지만 그들을 포함해 일본계 주민이 FBI에 감시받고 있다는 사실은 몰랐을 것이다. 1941년 10월에 FBI의 특별부서가 공식적인 구금 목록을 작성하고 있다는 사실도, 미국 안보에 위협이 될 것 같은 정도에 따라 일본계 주민을 세 등급으로 분류하고 있다는 사실도 확실히 몰랐을 것이다. 조용히 살아가고 있던 아라마키 가족은 위험이 목전에 닥쳤다는 사실을 몰랐을 것이다.

그리고 1941년 12월 7일 일요일, 일본 해군이 진주만을 공격했다. 미국 서부 해안에 살고 있던 일본계 남성과 여성, 아이들 12만 명의 상황은 갑작스럽고 극적으로 달라졌다.

FBI 요원은 구금 목록에 오른 사람들을 —대체로 지역 단체의 지도자들로, 터무니없게도 위협적 존재로 간주되었다— 현장에서 체포해갔다. 아직 체포되지 않은 아라마키 가족 같은 사람들은 루스벨트 대통령이 군 참모진의 조언을 듣고 행동을 결정하기 전까지 두 달 동안 불안과 긴장 속에서 지냈다. 1942년 2월 19일, 루스벨트는 그 악명 높은 행정 명령 9066호에 서명했다. 이 명령이 아라마키 가족의 운명을 결정지었다.

행정 명령 9066호에 따라 워싱턴과 오리건, 캘리포니아의 서부 절반 지역과 애리조나의 일부가 통합돼 하나의 거대한 군사 구역으로 지정됐다. 이 구역에서는 군대가 누구든 추방하라고 명령할 수 있었다. 추방 가능한 사람을 구체적으로 명시하지는 않았지만, 의도는 더없이 분명했다. 얼마 지나지 않아 행정 명령이 의도한 제재가 시작됐다. 이 기이하고 공포스러웠던 봄에 일본계 주민은 미국 시민이든 아니든 모두 군 시설에 구금하라는 지시가 떨어졌다. 일본계 주민은 우선 급하게 지어진 여러 임시 수용소로 보내졌다. 이들이 대체로 환경이 형편없었던 임시 수용소에 머무르는 동안, 서부의 외딴 오지에 고립된 강제 수용소 10곳이 준비되었다. 소지품도 제대로 챙기지 못하고 끌려온 12만 명은 덥고, 건조하고, 흙먼지가 풀풀 날리는 미국 내륙 깊숙한 황무지로 이송되어서 전쟁이 끝날 때까지 갇혀 있었다. 군대가 이들을 통제하며 더는 다른 시민에게 위험하지 않은 무해한 존재로 만들었다. 일본계 주민은 이제까지 위험했던 존재라도 되는 것처럼 취급받았다.

아라마키 모자는 미군의 지시를 성실하게 따랐다. 1942년 5월 말에 아라마키 모자가 기차에 실려서 도착한 수용소는 파인데일이라고 불렸다. 프레즈노와 가까운 캘리포니아 남부 사막 지대에서 지독한 열기가 수용소로 불어닥쳤다. 아라마키 모자는 몇 달간 지루하게 갇혀 있었다. 그런데 아키라 아라마키가 새크라멘토 출신의 22살 여성 하나코 타나코를 만나면서 지루함이 사라졌다. 두 사람은 훗날 결혼으로 이어질 우정을 쌓았다. 하지만 아직은 때가 아니

아이다호 남동부의 미니도카 강제 수용소에 제2차 세계대전 동안 일본계 주민 9,000여 명을 수용됐다. 이 수용소는 프랭클린 루스벨트 정부가 전시 정책의 일환으로 설립한 강제 수용소 열 곳 가운데 하나였다. 강제 수용소는 훗날 대실수라고 비판받았다. ⓒ Alamy

었다. 아라마키 모자는 아무런 까닭도 없이 별안간 더 북쪽에 있는 수용소로 옮겨졌다. 새로운 수용소는 캘리포니아 북부 침상 용암 지대의 튤 호수 근처였다.*

---

* 쉽게 헤아릴 수 없을 만큼 방대하고 건설비가 저렴했던 강제 수용소는 미시시피강 서쪽 지역에서 호기심 어린 대중과 언론의 눈길을 피할 수 있는 곳곳에 흩어져 있었다. 아칸소주에는 제롬과 로워에 한 군데씩, 애리조나주에는 길라강과 포스턴에 한 군데씩, 캘리포니아주에는 만자나르와 튤 호수에 한 군데씩, 유타주에는 토파즈, 와이오밍주에는 허트산, 콜로라도주에는 아마체, 아이다호주에는 미니도카에 한 군데가 있었다. 어느새 잊히고 만 이 비참한 수용소를 모두 방문해본 사람들이라면 그 이름을 쉽게 잊지 못할 것이다. 하지만 안타깝게도 오늘날 미국 학교에서는 너무도 많은 미국 시민이 일본계라는 이유 하나만으로 강제 구금당했다는 엄연한 사실을 거의 가르치지 않는다. 미국 시민 대다수는 일본계 주민 강제 수용소의 이름도, 그곳에서 무슨 일이 벌어졌는지도 아예 모른다.

아라마키 모자는 툴 호수 수용소에서 1년 넘게 지내다가 1943년 9월에 다시 아이다호 남동부에 있는 미니도카 수용소로 옮겨졌다. 미니도카에서는 세 가지 일이 잇달아 빠르게 일어났다. 먼저 수용소 사령관이 아키라 아라마키와 다나코 하나코를 결혼시켰다. 일곱 달 후, 1944년 4월 24일에 아들이 태어났다. 아라마키 부부는 아들의 이름을 앨런으로 지었다. 그리고 앨런이 세상에 나온 바로 그날, 아키라 아라마키가 석방되어서 고향 벨뷰의 딸기밭으로 돌아가기 위해 긴 여정을 시작했다―그 탓에 갓 태어난 아들과 잠시 떨어져야 했다―.

고향에 도착한 아라마키는 자신의 땅을 빼앗겼다는 사실을 알아차렸다. 수용소에서 풀려난 일본계 주민 대다수도 똑같은 일을 겪었다.

전쟁 전 일본계 주민을 향한 서부 백인 농업계의 적대감은 사회에 완전히 뿌리 내렸고, 진주만 공습 이후 훨씬 더 크게 세를 불렸다. 적대감은 일본계 주민이 오랫동안 수용소에 억류되었던 동안 백인 사회에 더 널리 퍼졌다. 물론 이 시기는 미국이 태평양 전역에서 일본과 점점 더 치열하게 싸우고 미국의 백인 사상자 수가 늘어나던 때와 일치한다.

적대감은 잇세이와 니세이가 구금당하기 전인 1942년 봄 몇 주 동안 특히나 극심했다. 헐값에 혈안이 되어 있던 백인 이웃들은 일본계 미국인의 재산―자동차, 가전, 자전거, 가구―을 터무니없이 싼 값에 사들이고, 일본계 미국인의 가게를 샅샅이 뒤지고, 일본계 미국인이 곧 끌려가면 버려질 집으로 이사할 기회를 엿보았다. 냉담한 백인은 일본계 주민이 갑작스럽게 굴욕을 당하는 상황을 최대한 이용했다. 물론, 친절을 베푸는 백인 이웃도 많았다. 백인은 일본계 주민에게 반려동물을 보살펴주겠다고 약속했고, 집을 잘 관리해주겠다고 장담했다. 잔디밭에 물을 주고 잔디를 깎고, 재산을 지키고, 땅을 잘 관리하겠다고 안심시켜주었다. 집을 떠나야 하는 일본계 주민은 끝까지 희망을 잃지 않고 이웃의 약속을 믿는 것 말고는 달리 선택할 수 있는 것이 없었다.

그런데 아라마키 가족처럼 시골에 살던 농부들의 상황은 도심 주민의 상황과 다소 달랐다. 정부는 식량을 생산하며 경제에서 핵심 역할을 맡은 이들에게 엄격한 규정을 적용했다. 식량은 국가 안보가 걸린 문제였기 때문에 농민 가족은 수용소로 떠나는 날까지 농장과 경작지를 관리하라고 지시받았다. 농부들은 정부 지시에 따라 계속해서 밭을 갈고, 젖소의 우유를 짜고, 씨를 뿌리고, 쟁기질하고, 콤바인으로 추수해야 했다. 일본계 주민을 감금하려는 정부가 못마땅해서였든 수용소로 떠날 채비를 하느라 너무 바빠서였든 지시를 따르지 못하면 체포되어 사보타주 혐의로 기소될 수 있었다. 사보타주는 심각한 중죄로 여겨졌다.

아키라 아라마키는 1990년대에 인터뷰하며 정부의 명령을 어기고 싶지 않았다고 설명했다. 그는 지시받은 대로 비료를 뿌리고, 흙을 갈아엎고, 스위트피를 묶고, 양상추를 따기 시작했다. "농장에서 수확할 준비는 모두 끝내놓았습니다." 그는 따뜻했던 1942년 초봄에 농장에서 가장 중요한 작물이었던 딸기가 빨리 익었다고 기억했다. "그런데 [수용소에] 등록하러 가야 했죠. 농장에 [도와줄] 사람을 구하지 못하면 정부는 우리가 사보타주를 한다고 여겼을 겁니다."

"그래서 사람을 구해야 했습니다. 좋은 친구가 있었거든요. 이탈리아 친구였는데, 그에게 농장을 맡겼습니다."

아라마키는 위험 신호를 감지하고 이상한 낌새를 눈치챘었을지도 모른다. 형세가 바뀌고 그가 재산을 모두 남겨둔 채 떠나자, '이탈리아 친구'가 그의 자리를 차지했다. "세상에, 순식간에 [그 사람이] 빼앗아갔습니다. 저는 수용소에 들어갈 때까지 우리 집에서 머물고 싶었죠. 그런데 그가 집세를 내라고 하더군요. 그래요, 그는 내가 기른 채소를 전부 공짜로 차지하고, 내가 기른 채소를 수확하려던 속셈이었습니다. 그리고 내게 집세를 물렸어요!"

그 후로는 침묵만 남았다. 아키라 아라마키는 집을 떠나고 2년 동안 고향 농장에서 무슨 일이 벌어지고 있는지 전혀 몰랐다. 드디어 1944년 4월에 시애틀역에서 택시를 타고 집에 와서야 상황을 파악했다.

집도, 딸기밭도, 농장 헛간도 모두 상태가 좋았다. 하지만 2년 동안 아라마키 가족의 집에서 안락한 삶을 즐기는 데 익숙해진 '이탈리아 친구'가 떠나지 않겠다고 버텼다. 친구는 꼼짝도 하지 않았다. 농장은 이제 친구의 것이었다.

아키라 아라마키는 1990년에 응한 인터뷰에서 친구와의 재회를 떠올렸다. "그가 내게 말했습니다. '일본놈은 돌아오면 안 되지. 다시는 이 땅은 못 돌려줘. 우리가 가질 테니까.'"

"그들이 나의 트랙터, 나의 관개 파이프를 모조리 가져갔습니다. 자기들 농장으로 가져갔어요. 우리 집을 샅샅이 뒤졌더군요. 농기구를 전부 방 안에 넣어놓고 문을 잠가서 사람들이 못 가져갔을 줄 알았죠. 하지만 가져갔습니다."

1940년대 중반, 미국 서부 전역에서 비슷한 일이 벌어졌다. 각 수용소에 억류되어 있던 사람들이 한 명씩 풀려났고, 군사 상황상 일본계 주민을 더는 감금할 필요가 없다는—그럴 필요는 애초에 없었지만— 명령이 마침내 떨어졌다. 일부는 아라마키처럼 전쟁이 한창일 때 석방되었다. 하지만 대개는 1945년에 전쟁이 끝나자 돈과 이동 증명서를 받았다. 구금되었던 일본계 주민이 비로소 서부 각지의 고향에 돌아가서 느낀 안도감은 실망과 환멸로 물들었다. 어떤 지역에서는 반일본 정서가 최고조에 달해 있었다. 일본계 주민이 남기고 간 집은 훼손되어 있었고, 일본계 주민의 재산은 도둑맞고 없었다. 한때 일본계 가족이 소유했던 땅의 권리증은 어찌 된 영문인지 사라지고 없었다. 수용소에서 돌아온 일본계 주민들은 수십 년 전 부모가 미국에 도착했을 때처럼 땅 한 뙈기 없는 처지로 되돌아가 있었다.

특정 인종과 민족을 향한 적개심은 비열했고, 도둑질과 파괴는 용납할 수 없을 만큼 부당했다. 무엇보다 토지 횡령은 차원이 다른 문제였고 절대 용서받을 수 없는 범죄였다. 일본 이주민과 그들의 후손에게—인종과 민족과 상관없이 모든 이민자에게— 땅을 얻는 일은 비할 데 없이 가장 중요했다. 열심히 일했거나 행운을 맞아 땅을 얼마간 소유하게 된 사람들은 그렇게 땅을 소유하는 과정에서 이주한 새 나라와 떼려야 뗄 수 없는 관계로 묶였다. 그 관계가 끊긴 사건은 고향에 와서 땅을 빼앗겼다는 사실을 알아차린 사람들에게 커다란 영향을 미쳤다.

나이가 많은 잇세이든 더 젊은 니세이든, 제2차 세계대전이 터지기 직전에 미국 서부 지역에서 살았던 일본계 주민 가운데 직접 일구는 땅을 실제로 소유한 이는 4분의 1이 채 안 됐다. 백인 농장주의 농장을 관리하는 이들의 수도 아주 적었다. 일본계 주민 중 70%가량은 소작인이었다. 따라서 땅을 소유한 사람들만큼 미국에 유대감을 느끼지 못했고, 땅에 크게 노력을 기울이지 않았다. 수용소에서 풀려나 고향에 돌아왔는데 이웃이 적의를 보이고, 살던 집이 파손되었고, 소작권이 취소되었다면, 분명히 상처가 될 만한 일이지만 생존과 관련된 운이 바뀌었다고 받아들일 만했다. 땅이 없던 일본계 주민은 고향을 떠날 수 있었고, 실제로 떠났다. 대부분 서부에서 벗어났다. 일본계를 향한 적대감이 덜했던 머나먼 지방이나 주로 떠나서 다시 삶을 개척했다.

하지만 실질적 토지 소유주였던 일본계는 쉽사리 고향을 떠날수 없었다. 그동안 땅에 기울인 정성 때문에 떠날 마음이 생기지 않았다. 그래서 토지를 소유했던 일본계 주민 가운데 상당수는 아무리 땅을 빼앗겼더라도, 아무리 삶이 무너졌더라도 1950년대까지 고향에 계속 머무르려고 애썼다.

일본계 주민의 땅을 빼앗는 법은 여러 가지였다. 하지만 방식에 상관없이, 일본계의 땅은 몰수되었다. 외국인토지법은 캘리포니아에서 가장 활발하게 작동했다―토지 몰수의 피해자가 머나먼 강제 수용소에 감금되어 외부와 연락이 끊긴 채 자신을 방어할 수 없는 상황이었기 때문에 가장 잔인하게 작동했다―. 캘리포니아주는 일본계 토지 소유주에게 땅을 소유할 실질적 권리가 없다는 취지로 법리논쟁을 제기했고, 소위 귀속 절차가 빠르게 개시되었다—토지 소유주가 아무런 유언도 남기지 않은 채 죽은 데다 알려진 유산 수령인이 없을 때와 마찬가지였다—. 주가 승소하면—일본계 주민은 사실상 방어할 수 없었으므로 주가 대체로 승소했다—, 일본계 주민이 소유했던 땅은 캘리포니아주 정부의 재산이 되었다. 주 정부는 원하는 대로 토지를 처분할 수 있었다.

다른 몰수 방식도 고안되었다. 특히 세금 규정에 따르면, 토지 소유주가 세금을 체납할 경우 담보권lien(채무자가 빚을 갚지 않을 때 채권자가 확보할 수 있는 권리로, 특정 물건 따위를 담보로 잡고 빌려준 돈을 받을 때까지 맡아둘 수 있다—옮긴이)을 발행해야 했다. 수용소에 구금된 일본계 주민은 정부가 이미 은행 계좌를 모두 동결했기 때문에 채권자에게 빚을 갚을 수도 없었고, 세금을 낼 수도 없었다. 세금을 낼 돈이 있더라도 그 돈에 접근할 수 없으니 이웃을 설득해서 대신 세금을 내게 하지 않는 이상 체납할 수밖에 없었다. 일본계 주민에게서 세금을 걷지 못한 카운티나 시는 그들의 땅을 담보로 잡았다.

일본계 주민의 땅을 완전히 훔치는 일도 있었고(이런 일은 드물 것 같지만, 법률이 절도를 보호하는 수단을 제공했다), 점유자의 권리라는 훨씬 더 변덕스러운 개념으로 빼앗는 일도 있었다. 누군가가 다른 사람의 땅을 점거하면, 특히 꽤 오랫동안 점거한다면, 점유자의 권리에 따라 그 땅에 대한 사실상의 소유권을 주장할 수 있었다. 적어도 그 땅에 계속 머무를 권리를 내세울 수 있었다. 그 땅의 실제 소유주가 어떻게 반응하든 상관없었다.

아키라 아라마키도 이 마지막 방식으로 땅을 빼앗겼다. 1944년 따스한 봄날 저녁, 아라마키가 고향 집에 돌아왔지만 이탈리아 친구는 절대 떠나지 않겠다고 딱 잘라 말했다. 당시 벨뷰는 반일본 구호로 넘쳐났고 소박한 농장을 되찾겠다는 아라마키의 결연한 의지에 돌아오는 것은 조롱과 야유뿐이었다. 아라마키는 이탈리아 친구의 거절에 굴복하지 않았다. 고향 땅을 되찾으려는 싸움은 수개월이 걸렸고, 아키라 아라마키는 끝내 이겼다. 그는 집을 되찾을 수 있었고, 밭에서 다시 일할 수 있었고, 전쟁이 터지기 전처럼 딸기를 비롯해 작물을 조금씩 길러낼 수 있었다.*

1945년 여름, 아내 하나코와 아들 앨런이 미니도카 수용소에서 풀려나 집으로 돌아왔다. 그때쯤 아라마키는 농업에 열의를 잃은 듯하다. 서부 해안 지역에서 농사를 짓던 같은 세대 일본계 주민 대다수와 마찬가지로 아라마키는 기존 생활 방식을 버리고, 농장을 모두 팔고, 직업을 바꾸기로 마음먹었다. 그는 1950년대 미국 교외 번영의 전형적 상징, 부동산 중개인으로 탈바꿈했다.

---

*　아라마키처럼 운이 좋았던 사람은 별로 없었다. 야마시타 타쿠지라는 변호사는 특히나 불운했다. 야마시타는 1892년에 워싱턴주로 왔고, 1902년 워싱턴 대학교에 새로 생긴 로스쿨에 들어가 뛰어난 성적을 거뒀다. 하지만 그는 미국 시민이 아니었기 때문에 변호사가 될 수 없었고, 미국 정부는 그에게 시민권을 부여하지 않았다. 결국 그는 아내와 함께 농업을 시작했다. 인종 때문에 토지를 소유할 수 없다는 사실을 깨달은 그는 이웃 백인에게 자기 대신 딸기 농장을 '소유'해달라고 했다. 제2차 세계대전이 터지자 야마시타 가족은 강제 수용소에 구금되었다. 마침내 석방되어 고향에 돌아온 그는 세금을 체납했다는 이유로 농장을 통째로 잃었다는 사실을 알아차렸다. 그는 9년 동안 굴욕을 견디며 시애틀에서 가정주택 관리인으로 일해야 했다. 1954년에 아내와 함께 일본으로 돌아갔지만, 곧 84세의 나이로 세상을 떴다. 다행히도 2001년에 워싱턴 대학교가 주 정부에 탄원서를 낸 덕분에, 야마시타 타쿠지는 사후에 변호사 자격을 얻었다.

아키라 아라마키는 2004년에 91세의 나이로 세상을 떴다. 그의 사망을 알리는 짤막한 기사가 〈시애틀 타임스〉에 실렸다. 부고는 간단하게—그리고 진실은 가슴이 미어질 만큼 생략한 채—"아키라 씨는 제2차 세계대전 동안 잠시 워싱턴주를 떠나 있었지만, 평생 벨뷰에서 살았다. 미들레이크스에서 시장 판매용 청과 농장을 운영하다가 부동산업자로 은퇴했다"라고 밝혔다. 아키라의 아내 하나코는 2016년에 눈을 감았다. 아들 앨런은 벨뷰에서 가까운 시애틀 교외 동부에서 살며 엔지니어로 일했다. 아라마키 집안이 농업과 맺은 관계는 모두 끝났다. 이 가족의 이야기는 여기까지가 전부다.

이제 벨뷰는 현대적인 대도시다. 농장은 거의 모두 사라지고 없다. 아라마키 히코타라가 자랑스러워했고 아키라 아라마키가 루스벨트 정부의 전시 정책 때문에 억류되기 전까지 정성스럽게 돌보았던 땅은 이미 오래전에 포장되고 시멘트로 덮였다. 지금은 슈퍼마켓 체인 세이프웨이의 물류 센터가 들어섰다. 시리얼과 세제, 전구, 아이스크림 상자를 실은 트럭들이 온종일 굉음을 내며 드나든다. 화물 트럭에는 당연히 딸기도 실려 있다. 하지만 이 딸기는 벨뷰가 아니라 관개가 잘되는 머나먼 땅에서 일본계가 아닌 다른 사람들이 재배한 것이다.

V 부

복원의 연대기

Annals of Restoration

1장
아르카디아의 마오리족

마지막으로, 가장 외롭고, 가장 사랑스럽고, 섬세하고, 멀구나—
우리에게, 우리에게 변함없는 계절이 미소 짓는다,
누가 우리의 양치식물 한가운데서 궁금해하는가
왜 사람들은 행복한 섬을 찾아 떠나는가!

– 러디어드 키플링, <도시들의 노래The Song of the Cities> 중 '오클랜드'(1893년)

뉴질랜드에서 변화는 놀라울 만큼 빠르게 다가온다.
이유는 두 가지다.

뉴질랜드는 지구에서 인간이 마지막으로 발견하고 정착한 국가
다. 요즘에는 폴리네시아인이 기다랗게 무리 지은 섬들을 목격하고
14세기 중반에 카누를 타고 가장 먼저 도착했다고 추정한다. 300년
이 흐른 후, 유럽인이 이 땅에 들어왔다. 뉴질랜드에서 가장 유명한
생태학자 제프 파크Geoff Park는 조국의 비옥한 평원을 두고 "지구의
자원이 유한하다는 사실이 드러나기 전에 유럽인이 마지막으로 발
견한 것"이라고 풍자적으로 말한다.

뉴질랜드는 지구상에서 가장 마지막으로 발견된 곳일 뿐만 아니

라 진실한 민주주의 정치 제도를 가장 먼저 수립한 나라이기도 하다. 뉴질랜드는 일찍부터 투표권을 여성과 남성 모두에게, 그리고 인종이나 민족에 상관없이 ─원주민을 포함해─ 거주민 모두에게 허락했다. 여기서 끝이 아니다. 사실상 마오리족은 백인보다 꼬박 12년이나 '앞서서' 1867년에 투표권을 부여받았다. 그래서 뉴질랜드는 세계 최초로 원주민에게 투표권을 부여한 식민지 정착 국가가 되었다. 이웃한 호주는 뉴질랜드보다 거의 한 세기나 뒤늦게 오스트레일리아 원주민에게 투표권을 주었다.

정착부터 참정권 획득까지, 이 나라에서 인간의 역사는 500년을 겨우 넘기는 기간 안에 압축되어 있다. 다른 지역과 비교해볼 때, 뉴질랜드에서 인간이 발전하며 일으킨 일은 무엇이든 거의 빛의 속도로 일어났다.

예를 들어 1970년대만 해도 아무도 뉴질랜드의 국가 정체성을 의심하지 않았다. 뉴질랜드에 관한 모든 것이 의심할 여지 없이 이곳이 1950년대라는 호박 속에 잘 보존된 채 남쪽 바다에 안락하게 자리 잡은 영국적 장소임을 확연히 드러냈다. 뉴질랜드는 수선화와 잔디 볼링, 애프터눈 티, 자전거를 타고 순찰하는 시골 순경, 캐벌리 트윌(이중 능직으로 짠 튼튼하고 질긴 직물—옮긴이), 마마이트(빵에 발라 먹는 이스트 추출물로, 영국의 '국민 잼'이다—옮긴이), 출석률이 좋은 영국 국교회 성당이 있는 곳이었다. 국가國歌도 영국 국가인 〈신이시여, 여왕 폐하를 지켜주소서God Save the Queen〉였다. '새로운 제일란트'라는 국명 또한 이곳을 처음 목격한 네덜란드 선원들이 수긍할 만한, 평범하고 단순한 이름이다.('질랜드Zealand'는 네덜란드 동남부의 제일란트주 이름에서 유래했다—옮긴이).

그런데 이후 50년이라는 짧은 기간에 많은 것이 바뀌었다. 우선 마오리어 '아오테아로아Aotearoa'가 '뉴질랜드'와 대등한 지위를 갖는 국명이 되었다. 아오테아로아는 '길고 하얀 구름의 땅'이라는 뜻이다. 현재 아오테아로아를 공식 국명에 포함하려는 움직임도 있다. 요즘 수많은 뉴질랜드 사람은 자국을 '아오테아로아 뉴질랜드'라고 부르고 싶어 한다. 국가 역시 —'여왕'과 동등한 버킹엄궁의 동의를 받아서 공식적으로— 〈아오테아로아〉로 바뀌었다. 국가의 처음 다섯 소절은 그동안 사랑받았던 빅토리아 시대 시 〈신이시여, 뉴질랜드를 지켜주소서God Defend New Zealand〉를 마오리어로 번역한 것이다.*

새로운 국가는 이 나라에 관해 많은 것을 알려주며, 가장 유쾌한 국가 중 하나로 널리 인정받는다. 특히 맹목적 애국주의에서 벗어나 있기 때문에 국수주의적 찬양이 아니라 겸손한 기도 노래로, 애국심 선언이 아니라 전 국민의 찬가로 여겨진다. 새로운 국가가 처음으로 전 세계 무대에서 불린 것은 1972년 뮌헨 올림픽에서 뉴질랜드의 조정 에이트(여덟 명이 한 조를 이루는 조정 경기—옮긴이) 팀이 금메달을 따고 난 직후였다. 국가가 연주되는 동안 검은 유니폼을 입

---

* 공식 행사에서는 대체로 첫 두 소절만 부른다. 먼저 첫 소절을 마오리어로 부르고 똑같은 소절을 원래 영어 가사로 다시 부른 다음, 두 번째 소절을 같은 순서로 부른다. 이런 관습은 1999년부터 시작됐다. 그래서 요즘 뉴질랜드 학생은 국가가 "E Ihowā Atua, O ngā iwi mātou rā Āta whakarangona(오 모든 부족의 군주이신 하느님, 우리에게 귀를 기울이소서)"로 시작하는 줄 안다. 다른 어른들은 한때 국가가 영어 가사 "God of Nations at thy feet, In the bonds of love we meet(열방을 다스리시는 하느님, 사랑의 화합 안에 우리가 만나 주님 발 앞에 나아옵니다)"로 시작했다는 사실도 잘 안다.

은 성인 아홉 명이 단상에 올라서서 눈물을 흘리는 광경은 뉴질랜드 대중의 상상 속에 영원히 새겨졌다.

국명과 국가 외에 훨씬 더 많은 것이 변화했다. 1970년대 중반, 백인이 주류인 오늘날의 뉴질랜드에―더 정확히는 오늘날의 아오테아로아에― 이 땅을 소유해야 마땅한―한때는 정말로 이 땅을 소유했던― 마오리족 78만 명을 완전히 통합하려는 실질적 노력이 시작됐다. 나라가 중요하게 여길 대상과 관련한 이 변화는 현대 뉴질랜드 사회의 모든 측면에 스며들었다. 선의에서 비롯한 일이 실패를 겪기도 하고 비판받기도 했지만, 이 변화는 가장 근본적인 질문 '정확히 누가 국토를 소유하는가?'에 대답하고 대처하기 위한 전 국민의 노력과 함께 시작됐다.

뉴질랜드의 국토는 약 26만 7,000㎢이다. 최북단은 열대지방 레잉가곶이고 최남단은 절벽에 차갑고 거센 바람이 불어오는 스튜어트섬이다. 잔디 덤불과 늪지로 이루어진 이 섬은 너무도 황량해서 노호하는 40도대(풍랑이 험하게 이는 남위 40도~50도대 해역―옮긴이)가 지척이라는 사실을 금방 깨달을 수 있다. 주로 초목이 무성하게 우거진 에메랄드빛 목초지와 절경을 자랑하는 (그러나 위험하게도 지진 활동이 활발한) 산지로 이루어진 이 땅은 영국 출신 외지인에게 통째로 점령당했다. 영국인은 이곳을 처음 발견한 후에, 즉 1769년에 제임스 쿡 선장이 이곳의 소유권을 처음 주장한 후에 이 땅으로 몰려와 정착했다. 오늘날 많은 뉴질랜드 국민은 이 땅을 원래 주인에게 되돌려줘야 한다고 생각한다.

마오리족에게 뉴질랜드 국토의 많은 부분을 돌려줄 가능성에 관해 이야기가 오가고 있으며, 전 국민이 마오리족의 권리 회복이 필요하다는 데 찬성한다. 따라서 현재 뉴질랜드가 빛의 속도로는 아니지만 끝없이 고려 중인 개혁은 틀림없이 국민의 도덕적 잣대를 보여주는 좋은 징조다. 수많은 뉴질랜드인은 사회 정의라는 면에서 볼 때 뉴질랜드가 무수히 많은 층위에서 놀라울 만큼 성공한 나라라고 말할 것이다. 이렇게 생각하는 사람들은 원주민의 땅에 관한 국가 정책이 현재 뉴질랜드가 누리는 성공과 명성에서 핵심이라고 생각한다.

뉴질랜드 역사에서 가장 중요한 사건, 특히 국가가 국토 약 26만 7,000㎢와 맺은 복잡한 관계에 결정적 영향을 미친 사건은 1840년 2월 6일에 조인된 와이탕이 조약이다. 이 조약은 여전히 뉴질랜드 건국 신화의 핵심 아이콘으로 남아 있다. 게다가 이 조약 이후의 역사를 고려해보면, 와이탕이 조약은 19세기보다 현재에 훨씬 더 중요한 것 같다.

조약서는 아직도 잘 보존되어 있으며, 마그나 카르타나 미국 독립 선언서처럼 크게 공경받는다. 와이탕이 조약서는 훨씬 더 오래된 마그나 카르타와 미국 독립 선언서와 달리 벌레 먹고, 해지고, 상당히 닳아 있다. 그래도 조약서는 꼼꼼하게 보존되어 보호받는다. 웰링턴의 신성하고 고요한 국립도서관에 가면 조약서가 유리 상자에 담겨 어두운 방에 전시되어 있다.

와이탕이 조약의 서곡이 된 사건들은 영국의 제국주의 탐험이 절정에 달한 시기에 일어났다. 앞서 1부에서 언급했듯이, 이 시기에 토착 주민은 눈을 감았다가 다시 "눈을 떴더니, 우리 손에 성경이 들려 있고 땅은 그들의 손에" 빼앗겨버렸다. 오래전 영국이 아프리카에서 벌였던 전도 활동은 영국의 대척지인 오스트레일리아와 뉴질랜드에서도 똑같이 벌어졌다. 제임스 쿡은 ―기독교 전도와는 종류가 다른 임무에 열중하여― 태평양에서 섬들을 발견했고, 차지했고, 합병했고, 대영제국의 소유라고 주장했다. 쿡은 1769년에 뉴질랜드에 도착했고, 이듬해에 훗날 호주 뉴사우스웨일스가 될 땅으로 항해를 떠났다. 뉴질랜드에는 마오리족이, 호주 보터니만에는 오스트레일리아 원주민이 살고 있었지만, 쿡은 이제부터 영국이 두 지역을 통치하고 자비롭게 감독할 것이라고 선포했다. 그러고는 머나먼 본국의 후원자들에게 남반구에서 새로운 식민지를 얻었다고 알리기 위해 떠나버렸다. 남은 원주민은 어리둥절하고 혼란스러운 마음으로 대체 무슨 일이 벌어졌는지 이해하려고 애썼을 것이다.

1788년 10월, 영국인의 호주 이주가 본격적으로 시작되었다―처음에는 유죄를 선고받은 가난한 잡범들이 유배되는 새로운 죄수 유형지로 악명 높았다―. 그런데 뉴질랜드는 호주와 달리 처음에는 이주지로 적합하지 않다고 무시되었다. 죄수를 보내기에도 마땅하지 않고, 목축업자가 자발적으로 떠나기에도 그다지 구미가 당기지 않는 땅이었다. 그래서 뉴질랜드는 뉴사우스웨일스와 느슨한 관계만 유지하며 비공식적으로 통치되었고, 영국의 기억 속에서 사라져버렸다.

뉴질랜드에 정착한 유럽인은 소수였고, 그마저도 비공식 정착이었다. 그중 일부는 유죄 판결을 받고 뉴질랜드와 비교적 가까운 유형지인 태즈메이니아와 노퍽섬에 유배되었다가 가까스로 도망쳐

나온 죄수였다. 광둥의 중국 무역회사들이 차 판매대금으로 바다표 범 가죽을 받겠다고 하자,* 영국의 바다표범 사냥꾼들은 떼돈을 벌 겠다는 헛된 희망을 품고 오합지졸로 모여 뉴질랜드 남섬에서 사업 을 시작했다―거대한 고래들이 남섬 서해안의 피오르 바깥에서 유 유히 헤엄치는 모습이 목격된 후로는 연안 포경으로 한몫 벌겠다는 희망까지 보태졌다―. 바다표범 사냥꾼과 정착민 다수는 마오리족 여성과 함께 살았다. 마오리족 사내들은 이런 현상을 대체로 너그 럽게 받아들였고, 달리 반대하지 않았다. 이후에는 선교단이 드문 드문 뉴질랜드를 찾았다. 처음에 마오리족은 개종에 완강하게 반대 했지만, 1820년대 즈음에는 세례를 받는 데 동의했다. 게다가 영국 은 적지 않은 마오리족에게 영국인이 뉴질랜드로 대거 이주할 때를 대비해서 미리 호주로 건너가 제대로 '문명화'하고 영어에 익숙해지 라고 요구했다―영국은 마오리족의 관습과 풍습이 아주 흥미롭고 훌륭하다고 보았다. 특히 땅은 어느 개인의 것이 아니라 공동 소유 라는 관념을 높이 샀다―. 하지만 영국인은 뉴질랜드로 오지 않았 다. 19세기 초반 몇 십 년 동안 뉴질랜드는 전적으로 마오리족의 땅 이었고, 대개 영국의 식민지 지명 사전에서 빠져 있었다. 영국이 뉴 질랜드에 별 관심이 없었다는 사실을 분명히 보여주기라도 하듯이, 1817년에 제정된 해외 살인 법령에 뉴질랜드가 특별하게 언급된

---

* 런던에서 중국산 차의 인기는 하늘을 찔렀다. 차 무역을 독점했던 영국 동인도회사가 찻 값으로 지급할 금속 주화를 다 써서 결국 18세기 말부터 돈 대신 아편을 화폐로 사용할 정 도였다. 이 때문에 베이징의 고급 관료들은 크게 분노했고, 결국 아편 전쟁이 터졌다. 전쟁 에서 패한 청나라는 영국에 홍콩을 이양하며 공개적으로 수모를 겪었다. 동인도회사가 아 편 대신 바다표범 가죽을 화폐로 이용했더라면 아편 전쟁 같은 결과는 없지 않았을까.

다. 이 법에는 영국이 통치하지 않는 지역—미국과 타히티, 온두라스, '뉴질랜드'—에서 저질러진 살인을 공해상에서 저질러진 것과 똑같이 취급해야 한다고 명시되어 있다.*

뉴질랜드는 식민지가 아니었다. 다만 런던 정부는 1830년에 뉴질랜드에 점점이 흩어져 살기 시작한 영국인이 갈수록 많아지고 있으니, 뉴질랜드의 지위를 재고해야 한다고 인정했다.

얼마 지나지 않아 정말로 런던 정부가 뉴질랜드의 지위를 재고했다. 1833년에 영국이 행동에 나서기로 결심하며 상황이 변하기 시작했다. 먼저 영국은 경솔하게도 제임스 버즈비James Busby라는 와인용 포도 재배 농장주를 뉴질랜드 사절로 보냈다. 버즈비는 새로 생긴 영국 주재관에서 런던 정부를 대신해 뉴질랜드 섬의 외딴 정착지를 관리하는 책임을 맡았다. 버즈비는 뉴질랜드 북섬의 베이오 브아일랜즈에 상륙했다. 그는 마오리족 부족장들의 환대를 받으며 강어귀 마을에 주재관 본부를 세웠다. 훗날 그 유명한 와이탕이가 될 곳이었다.

버즈비 임용은 커다란 성과를 올리지 못했다. 버즈비는 공식 임무에 매진하지 않았다. 보아하니 버즈비는 여러 마오리 부족이 서로 반목하는 데다 중앙정부를 설립할 공산은 턱없이 낮다는 사실을

---

* 해외 살인 법령과 상반되는 1884년 식민지 죄수 (제거) 법령은 해외에 나가 있는 대영제국의 죄수를 다시 영국으로 불러들이도록 허락했다. 1985년, 영국의 어느 부장 판사는 남대서양 한가운데 있는 식민지 세인트헬레나섬의 제임스타운 교도소를 방문했다. 그 교도소가 너무 작다고 판단해서 재소자 한 명을 본국으로 데려오기 위해서였다. 그로부터 약 170년 전에는 워털루 전쟁에서 패배한 나폴레옹 보나파르트가 이 섬에 유배되어서 제임스타운 교도소보다 조금 더 큰 거처에서 지냈다.

무시하고 마오리족이 제대로 조직된 정부를 스스로 만들어내리라는 생각에 홀딱 빠졌던 듯하다. 게다가 버즈비는 마오리족에게 직접 정부를 만들게 한다는 계획을 세우는 데 그치지 않았다. 그는 마오리족이 자치를 시작하면 지도자들이 완전히 독립된 나라를 건설할 것이라고까지 생각했다. 심지어 마오리족 지도자들이 손수 국기를 선택하리라고 낙관했다.

버즈비의 구상은 런던 정부에도 날아들었다. 뉴질랜드 남섬의 영국인 정착지에서 열린 여러 모임에서 폭력 사태가 벌어졌다는 소식도 런던까지 전해졌다. 런던 정부는 뉴질랜드 주재 사무관의 생각이 그야말로 어리석고 아둔하다고 무시했다. 하지만 너그럽게도 대외적으로는 버즈비가 거창한 계획을 세워서 라이벌 프랑스를 물리치려 했다고 이해해주는 척했다. 프랑스의 제국주의 촉수가 타히티를 휘감다 못해 뉴질랜드 북섬까지 노렸기 때문이었다. 버즈비가 보내오는 특전이 점점 더 거슬리게 변하고 본국으로 돌아오는 영국인이 꾸준히 늘어나자 ─런던에는 뉴질랜드 이주 장려라는 분명한 목표를 위해 설립된 민간 회사가 두 곳 있었다─ 런던 정부는 마침내 손을 쓰기로 마음먹었다. 머뭇거리던 시간은 모두 끝났다. 영국은 뉴질랜드를 공식적으로 완전히 합병하고 새로운 식민지로 만들기로 했다. 윌리엄 홉슨William Hobson이라는 해군 장교에게 와이탕이로 가서 갓 즉위한 빅토리아 여왕을 위해 섬을 공식적으로 합병하라는 명령이 떨어졌다.

홉슨은 뉴질랜드를 이미 잘 알고 있었다. 영국이 멜버른 정착지를 설립할 때 활용했던 군함 HMS 래틀스네이크호에서 사령관으로 복무했던 덕분이었다. 1837년에는 마오리족이 소규모 반란을 일으키고 영국 정착민이 무법 행위를 일삼자 화가 난 버즈비의 명령으로 폭동을 진압하기 위해 태즈먼해를 건너 뉴질랜드로 가기도 했다. 홉슨이 뉴질랜드에 도착했을 무렵, 마오리족의 반란과 정착민의 폭력은 흐지부지 끝나 있었다. 홉슨은 런던으로 돌아가서 당시 상황에 관한 보고서를 작성해 해군성에 제출했다. 그런데 옷을 갈아입고 다시 남반구로 떠나라는 명령이 내려왔다. 이번에는 제국주

와이탕이 조약. 1840년 2월, 영국 관료들과 마오리족 부족장들은 영국의 뉴질랜드 섬 통치를 공식적으로 인정하는 이 조약문에 서명했다. 조약 내용의 번역문이 다양하게 해석되는 바람에 아직도 논란이 분분하다. ⓒ Alamy

의 사업을 위해서였다. 처음에는 출항 명령이 간단했지만, 홉슨이 뉴질랜드로 가는 도중에 혼란스럽게도 정부가 지시 사항을 바꿔버 렸다. 결국 와이탕이(의미심장하게도 '비탄의 물'이라는 뜻이다) 마을에 도 착한 홉슨은 2세기가 지난 오늘날에도 거의 해결되지 않는 문제를 —공평하게 말하자면 가능성도 함께— 숱하게 낳은 조약문을 작성 했다.

홉슨이 최초에 받은 지시 사항은 매우 간단했다—지시서를 작 성한 식민성의 고위 관료들은 복음주의 기독교도들로, 다른 영국 식민지에서 노예제를 폐지하자는 운동을 이끌었고 마오리족에 아 주 호의적이었다—. 원래 홉슨은 버즈비가 세운 자치 계획을 무시 했던 사실을 사과하고, 이제부터 빅토리아 여왕이 공식적으로 뉴질 랜드와 원주민을 통치한다고 선언할 계획이었다. 또한 영국의 식민 정부가 마오리족의 땅을 공정한 가격에 사들일 것이고, 그 땅은 장 래의 영국인 정착민에게 다시 팔아 판매 수익을 식민 정부의 행정 자금으로 사용할 것이라고 알려줄 계획이었다.

그런데 홉슨이 일을 처리하는 도중에 식민성이 계획을 수정했 다. 뉴질랜드 이주를 장려하기 위해 만들어졌던 민간 정착 회사 두 곳이 뉴질랜드 식민지를 정부 기관과 아주 다르게 바라보고 식민성 에 직접 압력을 넣었기 때문이었다. 이제 홉슨은 '아직도 대체로 마 오리족의 땅'인 나라에 영국인 정착민을 수용할 수 있는 제도 대신, "뉴질랜드 정착지"를 만들고 "그 안에 마오리족을 위한 장소를 따로 남겨 두어야" 했다. 따라서 홉슨은 작성할 조약문에 —그는 사실상 신생 국가의 근간이 될 문서를 작성하는 데 아무런 공식적 도움도 얻지 못했다— 달라진 우선순위를 반영해야 했다. 영국인 정착민이 먼저였고, 마오리족은 그다음이었다.

이 조약문이 결국 얼마나 중요했는지 생각해보면, 홉슨이 제임스 버즈비와 함께 해변에 있는 버즈비의 작은 별장에서 상당히 아늑하게 지내며 고작 나흘 만에 조약문을 완성해냈다는 사실은 여전히 놀랍다. 완성한 조약문을 마오리어로 번역해야 했지만, 마오리어에 숙달한 사람은 거의 없었다. 그 지역에서는 헨리 윌리엄스Henry Williams라는 영국 국교회 사제가 마오리어 전문가였다. 윌리엄스는 단 하룻밤에 번역을 마쳤다. 하지만 지나치게 서두른 번역은 조약이 발효된 후로 오늘날까지 해결되지 않은 수많은 문제를 낳았다.

여름이 한창이던 1840년 2월 5일 수요일 아침, 공문을 전하는 사절들이 지역 마오리족을 찾아다니며 부족장들과 일반 부족민 수백 명에게 공식적 조약문 낭독 행사에 참석하라고 알렸다. 버즈비의 별장 앞마당에 커다란 천막이 세워졌다. 홉슨이 급하게 만든 연단 위에 올라가서 영어로 된 조약문을 큰 목소리로 읽었다. 물론 후세를 위한 일이었지만, 그 자리에 나타난 영국인 정착민 수십 명을 위한 일이기도 했다. 정착민은 식이 진행되는 동안 반드시 정숙하라고 지시받았다. 조약문 낭독 행사는 오로지 마오리족과 영국 군주의 관계에만 관련된 일이기 때문이었다. 영국의 협상이라면 무엇이든 망치고 싶어서 안달 난 프랑스인도 몇 명 와 있었다. 프랑스인들은 마오리족에게 가톨릭으로 개종하라고 설득했고, 런던 정부 대신 파리 정부의 통치가 훨씬 더 장점이 많다고 떠들었다. 프랑스인의 말에 주의를 기울이는 사람은 거의 없었다.

낭독식에 모여든 사람들이 웅성거리는 가운데 윌리엄스 목사가 마오리족을 위해 번역문을* 차분하게 한 단락씩 읽어나갔다. 영국 측 참석자들은 처음에 마오리족이 조약문을 듣고도 별다른 반응을 보이지 않는다고 생각했다. 다만 우리는 마오리족이 가장 신경 써서 들었던 것이 조약문의 내용인지 번역문의 문법인지 알 수 없다.

와이탕이 조약문을 보면, 빅토리아 여왕이 마오리족의 권리와 재산을 보호하겠다고 약속하는 공식 전문 다음에 딱 세 가지 조항만 나온다. 마오리족 부족장들은 조약문에 서명해서 이 조항들에 "동의하라고 요청"받았다. 첫 번째 조항은 "뉴질랜드 부족 연합의 부족장들"이 "각자의 영토에 대한 (…) 모든 권리와 주권을 아무 조건 없이 전적으로" 영국 여왕에게 양도한다는 것이었다. 이 간단한 제국주의적 요구로 영국 여왕은 뉴질랜드 여왕이 되었다.

마찬가지로 무척 간단한 세 번째 조항은 뉴질랜드의 모든 원주민에게 영국 국민과 똑같은 특권과 보호를 전부 제공하겠다는 약속이었다. 시간이 흐르면 이 약속에 제한 사항들이 덧붙겠지만, 어쨌거나 겉보기에는 권리를 보장하겠다는 약속이 분명했다.

나중에 갖가지 문제와 실망을 낳은 조항은 바로 토지에 관한 두 번째 조항이다. 두 번째 조항에 따르면, "부족장들과 부족들, 그들

---

* 마오리족의 '테 레오te reo', 즉 언어는 타히티어나 다른 동폴리네시아 언어와 크게 다르지 않다. 박학다식한 케임브리지 언어학자 새뮤얼 리Samuel Lee가 1820년에 포괄적인 15자 철자법을 고안해내기 전까지 이 지역에는 문자 언어가 없었다. 이후 마오리어의 단어 300여 개가 현대 영어로 기록되었다. 대체로 다양한 식물과 물고기, 새를 가리키는 단어지만, 럭비 게임을 시작하기 전 상대편에 공포심을 심어주기 위해 추는 춤 '하카haka'와 상냥한 인사 '키아 오라kia-oria', 뉴질랜드의 상징이 된 수줍음 많고 날지 못하는 새 '키위kiwi'도 포함되어 있다.

의 가족들이 재산을 그대로 보유하기를 소망하는 한", "여왕은 그들이 무엇에도 방해받지 않고 땅과 숲, 낚시터 및 다른 재산을 독점적으로 소유하도록 보장한다." 그 대신, 부족장들은 부족 토지를 판매할 독점적 권리를 영국 군주나 군주의 공식 대리인에게 양도해야 했다.

영국이 —무력을 통한 정복과 합병, 식민지 확장이라는 전통적 수단 대신— 이렇게 온화한 방식으로 원주민을 굴복시키려고 할 때 해결하지 못했던 수많은 문제점 가운데 하나는 미련하게도 낯선 사람들에게 중요한 미묘한 사항들을 이해하려는 노력조차 기울이지 않았다는 것이다. 조약문 낭독식에 모인 마오리 부족장들은 번역된 조약문을 꼼꼼히 살펴보았지만, 주권 개념이 도대체 무엇인지, 영국 국민의 특권이 도대체 무엇인지 헤아릴 수 없었다. 영국이 무엇인지, 어디에 있는지조차 확실히 몰랐다. 땅을 "무엇에도 방해받지 않고 (…) 독점적으로 소유"한다는 구문도 한번 생각해보라. 마오리족은 개인이 토지를 소유한다는 개념을 떠올릴 수조차 없었다.

조약문에 사용된 마오리어 단어 하나는 아직도 계속 문제를 일으킨다. 영국은 번역된 조약문에서 마오리 부족장들에게 '랑가티라탕가rangatiratanga'를 부여했다. '족장'을 의미하는 마오리어 '랑가티라rangatira'에서 유래한 이 단어는 '족장 지위'나 '통치권'을 의미했다. 그런데 영국 식민주의자들은 부족장들에게 '카와나탕가kawanatanga'를 새로운 통치자인 영국 여왕에게 넘기라고 요구했다. 영국이 만든 신조어 '카와나탕가'는 '통치'나 '통치자직'을 뜻했다. 부족장들은 '랑가티라탕가'를 받고 '카와나탕가'를 넘기는 조건에 모두 동의했다.

이를 두고 역사학자들은 마오리족이 자신들에게 아주 중요한 것을 그대로 지니는 동시에 별로 중요하지 않거나 혹은 전혀 이해하지 못한 것을 이방인에게 넘겼다고 추측한다.

낭독식에 모인 부족장들은 당황스러움을 감추지 못하고 백인에게 질문했다. "우리가 왜 통치자를 원하겠소?" 레와Rewa라는 부족장이 물었다. "우리는 백인도 아니고, 외지인도 아니오. 우리가 바로 통치자요. 우리는 이 땅의 부족장들이오. 돌아가시오!" 그날 마오리족은 홉슨의 방문이 구체적으로 표현하는 제국 개념 자체를 이해하지 못했다—그 제국이 그들의 땅과 숲과 들판과 해변과 산맥에 미칠 영향을 이해하지 못했다는 사실은 말할 것도 없다—. 물론 영국인 정착민은 조약문의 내용을 이해했다. 대놓고 영국을 업신여기던 프랑스인도 마찬가지였다. 하지만 조약문을 받아든 마오리족은 대체 왜 그렇게 성가신 일을 당해야 하는지, 오랫동안 즐겼던 평화로운 잠에서 대체 왜 그렇게 느닷없이 깨어나야 하는지 알 수 없어 틀림없이 어리둥절했을 것이다.

여러 마오리 부족들은 꼬박 하루 밤낮 동안 논의했다—헨리 윌리엄스가 최선을 다해 중재했다—. 하지만 교묘하고 강압적인 식민주의자들이 기어이 목표를 달성했다. 2월 6일, 부족장들은 조약문에 서명할 준비를 마쳤다고 홉슨의 부하들에게 알렸다. 홉슨은 협상이 그렇게 빠르게 끝날 줄 미처 예상하지 못했던 터라 영국에서 타고 온 군함 HMS 헤럴드호로 돌아가 있었다. 그는 옷도 제대로 갖춰 입지 않은 꼴로 버즈비의 별장에 나타나서 잠옷 위에 가운을 걸친 채로 조약문에 서명했다고 한다(서명식을 그린 그림 속에서는 당연히 해군 제복을 갖춰 입은 모습으로 나온다).

처음으로 서명한 마오리족은 헨리 윌리엄스가 개종시킨 인물로, 베이오브아일랜즈 지역 부족장 호네 헤케 포카이Hone Heke Pokai였다. 그는 자기 이름을 직접 서명할 수 있었다. 다른 부족장 25명이 뒤이어 서명했다―오늘날 뉴질랜드는 매해 2월 6일을 국경일로 기념한다―. 그날 서명식에 참석한 고위 부족장 가운데 절반 이상이 대영제국의 요구에 동의하고 서명이나 동의 표시를 남겼다고 해도 좋을 것 같다.

그런데도 홉슨은 조약문을 들고 뉴질랜드 전역을 순회하며 다른 마오리족 지도자들에게서도 서명받는 편이 안전하겠다고 생각했다. 그는 조약문을 필사해서 거의 똑같은 번역문이 담긴 복사본을 여덟 부 만들었고, 각 복사본에 공식 인장과 봉인을 찍었다. 이 작업을 마칠 무렵, 500명이 넘는 부족장이 다양한 동의 표시를 남겼다. 남반구에 봄이 찾아와 오타고에도 다시 수선화가 필 즈음에는 거래가 완료되었다―남섬 남동부에 있는 오타고는 조약문 사절들이 찾아가기에는 날씨가 너무 고약해서 그동안 서명에 참여하지 못했었다―. 그러자 윌리엄 홉슨은 뉴질랜드를 뉴사우스웨일스 관리구역에서 공식적으로 분리했다. 스스로 뉴질랜드 직할 식민지의 총독에 오르고, 영국인 동료 세 명을 식민지 고위 관리직에 취임시켰다. 예산 4,000파운드와 하급 공무원 39명, 시드니에서 데려온 경찰 11명*을 갖춘 새 총독은 최선을 다해 식민지를 통치했다.

---

* 소문에 따르면 다들 알코올중독이라서 뉴질랜드 발령을 거부하면 퇴직해야 했다고 한다.

홉슨이 처음으로 단행한 인사 임명 가운데 하나는 토지 소유권 감독관이었다. 그는 이 자리에 잉글랜드 출신 변호사 윌리엄 스페인William Spain을 앉혔다. 와이탕이 조약에서 주권이나 보호 같은 사항이 원칙상 얼마나 중요해 보였든 간에, 정말로 중대한 실제 문제는 이제까지 마오리족이 공동으로 소유했던 땅 26만 7,000㎢를 분배하는 일이었다. 이 새로운 토지 분배는 여러 문제를 숱하게 낳았고, 뉴질랜드는 오늘날까지도 이 문제를 해결하는 중이다. 원주민 인구가 상당히 많은 다른 나라들은 뉴질랜드를 주시하고 있다.

무엇보다도, 조약 해석을 두고 논쟁이 벌어지면서 결국 영국인과 마오리족 사이에 악랄한 토지 전쟁이 일어나 30년 동안 이어졌다. 충돌이 심각하게 번지는 바람에 호주에 주둔해 있던 영국군 18,000명이 뉴질랜드로 호출되기까지 했다. 대포를 운용하는 포병대까지 갖춘 영국군은 광포한 봉기를 진압했다. 와이탕이 해변에서 흔쾌히 조약문에 서명했던 이들은 마오리족이 그토록 거세게 반발할 줄 상상조차 하지 못했다. 땅—누구의 소유물도 아니기에 누구도 판매할 수 없는 땅—을 향한 마오리족의 태도를 뒷받침하는 강렬한 열정 역시 영국이 제대로 이해하지 못했던 타문화 속 미묘한 요소였다. 토지 전쟁으로 거의 3,000명이 목숨을 잃었다. 사망자 대다수는 마오리족이었다.

19세기 중반 내내 다양한 형태와 규모의 전투가 수없이 벌어졌다. 마오리 부족들이 영국의 식민 통치에 반발해서 봉기를 일으켰다. 하지만 영국에 충성하며 영국인 편에 서서 동족과 싸우는 마오리 부족도 있었기에 문제는 복잡했다. 반란군은 빅토리아 여왕과 동등한 지위에서 모든 마오리 부족을 다스릴 마오리 군주를 추대하는, 이른바 '마오리 왕 추대 운동Kingitanga'을 벌였다. 영국은 식민 통치 권한에 대한 잠재적 위협을 당연히 진압하려고 했고, 호주에 있던 군대를 소환했다. 가장 치열했던 전투는 현재의 오클랜드 남쪽, 와이카토 지역에서 일어났다. 영국은 와이카토로 해군 군함을 파견해서 '적군'을 몰아내라고 명령했다. 식민지 총독이 처음으로 발표한 성명의 마지막 내용은 마오리 왕 추대 운동 지지자들에게 이 싸움이 정말로 어떤 의미인지 일깨워줬다.

여왕 폐하에 대항해 전쟁을 일으키거나, 무장한 채 여왕 폐하의 온순한 신민들의 삶을 위협하는 이들은 반드시 그 대가를 치를 것이다. 아울러 와이탕이 조약에 의해 보장받은 토지 소유권을 박탈당할 것이다.

끝내 영국이 전쟁에서 이겼다. 전쟁으로 출혈이 컸던 영국은 즉시 합법적인 토지 몰수 프로그램을 시작해서 오로지 복수할 목적으로 마오리족의 땅 14,164㎢를 강탈했다. 감히 대영제국에 도전한 원주민에게 내리는 옹졸한 처벌이었다. 토지 몰수는 마오리족과 파케하pakeha(백인) 간의 적개심을 유산으로 남겼다. 이 앙금은 해결되기는커녕 오늘날까지도 곪아가고 있다.

뉴질랜드라는 국가를 탄생시킨 조약문은 허술하게 계획되고, 경솔하게 작성되고, 모호하고 형편없이 번역되었다. 토지 몰수 프로그램은 변덕스럽고 무의미한 데다 복수를 위한 수단으로 쓰였다. 토지에 관한 이 두 가지 문제 탓에 20세기 초 뉴질랜드 상황은 크게 불안했다. 뉴질랜드 건국 초기에 다수였던 마오리족은 현대로 들어와 고향 땅에서 소수 집단으로, 무시당하고 소홀히 취급받기 쉬운 존재로 전락했다. 심각한 빈곤에 빠지는 마오리족의 수는 해가 갈수록 늘어났다.

20세기 초에 제정된 여러 법률로 ─국립공원이나 방위 시설, 보호 구역을 만든답시고─ 마오리족은 땅을 빼앗겼다. 제2차 세계대전의 여파로 노골적인 인종차별까지 생겨났다. 파케하 농부는 아무런 문제 없이 개발 보조금을 받았지만, 수많은 마오리족 농부는 안타깝게도 보조금을 받을 수 없었다. 결국 마오리족은 농장과 경작지를 팔고 도시로 떠나야 했다. 대규모 인구 이동은 사회에 끔찍한 악영향을 미쳤다. 백인이 소유한 토지는 대단히 많이 늘어났다. 반대로 마오리족, 1840년 이전에는 모든 것을 소유했던 이들이 소유한 땅은 가파르게 줄어들었다.

마오리족이 소소한 성공을 거두기도 했다. 1920년대에 토지 수용 위원회는 토지 몰수와 토지 부정 구매 가운데 일부가 정말로 불법이라고 판단해 마오리족에게 배상하라고 제안했다. 하지만 위원회가 불법이라 인정한 토지는 대체로 턱없이 적었고, 마오리족은 오히려 모욕을 느끼며 배상을 뿌리쳤다. 그러는 와중에도 파케하 지도자들은 비열한 행동을 멈추지 않았다. 1953년, 뉴질랜드 정부는 마오리족이 사용하지 않는 땅은 어디든 백인이 장기간 임차할 수 있다고 선포했다. 14년 후인 1967년에는 훨씬 더 극단적인 법률이 제정되었다. 이 법 때문에 마오리족이 소유한 토지 가운데 권리증에 적힌 소유자가 네 명 이하인 땅은 강제로 임자 없는 땅으로 재분류되어서 누구나 차지할 수 있었다.

한편, 마오리족이 갈수록 궁핍해지는 것은 끝없이 땅을 도둑 맞았기 때문이라는 생각이 사회 내부에서 부글부글 끓고 있었다. 1970년대 중반, 드디어 변화해야 한다는 압력이 형성되기 시작했고, 마오리족은 참을 수 없는 지경까지 몰렸다고 생각했다.

바로 그 순간, 마오리족 과부 노파가 등장했다. 보기 드문 능변에 의지가 결연했던 피나 쿠퍼Whina Cooper(가톨릭 세례를 받고 '조세피나'에서 이름을 땄기 때문에 이름을 '피나'로 발음한다)는 맥 빠진 마오리 공동체에 자극을 불어넣고 영리하게 상황을 반전시키겠노라고 마음먹었다. 마오리족 내부에서조차 냉혹하고 신랄하고 불화를 일으키는 존재로 평가받았던 피나 쿠퍼는 오늘날 뉴질랜드의 어머니상으로 꼽힌다. 쿠퍼는 긴 생애 동안—100세를 채우지 못하고 1994년에 98세로 삶을 마감했다—, 교사와 럭비 코치, 모유 수유 챔피언, 라이플 사격의 귀재, 부족의 리더, 카우리 코펄(소나뭇과 식물인 카우리의 진액이 땅속에 묻혀서 화석이 된 것—옮긴이)*을 파내는 인부 등 다채로운 모습으로 살아갔다.

쿠퍼는 호전적인 아버지의 영향으로 어릴 적부터 마오리족의 옛

---

* 뉴질랜드 최북단에서 발견되는 거대한 카우리 나무는 몹시 끈적거리는 진액을 흘린다. 이 진액은 콩 모양으로 뭉쳐서 땅에 떨어지고, 땅속 깊이 묻힌다. 카우리 코펄은 니스나 리놀 륨을 만드는 데 쓰이는 귀중한 재료였기 때문에 19세기에 채취 산업이 크게 성장했다. 인 부들은 2.5m쯤 되는 갈고리 모양 창으로 두꺼운 흙을 쿡 찔러서 코펄을 찾았다. 땅속에서 카우리 코펄을 발견하면 깨끗하게 씻어서 오클랜드로 보내 수출했다. 카우리 코펄 채취 산업에는 유럽 달마티아(크로아티아 남서부의 아드리아해 연안 지방—옮긴이) 출신 이민자들이 특히나 많이 몰려들었다. 달마티아 출신 카우리 코펄 채취 인부들의 후손은 요즘에도 뉴 질랜드 북섬에서 명예롭게 대우받는다.

땅을 되찾는 일에 열정을 키웠다. 청년일 때부터 마오리족 토지를 회복하려는 캠페인을 벌였고, 어린 시절 고향 집 근처에 있던 강어귀 갯벌을 훔쳐서 경작지로 개발하려고 했던 백인의 농장 배수관을 망가뜨렸다. 쿠퍼의 캠페인 중 가장 잘 알려진 마지막 캠페인은 1975년 남반구의 봄철에 시작됐다. 당시 쿠퍼는 가냘파 보이는 여든 살 노인이었지만, 마오리족과 지지자들을 이끌고 북섬 전역을 돌아다녔다. 캠페인 참가자들은 뉴질랜드 토지에 대한 마오리족의 생득권이 끊임없이 소멸하고 정부가 이런 소멸을 후원하는 상황에 항의하고자 수도 웰링턴까지 1,126㎞를 행진했다.

9월 중순 일요일, 피나 쿠퍼는 마오리족 활동가 겨우 50명과 함께 마오리 토지 행진Maori Land March에 나섰다. 트레이드마크가 된 머

절대 얕잡아 볼 수 없는 팔십 대 피나 쿠퍼는 1975년에 한 달 동안 마오리족 활동가들을 이끌고 북섬 전역을 걸어 다니며 웰링턴 의회까지 행진했다. 쿠퍼의 시위 덕분에 뉴질랜드의 토지 정책은 대대적으로 바뀌었다.

릿수건을 두르고, 마오리족의 전통적인 의례용 예복과 상징물들을 걸친 채 행렬을 이끌었다. 포스터에 적힌 '땅이 없는 마오리는 죽은 마오리다' 문구가 토지 행진의 정서를 압축해서 보여줬다. 매일 밤, 시위 행렬은 지역 마오리 부족의 화합 장소인 마래marae에 머물며 식사하고 휴식했다. 날이 갈수록 더 많은 사람이 행진 대열에 합류했다. 봄철의 악천후 속에서 하루도 쉬지 않고 행진한 지 29일이 지난 후, 수만 명이나 되는 시위 행렬이 목적지인 웰링턴의 국회 의사당에 도착했다. 비에 젖어 녹초가 된 피나 쿠퍼는 ―날씨가 사납기로 악명 높은 수도에 시위대가 밀려들 무렵 비가 억수같이 퍼부었다― 마오리족 6만 명의 서명이 담긴 탄원서를 제출하며 포괄적인 토지법 개혁을 마지막으로 요구했다. "더는 파케하에게 땅을 팔지 말자!" 사람들이 소리쳤다. "우리에게 우리 땅을 돌려달라!"

의심할 여지 없이 마오리 토지 행진은 뉴질랜드 마오리족의 지위와 자존감이 변화하는 중요한 전환점이 되었다. 마오리족은 끝없는 백인 이주 물결에 밀려나 무심하게 취급받았고, 물질적으로나 정신적으로나 소중한 땅을 끝없이 빼앗겼다. 그런데 토지 행진 후에 변화가 찾아왔다. 행진에서 가장 강렬한 인상을 심어준 건 가녀리고 가무잡잡하고 비에 흠뻑 젖은 존경스러운 할머니가 휘청거리면서도 비가 쏟아지는 텅 빈 도로를 투지 있게 걸어가는 모습이었다. 쿠퍼가 오랫동안 부당하게 대접받았던 마오리족을 위해 열정을 불태우는 모습은 변화의 불을 지폈다. 거의 하룻밤 사이에 전 국민이 마오리족의 곤경에 연민을 느끼게 됐다. 문화적 측면에서 행진은 상당히 성공했다고 평가받았다. 의심의 여지가 없는 평가다. 예를 들어, 바로 이즈음부터 각양각색의 시민들이 자국을 '아오테아로아'라고 부르기 시작했다는 사실은 주목할 만하다. 게다가 〈신이시여, 여왕 폐하를 지켜주소서〉를 대신한 국가의 첫 소절이 마오리어로 불리고, 파케하 아동을 포함해 1970년대의 모든 아동이 마오리어 가사에 익숙해졌다는 사실도 잊지 말자. 마오리어로 된 이름, 마오리족의 공예품, 마오리족의 관습이 뉴질랜드 사회에 없어서는 안 될 부분이 되었다. 폴리네시아어 단어와 구절도 뉴질랜드에서 흔히 쓰이는 언어에 점점 더 많이 포함됐다.

하지만 쿠퍼가 행진을 시작한 가장 중요한 이유—마오리족이 토지와 관련해 겪는 고충에 정부가 진지하게 대처해야 한다는 요구—에 관한 문제는 극도로 복잡하다. 그래도 확실한 발전이 이루어졌다. 토지 행진 이후 제정된 개혁법안들은 원주민이 이주민 무리에 밀려나 거의 사라진 식민지 출신 나라—특히 미국과 캐나다, 호주—의 법률보다 훨씬 더 효과적이었다. 뉴질랜드 토지권 운동은 사회 분위기상으로나 실질적으로나 작지만 중요한 성공을 거두었다.

예시를 살펴보자. 10월 10일 토지 행진이 절반쯤 이르렀을 때, 정부는 1840년 와이탕이 조약 위반 혐의를—또는 조약문을 조잡하게 번역한 탓에 벌어진 분쟁을— 공식적으로 조사할 특별 재판소를 설치하겠다고 발표했다. 마오리족 지도자들은 대체로 와이탕이 재판소 역시 마오리족을 공식적으로 무시하거나 마오리족의 문제 해결을 미루기만 할 장치에 불과하리라고 걱정했다. 오랜 세월 동안 정부에 배신당했기 때문에 재판소를 설치한다는 계획에 회의적일 수밖에 없었다. 하지만 뉴질랜드는 1970년대 중반에 이미 커다란 변화를 겪고 있었고, 와이탕이 재판소는 진실하고 영원한 가치를 실현하는 기구가 되었다.

재판소를 설치한 법안은 재판소의 재량 범위를 넓히고, 한계라고 지적받은 사항들을 해결하기 위해 1975년 이래로 무려 다섯 번이나 개정되었다―뉴질랜드에서 사람들이 관심을 기울이는 문제라면 상황이 얼마나 빠르게 변할 수 있는지 잘 보여주는 예시다―. 가장 주목할 만한 1985년 개정안은 와이탕이 조약이 제임스 버즈비의 해변 별장에서 조인되고 공포되었던 1840년까지 거슬러 올라가서 마오리족의 주장을 조사하도록 명령했다. 이 개정안은 결정적이고 거의 혁명적인 변화였다. 식민 국가 뉴질랜드를 건국한 문서의 의미를 두고 식민 지배를 받은 이들이 이의를 제기할 수 있다는 뜻이었기 때문이다. 적어도 법률상, 마오리족은 처음으로 우위에 선 모습을 보여주었다.

얼마 지나지 않아 마오리족의 재판 신청이 급증했다. 와이탕이 재판소는 설립 후 첫 10년 동안 재판을 매해 예닐곱 건 정도만 처리했다. 하지만 1985년 개정안이 시행되고 와이탕이 조약 자체와 조약 이후에 벌어진 모든 사건에 이의를 제기할 수 있게 되자마자 재판소에 밀려든 청원은 최소 1,000건에 달했다. 이렇게 열린 재판 중 상당수가 마오리족에게 유리한 방향으로 판결됐다.

가장 극적이었던 재판 가운데 하나는 와이카토 전투와 관련 있다. 1863년 와이카토에서는 마오리족과 영국군의 전투가 1년 내내 이어졌고, 승전한 식민 정부는 마오리족을 징벌하고자 잔인하게 토지를 몰수했다. 와이탕이 재판소는 식민 정부의 토지 몰수가 잘못되었다고 인정했고, 몰수로 피해를 보았던 지역 마오리 부족에게 약 1억 7,000만 달러를 배상하라고 판결했다. 그뿐만 아니라 상징적인 면에서 가장 중요한 명령도 한 가지 보탰다. 영국의 엘리자베스 여왕이 —1995년에 뉴질랜드를 순행하는 동안 직접— 공식적인 사과 서한을 쓰도록 명령한 것이다. 군주가 희생자에게 직접 미안하다고 말하는 일은 아주 드물다.* 마오리족은 1995년에 엘리자베스 여왕의 사과를 진지하고 엄숙하고 감사하게 받아들였다.

이후에도 마오리족은 재판에서 수십 차례나 이겼다. 가장 잘 알려진 사건은 소위 '1992년 시로즈 합의Sealords settlement'이다. 이 합의에 따라 이제까지 어업권을 부정당했던 마오리족은 약 1억 달러를 배상받고, 새로운 주요 어업 회사의 지분 절반도 받았다. 2008년에는 국가가 한때 마오리족 소유였던 땅의 삼림에서 얻은 이익을 마오리족에게 전혀 나눠주지 않은 것을 배상하라는 판결이 내려졌다. 마오리족은 1억 5,000만 달러를 추가로 받았다. 여러 마오리 부족들이 받은 갖가지 배상금을 모두 합하면 약 6억 달러가 된다. 게다가 뉴질랜드 여러 명소의 이름도 변했다. 가장 유명한 예로, 제임스 쿡의 이름을 딴 쿡산은 '구름을 꿰뚫는 것'이라는 뜻의 '아오라키

---

* 타이누이 부족은 여왕이 와이카토의 마오리족 소유 토지에 직접 와서 사과해달라고 요구했지만, 버킹엄궁이 거절했다. 여왕은 마오리족의 땅을 직접 방문해서 사과하는 대신에 배상과 사과를 정식으로 인정하는 법령문 세 통에 서명하기로 했다. 여왕이 공개적으로 법적 문서에 서명하는 것은 재위 기간 중 처음이라고 한다. 여왕은 사과 서한에 서명할 때 깃털 수천 개를 엮어 만든 마오리 코로와이를 걸쳤다. 상황에 알맞은 존중—마오리어로는 '마나mana'라고 한다—을 보여주기 위해서였다.

영국의 엘리자베스 2세는 1995년에 뉴질랜드를 방문해서 마오리족의 전통적인 깃털 망토를 걸친 모습으로 빅토리아 시대의 토지 강탈에 사과하고 이에 대해 배상하는 전례 없는 공식 서한에 서명했다. © Getty Images

Aoraki'로 바뀌었다. 뉴질랜드 국토 26만 7,000㎢를 그린 요즘 지도는 마오리어 지명을 풍성하게 담고 있다. 마오리어를 표기할 때 쓰이는 장음 기호가 뉴질랜드 영어 단어를 가득 장식하기도 한다. 예를 들어서 이제 '마오리'는 모든 공식 문서에서 예전 같은 'Maori'가 아니라 'Māori'로 당당하게 표기된다.

뉴질랜드는 정말로 변화했다. 아직 백인과 마오리족이 뉴질랜드 땅을 완전하게 공유하는 상황은 아니다. 2020년, 새로이 활기를 되찾은 마오리 정당은 '모든' 뉴질랜드 땅의 소유권을 두고 협상하기 위해 캠페인을 벌일 계획이라고 발표했다. 이 협상은 극도로 복잡한 사안이 될 것이고, 아마 앞으로 수십 년 동안 법정에 묶여 있을 것이다. 마오리 정당이 의회에서 다수당이 되어야만 —아무리 좋게 봐도 일어날 성싶지 않은 일이다— 협상도 가능할 것이다. 따라서 정당의 제안은 애초에 성공할 가망이 별로 없다. 당원들은 땅이 아직 올바르게 분배되지 않았더라도, 유럽 정착민과 선교단이 처음 와서 성경을 건네주며 눈을 감고 기도하라고 말했을 때보다는 훨씬 더 공정하게 분배되었다는 현실을 받아들여야 할 것이다. 변화는 더 나은 방향으로 이루어졌다. 오늘날 뉴질랜드 사람들은 대체로 그렇게 생각한다. 아울러 변화는 아주 빠르게 다가왔다. 인간 역사가 아주 짧은 데다 이웃의 방해 없이 무엇이든 스스로 해낼 수 있을 만큼 머나먼 곳에 있는 나라에 걸맞은 속도다.

2장 헤브리디스제도의 이방인

Annals of
Restoration

> 그 섬들에
> 선로를 달리는 기차도 없고, 폭군 같은 시간이
> 째깍거리며 최후통첩의 신호를 보내
> 사람들에게 운명을 알려주는 시계탑도 없는 곳에
> 아직 평화가 있네. 나를 위한 것도 아니고 아마
> 오래가지도 않겠지만—그 비스듬한 언덕에 아직 평화가 있네
> 아버지들처럼 살아갈 수 있는 사람들을 위한 평화가
> 그 섬들에.

- 루이스 맥니스Louis MacNeice, <헤브리디스제도The Hebrides>(1937년)

스코틀랜드 헤브리디스제도의 울바섬은 작고, 거주민이 거의 없다. 뉴질랜드만큼 외딴곳은 아니지만, 거의 모든 영국인은 울바가 몹시 멀다고 느낀다. 남쪽에서 가느냐 북쪽에서 가느냐에 따라 페리를 두 번이나 세 번 갈아타야 섬에 들어갈 수 있다. 울바섬은 헤브리디스제도에서 가장 큰 멀섬의 해안에서 몇 백 미터 떨어져 있기 때문이다. 울바섬이든 멀섬이든 외부와 연결된 다리는 전혀 없고, 앞으로 생길 것 같지도 않다.

한때 울바섬과 섬의 농지 18㎢는 한 사람이 모두 소유했었다. 한때 울바섬은 600명이나 되는 인구를 자랑했었다—절정기에는 800명이었다—. 하지만 지금은 고작 여섯 명뿐이다.

그런데 최근 들어 상황이 크게 바뀌었다. 대체로 정부 명령 때문이었다. 정치 때문이었다. 단 한 사람의 소유물이었던 이 섬은 2018년 여름부터 수많은 사람의 소유물이 되었다. 이렇게 신분이 변하면서 울바는 최근 스코틀랜드를 휩쓴 새로운 소유권 형태를 대표하는 상징이 되었다. 새로운 소유 형태는 스코틀랜드 토지 소유 개혁의 슬로건에 압축적으로 드러난다. 울바섬이 시달렸거나 혹은 즐겼던 그 일은 바로 '공동체 매수community buyout'다.

가장 최근 울바섬의 소유주, 스코틀랜드 용어로 말하자면 섬의 지주laird*는 제이미 하워드Jamie Howard였다. 하워드의 울바섬 생활은 비극—가까운 사람들의 병과 죽음—으로 물들었고, 결국 그는 섬이 저주받았다고 생각하며 지주 자리를 포기해야겠다고 마음먹었다. 슬픔을 가누지 못하고 낙담한 그는 울바섬을 영영 떠나기로 했고, 커다란 주택과 텅 빈 농장 건물들, 얼마 안 되는 소작인들이 살고 있던 시골집을 포함해 낡은 석조 오두막 여러 채를 팔려고 내놓았다.

얼마 지나지 않아 하워드에게 구매 제안이 밀려들기 시작했다. 스코틀랜드의 섬이 부동산 시장에 나오는 일은 드물다. 독특하고 아름다운 바다 풍경을 간직하고 게일인 역사에 흠뻑 젖어 있는 울바섬은 곧 가장 희귀하고 탐나는 매물이 되었다. 울바섬의 인기가 얼마나 높았던지, 가장 먼저 구매하겠다고 나선 사람들은 헬리콥터

---

* 스코틀랜드의 지주는 일반적으로 대규모 사유지의 소유주를 가리키며, 소유지 밖에서는 아무 의미가 없다. 공작이나 자작처럼 세습되는 귀족 지위가 아니다. 그저 토지를 구매하면 지주가 될 수 있고, 토지를 팔면 새 주인에게 지주 지위가 넘어간다.

를 타고 섬에 왔다. 다들 당장 섬을 사려고 안달복달했다.

수백만 파운드짜리 거래가 제이미 하워드의 눈앞에 성큼 다가왔다. 거래만 마무리 지으면 이너헤브리디스의 울적한 기억에서 멀리 벗어나 새로운 삶을 시작할 수 있었다. 하워드는 섬을 사겠다는 사람에게 깊이 감명받았다. 자신과 가족이 ―가슴 아픈 일들을 겪으면서도― 특별하고 사랑받을 만한 장소라고 여겼던 섬을 새 주인이 세심하게 관리해주리라고 생각했다.

그런데 상황은 제이미 하워드와 섬 구매자가 희망하고 예상했던 대로 흘러가지 않았다.

스코틀랜드는 수십 년 전부터 불공평한 토지 소유 문제로 고심하고 있었다. 주민 500만 명 가운데 대다수가 스코틀랜드의 토지 소유 상황이 끔찍하리만치 불공평하다고 생각했다. W. H. 오든이 시 〈야간 우편 열차Night Mail〉에서 "근면한 글래스고 (…) 균형 잡힌 에든버러 (…) 굳센 애버딘"이라고 일컬었던 스코틀랜드 대도시 중 더 빈곤한 지역에서는 분노가 부글부글 끓고 있었다. 스코틀랜드의 소중한 풍경, 특히 하일랜드와 여러 섬에서 너무도 많은 땅이 극소수의 소유물이기 때문이었다. 1971년, '7:84'라는 논쟁적인 극단이 설립되었다. 극단의 이름은 대중이 널리 알고 있는 수치, 겨우 주민 7%가 스코틀랜드 땅 84%를 소유했다는 사실에서 비롯했다. 이 통계치는 최근까지 거의 변하지 않았다. 어느 연구에 따르면 고작 432가구가 현재 스코틀랜드 땅의 절반을 소유했다고 한다. 또 다른 연구는 1,200가구가 스코틀랜드 땅 3분의 2를 차지했다고 말한다. 좌익 의원들과 논평가들은 수년 동안 주기적으로 맹비난과 호통을 퍼부었다. 하지만 입법 예고가 실제로 이루어진 경우는 많지 않았다. 대체로 당시 의회가 스코틀랜드와 멀리 떨어진 데다 전혀 다른 나라나 다름없는 잉글랜드의 런던에 (1707년 연합법 이후로 쭉) 있었기 때문이다.

하지만 1997년에 전부 달라졌다. 스코틀랜드는 1997년 국민 투표 결과에 따라 (3세기 만에) 최초로 내정권을 위임받은 별개의 의회를 수도 에든버러에 설립했다. 세기가 바뀔 무렵, 스코틀랜드 의회는 129석으로 이루어진 단원제 입법부로 완전히 자리 잡았다. 처음에는 어느 교회의 홀을 빌려 썼지만, 2004년에 의회에 걸맞은 웅장한 새 건물로 이사했다.

스코틀랜드 의회는 처음부터 좌파 정당이 지배했고, 2003년 토지 공유를 장려하는 법안을 통과시켰다. 이 법률 덕분에 사유지의 비중이 줄기 시작했고, 특히 큰 섬 일부에서는 개인의 집중적인 토지 소유를 막는 제도가 생겨났다. 하지만 더 급진적인 사람들은 이 법이 토지 공유를 장려할 뿐 명령하지 않기 때문에 가식적이며 불충분하다고 여겼다. 스코틀랜드국민당이 토착주의 유리천장을 뚫고 의석 과반을 차지한 2011년이 되어서야 상황이 급격히 바뀌기 시작했다. 스코틀랜드국민당은 스코틀랜드 사회 제도를 개혁하고자 불도저처럼 밀어붙였다.

스코틀랜드국민당 지도부는 당의 혁명적 계획 가운데 근본적인 토지 개혁안이야말로 스코틀랜드를 분명히 더 공정하게 바꿔줄 것이라고 믿었다. 전통적인 정당들이 옹호했던 뜨뜻미지근한 개혁이 아니라 현실을 뒤집어놓을 완전히 급진적인 개혁이 필요했다. 마침내 스코틀랜드국민당이 의회에서 넉넉하게 과반 의석을 차지하고 집권하자 진짜 변화를 가져올 계획을 진행할 수 있었다. "스코틀랜드 땅은 귀중한 자산입니다." 당시 아가일 지역구에서 새로 당선된 스코틀랜드국민당 의원이 말했다. "다수에게 혜택을 줘야 하는 자산입니다. 당은 토지 개혁을 통해 지역 사회에 권한을 부여하고, 주민이 자신의 미래를 결정할 수 있도록 하는 데 전념합니다."

어느 장관은 2020년까지 토지 4,000여km²를 지역 공동체의 손에 넘기겠다고 약속했다. 다른 장관은 10년 안에 모든 토지를 완전히 등록하겠다고 약속했다. 스코틀랜드 땅을 반드시 과거 그 어느 때보다 더 공정하게 분배하려는 수많은 극단적 개혁법안이 날개를 펼칠 수 있게 됐다.

정치인들이 약속한 결과, 2016년에 (스코틀랜드) 토지 개혁법이 신속하게 통과됐다. 이 엄격한 법률이 통과되자마자 일부 지주들은 사기를 잃었다. 2003년에 제정된 법률은 그저 매물로 나온 토지를 지역 공동체가 구매하도록 장려했을 뿐이었다. 2016년 법률은 한발 더 나아갔다. 만약 미래의 새로운 소유주, 즉 지역 공동체가 새로 사들일 토지에서 느슨하게 정의된 '지속 가능한 발전'을 실현하겠노라고 약속한다면, 법은 현재 소유주가 토지를 개인에게 판매하는 것을 단호히 금지했다. 아울러 (소유주가 정말로 토지를 팔 계획이라면) 미래를 생각하는 이 진보적 공동체에만 토지를 팔도록 강제했다. 이 강력한 법률이 통과된 덕분에 스코틀랜드국민당의 카리스마 있는 새 당수 니콜라 스터전Nicola Sturgeon은 2017년 10월 글래스고에서 열광한 지지자들에게 최초의 성공적인 공동체 매수를 발표할 수 있었다. 박수갈채와 기쁨에 넘친 환호성이 터져 나오자 스터전이 말을 이어갔다.

우리는 토지 개혁이라는 스코틀랜드의 선구적 여정을 시작했습니다.

그 여정은 지금도 계속됩니다.

몇 달 전, 멀섬의 서쪽 해안에 있는 울바섬은 [공동 소유를 시작하기 위해]

허가를 기다렸습니다.

만약 허가가 떨어진다면, 주민은 필요한 돈을 모을 수 있습니다.

스코틀랜드 정부는 지원서를 꼼꼼하게 검토했습니다.

그리고 오늘 우리가 울바섬 사람들에게 그들의 섬을 공동으로 소유하도록

허가했다는 사실을 기쁘게 알려드립니다.

흥분한 지지자들이 어찌나 시끄러웠던지, 스터전은 제대로 말을 잇지 못했다. 울바섬 주민 여섯 명은 그날 저녁에 소식을 들었고, 글래스고에 모인 스코틀랜드국민당 지지자들만큼이나 전율했다. 울바섬을 구매할 '지역 공동체'로 나선 멀섬의 임업단체인 노스웨스트 멀 커뮤니티 우들랜드 컴퍼니의 주요 인물들은 스터전의 발표를 미리 전해 들었다. 이제 그들은 울바섬의 판매가로 책정된 425만 파운드를 모을 방법을 고민했다.

느닷없이 바뀐 상황을 전혀 알지 못했던 유일한 사람이 바로 울바섬의 지주, 제이미 하워드였다. 당시 하워드는 울바섬에서 성을 점검하고 있었다. 그런데 런던에 사는 딸이 전화해서 니콜라 스터전의 발표를 전했다. 사실상 하워드는 아무런 언질도 받지 못하고

재산을 빼앗긴 셈이었다.

하워드는 스코틀랜드 정부가 마지막 순간에 개입했다는 사실을 알아차렸다. 그는 헬리콥터를 타고 울바섬에 방문한 사람에게 땅을 팔 생각이었지만, 그 계약을 취소해야 했다. 그는 딸에게서 전해 들은 소식을 믿을 수 없었다. 〈스코츠먼The Scotsman〉 신문과의 인터뷰에서 "완전히 맥이 빠졌습니다. 그들이 우리를 이런 식으로 대할 수 있다는 사실에 크게 실망했죠"라고 당시 심경을 밝혔다. 그다음 날, 최악의 우려가 현실이 되었다. 무자비한 정부의 통지서가 뜻밖의 내용을 품고 도착했다. 현재 스코틀랜드 법에 따라 이제부터 울바섬의 현 소유주에게는 섬에 관심을 보이는 그 어떤 개인에게도 섬을 팔 권리가 없다고 알리는 내용이었다. 그는 당장 부동산 시장에서 매물을 회수해야 했다. 2016년 토지 개혁법에 따라 섬을 구매할 수 있는 법적 허가를 받은 유일한 존재는 최근 지역 '공동체'를 형성한 근처 멀섬 주민들이었다. 이제 울바섬은 공동체 매수 대상이었다. 독립적인 감정인이 섬의 가치를 판단해서 공동체에 알려줄 것이고, 공동체는 허락받은 기간 안에 필요한 돈을 모아서 섬을 사들일 터였다.

하워드 가족은 불만을 품었다. 그들은 관습적으로 섬 주민—하워드를 제외한 나머지 다섯 명 모두—의 안녕을 빌면서도 냉정하고 경멸적인 성명을 발표했다. 하워드 가족은 울바섬을 판매하던 순간까지 이어진 길이 "어두웠다"고 말했다—스터전이 승리에 차서 발표하고 여덟 달이 채 지나지 않은 2018년 하지에 부동산 매매가 마무리되었다—. "이 부동산 취득을 몰아붙인 충동은 과거에

나 지금이나 울바섬과 주민의 행복을 위한 것이 아니라 비교적 적은 멀섬 주민들의 오래된 개인적 야심을 만족시키고, 스코틀랜드국민당의 정치와 편견에 이익을 주고, 미디어에 화젯거리를 던져주기 위한 것이라는 징후가 강력하다."

멀섬 주민이 새롭게 형성한 공동체는 울바섬을 사들일 자금을 많이 모을 필요가 없었다. 지역 공동체가 지주에게서 땅을 사들이는 것을 돕기 위해 스코틀랜드 정부가 특별히 토지 기금을 계획하고 설립했기 때문이다. 정부 기금은 울바섬을 사는 데 필요한 425만 파운드의 95%에 해당하는 금액이었다. 정부는 공동체가 나머지 212,500파운드만 직접 모으면 된다고 알려줬다.

모금은 그리 오래 걸리지 않았다. 울바섬은 과거에 유명 인사—작가 월터 스콧Walter Scott과 아동문학 작가 베아트릭스 포터Beatrix Potter, 시인 새뮤얼 존슨Samuel Johnson, 특히 전기 작가 제임스 보즈웰James Boswell—를 많이 끌어모았었다. 19세기 중반에 섬이 인구 800명을 자랑했을 때* 섬의 주민이었던 사람에게서 막대한 재산을 물려받은 존재가 하나 있었으니, 바로 호주의 금융계 거물 매쿼리 그룹이다. 래클런 매쿼리Lachlan Macquarie 소장은 울바섬에서 태어났고, 눈부신 군 경력으로 명성을 얻었다. 매쿼리의 경력은 1809년에 뉴사우스웨일스와 태즈메이니아의 초대 총독으로 임명되면서 정

---

* 울바섬의 인구수는 앞서 살펴보았던 스코틀랜드 북부의 하일랜드 클리어런스 때 크게 줄어들었다. 클리어런스를 실시하는 기본 이유는 양이 영세 농민보다 수익이 더 높다는 것이었다. 대지주들은 사유지에서 인간을 —대개 잔인하고 폭력적 방식으로— 쫓아내고 양떼를 들여왔다. 쫓겨난 농민은 도시로 이주하거나, 아메리카 대륙으로 건너갔다. 울바섬 주민 대다수도 클리어런스 때문에 뿔뿔이 흩어졌다.

점에 올랐다. 식민지에서 매쿼리는 더할 나위 없이 원숙하고 인도적인 성공을 거둔 총독으로 평가받았다. 《영국 인명사전Dictionary of National Biography》은 "그는 감옥에 찾아왔다가 급격히 성장하는 식민지로 만들어놓고 떠났다"라고 설명했다. 매쿼리가 호주 초기 역사에 이바지한 것 중 가장 잘 알려진 공헌은 죄수 유형지로 만들어진 식민지에서 모든 죄수가 형기를 마치면 자유인의 권리를 누릴 수 있도록 허락한 것이다—그 덕분에 매쿼리는 요즘도 '호주의 아버지로' 여겨진다—. 매쿼리가 보기에 죄수가 예의 바르고 훌륭하게 처신한다면, "한 번도 법을 어긴 적 없는 사람처럼" 대우받아야 했다.

매쿼리 그룹은 상호를 따온 매쿼리 소장과 울바섬의 관계를 기념하고자 스코틀랜드 정부의 기부금에 넉넉한 돈을 더 보냈다. 그러자 울바섬을 살 수 있는 자금이 모두 마련되었다. 마침내 전자 송금이 완료되고, 수표가 아무 문제 없이 추심되고, 끝없이 쌓인 서류 더미가 서명과 날인을 받아 공증되고 나자 게일어로 '늑대 섬'이라는 뜻의 울바섬은 2018년 하지에 공식적으로 하워드 가족의 사유지에서 섬 주민 다섯 명의 소유로 바뀌었다. 그때까지 섬 주민은 소작인으로 살았지만, 2018년 6월 21일에는 다시는 임차료를 낼 필요가 없는 땅 주인으로 눈을 떴다.

현재 울바섬에는 개발 계획도 있고, 개발 담당관도 있다. 담당관은 개발 계획에 훤한 젊은 여성으로, 2019년에 스코틀랜드 남부에서 울바섬으로 올라와 보트 상륙지 근처 오두막에서 산다. 그래서 이제 울바섬 주민은 여섯 명이다. 개발 담당관은 2020년대 말까지 섬 인구가 20명으로 늘어나기를 기대한다. 이주 신청서가 물밀듯이

주민이 여섯 명인 울바섬은 이너헤브리디스 안에 있는 아주 작은 섬이다. 이제까지 울바섬은 단 한 가족의 소유였다. 하지만 스코틀랜드의 토지 소유가 소수 개인에게 집중되지 않도록 막는 새로운 법률에 따라 2018년에 지역 주민 공동체가 이 섬을 사들였다. ⓒ Getty Images

밀려들고 있다고 한다. 적당한 주택 단지가 건설되면 인구수는 50명으로 늘어날 것이다. 하워드 가문을 이끌던 노부인이 1940년대에 헐값을 주고 섬을 사들인 이후로 가족이 쭉 살았던 크지만 썩 아름답지는 않은 저택은 관광 안내소로 바뀔 예정이다. 하일랜드 캐틀(적갈색 털이 텁수룩하고 뿔이 커다란 스코틀랜드 소—옮긴이)을 서른 마리쯤 들여오고, 경작지나 목초지로 쓸 수 있는 땅 18.5㎢도 개발할 계획이다. 울바섬의 새 주인들은 늦어도 21세기 중반까지는 섬에서 수익이 나기를 희망한다. 최근 울바섬 지역 공동체가 빚지지 않고 자활할 수 있도록 정부 지원금을 더 얻으려고 노력 중이라는 보도가 나갔다.

제이미 하워드는 울바섬을 팔고 경제적인 면에서 확실히 편안해졌다. 인생에서 괴로웠던 시간은 잊어버리려 애쓰며 스코틀랜드 에든버러와 프랑스 남부를 오가며 지낸다. 고향으로 되돌아가는 일은 상상조차 할 수 없다고 한다. 그에게 울바섬은 과거일 뿐이다.

앞으로 울바섬에 무슨 일이 생길지는 두고 볼 일이다. 그런데 울바섬에서 북쪽으로 48㎞쯤 가면 나오는 에익섬에서 생긴 일은 이제 굳건히 자리 잡았다. 이 섬에서는 공동체 매수가 벌써 20년 전에 일어났기 때문이다. 에익섬은 스코틀랜드에서 공동 소유라는 개념이 첫걸음을 내디딘 곳이다.

엄밀히 따지자면 사실은 아니다. 에익섬보다 훨씬 더 오래된 공동 소유 예시가 하나 더 있다. 스카이섬의 북서쪽 구석에 있는 글렌

수세기 동안 각양각색 주인들의 사유지였던 에익섬은 1997년에 섬 주민의 공동 소유지로 변신했다. 이후 에익섬 개발은 지역 공동체가 관리하는 부동산의 초기 사례였기 때문에 유심히 관찰되었다. ⓒ Getty Images

데일이라는 마을이다. 19세기 말, 글렌데일의 영세 농민들은 부당한 클리어런스를 당했던 숱한 스코틀랜드 시골 주민과 마찬가지로 생계에 핵심이었던 두 가지 허가 사항을 예기치 못하게 거부당했다. 그들의 궁핍한 처지를 생각하면 잔혹한 처사였다. 지주들은 더는 해변에서 땔감을 줍지 말고, 마을 녹지에서 소 떼를 치지 말라고 명령했다. 곧 존 맥퍼슨John Macpherson이라는 선동가가 선두에 나서자 주민이 봉기를 일으켰다. 대체로 스카이섬 경찰을 겨냥했던 봉기가 얼마나 거셌던지, 정부는 포함砲艦 자칼호를 풀티엘 협만으로 파견했다. 당시 총리였던 윌리엄 글래드스턴William Gladstone은 글렌데일 주민의 분노를 누그러뜨리려고 스카이섬을 방문했다가 맥퍼슨의 기백과 확고한 대의명분에 마음을 빼앗겼다. 하지만 글렌데일 소농민 다섯 명은 재판을 피하지 못했고, 반항죄로 단기간 감옥에 갇혔다. 얼마 후 언론은 이들에게 '순교자'라는 별명을 붙였고, 글렌데일 주민 투옥을 두고 심각하게 부정적인 여론이 들끓었다. 결국 석방된 이들과 다른 주민이 승리했다. 새로운 소작농 법률이 통과됐다. 봉기를 일으킨 주민은 새로운 법률마저 탐탁지 않아 했지만, 정부가 직접 토지를 사들여서 구획을 나누고 전부 주민에게 나눠주자 상황이 진정되었다. 농민은 오랫동안 간절히 바랐던 안정적 생활을 얻었다.

이후로 1세기 넘게 세월이 흐르는 동안 일부 농민은 농지를 팔았다. 그래서 글렌데일 촌락이 진정한 지역 공동체라는 개념도, 글렌데일 토지가 엄밀한 의미에서 공동체 소유 토지라는 개념도 희박해졌다. 하지만 글렌데일 영세 농민들은 역사에서 당당히 한자리를 차지했다. 에익섬 공동체 매수보다 거의 90년이나 앞선 1908년에 정부가 토지를 구매해서 마침내 글렌데일 토지 문제를 해결했다는 사실을 고려해보면, 글렌데일이 공동체 매수 운동의 시초라고 충분히 주장할 만하다.*

에익섬은 1997년까지 여러 개인의 사유지였다―이 섬은 스카이섬 남쪽에 럼섬과 칸나섬 그리고 이름이 우스꽝스러운 머크섬(영어 단어 'muck'는 가축 분뇨라는 뜻이다―옮긴이)과 느슨하게 모여 있다. 섬네 곳 모두 지질학 풍경이 장관이다―. 노골적으로 표현하자면, 에익섬의 소유주들은 섬이 망가질 때까지 착취했다. 헤브리디스제도의 다른 섬들처럼―사실상 스코틀랜드 북서부 대다수처럼―, 한때 에익섬은 바다 한가운데 고립된 풍요로운 곳이었다. 래널드 씨족(Clanranald 또는 Clan Ranald, Clan MacDonald of Clanranald, 스코틀랜드 하일랜드 씨족 가운데 하나―옮긴이)이 무수한 세대에 걸쳐 에익섬의 지주 노릇을 했고, 500여 명쯤 되는 주민이 감자와 귀리를 키우고 소 떼를 길렀다. 하지만 늘 그렇듯 19세기가 되자 재난이 찾아왔다. 에익섬의 주인 노릇이 부담스럽고 번거로웠던 래널드 가문은 휴 맥퍼슨Hugh MacPherson이라는 의사에게 15,000파운드를 받고 섬을 팔아넘겼다. 이내 맥퍼슨은 충격적인 감자 기근에 시달렸다―정확히 말하자면 맥퍼슨의 소작인들이 시달렸다―. 당대 수많은 지주처럼 맥퍼슨은

---

* 훨씬 더 세세하게 따지자면, 에익섬은 세 번째 공동체 매수 사례로 보아야 한다. 1923년에 백만장자 비누제조업자 레버흄Leverhulme이 아우터헤브리디스의 루이스섬과 해리스섬 주민에게 섬 거의 전역을 선물했기 때문이다. 다만 에익섬의 공동체 매수가 비교적 간단하게 이루어진 데에 비해 루이스섬과 해리스섬의 소유권 이전은 다소 까다로웠다.

방직용 양모 가격이 치솟는 상황을 보며 영세한 소작농에게서 소작료를 받는 것보다 양을 치는 편이 훨씬 더 짭짤하겠다고 판단했다. 그는 1847년에 직접 잔인한 클리어런스를 시작했다. 너무도 친숙한 스코틀랜드 인구 감소 악순환이 에익섬에서도 벌어졌다. 에익섬 주민의 이주로 가장 많은 혜택을 본 곳은 기후와 지형이 비슷한 캐나다 노바스코샤였다. 에익섬 주민이 노바스코샤 다음으로 가장 많이 떠난 곳은 뜻밖에도 에익섬과 너무도 다른 바베이도스였다.

맥퍼슨이 1893년에 섬을 팔고 난 후, 무능력하고 무관심한 정도가 다양한 새 주인들이 나타나고 떠나기를 반복했다. 그 가운데는 아마도 진보주의자였을 정치인 월터 런시먼Walter Runciman도 있었다. 런시먼은 1938년에 체코슬로바키아의 수데테란트 지방을 합병하겠다는 나치의 요구를 받아들이라고 네빌 체임벌린Neville Chamberlain 총리에게 충고한 일로 가장 유명하다—혹은 가장 악명 높다—.*
1949년에 런시먼이 세상을 뜨자, 그의 아들들이 에익섬을 팔아치웠다. 이후 섬의 주인이 된 인물들은 런시먼만큼 유명하지는 않았다. 런시먼 다음으로 섬을 산 어느 웨일스인은 소 떼와 함께 섬으로 들

---

* 이 책의 주제와 더 관련 있는 내용을 살펴보자. 런시먼은 체코슬로바키아에서 오랫동안 지내며 독일인과 친분을 쌓았다. 체코에서 체류하던 독일인들은 체코의 토지 개혁이 자신들의 생계를 망친 탓에 나치 편으로 넘어갔다고 주장하며 개혁을 매섭게 비난했다. 당시 런시먼과 가까웠던 친구는 악명 높은 스테파니 폰 호헨로헤Stephanie von Hohenlohe였다. 빈 출신 유대인인 그녀는 오스트리아-헝가리제국에서 그다지 지위가 높지 않고 확실히 유순했던 태자와 결혼했다가 이혼했다. 이후 유럽의 사교계를 휘저으며 숱한 남성과 은밀한 관계를 맺었고 히틀러와 친구가 되었다. 아마 나치의 스파이로도 활약했을 것이다. 런시먼과 스테파니 폰 호헨로헤는 런시먼이 에익섬에 직접 지은 이탈리아 양식 시골 별장에서 저녁 식사를 함께하며 담소를 나누는 사이로 발전했을 가능성이 크다. 런시먼의 에익섬 별장은 오늘날까지 살아남았다. 다만 다 낡아서 당장이라도 허물어질 듯하다.

어왔다. 그런데 그가 이사하자마자 소 떼가 고사리를 먹고 중독되어 모조리 죽고 말았다. 그다음으로는 어느 해군 장교가 섬에 장애 아동을 위한 학교를 열려고 했다. 하지만 선뜻 입학하려는 학생이 거의 없었다. 돈이 바닥난 데다 학생이 딱 한 명밖에 남지 않자, 그는 섬을 팔기로 마음먹었다. 그는 다음 주인에게 섬을 넘기면서 자기가 실은 해군 장교가 아니며, 소규모 소방대만 지휘해본 적 있는 순전한 민간인이라고 털어놓았다.

1975년, 영웅담에나 등장할 법한 무모한 인물이 에익섬을 사들였다. 바로 요크서 출신 백만장자 플레이보이, 키스 셸렌베르크Keith Schellenberg였다. 셸렌베르크는 에익섬의 아홉 번째이자 끝에서 두 번째 지주가 되었다. 앙심을 품은 두 번째 아내 소유의 성에 갇혀 있던 셸렌베르크는 에익섬을 너무도 간절히 원했던 탓에 밧줄을 몸에 감고 성벽을 내려가서 성을 탈출했다. 공중전화 부스로 달려간 그는 소방대 대장이었던 에익섬 주인에게 전화를 걸어서 274,000 파운드에 에익섬을 사겠다고 제안했다. 왕년의 소방대장은 셸렌베르크의 제안을 대번에 수락했다. 수많은 전임자와 마찬가지로—더 일반적으로는 하나같이 가난하거나 애정에 굶주린 남성인 섬 소유주들과 마찬가지로—, 셸렌베르크 역시 심리학자라면 마치 어머니 자궁처럼 아늑한 유토피아라고 이름 붙였을 장소를 에익섬에 건설할 작정이었다. 그는 어머니같이 애정을 듬뿍 베풀어주는 유토피아에서 아무런 방해 없이 섬을 지배하고 행복을 누릴 수 있으리라 믿었다. 이윽고 셸렌베르크는 섬과 몇 안 되는 주민을 뒤집어놓았고, 그 과정에서 오늘날 스코틀랜드를 정의하는—혹은 정의하려고 하는— 공동체 토지 소유 개념을 뜻하지 않게 만들어냈다.

어느 이야기를 들어보나 셸렌베르크는 잘생기고, 위험할 정도로 말주변이 좋고, 지독하게 매력적이고, 몹시 비위에 거슬리는 인물이었다. 셸렌베르크는 화학과 동물 사료, 조선을 포함해 여러 사업으로 재산을 축적해놓은 덕분에 섬을 사들일 자금을 충분히 마련할 수 있었다. 그는 한가롭게 즐기는 취미도 많았다. 봅슬레이 조종수로 활약했고(1964년 올림픽 대회에 영국 대표팀으로 출전했다), 비슷한 겨울 스포츠 루지도 즐겼으며, 모터보트 경주에도 나갔다. 게다가 —채식주의자이긴 했지만— 심각한 파티광이었고, 출세를 노리는 야심가이기도 했다. 네 차례나 결혼했고, 비판을 극도로 민감하게 받아들였고, 변덕스럽게 소송장을 남발해서 사람들을 벌벌 떨게 했다. 셸렌베르크는 에익섬 구매가 —봉건적 지주제도라는 스코틀랜드의 오랜 전통 덕분에— 거의 전제적인 소왕국을 몸소 건설할 기회라고 여겼다. 그는 전면적인 권한을 쥐고 섬의 소작인을 휘어잡을 생각이었다. 그의 허가가 없다면 에익섬 32km²에는 그 무엇도 이루어지지 않을 터였다.

셸렌베르크의 첫 의도는 고귀해 보였다. 그는 과거 소유주들의 잘못을 바로잡기 위해 아낌없이 돈을 쓰겠다고 약속했고, 골프 코스와 테니스 훈련장을 짓고 관광지를 개발하겠다고 계획했고, 스코틀랜드 바깥의 청년에게 에익섬으로 와서 이곳을 더욱 활기차게 만드는 데 힘을 보태달라고 간곡히 권하겠다고 장담했다. 하지만 그의 약속은 어느덧 증발해버렸다. 알고 보니 그는 이혼 위자료와 이혼수당, 자녀 양육비에 어마어마한 돈을 쓰느라 사실상 준비된 자금이 아예 없었다. 그가 늘어놓았던 허풍은 모두 교묘한 속임수였다. 그는 사람들을 고용해놓고는 해고했고, 도중에 프로젝트를 포기했고, 사치스럽고 요란한 파티에 참석한 연예인들에게 돈을 주는 것을 잊어버렸다. 셸렌베르크가 파티에 광채와 사회적 위신을 더하려고 초대한 어느 스코틀랜드 귀족은 술에 얼큰히 취해서 에익섬 주민에게 "지구의 인간쓰레기, 멍청한 사회주의자들"이라고 고래고래 소리쳤다. 주민들은 당황스러워서 어쩔 줄을 몰랐다. 얼마 지나지 않아 에익섬의 소작인들은 셸렌베르크가 자주 섬을 비우며 영지를 거들떠보지도 않는 탓에 마을이 쥐 떼가 판을 치는 낡아빠진 슬럼으로 서서히 변해 간다고 주장하기 시작했다. 머지않아 섬의 편의시설도―특히 마을회관이― 문을 닫았다.

점점 더 많은 셸렌베르크의 친구들이 훨씬 더 야단스러운 파티를 벌인답시고 에익섬을 찾았다(셸렌베르크의 저택 발코니에 나치를 상징하는 스와스티카 휘장이 내걸린 적도 최소한 한 번 있었다). 갈수록 섬 주민을 무시한 셸렌베르크는 1927년식 10인승 롤스로이스를 타고 에익섬에 단 하나밖에 없는 좁은 도로를 몇 시간 동안 미친 듯이 질주하곤했다. 험악하게 자동차를 몰면서 섬 주민과 양과 닭을 똑같이 겁주고 잔인하게 웃었다.

섬 주민은 처음에 이 새로운 지주에게 호감을 느꼈을지도 모른다. 하지만 그 호감은 순식간에 사라져버렸다. 주민이 점점 비협조적으로 나오고 반감을 드러내자 오래 지나지 않아 퇴거와 처벌이 뒤따랐다. 셸렌베르크의 명령이 떨어지기만을 기다리는 건장한 토지 관리인들은 주민에게 주먹을 휘두르겠다고 노골적으로 위협했다. 에익섬의 분위기는 1980년대와 1990년대 내내 나빠졌다. 상황은 1994년 1월에 극한으로 치달았다. 누군가가 가증스러운 셸렌베르크의 롤스로이스에 불을 지르고 망가뜨려서 시커멓게 탄 껍데기로 만들어놓았다. 경찰에 신고가 들어갔고, 순경 한 무리가 말레이그 항구에서 맥브레인사의 페리보트를 타고 몰려왔다. 섬 주민은 경찰에게 아는 바가 없다거나 책임이 없다고 잡아뗄 뿐, 아무도 무슨 일이 일어났는지 말하지 않았다. 경찰은 쓸 만한 단서를 하나도 찾지 못했다. 방화죄로 추궁받은 사람은 아무도 없었다.

셸렌베르크는 분노해서 이성을 잃었고, 섬 주민에게 갖은 욕설을 —술 취한 히피들, 낙오자들, 썩고 돌아버린 혁명가들, 애시드 록 파티광들— 퍼부었다. 순전히 앙심 때문에 소작인 한 무리를 쫓아내기도 했다. 이제 영국 언론계에서 유명해진—외딴 스코틀랜드 섬에 틀어박힌 독일 혈통 올림픽 선수의 롤스로이스가 공격받았다는 이야기보다 더 흥미진진한 기삿거리는 거의 없었다— 주민 73명(신기하게도 몇 년 전에 소수가 섬으로 이사했다)은 셸렌베르크에게서 섬을 사들이고 그를 떠나보낼 방법을 고민하기 시작했다. 대규모 지역 단체들이—특히 스코틀랜드 야생동물보호협회, 하일랜드 의회, 하일랜드 및 섬 엔터프라이즈— 섬 주민을 돕겠다고 약속했다. 섬 주민이 지역 공동체 기반 조직을 만들어서 갈수록 셸렌베르크의 독재에 시달리는 섬을 구매할 수 있도록 제때 자금도 지원하기로 했다.

셸렌베르크는 충돌을 피하고, 이미 망가질 대로 망가진 자신의 평판을 향한 거센 공격을 막기 위해—어쩌면 또 한 번 섬 주민에게 모욕을 주기 위해— 태양을 숭배하는 괴짜 독일 예술가 겸 자칭 교수, 고트힐프 크리스티안 에크하르트 외스텔레Gotthilf Christian Eckhard Oesterle, 필명 '마루마Maruma'에게 뜬금없이 섬을 팔았다. 외스텔레는 아랍에미리트 아부다비의 물웅덩이에 마루마라는 단어가 떠오른 것을 보고 이를 필명으로 삼았다고 주장했다(이야기마다 장소가 다른데, 스위스 제네바라는 말도 있다). 외스텔레는 에익섬에 거의 오지 않았고, 어쩌다 올 때도 헬리콥터를 타고 왔다. 어쨌든 그도 심각한 재정 문제가 있었다. 섬 주민과 여러 후원 단체가 몇 년 전에 에익섬 유산 보호 신탁을 만들어서 섬을 사들일 자금을 충분히 모았다고 알려주자, 외스텔레는 명백한 안도의 한숨을 내쉬며 관련 서류에 서명했다. 외스텔레는 독일에서 홍보 관련 문제가 터지는 바람에 고국으로 돌아갔다. 알고 보니 그는 이제까지 단 한 번도 어느 분야에서든 교수였던 적이 없었고, 독일의 의류 수출업자에 30만 파운드를 빚지고 있었다.

따라서 에익섬 유산 보호 신탁이 ―이제는 법적 형태를 갖춘 지역 공동체가 되었다― 채권자의 변호사에게 150만 파운드를 지급하고 1997년 6월 12일에 에익섬의 공식 소유주가 되었다. 지주―래널드 씨족부터 마루마까지 모두 10명이었다―가 섬을 지배하던 나날은 공식적이고 최종적으로 끝났다. 에익섬은, 몇 킬로미터 밖에서도 뚜렷하게 보이는 흑요석 산마루 '스쿠르'가 우뚝 솟은 땅 32㎢는 이제 그 누구보다도 주민의 소유였다. 스코틀랜드의 봉건적 토지 소유제는 너무도 많은 사람에게 너무도 부당했고, 너무도 적은 사람에게 너무도 큰 혜택을 안겨주었다―예를 들자면, 터무니없이 하찮은 것까지 일일이 챙기는 옛 지주들은 섬의 다채로운 해조류 가운데 어느 것을 소작인이 먹어도 되는지 구체적으로 정했다─. 하지만 마침내 지주가 사라졌고, 낡은 토지 제도도 영원히 끝났다.

에익섬의 소유주가 바뀌자마자 몇 달, 몇 년 동안 언론의 반응이 폭발했다. 모두 긍정적으로 반응하지는 않았다. 섬 인구는 상당히 빠르게 늘었다. 셸렌베르크 이전에는 겨우 40명이었지만, 셸렌베르크가 지주 노릇을 하는 동안 70여 명으로 늘었고, 셸렌베르크가 떠난 후로는 100명에 가까워졌다. 섬의 인구통계학 구성도 크게 변했다. 원래 에익섬은 게일어를 쓰는 헤브리디스제도 토박이로만 이루어진 거의 단일 민족 사회였다. 하지만 헤브리디스제도 바깥에서 이주민이 들어오며 다채로운 사회로 바뀌었다. 심지어 잉글랜드 미들랜드에서도 ─에구머니나!─ 진보적인 사람들이 소수 이주했다. 게일인과 잉글랜드 놈들, 진보주의와 보수주의, 청년층과 노년층 사이에 충돌이 일어나리라는 사실은 불 보듯 뻔했다. 언론은 기삿거리를 바라며 기다리고 있었다.

어느 독일 잡지가 선두에 나섰다. 그 잡지는 하이트애시버리 Haight-Ashbury(샌프란시스코의 지역으로 1960년대 히피와 마약 문화의 중심지였다─옮긴이)와 헤브리디스제도가 만났다는 주제로 매몰찬 기사를 내보냈다. 잡지는 에익섬으로 새로 이주한 주민들을 경멸적으로 희화화했다. 새로운 섬 주민은 수염을 기르고, 긴 머리를 아무렇게나 하나로 묶고, 씻지도 않고, 사시사철 샌들을 신고 다니는 보헤미안들, 녹색당 지지자들, 확실히 비협조적인 유형들, 지속 가능하고 협력적인 삶을 산답시고 경쟁이 치열한 도시에서 달아난 사람들로 그려졌다. 독일 독자들이 보기에 에익섬의 새 주민들은 전형적으로 불만 가득한 부적응자들, 한때 티베트에서 살았고—살았던 것 같고—녹슨 미니밴에 조잡한 그림을 손으로 칠해놓은 인간들과 같은 부류였다. 모두가 에익섬에서 충돌이 벌어지리라고 예상했고, 재앙이 일어나리라고 기대했다. 공동체 토지 소유라는 개념은 옛날 방식을 고집하는 이들의 엉뚱한 발상이라고 무시하고 비웃었다.

하지만 오늘날 에익섬을 방문해보면 지역 공동체가 서로에게 관용을 베풀며 잘 지내고 있다. 섬 주민은 부담스럽고 오만한 지주 없이 섬을 꾸려나가려고 최선을 다한다. 내가 이 글을 쓰고 있는 지금, 에익섬 주민은 모두 110명이다. 에익섬에 새로 들어온 가족에게서 태어난 아기들도 몇 명 있다. 섬의 물리적 환경도 모든 측면에서 확실히 더 나아졌다. 이제 섬에서는 전력도 직접 생산한다. 스쿠르 절벽 바로 아래에 있는 농장의 풍력 발전기와 물살이 특히나 거센 개울에 설치한 작은 수력 발전 터빈 하나, 무리 지어서 모인 태양전지판 삼인조 덕분이다. 전화선도 들어왔고, 대역폭이 크지는 않지만 인터넷도 연결된다. 작은 학교, 더 작은 맥주 양조장, 잡화점, 카페도 하나씩 있고 택시 기사도 한 명 있다. 1930년대에 런시먼 가족이 지은 침실 12개짜리 이탈리아 양식 저택은 이제 노라 반스Norah Barnes와 밥 월리스Bob Wallace 부부의 소유다. 두 사람은 런시먼의 저택에 지속 가능성 연구를 위한 센터를 지었다. 이 센터가 빠짐없이 갖추어놓은 요소들—아헹가 요가와 명상, 웰빙, 친환경 건물, 친환경 자급자족 건축—이 다소 진부하고 예측 가능해 보일지도 모른다. 하지만 야단스러운 주말 파티를 연답시고 거대한 스와스티카 휘장을 두르던 때보다 더 낫다는 사실에는 의심할 여지가

20년 전, 에익섬의 스쿠르로 유명한 이 황량한 산은 단 한 사람의 소유였다. 산 아래 펼쳐진 땅도 전부 단 한 사람의 소유였다. 오늘날에는 섬 주민 100여 명이 섬을 공동으로 소유한다. 이 사실은 현대 스코틀랜드에 불어와서 훨씬 더 먼 미래에도 계속 퍼져나갈 근본적 변화를 반영한다.

거의 없다. 반스-월리스 가족에게는 아이가 세 명 있다.[*]

다행스럽게도 이제는 날씨만 좋다면 매주 목요일에 스카이섬에서 의사가 왕진하러 온다. 필요하면 수의사나 치과의사도 섬에 부를 수 있다. 그 외 나머지 것들은 섬 주민이 배짱 있게 스스로 해결해나가야 한다.

---

[*] 전쟁사에 관심이 많은 사람이라면 이 가족의 이름이 어딘가 낯익을 것이다. 반스 월리스 Barnes Wallis('Barnes—Wallace'와 철자가 다르다)는 소위 도약 폭탄bouncing bomb을 개발한 영웅적인 발명가다. 도약 폭탄은 영국 공군이 1943년 5월에 독일 루르 지방의 수력 발전소를 폭파하는 데 사용해서 유명해졌다.

최근 에익섬을 개량하는 데는 정부 보조금이 들어갔다. 그래서 가끔 납세자들이 불평을 쏟아내기도 한다. 모두가 새로 만든 에익섬 지역 공동체나 섬 주민을 좋아하는 것도 아니다. 어느 배달 트럭 기사는 에익섬에 올 때마다 섬 주민이 "잔디밭에 나른하게 누워서 술을 마시고 마약을 하고, 대체로 게으르게 지내면서" 자기가 짐을 싣거나 내릴 때 절대 도와주지 않는다고 불평했다. 게다가 에익섬 공동체 구성원들은 "항상 충돌하고, 끝도 없이 말하면서 아무것도 하지 않고, 납세자의 돈을 쓰면서 꿈만 꾸고, 모두의 시간을 낭비"하고 있다며 열을 올렸다.

그 기사는 통찰력이 있고 유능한 개인들이 섬을 소유했을 때가 훨씬 더 나았다고 덧붙였다. 바로 그때 우리가 기다리고 있던 말레이그 항구행 칼맥 페리가 부두로 들어왔다. 정말로 우연히도, 페리에 타고 있던 유일한 손님은 불만 가득한 트럭 기사가 호감을 보였던 유형의 섬 소유주였다. 그는 에익섬과 이웃한 자그마한 머크섬의 지주 로런스 맥퀸Lawrence McEwen이었다. 제1차 세계대전 때 맥퀸 가족의 소유지가 된 머크섬은 변함없는 아름다움을 자랑한다. 우락부락하게 생긴 하일랜드 사람인 맥퀸은 스코틀랜드에서 인정 많은 괴짜로 알려져 있다. 그는 키스 셸렌베르크와 정반대인 인물이다. 함부로 자신을 내세우지 않는 겸손함, 비바람과 햇볕에 거칠어진 외모, 떠돌이 일꾼 같은 차림새. 낡은 부츠처럼 억세고 거칠지만, 40명쯤 되는 머크섬 주민에게 사랑받는다. 머크섬의 주거 환경은 그리 대단하지 않다. 가게도 없고, 우체통도 없다. 전기는 최근에야 들어왔다. 하지만 주민들은 머크섬이 달라지기를 바라지 않는 것 같다. 맥퀸은 머크섬의 농업과 어업, 벌목, 스포츠 활동—사슴 사냥이나 자고새 사냥 등—을 그대로 허용하기 때문에 임대 계약에 불만을 품는 주민은 거의 없다. 이론상 맥퀸은 사유지를 마음대로 관리한다. 하지만 맥퀸의 바람이 임차인과 소작인의 바람과 대체로 일치하기 때문에, 아울러 맥퀸의 형편이 다른 주민들보다 딱히 더 나아 보이지도 않기 때문에 다들 현 상태를 유지하는 데 만족하는 듯하다.

누구에게서 이야기를 들어보든, 현재 스코틀랜드에서는 봉건적 토지 제도를 손보려는 사회 공학이 속도를 내고 있다. 이제 스코틀랜드 영토 중 거의 600군데가 지역 공동체의 소유다. 옛 주인들은 현금을 두둑이 챙겼다. 대다수가 토지 소유에서 비롯하는 책임에서 행복하게 벗어나 스코틀랜드에서 멀리 떠났다. 현재 스코틀랜드에서는 2,000km^2 이상이—스코틀랜드 육지의 2%— 공동 소유지다. 예상대로 기존 지주들은 새로운 공동체 매수 운동을 꺾어놓고자 비판에 나섰다. 지주들은 지역 공동체 구성원이 관리자로서 형편없다고 주장한다. 지주들이 보기에 지역 공동체는 말만 많을 뿐 행동하지 않고, 농업 현실을 거의 겪어보지 않았고, 가축을 돌보는 데 소홀하고, 알맞지 않은 작물을 심고, 울타리가 무너지고 건물이 허물어지도록 내버려 두고, 동물에게 총을 쏴놓고는 황무지에 사체를 그대로 두고 떠나고, 정부 지원금을 너무 많이 가져가서 낭비하는 바람에 보조금을 받지 못한 이웃의 질투를 유발한다. 지주들은 에익섬 같은 섬이 "1960년대부터 망가진 미국의 지역 공동체"처럼 바뀌는 중이라고 말한다. 특히나 전통을 숭배하는 어느 지주는 사냥에 새로이 부과된 세금이 스코틀랜드 토지 기금, 즉 공동체 매수에 자금을 지원하는 바로 그 기금의 주요 재원이 되었다는 사실을 알고 경악했다. "그러니까 우리 지주들은 다른 사람이 우리 땅을 사들이는 수단에 돈을 지원하는 세금을 내는 셈입니다. 다시 말해서 우리는 우리 자신의 파괴자가 되라고 요구받은 것입니다."

그는 이런 변화가 완전히 정치적이라고 기운 없이 말했다. 전 세계의 토지 개혁에 정치적 요소가 있다는 사실은 놀랄 것도 없다. 하지만 스코틀랜드의 토지 개혁에 크게 충격받은 수많은 사람은 스코틀랜드에서 토지를 재분배할 때 '오로지' 정치만이 진정한 고려 사항이라는 주장을 환영한다—에익섬과 울바섬, 최근에 소유주가 바뀐 다른 수백 곳에서는 실제로 그런 것처럼 보인다—. 그들은 공동체 매수가 오랫동안 스코틀랜드를 정의해온 본질에 도전한다고 생각한다. 토지 소유권을 주민 공동체에 널리 분산시켜서 더 공평해졌다는 새로운 스코틀랜드가 사회적으로 건강하고 경제적으로 활기찬 존재로 번영할 수 있을지는 아직 완전히 검증되지 않았고, 아직 완전히 알려지지도 않았다.

3장

아프리카를 제자리로

Annals of
Restoration

우리는 아프리카를 두려워한다. 우리가 아프리카를 내버려 두면 제대
로 굴러가기 때문이다.

– 패트릭 만햄Patrick Marnham, 《환상적인 침략Fantastic Invasion》(1980년)

"오, 신이시여!" 백작 부인이 경악하며 힘없이 말을
내뱉는다. 백작 부인은 농장의 동쪽 테라스에 서서 대지구대 너머
로 아프리카의 태양이 떠오르는 광경을 지그시 바라보고 있다. "아,
신이시여! 또 이렇게 빌어먹게 아름다운 날이라니."

백작 부인은 미국에서 태어났다. 한때 버펄로의 앨리스 실버
손Alice Silverthorne이었지만, 결혼 후에는 앨리스 드 잔제 백작 부인
Countess de Janzé이 되었다. 실존 인물인 앨리스 드 잔제는 방탕하고
문란한 살인자였다. 1987년 영국 멜로드라마 영화 〈다이애나의 두
남자White Mischief〉에서 사라 마일스Sarah Miles가 드 잔제를 생생하게
연기한 바 있다. 동틀 녘에 드 잔제가 내뱉은 말은 식민지에서 살아

가는 서양인의 권태와 향락을 너무나도 잘 보여준다. 이런 태도는 서구의 식민지였던 곳에, 특히 아프리카의 무한한 대지에 가장 지독하게 남아 있다.

전쟁으로 갈가리 찢긴 1940년, 유럽의 아프리카 식민지 바깥에 있던 사람들 대다수는 케냐 고지대에서 소위 해피 밸리 집단Happy Valley Set의 일원으로 살았던 사람들의 터무니없이 향락적인 삶을 상상조차 할 수 없었다. 만약 그곳의 모든 것이 결국에는 환상에 지나지 않았더라면, 가장 화려하고 성대한 환상이었을 것이다. 당시 유럽 제국주의의 아프리카 지배는 절정에 달해 있었고, 시대는 많은 면에서 그 사실을 반영했다. 곧 유럽의 식민 지배가 무너지고, 그보다 더 나을 것도 없는 다른 통치 방식이 빈자리를 차지할 터였다.

이 시대는 18세기가 저물 무렵에 시작했다. 모든 제국도 이 시대와 같은 방식으로 탄생하고 출발한 듯하다. 사람들은 이 시대가 희망찬 약속으로 가득하고, 영웅적이고 명예로운 사건으로 충만하고, 과학과 조사와 진지하고 인정 있는 관심으로 넘쳐나리라고 추측했을 것이다. 하지만 역사에서 탐험과 조사, 식물학·생물학·인류학 탐구로 특징지어지는 시대들은 대체로 정복과 잔혹 행위, 상업적 탐욕의 선봉에 선 시대인 듯하다. 다른 지역에서도, 아프리카에서도 그랬다. 사하라 사막 이남 아프리카에 대한 초기 탐험이 끝나자, 먼고 파크Mungo Park, 리처드 버턴Richard Burton과 존 스페크John Speke, 헨리 스탠리Henry Stanley와 그가 구조한 데이비드 리빙스턴David Livingstone 박사 같은 영웅적 인물들이 탐험을 마치고 고향으로 돌아와서 책을 쓰고 지도를 그리고 강연하고 훈장을 쓸어 모으고 나자,

역사학자들이 '아프리카 쟁탈전The Scramble for Africa'이라고 이름 붙인 무모한 시대가 본격적으로 펼쳐졌다.

늘 그렇듯이 선교단이 먼저 아프리카로 건너갔다. 선교사들은 애니미즘과 주술 치료를 종교적 빈곤이라고 여기며 근절하기 위해 최선을 다했다. 더 나아가 토착 주민을 가능한 한 많이 로마 교황청이나 영국 국교회의 교권에 예속시켰다. 원주민이 열정적으로 참여했던 이국적 풍습—특히 유럽이 식인 풍습이라고 의심했던 활동—이 진압되고 나자, 선교단에 뒤이어 상업적 모험가와 군인들이 나섰다. 다들 아프리카에서 한몫 챙길 기회만 노렸다.

이런 사람들은—극단적 제국주의자 세실 로즈Cecil Rhodes가 가장 잘 알려진 인물이다— 아프리카의 영혼에 아무런 관심이 없었다. 오로지 아프리카의 땅에만, 특히 그 땅 아래 묻혀 있다고 믿은 보물들에만 광기 어린 갈망을 자랑했다. 영토를 향한 이들의 탐욕은 그야말로 끝이 없었다. 19세기 하반기부터 광란의 60년이 이어지는 동안, 식민지 개척민과 한탕을 노리는 사람들 수천 명이 북반구의 쌀쌀한 항구에서 배를 타고 아프리카로 떠났다. 다들 새로운 나라를 개척하고, 새로운 도시를 건설하고, 마뜩잖게 아프리카 땅을 먼저 차지한 원주민을 추방하고, 토착 관습은 거들떠보지도 않는 통치 및 행정 구조를 수립할 작정이었다.

잔잔한 지중해와 맞닿은 카이로와 탕헤르(모로코 항구 도시)부터 시리도록 차가운 남극해를 마주한 희망봉까지, 이 오래된 대륙 전역이 무자비하고 무심하게 조각났다. 나이지리아부터 나탈까지, 아프리카는 영국이 장악하고 지배한 케냐 식민지의 서늘한 고원에서 나른

PUNCH, OR THE LONDON CHARIVARI. [DECEMBER 10, 1892.

THE RHODES COLOSSUS
STRIDING FROM CAPE TOWN TO CAIRO.

영국의 삽화가 린리 샘번Linley Sambourne이 1892년에 유머 잡지 <펀치Punch>에 실은 풍자화. 세실 로즈가 희망봉에서 카이로까지 아프리카 위에 다리를 벌리고 선 모습은 아프리카 대륙 전역에 걸친 제국주의 모험과 강탈을 오랫동안 상징했다. © Getty Images

하고 부도덕하게 살아가던 주민의 궁극적 이익을 위해 분할되었다.

물론 비난받을 대상은 영국뿐만이 아니었다. 아프리카 땅을 향한 탐욕은 유럽에서 보편적인 병폐였다. 벨기에는 콩고를, 독일은 나미비아와 탕가니카Tanganyika(아프리카 중동부 지역으로 잔지바르와 합병되어 탄자니아가 되었다—옮긴이)를, 포르투갈은 앙골라와 모잠비크를, 네덜란드는 트란스발을 수탈했다. 서아프리카의 스페인 콩키스타도르는 대서양 건너 아메리카의 콩키스타도르와 똑같이 무자비했다. 프랑스와 이탈리아는 아프리카를 정복하고 해악을 저지르며 식민 통치보다 더 오래가는 요리법을 남겨두고 떠났다(코트디부아르의 옛 수도인 아비장의 크레이프 가게는 전설적이다). 심지어 보통 합리적이고 조용하며 예의 바르다고 존경받는 스웨덴과 노르웨이, 덴마크조차 유럽 열강의 식민지 쟁탈전 초기에 아프리카에 들어갔다. 이들 역시 아프리카에 아주 잠시 머무르는 동안 선한 일은 거의 하지 않았다.

하지만 아프리카 대륙의 기나긴 역사에서 제국주의 식민 통치 시기와 가장 밀접하게 연관된 나라는 영국이다. 아프리카 식자층 대다수에게 공통어가 영어라는 사실만 보아도 알 수 있다. 더불어 영국 총리 해럴드 맥밀런Harold Macmillan이 1960년 2월에 남아프리카공화국 의회에서 연설한 사건은 영국의 제국주의 시대와 유럽의 모든 식민주의의 끝을 상징한다고 보아야 마땅할 것이다.

"이 대륙에 변화의 바람이 불고 있습니다." 귀족 출신 맥밀런은 다음날 런던의 조간신문에 이 대목이 헤드라인으로 나오기를 기대하며 열변을 토했다. "우리가 그 변화를 좋아하든 아니든, 민족의식의 성장은 정치적 사실입니다."

"우리는 이것을 사실로 받아들여야 하고, 우리의 국가 정책은 이것을 고려해야 합니다."

아프리카 사람들은 조국을 돌려받을 참이었다. 수십 년 전부터 반제국주의 반란이 시작되었다. 수단에서는 이미 19세기 말에 선구적인 마흐디 운동이 일어났다(이집트와 영국에 이중으로 지배받던 수단에서 이슬람학자 무함마드 아흐마드가 자신을 마흐디, 즉 구세주로 선언하고 외세를 몰아내려는 마흐디 운동을 일으켰다—옮긴이). 20세기로 접어들 즈음에는 가나의 황금 해안에서 아샨티족이 봉기를 일으켰다. 로디지아Rhodesia(아프리카 남부의 영국 식민지로 잠비아와 짐바브웨로 나뉘어 독립했다—옮긴이)에서는 마타벨레족과 쇼나족이 들고 일어났고, 나탈에서는 줄루족이 툭하면 폭동을 벌였다. 1950년대 케냐에서는 마우마우단(케냐의 반백인 비밀 결사대—옮긴이)이 반란을 일으켰다. 나이지리아 동부의 바이프라에서는 이보족이, 모잠비크에서는 모잠비크해방전선이 독립 투쟁을 전개했다. 100년 동안 소요 사태와 극단적 폭력, 야전이 끝없이 되풀이된 끝에 유럽이 완전히 물러나야만 영원한 평화가 가능하다는 의견이 널리 인정받았다. 적어도 이론상으로는 조국을 돌려받으면 땅도 돌려받을 수 있으므로 아프리카 사람들은 더욱더 유럽의 전면적 철수를 바랐다. 해피 밸리 집단이나 비슷한 식민 사회는 —전부는 아니었지만 대체로— 좋든 싫든 오래전에 케냐인에게서 빼앗은 토지와 농장을 돌려주라고 설득받았거나 강요당했다. 케냐에서 일어난 일은 우간다에서도 똑같이 일어났다. 탕가니카와 베추아날란드Bechuanaland(보츠와나의 영국 식민지 시기 명칭—옮긴이), 니아살란드Nyasaland(말라위의 영국 식민지 시기 명칭—옮긴이), 소말릴란드, 벨기에령 콩고, 서남아프리카South—West Africa(나미비아의 옛 이름—옮긴이) 등 아프리카 대륙의 무수한 지역에서 외국 영향과 식민 잔재가 씻겨나갔고, 다시는 외세의 지배가—본질상 백인의 지배가— 되풀이되지 않도록 새로운 제도와 조직이 만들어졌다.

유럽의 유력 인사들을 태운 전세기가 차례차례 남쪽으로 날아갔다. 보통 눈부신 다이아몬드를 주렁주렁 휘감은 이 인사들은 총독 관저에서 마지막 공식 만찬을 열고, 화려하고 열정적인 약속과 미사여구로 점철된 연설을 토해내고, 영토 반환과 해방을 알리는 양피지 서류에 서명하고, 다음날 아침에 군대 행진을 사열하고, 예포와 경례를 받고, 유럽 국기를 내리고 화려한 새 아프리카 국기를 게

양하는 행사를 지켜보고, 비행장으로 가서 끽끽거리며 돌아가는 제트 엔진을 배경으로 악수하는 모습을 영상으로 남기고, 비행기 문 바깥에서 마지막으로 손을 흔들어 작별 인사를 건네고, 비행기가 이륙하면 손수건으로 눈가를 가볍게 찍었다. 비행기 아래로 푸르른 아프리카 풍경의 파노라마—아프리카의 숲과 붉은 흙 도로와 빙빙 도는 왜가리 떼—가 구름 조각에 가려서 흐릿하게 보이다가 비행기가 더 높이 올라가자 완전히 사라졌을 것이다. 북쪽을 향하던 비행기가 싸늘한 유럽 공항에 도착하면, 마침내 아프리카는 제자리로 돌아갈 길을 찾을 수 있었다.

식민 지배를 끝내는 이런 행사는 1960년대와 1970년대, 1980년대에 아찔할 정도로 자주 마련되었다. 마지막으로 이륙한 비행기의 소음이 잦아들고 나면, 침입자들이 모두 떠나고 나면, 침입자들이 그린 지도와 침입자들이 만든 국경이 새로운 아프리카를 건설하는 지정학적 틀로 사용되곤 했다—프레더릭 루가드Frederick Lugard가 나이지리아 식민지를 설계하기 전까지는 나이지리아가 세상에 존재하지 않았고,* 세실 로즈가 마타벨레족의 족장 로벤굴라Lobengula와 광산 거래를 맺고 양도받은 땅에 자기 이름을 붙이기 전까지는 로디지아가 존재하지 않았다는 사실을 꼭 언급해야겠다—.

적지 않은 나라가 식민지 명칭을 거부하고 국명을 바꾸었다. 전 세계는 현지 주민이 통치하는 나미비아와 보츠와나, 잠비아, 짐바브웨, 탄자니아, 말라위, 자이르(1971년부터 1997년까지 사용된 콩고민주공

화국의 옛 이름—옮긴이)의 탄생을 지켜보았다. 독립국들은 그다지 짧지 않은 분쟁 기간을 견뎌야 했다. 세월이 흐르고 여러 독재자가 저항에 부딪혀 물러났고, 휘청거리던 새 정부는 착실하게 자리 잡고자 애썼다.

새로운 아프리카에서 국가를 건설하려는 노력이 어디에서나 완전한 결실을 보았다고 말할 수는 없을 것이다. 다만 아프리카 대륙은 오늘날 아프리카를 통치하는 이들이 바다를 건너온 이방인이 아니라 고대부터 이 대륙에서 살아왔으며 다시 한 번 완전히 번성했다고 인정받는 부족이라는 사실을 잘 안다. 이 사실이 위안이 된다면 좋겠다. 이제 아프리카 대륙은 다시금 아샨티족과 쇼나족, 헤레로족과 산족, 토로족과 은데벨레족과 줄루족과 스와지족, 투아레그족, 하우사족과 마사이족, 키쿠유족과 마타벨레족의 땅이 되었다. 마치 시처럼 이어지는 부족 이름 수백 개는 —각 부족의 언어와 방언과 모습과 전통과 풍습과 의복과 신들도— 그들이 사는 땅이 믿지 못할 만큼 복잡하다는 사실을 잘 보여준다.

그래서 아프리카에서는 '토지 개혁'이라는 근본적 개념—국가 건설이라는 발상에서 핵심이지만 백인의 구상에 아주 가까운 개념—이 터무니없이 복잡해진다. 지구상 어디에서든 토지 소유제를 개혁하는 과제는 가장 운이 좋은 시기에도 고되고 까다로운 일이다. 이제까지 우리가 살펴본 역사가 증명한다. 그런데 파기된 식민 조약과 토지를 강탈하려는 야욕, 오래된 관습, 제도적 저항이 토지 개혁에 도전을 제기하고, 여기에 수십, 수백, 어쩌면 수천 개의 부족이 내세우는 서로 상충하는 주장이 뒤섞이면—잠비아만 해도 서부 습지에 사는 암보족부터 건조한 중부 지방에서 플랜테인(요리용 바나나)을 경작하는 욤베족까지 부족이 72개나 된다—, 전통적인 복잡성은 사회적 대재앙으로 번질 수 있다.

아프리카 부족이든 뉴질랜드 마오리족이든, 애리조나 호피족이든, 폴리네시아 해양 민족이든, 어떤 문화에서는 토지 소유라는 개념 자체가 낯설고 헷갈린다. 최근 짐바브웨 마타벨레족의 어느 부족장은 땅을 산다는 개념이 그야말로 정신 나간 생각이라고 인터뷰했다. "그러면 바람도 살 수 있겠구려?" 부족장은 이렇게 쏘아붙였다. 개혁가들은 소유라는 단순한 개념이 막대한 자본주의 혜택을 불러온다고 설득하기 위해 안간힘을 쓸지도 모른다. 하지만 마타벨레 부족장은 한숨만 쉬며 찾아와줘서 고맙다고 대꾸할 것이다. 아울러 조상 대대로 지켜온 전통적인 토지 제도가 완벽하게 작동하고, 이런 제도만으로도 부족민 모두 땅을 빌려서 만족스럽게 살 수 있다고 고집할 것이다. 개혁가들은 다시 반박하리라. 하지만 불안정하지 않습니까? 아니, 모두가 만족한다니까. 부족장은 고집을 꺾지 않을 테고, 대화는 이렇게 끝날 것이다.

화전 농업, 유목 풍습과 연결된 전통적 토지 소유제는 사하라 사막 이남 지역에서 여전히 지배적이다—유목 풍습은 대륙의 서쪽과 북쪽 사막에 가까이서 살아가는 부족에 더욱 흔하다. 물이 일 년 내내 일정하게 공급되지 않아서 정착 농업이 위험한 탓이다—. 하지만 백인 정착민의 상황은 공식을 따르기라도 하듯 거의 항상 똑같았다. 세실 로즈는 명목상 빅토리아 여왕의 소유라고 선언한 땅을 배분할 권리가 자신에게 있다고 믿었고, 로디지아 개척자들에게 토지 구획과 공식 권리증을 나눠주었다. 동시에 부들이 자라는 시골 지역이 원주민의 미숙한 농업 방식에 완벽하게 알맞다고 생각해서 그곳을 드넓은 보호 구역으로 만들고 토착 부족을 이동시켰다. 토착 부족은 보호 구역에 대한 권리 문서가 특별히 필요하지 않았다.

토착 부족과 백인 정착민 사이의 대조는 극명했다. 한편에는 백인 농부가, 다른 한편에는 흑인 원주민이 있었다. 옛 식민 통치 기관의 유산을 물려받은 백인은 은행 금고에 토지 소유와 관련된 법적 권리 다발을 증명하는 문서 원본을 보관해두었다. 그런데 명목상으로는 토착 부족이 통치하는 신생 국가에서 흑인 원주민은 대개 토지 소유권을 증명할 법적 수단이 없었다. 게다가 대개 그런 수단이 필요하다는 사실 자체를 이해하지 못했다. 이런 현실은 적어도 지난 반세기 동안 아프리카 토지 개혁 문제에서 핵심이었다.

이 현실에서 비롯한 악몽은 매일같이 신문 1면을 장식했다. 짐바브웨의 로버트 무가베Robert Mugabe 대통령은 아프리카에서 토지 소유 균형을 바꾸려는 과격한 시도와 가장 자주 결부되는 인물이다.

처음에 무가베는 진보주의 성향이었던 듯하다. 그는 영국의 옛 식민 정부가 화해의 취지로 제공한 돈을 활용해서 토지를 무상으로 재분배하겠다고 약속했다. 기꺼이 땅을 팔겠다고 나서는 백인 농부에게는 런던에서 설립된 기금으로 시장 가격을 지급할 것이고, 사들인 땅은 짐바브웨의 땅 없는 소농민에게 무상으로 나눠줄 계획이었다. 백인이 소유했던 땅 가운데 40%가 2000년까지 흑인의 손에 돌아갔다. 그런데 무가베의 약속과 달리, 백인의 토지가 땅 없는 소농민의 손에 돌아간 것이 아니라는 사실이 드러났다. 영세 농민 대신 무가베의 정치 심복들이 땅을 거의 다 차지했다. 이 사실을 알아차린 런던 정부는 즉시 기금을 동결했고, 무가베가 배임을 저질렀다고 공개적으로 개탄했다.

그러자 상황은 더욱 나빠졌다. 짐바브웨는 발작적인 무질서 상태와 반백인 폭력, 토지 몰수 상태로 곤두박질쳤다. 무가베 집권당의 앞잡이들은 '참전 용사'를 자칭하며 ─이 거친 청년들은 1980년 짐바브웨 독립으로 끝난 로디지아-부시 전쟁에 참전했다고 별 근거도 없이 주장했다─ 백인 농장을 차례차례 습격했다. 농장주들은 모욕과 린치를 당했고, 때때로 목숨을 잃기도 했다. 이제 짐바브웨에 남아 있는 백인 농부는 극소수다. 백인의 땅은 당연히 재분배되었다(무가베가 세상을 뜨자, 어찌 된 일인지 유족이 짐바브웨에서 가장 큰 농장 가운데 15군데를 차지했다). 하지만 오랫동안 아프리카 남부에서 가장 건강한 경제 중 하나를 뒷받침했던 풍요로운 농업은 끝장났다. 짐바브웨는 최근 몇 년 사이 극빈 상태에 빠졌을 뿐만 아니라, 국제 사회에서 따돌림당하는 나라가 되고 말았다. 그런데 자명하게 실패한 무가베의 토지 정책을 향한 비판은 뿌리 깊은 인종차별주의가 부채질한 것이라고 여기는 사람도 많다. 이 문제를 두고 진지하게 논쟁을 벌이는 것은 오늘날에도 어렵다. 그래서 상황이 더 나아지리라고 희망을 품는 것도 어렵다.

아프리카 대륙의 다른 지역에서도 방대하고 비옥한 토지를 재분배하려고 할 때면 비슷한 문제에 맞닥뜨렸다. 비슷한 폭력 사태가 벌어지지 않은 곳은 거의 없다. 1998년 남아프리카공화국에서 넬슨 만델라Nelson Mandela는 "기꺼이 판매하려는 사람-기꺼이 구매하려는

로버트 무가베가 짐바브웨에서 집권한 30년 동안, 자칭 참전 용사들이 백인 농장주에게서 강제로 토지를 몰수하는 일이 잦았다. 정부는 이를 인과응보라고 여겼다. ⓒ Alamy

사람Willing seller-willing buyer" 재분배 프로그램을 열광적으로 옹호했다. 이 프로그램은 영국이 짐바브웨에서 지원했던 토지 재분배 방식과 같았다. 하지만 만델라의 프로그램은 잠깐 가동되다 말았다. 2013년에 만델라가 숨을 거두자 더 강력한 재분배 정책을 시행해야 한다는 아우성이 터져 나왔다. "보상 없는 몰수"가 그 아우성을 대표하는 말이었다. 과거의 불평등이 남긴 유산은 아직도 남아프리카공화국을 괴롭힌다. 특히 1913년의 원주민 토지법은 흑인이 식민지 영토 가운데 고작 13%에서만 살도록 제한했다. 더욱이 아파르트헤이트 기간에는 국토의 85% 정도가 극소수에 지나지 않는 백인의 소유였다. 2017년에 조사해본 결과, 남아프리카공화국에서 개인 농지의 4분의 3 정도가 전체 인구의 9%밖에 안 되는 백인의 땅이었다. 오늘날 남아프리카공화국은 불안과 소음으로 가득하다. 해결되는 문제는 거의 없다. 국토 121만 4,000㎢를 평화롭게 재분배하겠다는 만델라의 거룩한 이상주의와 희망은 기록 보관소의 유품 속으로 서서히 가라앉고 있다.

현재 아프리카 토지 중 202만㎢가 넘는 땅이 미개간 상태다. 아프리카 사람 중 6억 명—대륙 전체 인구의 절반가량—은 세계은행이 최근에 변경한 빈곤선, 즉 하루에 1.90달러 이하로 살고 있다. 아프리카를 연구하는 학자들은 땅은 너무도 넓은데 부는 너무도 적은 이 역설 같은 상황을 살펴본 후 모두 두 손 들고 포기한 듯하다. 학자들이 비난하는 대상도 비슷하다. 부정부패, 나태함, 적절한 증거 문서의 부재, 무능한 관료, 백인 식민주의의 유산. 이 모든 요소가 결코 해결되지 못할 것 같은 문제에 책임이 있다. 아프리카 바깥의 다른 나라들도 한때 농촌 지역의 빈곤 문제에 오랫동안 시달렸다. 하지만 브라질과 인도네시아, 아르헨티나, 중국, 심지어 가난하고 불운하고 무지몽매하기까지 했던 인도도 농촌 환경이 엄청나게 개선되었다. 그러나 지구의 미개간지 절반을 차지하는 아프리카는 꼼짝도 할 수 없고 헤어 나올 수도 없는 수렁에 빠진 것 같다.

현재 케냐의 고원 지대에서는 농업이 빠르게 재개되고 있다. 해피 밸리 집단은 오래전에 사라졌다. 악명 높던 앨리스 드 잔제 백작 부인은 마약과 술, 담배, 몹쓸 남자들 때문에 만신창이가 되어 41세에 눈을 감았다. 제국의 수명이 다해가던 시기, 영국 정부는 드 잔제 백작 부인 같은 인물을 낳은 식민지 백인의 생활 방식이 완전히 부적절하며 새로운 제국 이미지와 어울리지 않는다는 사실을 깨달았다. 1961년에 통과된 법령으로 오로지 유럽 출신 백인에게만 고원을 내어주고 현지 마사이족과 키쿠유족을 저지대 삼림으로 내몰았던 비상식적인 식민 포고령은 공식적으로 종료됐다.

하지만 독립 후 케냐 정부는 잉글랜드 코츠월드와 스코틀랜드, 요크서 출신 백인들이 나이바샤, 길길, 나쿠루, 엘도레트까지 이르는 서늘한 고지대에서 농장을 경영하는 것이 도움이 된다는 사실을 받아들였다. 아마 이를 악물었을 것이다. 그래서 발음을 잘 생략하는 특유의 억양이 강하고, 캐벌리 트윌로 만든 질긴 작업복을 입고, 잉글랜드 시런세스터 농업대학에서 공부한 청년들이 오늘날 케냐에서 여전히 농장을 일군다. 이들은 비행기를 타고 수도 나이로비로 여행 왔다가 다시 북쪽 고원으로 올라가서―사자가 우글거리는 지대를 통과해서 우간다까지 승객을 실어 나르던 옛 루나틱 철도 노선은 이제 이용하지 않는다― 차와 커피, 사이잘(용설란과 식물―옮긴이), 국화를 재배한다.

태양은 늘 그렇듯이 날마다 대지구대 너머로 떠오른다. 다만 이제는 해외로 나온 백인만 농장 테라스에 서서 일출 광경을 바라보지는 않는다. 케냐에서는 온건한 개혁이 그럭저럭 이루어졌다. 어쩌면 케냐가 아프리카 대륙 전체에 본보기가 되어줄지도 모른다. 80년 전 식민지 체류 백인의 마음을 사로잡았던 아름다운 아프리카의 나날들을 이제는 아프리카 사람들도 마땅히 누릴 수 있다. 케냐인도 농장 테라스에 서서 길게 뻗은 비옥한 풍경을 내려다보며 기쁨을 느낄 수 있다. 오늘날, 케냐인은 드디어 케냐 땅의 적법한 주인이 되었다.

원더랜드의 이방인

반대쪽 정상을 처음으로 완전히 올려다봤을 때란! 그 광경을 과연 잊을 수 있을까? (…) 달빛 한 줄기가 (…) 벼랑의 어렴풋한 윤곽과 무한한 광대함, 유령 같은 혹은 기이한 영성을 드러냈다. 산이 잘 들리는 목소리로 내게 말을 걸었더라도, 거대한 몸집 아래 나를 깔아뭉갤 속셈으로 몸을 구부리기 시작했더라도, 나는 별로 놀라지 않았을 것이다.

- 호러스 그릴리Horace Greeley, 《뉴욕에서 샌프란시스코까지 육상 여행An Overland Journey from New York to San Francisco》(1860년)

보호 구역은 거의 전 세계에서 훌륭한 제도로 여겨진다. 오늘날 지구가 온난화를 겪고 있는 데다 과거 그 어느 때보다도 오염됐다는 사실을 고려할 때 특히 그렇다. 어쨌거나 옥스퍼드 영어 사전이 "자연환경과 야생동물을 보전하거나 보호하거나 복원하는 것"이라고 정의한 활동을 누가 흠잡을 수 있을까? 인간의 손길이 닿지 않은 야생은 틀림없이 신성하며, 때 타지 않고 순수한 모습 그대로 유지되어야 한다. 스코틀랜드 출신 환경 운동가 존 뮤어John Muir는 이렇게 표현했다. "세상은 전부 교회 같고, 산은 전부 제단 같다."

그런데 세상에서 더없이 귀중하고 거룩하게 아름다운 야생 지역 가운데는 엘크와 사슴, 곰, 독수리, 파랑새, 연어, 악어뿐만 아니라 인간도 함께 살아가는 곳도 많다.

사람들, 다시 말해 원주민은 수천 년 동안 그 야생 지역에서 살아왔고, 야생의 땅과 아름다움—운 좋게도 이런 야생을 찾을 수 있는 모두에게 소중한 아름다움—의 주인이고, 아주 오랫동안 그 환경에 없어서는 안 될 구성원이었다.

캘리포니아 북부의 요세미티 계곡이 바로 그런 곳이다. 지역 원주민은 정말로 요세미티 계곡에서 수천 년 동안 살았다. 하지만 원주민은 오래전에 군인들에게 쫓겨 달아나고 없다. 원주민은 요세미티 국립공원에 와서 경이로운 자연을 보며 경탄할 수백만 명을 위해 멀리 내몰렸다. 이제는 관광객이 전지전능한 조물주의 숭고한 작품을 숭배하러 요세미티 계곡에 온다. 시에라네바다산맥의 서쪽 산악 지대 4,047㎢의 4분의 3에 달하는 넓은 지역에 신의 빼어난 작품들이 들어서 있다. 거대한 화강암 절벽과 눈으로 덮인 산봉우리, 얼음장 낀 물이 세차게 흐르는 급류와 폭포가 눈길을 사로잡는다.

국립공원을 표현하는 이 말이 한껏 과장되었다면, 그건 존 뮤어 같은 환경보호 선구자들이 그러기를 원했기 때문이다. 19세기 미국 자연 보전 운동의 중심에는 도덕적으로 엄격하고 고결한 태도로 땅에 접근하는 자세가 있었다. 자연 보전 운동의 핵심 신념에 따르면, 땅은 신이 주셨기에 신성하지만 인간은 죄가 크고 부정하고 무가치하다. 뮤어는 이 운동의 수석 대변인이었고, 지금은 가장 신성한 원로로 추앙받는다. 우생학을 철저하게 믿었고 '검둥이'의 나태함을 경멸했던 뮤어, 그러나 오늘날 진보적인 사람이 수백만 명이나 가입한 시에라클럽Sierra Club(미국의 자연환경 보호 단체—옮긴이)을 설립한 뮤어는 자연 세계가 "신성의 안내자"이며 말 그대로 신과 한 몸이라고 여겼다. 요세미티처럼 숭고한 아름다움을 간직한 장소는 천국이 보낸 축복이었고, 어떤 대가를 치르더라도 인간의 약탈에서 구해내야 했다—뮤어는 19세기 말에 잡지 〈센추리Century〉에 그 유명한 서정적 수필 두 편을 실어서 요세미티를 찬양했다. 그 덕분에 요세미티는 큰 인기를 얻었고, 전 국민이 요세미티를 탐험하려고 안달했다—. 뮤어는 특히 현지 아메리카 원주민의 약탈에서 요세미티를 지켜야 한다고 보았다. 요세미티 계곡에 자리 잡은 원주민은 "더럽고 난잡한 생활"로 계곡에 깃든 천상의 아름다움을 더럽혔다.

인류는 신이 어여쁘게 빚어낸 지질과 동물과 식물에서 멀찍

초기 환경보호 활동가이자 시에라클럽의 공동 창립자인 존 뮤어는 한때 성자나 다름없는 명성을 쌓았다. 하지만 지난 몇 년 사이 뮤어의 평판은 다소 더럽혀졌다. 아메리카 원주민과 흑인을 멸시하며 백인 우월주의 시각을 드러냈기 때문이다. © Getty Images

이 떨어뜨려 놓아야 하는 악성 종양이었다. 최근 '어스 퍼스트Earth First(미국의 환경보호 운동 단체—옮긴이)' 같은 고매한 단체들이 생겨나서 불결한 인간 수백만 명의 존재 그 자체를 맹렬히 비난한다. 이렇게 지구를 열렬하게 사랑하는 사람들은 살아서 지구를 오염시키는 인간들이 죽어 마땅하다고 생각한다. 엘리자베스 2세의 배우자인 에든버러 공작, 필립공은 만약 자신이 환생한다면 치명적인 병원균으로 태어나서 인구 과잉 문제와 신이 주신 자연에 인류가 집요하게 가하는 해악을 해결할 수 있기를 바란다고 말한 적이 있다. 2020년 팬데믹 사태를 생생하게 기억하는 이들에게 기묘한 여운을 남길 만한 말이다.

이런 믿음을 지지하는 사람들은 —특히 미국에 많았다— 가장 아름답고, 가장 소중하게 보호받아야 한다고 여기는 장소에서 인간 활동을 모두 제한하고 통제하는 데 열정을 쏟았다. 인간은 특정한 상황에서만 신이 만들어놓은 텅 빈 야생에 방문해 그 장엄함을 감상할 수 있다—야생은 반드시 텅 비어야 하며, 만약 텅 비지 않았다면 반드시 텅 비워내야 한다—. 이것이 링컨 대통령이 1864년에 승인한 요세미티 토지 양도법Yosemite Land Grant Act을 지탱하는 원칙이었다. 이 법률은 머세드강—시에라네바다산맥의 높다란 정상에서 서쪽으로 흘러내려간다— 계곡을 영구히 신성불가침한 곳으로 만들고 보호했다. 아울러 이 법률은 비슷하게 보호받는 국립공원 제도를 만든 첫걸음으로 여겨진다. 오늘날 국립공원 제도는 가공할 위력을 자랑한다.

1864년 요세미티 계곡에는 인간이 거의 살지 않았기 때문에 연방 정부가 보호 구역으로 정하기가 비교적 수월했다. 인간은 14년 전부터 요세미티 계곡에 존재하지 않았다. 원주민을 모두 몰아낸 인물은 캘리포니아 개척 역사에서 이름을 날린 제임스 새비지James Savage다. 일리노이주 출신인 새비지는 1840년대에 그 유명한 서부행 마차 행렬에 합류했고 수백 명과 함께 금을 찾는 데 열을 올렸다. 그런데 1846년, 새비지는 군 경험을 쌓겠다며 자원입대해서 멕시코-미국 전쟁에 뛰어들었다—다만 전투에 나선 적은 한 번도 없는 듯하다—. 제대한 후에는 캘리포니아 센트럴 밸리에 교역소를 차리기로 마음먹었다. 스페인 탐험가들이 봄철에 제왕나비가 많다고 해서 —병사들은 짜증스러웠을 것이다— '마리포사강('mariposa'는 스페인어로 나비라는 뜻이다—옮긴이)'이라고 이름 붙인 강 옆에 세운 아구아 프리아 교역소가 가장 잘 알려졌다.

새비지는 국가가 허락한 중무장 민병대를 이끌고 마리포사강 교역소에서 모험에 나섰다. 현지에서 금광을 파는 백인을 방해하는 '성가신' 원주민을 쓸어버릴 작정이었다. 그 과정에서 새비지는 요세미티 계곡의 눈부신 풍경을, 백인들이 늘 말하듯이, '발견'했다. 그리고 계곡에서 오랫동안 살아왔던 원주민을 쫓아내기 시작했다.

원주민이 요세미티 계곡에서 지낸 시기는 정말로 길었다. 고고학 기록에 따르면 캘리포니아와 네바다의 미워크족과 모노족은 적어도 8,000년 동안 이 지역을 보금자리로 삼았다. 미워크족('미워크'는 부족어로 '사람'이라는 뜻)은 시에라네바다산맥 능선 서쪽에 살았고, 언어상으로나 유전적으로나 다소 다른 모노족은 산맥 동쪽의 비그늘 사막 지대에 살았다. 사막 지역 사람들이 대개 그렇듯, 모노족도 유목민이었다. 반대로 미워크족은 주로 한 지역에 정착해서 살아갔다─캘리포니아주 전체에 널리 분산해 있었으며, 모두 언어학적으로 연결되어 있다. 서양 학계는 이 부족을 지형에 따라 베이 미워크족과 코스트 미워크족, 레이크 미워크족, 플레인 미워크족, 북부와 중부, 남부로 세분되는 시에라 미워크족으로 구분한다─. 미워크족은 마을을 짓고, 의식을 치르는 둥근 건물을 세우고, 한증막과 곡식 저장고, 오두막을 만들었다. 땅을 개간해서 옥수수를 길렀고, 견과류를 채집했고, 바구니를 짰다. 세련되고 온순한 사람들이었지만, 금을 찾아 캘리포니아 산악 지대로 몰려든 백인 수천 명에게 푸대접받았다.

광부들과 금 시굴자들은─캘리포니아에 처음 도착한 해를 따서 '49년조forty-niners'라 불렸다─ 원주민이 미개하고 불결하고 야만적이라고 여기며 철저히 업신여겼다. 그들은 새로운 캘리포니아 주민으로서 아무런 제재도 받지 않고 미워크족 땅을 활보할 권리가 있다고 여겼다. 원주민의 땅에 들어가서 마음대로 광맥을 약탈했고, 시에라강 하류의 충적 절벽에 물대포를 쏴서 금덩어리를 떼어냈다. 공교롭게도 금이 가장 많이 발견된 장소─산맥의 겨울철 설선(만년설의 최저 경계선─옮긴이) 바로 아래─는 수렵용 야생동물이 가장 많은 지역이기도 했다. 따라서 미워크족 마을도 이 지역에 밀집해 있었다. 당연히 원주민은 외지인이 들어와서 그들의 오랜 터전을 파괴하는 것을 때때로 반대했다. 당연히 때때로 반격에 나섰고, 교역소와 광산의 수직·수평 갱도와 말을 매어 놓은 헛간에 쳐들어가서 시설을 망가뜨리며 분노와 불만을 터뜨렸다. 누가 원주민을 비난할 수 있을까? 원주민이 수세대에 걸쳐 살아온 땅에 상스러운 외지인이 우르르 몰려와서 약탈을 일삼았다. 원주민이 맞서 싸운다고 해서 누가 양심상 반대할 수 있었을까?

그런데 백인 정착민은 반대했다. 제임스 새비지는 아구아 프리아 교역소가 공격받자 —그래서 인부 세 명이 죽자— 신설된 캘리포니아 주지사직에 오른 오하이오 출신 청년 존 맥두걸John McDougal에게 자원 민병대를 써서 문제를 해결하게 허락해달라고 탄원했다. 1851년 초, 용병 200명으로 구성된 마리포사 대대가 신속하게 조직되었다. 마리포사 대대는 격분한 중부 시에라 미워크족을 급습해 징벌하고 협상하고자 시에라네바다산맥의 낮은 구릉 지대를 통과해 진군했다. 미워크족은 그들의 인생을 비참하게 만든 49년조에게 똑같이 갚아주려고 최선을 다하고 있었다.

원주민 언어에 상당히 뛰어났던 새비지는 먼저 협상에 나섰다—금발에 키가 큰 그는 (원주민에게 깊은 인상을 남기는 데 더 낫다는 이유로) 언제나 붉은 셔츠만 입었다—. 연방 정부가 보낸 위원단도 원주민과 대화해보려고 했다. 하지만 새비지도 위원단도 별다른 진척을 보이지 못했다. 1851년 3월, 뚜렷한 결과가 나오지 않자 격분한 새비지는 공격을 감행했다. 마리포사 대대가 나섰다. 세 중대로 나뉜 마리포사 대대는 주요 계곡 세 군데를 각각 습격해서 쑥대밭으로 만들었다. 원주민 수십 명이 화형당했다. 부족민 수백 명이 조상 대대로 일구어온 농장과 사냥터, 집에서 쫓겨났다. 미워크족은 보호 구역이 마련된 뜨겁고 건조한 센트럴 밸리로 떠나야 했다. 금광 탓에 말썽이 분분했던 시에라네바다산맥 산악 지대에서 멀리 떨어진 곳이었다.

1851년 3월, 첫 원주민 토벌에 나선 마리포사 대대의 기습조 하나가 원주민 악당을 찾아 머세드강 계곡으로 올라갔다. 기습조에는 라파에트 호튼 버넬Lafayette Houghton Bunnell도 있었다. 뉴욕주 로체스터 출신으로 의사였던 아버지를 따라 외과의가 된 27세 청년 버넬은 두 해 전에 근처를 방문했다가 잊지 못할 풍경을 보았다고 증언한 덕분에 기습조와 함께 탐사할 기회를 얻었다. 훗날 버넬은 직접 보았던 풍경을 기록했다. "시에라네바다산맥의 엄청나게 커다란 봉우리들 (…) 올려다보니 저 멀리 거대한 벼랑이, 경외심과 탄복을 자아내는 돌기둥이 있었다. (…) 나는 기회가 될 때마다 그곳의 풍경을 조사해보았다. 하지만 그곳의 특별하고 기이한 면모를 조금이라도 알아차린 광부는 거의 없었다."

버넬이 오후 햇살에 횃불처럼 밝게 빛나던 모습을 보았던 그 대상, 1851년 초봄에 말을 타고 계곡을 따라 올라가며 기대했던 그 대상은 오늘날 요세미티 국립공원에서 가장 인기 있는 명소였다. 바로 엘 캐피탄의 환히 빛나는 얼굴, 눈으로 덮인 동편 산봉우리를 배경으로 마치 거울처럼 빛을 튕겨내며 반짝이는 수직 화강암 절벽이다. 기습조가 계곡 안으로, 양옆에 높이 솟은 절벽면 사이로 깊숙이 들어가자 ─가는 길에 원주민이 보이면 강 아래로 내려가서 서쪽의 평지로 떠나라고 명령했고, 원주민의 오두막과 한증막을 모두 허물어뜨렸다─ 두 해 전에 버넬이 멀리서 어렴풋이 보았던 광경이 점차 완연히 자태를 드러냈다. 먼저 엘 캐피탄이 나왔다. 그다음은 하프 돔. 브라이들베일 폭포. 커시드럴 피크. 굽이치는 강물을 따라 돌

때마다 기억에서 영영 사라지지 않을 환상적인 풍경이 나타났다.

기습조 모두, 누구보다도 버넬이 특히 눈앞의 광경에 넋을 잃었다. 이런 풍경은 ―하늘을 찌를 듯이 높이 솟은 산봉우리, 방대한 수직 암벽, 웅장한 폭포, 눈으로 뒤덮인 산줄기, 꽃이 흐드러진 풀밭, 나무가 우거진 숲, 따스한 햇볕 속에서 새틴처럼 매끈한 표면을 자랑하는 바위, 거대한 세쿼이아, 빙하, 깊고 푸른 호수, 어디에서나 풍기는 솔잎 향기― 그 어디에서도 본 적이 없었다. 마리포사 대대는 숭고하고 장엄한 낙원에 우연히 발을 들여놓았다. 이제는 온 세상이 그 낙원을 알아야 했다.

알고 보니 광부들은 이미 머세드강 계곡을 지나갔었지만, 강물에서 씻어낸 사금―겨우 부스러기 몇 개 수준― 말고는 아무것에도 관심이 없었다. 그래서 "낯설고 무미건조한 외국 이름보다 원주민식 이름을 붙이는 게 더 나을 듯했다"라고 나중에 버넬이 회고했다. "다른 사람들이 제안했던 이름보다 그곳에서 살았던 부족의 이름이 더 알맞아 보였다. 나는 계곡에 '요―셈―이―티'라는 이름을 붙이자고 했다. 원주민을 연상시키며 듣기에도 좋고 확실히 아메리카다운 이름이기 때문이다. 우리는 원주민 부족이 이 계곡에 있던 삶의 터전에서 떠나는 모습을 목격했다. 그들은 아마 다시 돌아오지 않겠지만, 부족의 이름은 영원히 남을 것이다."

버넬은 감정을 누그러뜨리며 차분하게 설명했지만, 행간에서 우울함이 느껴진다. "그곳에서 '살았던' 부족"은 "삶의 터전을 떠나"서 "아마 다시 돌아오지 않을" 것이다. 새비지와 마리포사 대대가 원주민의 귀환을 확실하게 막았다. 온순하고 친절한 미워크족의 소박한 농촌 생활은 완전히 끝났다. 보호 구역이 그들에게 유혹의 손짓을 보냈다. 요세미티 계곡은 죄 많은 인간의 손길에서 벗어나 영원토록 티 없이 순결하게 보존될 운명을 맞았다. 아담과 이브처럼 인간은 낙원에서 추방되었다. 요세미티는 미국인—당시에는 대체로 백인—을 위해 자연보호의 제단을 마련할 준비를 끝냈다.

13년 후인 1864년 6월 30일, 남북전쟁 관련 업무로 여념이 없던 에이브러햄 링컨은 잠시 짬을 내서 두 단락짜리 요세미티 토지 양도 문서에 서명했다. 대통령의 서명과 함께 연방 정부는 캘리포니아주에 요세미티 땅을 공식적으로 넘겨줬다. 이제 캘리포니아주가 "보전과 대중의 향유"를 위해 요세미티를 감독하고 관리해야 했다. 몇 달이 지나자 보기 드문 풍경을 담은 사진이 전국 각지에 뿌려졌다. 대중은 사진의 메시지를 즉시 알아챘다. 말이나 2륜 마차, 4륜 마차를 탄 여행객이 엄청나게 몰려들었다. 시간이 얼마간 흐르자 자동차가 요세미티 계곡의 빙하 퇴적물로 달려왔다. 계곡이 내부에 품고 있는 경이로움도 광고되기 시작했다. 도로가 닦였다. 주차장도 들어섰다—처음에는 마차를 대는 주차장이었다가 나중에는 자동차를 대는 주차장이 되었다—. 거대한 세쿼이아 숲 사이로 터널도 뚫렸다—공사 직후 오래 묵어 웅장하게 자란 나무 한 그루가 쓰러졌고, 다른 한 그루는 근처 시멘트에서 흘러내린 물에 약해졌다—. 호텔과 기념품 가게 같은 상업 시설도 문을 열었다. 보호 구역으로 쫓겨났던 미워크족도 몇 명 불려왔다. 원주민은 가게 종업원이나 가이드로 일했다. 옛 기억이 아직 남아 있는 사람들은 한때 요세미티에서 살았던 시절의 관습과 공예품을 전시하기도 했다. 대중이, 혹은 죄 많은 인류가 요세미티를 함부로 대하자 괴로워하던 존 뮤어가 끼어들었다. 뮤어는 요세미티 지역을 다시 국가의 손에 돌려주고 국립공원으로 지정해야 한다고 캠페인을 벌였다. 1872년 몬태나주의 옐로스톤이 첫 번째 국립공원으로 지정되고 18년 후인 1890년에 요세미티도 국립공원으로 인정받았다.

골드러시 초기, 마리포사 대대가 공격하기 전에 시에라네바다산맥에 살았던 미워크족은 6,000명이었다. 링컨 대통령이 요세미티 토지 양도 문서에 서명할 무렵 남아 있던 미워크족은 고작 100명이었다. 현재는 상황이 약간 나아졌다. 중부 시에라 미워크족—이른바 요세미티 미워크족—은 모두 합해서 150명쯤 된다. 이들은 국립

아메리카 원주민인 미워크족은 요세미티 계곡과 그 일대에서 오랫동안 살았지만, 계곡이 관광지로 빠르게 발전하며 고향 땅에서 대거 쫓겨났다. 하지만 일부는 요세미티 계곡에 그대로 남아 관광객의 눈요깃거리가 되었다.

공원 북쪽과 인접한 보호 구역에서 지내며, 주 법률의 허가에 따라 블랙 오크 카지노를 운영한다.

매해 500만 명이 요세미티를 찾아와 3억 7,900만 달러를 쓴다. 짐작건대 존 뮤어라면 눈살을 찌푸렸겠지만, 이 거금 가운데 일부는 틀림없이 원주민 카지노에서 쓰인다.

5장 신탁 관리의 힘

Annals of
Restoration

> 우리는 땅을 학대한다. 땅을 우리가 소유한 상품이라고 생각하기 때문이다. 땅을 우리가 속한 공동체라고 여긴다면, 사랑과 존중을 담아 땅을 사용하기 시작할 것이다.
>
> – 알도 레오폴드Aldo Leopold, 《모래 군의 열두 달A Sand County Almanac》(1948년)

낱말 'placid(잔잔한)'의 뜻을 분명하게 알고 싶다면, 바람 한 점 없이 상쾌한 가을날 저녁에 보스턴의 찰스강 하류로 가보라. 강물이 완벽하게 설명해줄 것이다. 폭이 넓은 찰스강 하류 수면은 반반하고 잔잔해 마치 거울 같다. 바다를 향해 흐르는 물결은 움직임을 감지하기도 어려울 만큼 고요하다. 강 북쪽으로는 케임브리지 지역의 하버드 대학교와 MIT, 반대편으로는 보스턴 대학교와 도심 고층 건물이 이루는 스카이라인이 에이트용 보트를 모는 대학생들에게 친숙한 배경이 되어준다. 땅거미가 깔리면 싱글 스컬(선수 한 명이 양손으로 노 두 개를 젓는 조정 종목—옮긴이) 보트들이 지나간다. 홀로 평온하게 떠 있는 모습이 백조 같다. 배가 그어놓고 떠나는 자국은 잔잔한 수면 위에서 순식간에 사라져버린다.

이곳 강기슭에서 강물을 가만히 바라보고 있노라면 찰스강에도 거친 면이 있다는 사실을 잊기 쉽다. 찰스강도 수원지가 있고, 여울 때문에 고요한 수면이 일그러질 때가 있고, 물결이 벼랑 사이를 억지로 비집고 나아갈 때가 있다. 그럴 때 강물을 바라본다면 누구든 이 강이 언젠가 넓어지고 잔잔해지리라고 확신하지 못할 것이다. 보스턴에서 구불구불한 강을 따라 113㎞를 거슬러 올라가면 ─까마귀가 직선으로 날아간다면 대략 32㎞─ 깊은 협곡이 나온다. 식민지 시대 정착민은 이 협곡을 찰스강의 발원지라고 생각하여 '찰스강 대문'이라고 불렀다. 요즘 이 협곡 근처에는 여러 골프장, 오래된 정신병원 한 곳, 교외 주택 단지, 여자 인문대학 한 곳, 농장 상당수, 한때 보스턴에 석재를 공급했던 채석장, 강력한 스피커와 인기 많은 이어폰을 제조하는 음향 전문 회사 보스Bose의 본사가 있다. 이 모든 활동은 인구가 밀집한 매사추세츠 동부의 외곽 지역에서 크든 작든 번창하고 있다. 하지만 내부로 들어가면, 이제 공식적으로 '로키 내로우스 보호 구역Rocky Narrows Reserve'으로 불리는 곳의 암벽 안으로 가면 아무것도 없다. 자연 외에는, 숲과 초원과 바위와 물 외에는 아무것도 없다. 자연은 지역 사회를 위해 과거 모습 그대로 온전하게 보전되어 있다.

1.1㎢ 면적에 인간의 손때가 묻지 않은 매사추세츠 풍경을 간직한 로키 내로우스는 특이하게도 미국에서 가장 오래된 민간 비영리 토지 보존 신탁이 첫 번째로 보유해서 가장 오랫동안 관리하는 땅이다. 공익을 위해 1897년에 로키 내로우스를 맡은 곳은 여섯 해 앞

서 설립된 공공 보류지 신탁 관리회Trustees of the Public Reservations(1954년에 '공공'이라는 말이 빠졌다)였다. 신탁 관리회를 창립한 조경사 찰스 엘리엇Charles Eliot은 개인이 땅을 소유하지 못하도록 막고 누구나 땅에서 기쁨을 누릴 수 있도록 지역 사회를 주변 토지의 수탁자 겸 소유자로 만든다는 비전을 품었다. 엘리엇이 시작한 운동은 수십 년 동안 무시무시하리만치 복잡하게 진화했다. 오로지 미국 법조인이나 그렇게 복잡한 것을 만들어낼 수 있으리라. 이 운동은 최근 땅을 모두의 소유로 되돌리려는 강력한 힘이 되었다. 다시 말해 조직적 방식으로, 그러나 에익섬과 울바섬 등 확연히 정치적 분위기를 띠는 오늘날 스코틀랜드와 달리 정치나 강제 같은 인위적 방식을 배제하고 토지 공유제를 실현하고자 한다.

현재 미국에서 땅을 소유하고 관리하는 이 새로운 혁명적 수단은 기본적으로 네 단계가 있다. 바로 주 전역에서 활동하는 신탁 기관, 오로지 카운티 안에서만 행동하는 신탁 기관, 도시와 마을의 토지 신탁 기관, 지역 사회 토지 신탁 기관이다. 가장 낮은 단계인 지역 사회 토지 신탁 기관은 나머지보다 규모가 훨씬 더 작으며, 매력적인 자연 풍경과 레저보다는 합리적 토지 가격과 사회의 필요에 더 많이 관여한다.

매사추세츠주의 보류지 신탁 관리회는 로키 내로우스라는 선물과 함께 순조롭게 출발했다. 로키 내로우스를 증여한 사람은 뉴잉글랜드 명문가 출신의 저명한 엘리트, 오거스터스 헤멘웨이Augustus Hemenway였다. 남아메리카의 거대한 은광을 상속받은 헤멘웨이는 모교인 하버드 대학교에 기부한 커다란 체육관으로 기억된다. 체육관에 그의 이름이 붙었기 때문이다. 로키 내로우스 양도 과정은 엘리엇의 친구 프레더릭 로 옴스테드_{Frederick Law Olmsted}가 처리했다. 옴스테드는 과거에 찰스 엘리엇을 정원사로 고용했었고, 뉴욕시의 센트럴파크를 설계하는 데도 참여했었다. 로키 내로우스는 절벽과 솔송나무 숲과 솔숲과 초지가 어우러져서 무척 아름답다. 그뿐만 아니라, 아메리카 원주민―현지 왐파노아그족과 카리스마 넘치는 지도자 메타코메트_{Metacomet}, 또는 영어식으로 킹 필립_{King Philip}―이 백인 정착민과 벌였던 최초의 전쟁을 강력하게 일깨워주기까지 한다. 찰스강 대문, 즉 강의 협곡은 원주민에게 전략적으로 중요한 방어선이었다. 하지만 역사가 알려주듯이, 원주민과 백인 사이에서 일어난 전쟁 가운데 가장 잔혹했던 이 전쟁에서 협곡 방어선은 효과적이지 못했다. 왐파노아그족은 연달아 벌어진 피비린내 나는 전투에서 죽을힘을 다해 싸웠지만―메타코메트도 잔인하게 살해당했다―, 17세기 말에 거의 전멸되어 부족이 사라져버렸다.

신탁 관리회는 민간이 자금을 지원하는 토지 보호 운동을 뒷받침하는 원칙을 미국 최초로 수립했다―아마 어느 나라에서나 확실히 최초였을 것이다―. 이타주의에 의지하는 이 원칙은 시민들에게 두 가지 중 하나를 실천하라고 권장한다. 하나는 영원히 보전되기를 바라는 사유지를 신탁 관리회에 양도하는 것이고, 다른 하나는 매사추세츠주에서 '보존 제한_{conservation restrictions}'이라고 불리는 것을 설정하는 것이다―다른 49개 주에서는 '보존 지역권_{conservation easements}'이라고 불린다―. 보존 제한이 설정되면, 토지 소유주는 소유권을 그대로 유지하지만 토지는 세심하게 규정된 특정 방식으로

만 사용될 수 있다. 소유주는 ―보존 제한이 영원토록 유지되는 한 ― 사유지를 마음대로 양도할 수 있고, 판매할 수 있고, 유증할 수 있다. 이때 보존 제한 또는 보존 지역권은 토지와 영원히 하나로 묶여서 새로운 소유주에게 넘어간다. 보존 제한 때문에 토지 판매가가 제한되기도 한다―보존 제한이 걸린 땅을 모두가 원하는 것은 아니다. 이를테면 아무나 공원처럼 마음껏 돌아다닐 수 있는 땅이라고 생각해보라―. 하지만 보존 제한 제도를 옹호하는 사람들은 이 제도가 더 큰 선에 봉사한다고 생각하기에 낮은 판매가도 받아들인다.

이 특정한 토지 보존 운동을 성공으로 이끈 요소는 아마도 보존 제한일 것이다. 지금까지 매사추세츠주 전역에서 토지 소유주가 설정한 보존 제한은 거의 400건이며, 보존 제한이 걸린 땅은 대략 85㎢다. 매사추세츠주의 서쪽 끝, 버크셔 힐스에도 보존 제한이 설정된 곳이 있다. '퀘스팅Questing'이라고 불리는 이 땅은 제멋대로 퍼진 작은 마을들이 모인 뉴 말버러에 자리 잡고 있다. 퀘스팅의 토지 1.6㎢에 얽힌 이야기는 느리지만 아주 긍정적인 토지 혁명을 상징한다. 이 혁명은 요즘 쇼핑몰과 트레일 주차장 개발업자들이 제멋대로 날뛰어 아주 취약했던 미국 시골 지역 전체로 퍼지고 있는 것 같다.

퀘스팅은 이름과 달리('quest'는 탐구나 탐색을 뜻한다―옮긴이) 소탈하고 허세 없는 보호 구역이다. 이곳의 농장 대문 바깥에 자동차 예닐곱 대를 주차할 만한 공간이 있다. 대문을 통과하면 오래된 숲속 도로가 이어진다. 물푸레나무와 떡갈나무, 벚나무 같은 단단한 나무가 들어선 빈터를 통과해 오르막길을 오르면 탁 트인 풀밭이 나타난다. 여름철이면 살랑살랑 날아다니는 나비와 잠자리 덕분에 $68,800m^2$ 풀밭에 생기가 가득해진다. 풀밭 너머는 솔송나무와 백송, 자작나무, 북가시나무, 단풍나무가 빼곡한 숲이다. 300년 전에 지어져서 지하실 바닥이 무너진 집들이 군데군데 흩뿌려져 있고, 가물면 물이 마르는 개울과 봄철에만 생겨나는 웅덩이, 낡은 돌담도 보인다. 딱 하나밖에 없는 울퉁불퉁한 길이 풍경 전체를 에워싸고 있다. 90m마다 나무에 파란색 페인트로 표식을 칠해둔 덕분에 길 찾기는 그리 어렵지 않다.

어디에서나 새의 노랫소리가 들린다. 버섯과 도롱뇽, 이끼와 양치식물이 가득하다. 겁에 질린 사슴이 붉은 잔상만 남긴 채 시야 밖으로 후다닥 달려 나가는 일도 잦다. 요즘에는 '산림욕'이라는 말이 지나치게 자주 쓰이는 것 같지만, 포근하고 아늑한 숲에 푹 빠져 있으면 확실히 영혼에 활기가 되찾아온다. 태곳적의 모습을 간직한 자연과 뉴잉글랜드 정착 역사가 깃든 낡은 유물들 외에는 현대 문명의 흔적도, 사람도 전혀 없는 숲에서 한 시간쯤 보내다가 다시 풀밭으로 나와 풍경을 바라보면 더더욱이나! 풀밭에는 나무 벤치가 하나 있다. 방문객은 벤치에 앉아 경치를 감상하면서 모두가 혜택을 누릴 수 있도록 감사히 기부된 지역 공동체의 땅을 훌륭하고 세심하게 관리하는 보류지 신탁 관리회에 마음속으로 고마워하면 된다.

퀘스팅을 신탁 관리회에 남긴 사람은 1996년에 근처에서 삶을 마감한 약리학자 로버트 리먼Robert Lehman이다. 뉴욕에서 여러 질병을 관리하는 화학 약물류를 개발하며 성공한 삶을 살았던 리먼은 빅토리아 시대에 지어져서 폐허가 다 된 농장을 사들였다. 농장을 지은 레핑웰Leffingwell 형제는 농업 사고로 세상을 떴고—한 명은 헛간 기둥이 쓰러져서, 다른 한 명은 말의 발길에 차여서—, 유족은 더 평평한 인디애나주 중부로 떠나고 없었다. 리먼과 아내는 낡은 농가를 보수하느라 몇 십 년 동안 공을 들였다. 한동안은 농가를 별장처럼 썼지만, 보수가 끝나서 건물이 살 만한 곳으로 변하자 완전히 이사했다. 리먼 부부는 이후 몇 년에 걸쳐 농장 주변의 땅을 조금씩 사들였다. 훗날 두 사람이 더는 농장과 땅을 쓸 일이 없어지면, 다시 말해 눈을 감고 나면, 신탁 관리회를 통해 지역 사회에 땅을 통째로 돌려줄 생각이었다.

지금은 지역 사회가 리먼 부부에게 고마워하며 그들의 땅을 소유하고 사용한다. 신탁 관리회의 본사가 160㎞나 떨어진 보스턴 근처에 있는 탓에 퀘스팅은 다소 방치된 편이다. 리먼의 유증 조건에 따라 몇 천 제곱미터쯤 되는 대지에 자리 잡은 레핑웰 농가를 개인적으로 보유한 현 소유주가 퀘스팅의 산책로를 손수 돌본다. 매사추세츠주는 자동차로 끝에서 끝까지 가는 데 3시간도 채 걸리지 않을 만큼 아주 작다. 그래서 지역 기반으로 활동하며 이 구릉 지대의 초목과 삼림, 기후에 밝은 신탁 기관이 한때 지역 주민이 소유했던 땅을 돌본다는 계약은 친밀한 느낌을 자아낸다.

미국에는 매사추세츠의 보류지 신탁 관리회처럼 주 수준에서 활동하는 기관 외에도 카운티 수준에서 활동하는 신탁 기관이 있다. 근래에는 도시와 마을 수준에서 더 세밀하게 활동하는 신탁 기관도 생겨났다. 현재 가장 커다란 성공을 즐기는 곳은 도시와 마을 수준의 신탁 기관인 것 같다. 가장 최근 집계에 따르면, 소도시 토지 신탁 기관은 미국 전역에 약 1,300개가 있다. 이 기관들은 지역 주민의 개인 소유라는 원칙에 따라—또는 토지 제한을 영구적으로 설정해서— 대략 40,469㎢를 보존한다. 신탁 기관이 관리하는 땅은 절대로, 결코 개발될 수 없다.

지역 주민이 아무 대가 없이 내놓은 토지, 지역 주민이 자금을 모아서 사들인 토지, 지역 주민이 누구나 접근할 수 있도록 만들어놓은 토지, 지역 주민이 보살피고 지키는 토지, 지역 주민이 여러모로 자유롭게 이용하는 토지. 이상적인 상황에 가까워 보인다. 이런 상황은 고맙게도 정치와 이념, 논쟁에서 벗어나 밑바닥부터 비공식적이고 자연스럽게 형성되었다.

로키 내로우스나 퀘스팅은 절대 미국의 에익섬이 아니다. 교조적 선포, 정치적 연설, 당파적 주장이 빚어낸 결과가 아니다. 순수하고 단순한 지역 공동체 소유다. 어느 모로 보든 지역 토지 신탁은 저명한 생태운동가 알도 레오폴드가 간절하게 바랐던 방식으로 훌륭하게 작동하며, 누구에게나 때때로 필요한 건강과 운동과 평화와 고요함이라는 반박할 수 없는 혜택을 지역 대중에게 베푼다. 이 땅은 모두의 이익을 위해 모두가 소유하고 모두가 사용하는 땅이다.

도시와 마을 수준의 토지 신탁 관리 한 단계 더 아래에는 지역 공동체 토지 신탁이 있다. 진정한 풀뿌리 단계다. 지역 공동체가 토지를 신탁 관리한다는 발상은 훨씬 더 오래전에 미국이 아닌 인도에서 싹텄다. 이 아이디어는 토지 소유보다는 주택 공급, 시골보다는 도시, 평화와 즐거움을 제공하는 것보다는 빈곤을 완화하는 것과 훨씬 더 관련 있다.

마하트마 간디의 친구이자 제자인 비노바 바베Vinoba Bhave는
1950년대 초에 자발적인 토지 개혁 운동이라는 발상을 처음으로
확립했다. 바베는 스승 간디처럼 금욕주의 고행자였고, 정치적 신
념을 극적이지만 비폭력적 방식으로 드러내곤 했다. 예를 들자면,
인도의 봉건제를 깨부숴야 한다는 생각을 널리 알리고자 그야말로
간디가 할 법한 행동에 나섰다. 바베는 지팡이와 탁발승의 동냥 그
릇을 들고 인도 전역을 수천 킬로미터나 맨발로, 아니면 가죽 샌들
만 신고 걸었다. 당시 인도는 니잠(인도 하이데라바드 지역 군주의 칭호—
옮긴이), 마하라자, 자민다르(영국 정부에 토지세를 바치고 토지 소유권을 얻
은 대지주—옮긴이), 왈리(무굴 제국 시기 통치자 또는 주 장관—옮긴이), 나와
브(무굴 제국 시기 귀족 명사나 통치자—옮긴이)가 시골의 막대한 땅을 차
지하고, 수백만 명은 땅을 조금도 소유하지 못한 상태였다.

예순을 넘긴 바베는 껑충하고 여윈 몸에 수염을 길게 길렀고, 카
다르(손으로 짠 인도 무명—옮긴이) 가게에서 산 수수한 렁기(천 한 장을 허
리에 감아 발목까지 내려오게 입는 옷—옮긴이)만 입고 다녔다. 바베가 걷기
시작하자 수천 명이 그의 뒤를 따랐다. 토지 개혁을 원하는 사람들
이 거대한 뱀처럼 늘어서서 인도 전역을 휩쓸었다. 행렬의 선두에
선 바베는 지주를 만날 때마다 사유지의 6분의 1을 지역 주민에게
넘겨주라고 열정적으로 설득했다. 대체로 바베는 땅 주인들에게 그
저 관대한 마음으로 자발적으로 기부해달라고 제안했다. 지주 수백
명이 바베의 요청을 받아들였다. 한동안 인도는 부단Bhoodan(선물 받
은 땅)의 보고가 되었다. 이제까지 땅이 없었던 영세 농민들은 지주

간디의 제자 비노바 바베는 1950년대에 부단 운동을 시작했다. 그는 지주들에게 각자 사유지의 6분의 1을 지역 주민에게 기부하라고 촉구하며 인도 전역을 걸었다. 하지만 바베의 부단 운동은 흐지부지 실패하고 말았다. © Getty Images

가 내놓은 상당히 넓은 땅에서 살 수 있었다. 쟁기로 밭을 갈고, 씨를 뿌리고, 곡식을 기르고, 물소를 한두 마리쯤 키우고, 그래서 궁극적 번영으로 가는 길의 입구에 안정적으로 들어설 수 있었다.

슬프게도 부단 운동은 인도의 한계를 극복하지 못하고 흐지부지 끝나고 말았다. 오늘날 바베는 성자 같은 인물, 자국에서는 충분히 존중받지 못했던 예언자로 여겨진다. 인도에서는 바베의 모습이 담긴 우표가 발행된 적도 있다. 안타깝게도 바베가 자민다르와 나와브를 간곡히 설득해서 받아낸 토지 가운데 궁핍한 달리트(인도 카스트에서 최하 계급—옮긴이)의 소유로 남아 있는 곳은 거의 없다. 어찌 된 일인지, 대지주가 빈민에게 선물한 땅은 대부분 다른 대지주의 영지에 흡수되었다. 도시 가까이에 있던 땅은 마구 뻗어나간 교외에 빨려 들어가 흔적도 없이 사라져버렸고, 기이하게도 토지 소유권은 빠르게 성장하는 중산층의 손에 넘어갔다.

하지만 바베의 발상 가운데 일부—빈민의 가난을 덜어주는 데 이바지한다는 구체적 목표를 위해 지주가 자비롭게 소유지 일부를 나눠줘야 한다—는 바베보다 더 오래 살아남았다. 더욱이 바베의 제안은 인도 바깥으로 퍼져나가는 데도 성공했다. 요즘 궁핍한 도시 주민을 돕기 위해 도시 토지를 무상으로 제공한다는 개념도 어느 정도는 바베의 아이디어에서 발전했다. 지난 몇 년 사이에 생겨난 지역 공동체 토지 신탁 기관은 수백 개나 된다. 특히 영국과 미국에서 눈에 띄는 현상이다. 이런 신탁 기관이 맡아서 관리하는 토지 구획은 보통 상당히 좁다. 너른 대지의 조경이 아니라 올곧은 사람들이 아무 대가 없이 선물한—바베가 지주들을 설득해서 땅을 얻어낸 것과 같은 방식— 건축 부지에 관심을 두기 때문이다. 정부가 토지 구매 자금을 지원하는 지역도 있다—현대 스코틀랜드처럼 지방 정부가 나서는 곳도 있고, 진보적인 주 정부가 앞장서는 곳도 한두 군데 있다—. 지역 공동체 토지 신탁의 모델은 다채롭지만, 일반적으로는 현지의 토지 신탁 기관이 양도받은 토지 구획을 대체로 영원히 관리한다. 이 토지 구획에는 저렴하고 실속 있는 판매용 또는 임대용 주택이 건설된다. 땅 자체는 언제까지나 신탁 기관의 자산이지만, 그 땅에 들어선 건물을 사거나 빌려서 개량하는 것은 거주자의 책임이다.

1970년대 미국 남부의 시골 지역에서는 이스라엘의 키부츠 제도와 유대 민족 기금의 철학과 공통점이 많은 아이디어가 처음 등장해서 널리 퍼졌다. 유대 민족 기금은 팔레스타인 토지를 대거 사들인 후 땅이 없는 지원자 가운데 자격을 갖춘 사람들에게 땅을 아주 오랫동안 임대했다. 미국 남부에서도 1970년대에 이와 다소 비슷한 지역 공동체 신탁 기관이 처음 설립되었다. 홍보 책자에는 "시골 지역 공동체가 영속적으로 사용할 수 있도록 토지를 영구히 신탁 관리하는 비영리 단체"라고 소개되었다. 신탁 기관은 자금을 넉넉하게 모아서 조지아주 남서부에 20㎢짜리 농장을 샀고, 농부들이 20년 동안 농장을 개발했다. 이 실험은 결국 실패했다. 하지만 지역 공동체 토지 신탁이라는 운동을 일으켰다. 더욱이 토지가치세land value tax라는 급진적 개념을 고안한 것으로 유명한 헨리 조지Henry George* 같은 토지경제 철학자들을 따르는 사람들은 이 운동에 열광적으로 반응했다.

그렇게 조지아주 모델이 퍼져나갔다. 처음에는 전파 속도가 느렸다. 가장 먼저 오하이오주 신시내티에, 그다음에는 가장 중요한

---

* 정치경제학자 헨리 조지는 극도의 인기와 격렬한 논쟁을 모두 낳은 1879년 저서 《진보와 빈곤Progress and Poverty》에서 모든 세금을 폐지하고, 이용되지 않은 토지의 잠재적 임대 가치에만 세금을 매기자고 제안했다. 조지의 저서가 발간된 후 수많은 사람이 이 세금을 '완벽한' 세금이라고 일컬었다. 19세기 말 미국에서 헨리 조지를 따르는 추종자는 어마어마하게 많았다. 1897년 뉴욕에서 열린 그의 장례식에는 역대 가장 많은 인파가 몰려들었다. 오늘날 경제학자 가운데 헨리 조지처럼 수많은 사람에게서 마지막 배웅을 받으리라고 희망할 수 있는 사람은 거의 없다. 헨리 조지는 토지가 거의 만고불변한 자연의 선물이므로 논리에 따라 토지 소유만이 과세 대상이어야 한다고 굳게 믿었고, 아주 많은 사상가도 그의 주장을 지지했다. 하지만 헨리 조지의 유산은 지구상 그 어떤 선진국에서도 지지받지 못했다. '과세 집행이 너무 어렵다'는 것이 흔한 반대 논거였다.

언론인이자 세제 개혁 지지자였던 헨리 조지는 19세기 말 미국에서 굉장히 인기 있었고, 1879년에 출간된 그의 저서 《진보와 빈곤》은 대단한 권위를 누렸다. 그는 모든 세수 증대 활동을 토지가치세 하나로 통합하자고 제안하고 광고했다. (위: 헨리 조지 ⓒ Alamy / 아래: 토지가치세 광고 트럭 ⓒ Alamy)

버몬트주 샘플레인호 기슭의 카운티 세 곳에 뿌리내렸다. 샘플레인 주택 신탁은 아파트 2,300채, 단독 주택 400채 이상, 상업용 건물 15채를 지을 만큼 너른 땅을 구하는 데 성공했다. 이곳의 집과 건물은 6,000명에게 일자리와 주거지를 제공했다. 주택 신탁이 아니었더라면 그들 모두 잠잘 곳을 찾아서 헤매야 했을 것이다. 샘플레인

주택 신탁은 미국에 있는 지역 공동체 토지 신탁 기관 250군데 중 가장 규모가 큰 대표 기관이다.

영국에서도 지역 공동체 토지 신탁 운동이 인기를 얻고 있다. 내가 이 글을 쓰는 시점을 기준으로 영국의 신탁 기관이 미국보다 조금 더 많다. 잉글랜드와 웨일스, 스코틀랜드의 신탁 기관을 모두 합하면 255군데다. 스코틀랜드에서 지역 공동체 토지 신탁 기관이 영구적으로 소유하는 땅은 2,000㎢가 넘는다. 이 수치에는 앞서 살펴보았던 에익섬과 울바섬도 포함되어 있다. 에익섬과 울바섬에서는 토지 소유권이 개인에서 지역 사회로 이전될 때 정부가 개입했다. 반대로 미국에서는 정부의 개입이 적은 자유 기업식 자선이 뚜렷한 특징이다.

지역 공동체 토지 신탁 같은 진보적 발상을 받아들이고 실현하는 곳은 버몬트처럼 진보적인 주뿐만이 아니다. 러스트 벨트의 쇠락한 도시에서도 지역 공동체 토지 신탁을 시험해본다. 한때 몹시도 황량했던 도시, 이리호 연안의 오하이오주 클리블랜드에서 지역 활동가들이 2008년부터 급진적인 아이디어들을 실험하고 있다.

최근까지만 해도 도심 쇠퇴를 클리블랜드보다 더 분명하게 보여주는 도시는 없었다. 도로와 철로가 복잡하게 연결되어 있는 클리블랜드는 200년 된 항구 도시로, 제철소와 중공업을 기반으로 발전했다. 특히 제2차 세계대전 동안 미국에서 가장 활기찬 공업 도시 중 하나였다. 하지만 전쟁이 끝나자 인구 구성이 달라졌다. 백인 중산층은 교외로 빠져나갔고, 최남부 지역의 실업자들이 도심으로 몰려들었다. 주택자금 대출회사들은 클리블랜드 도심을 특정 경계 지역으로 지정했고, 공장들은 문을 닫았다. 도심 오염은 악명을 떨쳤다. 쿠야호가강은 기름과 인화성 화학물질로 찌들어서 툭하면 강물에서 불길이 솟구치곤 했다. 1969년 강 화재는 너무나 심각해서 철로 만든 철도 교량이 두 곳이나 전소되다시피 했다. 음울하게도 인종 폭동 역시 심심하면 터졌다. 극심하게 쇠퇴한 1970년대 클리블랜드는 아무런 희망이 없어서 도저히 예전으로 되돌릴 수도, 어떻게 구제할 수도 없을 것 같았다.

퇴락과 쇠망이 30년 동안 이어진 뒤, 선견지명이 있는 사람들이 진보적 구상과 도시의 병폐를 치료할 수 있을지도 모를 계획을 갖고 나타났다. 2008년, 고용과 주택 공급 상황, 지역 토지 이용을 포괄적으로 개혁하고 도심 환경을 개선하고자 '에버그린 협동조합'이라는 실험이 시작되었다. 몹시 지친 시 정부와 지역 병원들과 최근 도심에 사무실을 지은 의료보험 회사들은 안도하며 열정적으로 협조했다. 어떤 평가를 들어보든, 실험은 긍정적 효과를 낳은 듯하다. 만성적이었던 인구 감소 추세가 꺾였다. 새로 건설된 건물이 늘어났다. 환히 빛나는 학교와 공원도 새롭게 생겨났고, ―적어도 2020년 팬데믹 사태가 터지기 전까지는― 과세표준도 올라갔다.

쿠야호가강도 다시 맑아졌다. 아직 식수로 쓸 만큼 깨끗해지지는 않았지만, 물고기도 얼마간 돌아왔다. 썩어가는 부두와 허물어진 창고 사이로 우중충한 물이 흐르던 곳이 이제 햇빛에 반짝거리는 강둑 산책로가 되어 가족들이 유모차를 밀며 걸어간다. 클리블랜드는 아직 완전히 곤경에서 벗어나지는 못했다. 하지만 1970년대 조지아에서 싹튼 토지 개혁 구상은 미국에서 가장 훌하게 망가진 도시로 손꼽히던 클리블랜드에서 일어나고 있는 숱한 변화에 핵심적 역할을 한 것 같다. 이 오래된 도시는 마침내 치유가 시작되고 있다는 기색을 보여준다.

클리블랜드와 신시내티, 버몬트주와 조지아주 시골에서처럼 땅을 더 관대하게 공유하고 분배하는 일은 뜻밖의 이로움을 가져올 수 있다. 공정하고 올바르게 배분된다면, 땅은 수많은 가능성을 여는 열쇠가 되어 땅에서 일하며 살아가는 우리 모두에게 혜택을 베풀 것이다.

땅이 물에 잠기고 있다

　　"땅은 지구에서 유일하게 영원히 존속한다." 이는 이 책에서 다룬 토지 거래 거의 전부를 뒷받침하는 보편적 믿음이다. 가까운 과거에는 땅이야말로 손에 넣기 위해 일하고, 살고, 심지어 죽을 가치가 있는 유일한 대상이라고 열정적으로 부르짖던 사람들도 있었다. 영구불변이라는 땅의 속성은 결코 부정할 수 없고, 논박할 수 없다. 세상의 단단한 표면이 지닌 영속적 특질은 자명하다. 누구나 이 사실을 해가 날마다 뜨고 지는 것처럼 당연하고 확실한 것으로 받아들여야 한다.

　　아니, 사실은 그렇지 않다. 이제 우리는 잘 안다. 근래 들어 우리는 땅에 관한 새로운 지식을 많이 얻었고, 땅에 대한 우리의 믿음도 많이 변했다. 우리가 1965년에 발견한 사실을 예로 들어보자. 대륙은 보기보다 훨씬 더 유연해서 변형이 쉽다. 땅은 한때 움직이지 않는다고 여겨졌지만, 실은 움직인다. 땅이 붙어 있는 판들은 끝없이 돌아다니는 바윗덩어리처럼 이동하면서 서로 거칠게 떠밀고, 부딪히고, 다른 판 밑으로 뛰어든다. 오늘날 지성이 있는 사람이라면 누구도 대륙이 고정되어 있지 않다는 주장을 의심하지 않는다. 우리는 땅이 고정되어 있다고 고집스럽게 믿었던 조상의 순진함과 무지를 비웃는다. 갈릴레오 갈릴레이가 4세기 전에 남겼다는 그 유명한 말처럼, "그래도 움직인다."

땅 자체의 불변성을 말했던 복음에 관해서도 생각해보자. 어떤 사람들은 투덜대며 말할 것이다. 그래, 땅은 어느 정도 움직일 수 있다. 과학이 진실이라고 밝힌 것을 부정한다면 참으로 어리석을 테니까. 하지만 복음의 설명은 여전히 옳지 않을까? 겉으로 노출된 지구 표면 1억 4,800만 ㎢가 존재한다는 단순하고 실질적 사실은 중력의 존재나 수학의 존재만큼이나 확실하다. 2 더하기 2는 4다. 중력가속도는 $9.80665m/s^2$이다. 이 값은 절대 변하지 않는 상수常數다. 파이$_\pi$도 상수이며, 보일의 법칙도 불변성을 이야기한다. 땅도 그렇다. 땅은 변하지 않는다. 땅은 그대로 있다. 땅은 영원히 존속한다. 모양이야 변할 수 있다. 이제는 조금 움직일 수도 있다고도 한다. 하지만 땅 전체는 그대로, 영겁의 세월 동안 변함없이 유지될 것이다.

2005년 이전까지는 그랬다. 하지만 기후의 불가사의를 연구하는 사람들이 복잡하고 충격적인 소식을 전해준 덕분에 최근 우리는 정

반대의 진실을 받아들였다.

땅은 결코 제자리에 그대로 머물러 있지 않다. 사실, 땅은 시들어 죽어가고 있다. 땅을 둘러싼 바다가 솟아오르고 있다. 그것도 빠르게 솟아오르고 있다. 세상이 점점 따뜻해지고 있기 때문이다. 빙하와 그린란드와 남극 대륙의 얼음이 녹아서 바다로 흘러 들어가고 있다. 바다 자체도 따뜻해지고 있고, 따뜻해진 바닷물은 부피가 불어나고 있다. 조수는 점점 높아지고 있고, 폭풍은 점점 잦아지고 있다. 전에는 한 번도 너울이 크게 일지 않았던 장소에서 너울이 크게 일고 있다. 요컨대 땅은 인간이 존재한 이래로 한 번도 겪어보지 못한 위협을 받고 있다.

땅이 물에 잠기고 있다. 바람이 새는 풍선처럼 느리지만 꾸준히 줄어들고 있다. 전 세계의 분별 있는 인간은 해안선에서 멀리 벗어나야 한다고, 더 높고 안전한 땅으로 제때 이동해야 한다고 경고받고 있다.

여태까지 토지 손실은 감지할 수 없는 수준이었다. 1996년부터 2011년까지 메인주부터 플로리다까지 미국의 대서양 연안이 할퀴어대는 바닷물에 잃은 토지는 고작 52.6㎢뿐이었다. 티끌 같아서 언급할 가치조차 없는 양이라고 생각할 사람도 있으리라. 그런데 2012년, 허리케인 샌디가 찾아왔다. 샌디는 뉴욕시를 정통으로 때렸고, 빨리 소멸하지 않고 예상보다 오래도록 뉴욕을 괴롭혔다. 뉴욕 시민이 이제까지 단 한 번도 상상해본 적 없었던 수위 상승 악몽과 침수 시나리오는 어느새 긴급한 현실이 되었다. 과거에는 감지조차 할 수 없었던 일들이 목전의 대재앙이 되었다. 브루클린과 퀸스, 스테이튼 아일랜드 등지에서 길거리가 물에 휩쓸렸고, 늘 열려 있는 지하철 출구로 바닷물이 쏟아져 들어갔고, 터널이 방수로(하천을 따라 물을 직접 바다나 호수로 흘러보내는 인공 물길—옮긴이)가 되어버려서 트럭들이 물에 잠겼다. 뉴욕에서 해수면 상승은 하룻밤 만에 확실한 진실이 되었다. 과학자들의 경고와 정치인들의 승인에 따라 새로운 방조벽과 홍수 방벽, 물길 전환 수로, 펌프장이 건설되고 있거나 완공되었다. 이제 사람들은 얼마 전까지만 해도 하찮아 보였던 침수의 참모습을 알아차렸다. 침수는 전 지구적 파멸의 전조였다.

오늘날 지구 육지의 운명은 자기충족적 예언이라는 순환고리에 달려 있다. 순백색을 자랑했던 극지방 빙상이 꾸준히 녹으면서 지구의 알베도(행성이나 달이 반사하는 태양 광선의 비율—옮긴이)가 감소했

미국의 대서양 연안은 해수면이 높아지는 상황에 특히나 취약하다. 2020년, 이미 넓은 지역이 폭풍 해일과 조수 침식에 물어뜯기고 있다. ⓒ David Freese

다. 지구가 태양광을 반사하지 않으면, 태양열이 지구 표면으로 더 많이 들어와서 해를 더 많이 끼친다. 얼음이 더 많이 녹고, 벌써 흰색이 많이 사라진 지구는 점점 더 회색으로 변해간다. 지구가 잿빛으로 변할수록 훨씬 더 많은 태양열이 흡수되고, 다시 지구는 더욱더 잿빛으로 변한다. 이 순환고리는 갈수록 심각해지고, 얼음이 녹는 속도는 더 빨라진다. 바닷물은 조석표를 따라 끊임없이 솟아오르고, 태풍은 날로 더 잦아지고 더 위험해진다. 땅이, 더 많은 땅이, 훨씬 더 많은 땅이 습지로 변하고, 범람지대가 되고, 물속으로 미끄러져 들어가고, 그러다가 아예 바닷속으로 사라져서 마침내 영원히 바다가 된다.

수치를 보면 이런 침수와 범람이 뉴욕에서든 다른 지역에서든 더 잦아지리라는 사실을 짐작할 수 있다. 방조벽을 건설할 여유가 없는 더 가난한 나라들, 지대가 더 낮은 곳에 있는 나라들은 더 위급한 상황을 맞닥뜨릴 것이다. 인구가 밀집한 땅을 바다에 빼앗길 나라들, 막을 수 없는 자연의 힘을 견디거나, 누그러뜨리거나, 가라앉힐 자금이나 선택안이 없는 사람들이 사는 나라들에서는 침수가 훨씬 더 절박한 문제다.

섬들이 통째로 사라질 것이다. 최초의 원자폭탄 실험지였던 비키니섬과 에니웨톡 환초가 포함된 마셜제도는 태평양 한가운데 있다. 마셜제도는 얼마 지나지 않아 얕은 물에 잠겨서 푸르게 변할 것이고, 몇 년 후에는 깊은 물에 완전히 잠겨서 새파랗게 변할 것이다. 널리 퍼진 섬들로 구성된 키리바시공화국은 독특하게도 국제 날짜 변경선과 적도에 걸쳐 있다. 북반구와 남반구 양쪽에 존재하고, 오늘과 어제를 동시에 겪고, 여름과 겨울을 동시에 나는 이 섬들도 물속으로 사라질 것이다. 프랑스령 폴리네시아에서는 점점 솟아오르는 바닷물이 섬들의 오래된 풍경을 침식하고, 섬 주민의 삶을 영원히 바꿔놓고 있다. 인류학자 클로드 레비스트로스Claude Levi—Strauss의 저서《슬픈 열대Triste Tropique》와 폴 고갱Paul Gauguin의 그림 〈두 번 다시는Nevermore〉의 제목은 이곳에서 현실이 될 것이다.

대양의 팽창은 결국 지구 전체에 영향을 미칠 것이다. 해수면이 상승하면 바닷물이 방글라데시와 벵골 서부와 태국과 미얀마의 갯벌을 쓸어갈 것이고, 상하이의 양쯔강 어귀를 깎아낼 것이고, 뉴올리언스의 소금기 섞인 호수들을 더욱 깊게 만들 것이고, 오클랜드와 런던과 발파라이소의 부두를 집어삼킬 것이고, 펜스Fens(잉글랜드 워시만 근처의 습지로, 간척 공사를 거쳐 경작지로 바뀌었다—옮긴이)와 이스트 앵글리아의 모래사장을 바다로 바꾸어 놓을 것이다,

토지 침식은 인간 대다수에게 한동안은 여전히 감지할 수 없는 문제일 것이다. 먼 미래와 머나먼 곳에서나 일어날 걱정거리와 징조에 지나지 않을 것이다. 인간은 적응할 것이다. 해안선은 한꺼번에 몽땅 사라지는 대신, 야금야금 줄어들 것이다. 내륙 대도시들이—콜카타, 다카, 난징, 양곤, 리마 등— 근처 해안 도시에서 땅을 잃은 사람들을 마지못해서라도 받아들일 것이다. 지역 문제에 민감한 뉴질랜드는 태평양 섬 주민들을 기후변화 난민 자격으로 수용하겠다고 공식적으로 알렸다. 다른 나라들도 뉴질랜드의 뒤를 따를 듯하다.

지구 육지 1억 4,800만㎢가 심각하게 줄어들려면 오랜 시간이

걸릴 것이다. 예를 들어서, 400만여㎢나 되는 땅이 즉각적인 침식 위험에 처했다고 여겨지기까지 수십, 수백 년이 걸릴지도 모른다. 400만여㎢는 인도와 파키스탄의 면적을 합친 것과 비슷하고, 알래스카와 텍사스의 면적을 합친 것보다 거의 두 배나 크다. 십중팔구 수세기는 지나야 전 세계가 이 정도로 넓은 땅을 잃을 것이다. 북아메리카의 대서양 해안에서 1996년부터 침식된 땅 면적을 모두 더하면 겨우 산마리노(이탈리아 동부에 있는 작은 공화국, 면적은 61㎢—옮긴이) 면적 수준 혹은 앵귈라섬(카리브해에 있는 영국령 섬, 면적은 91㎢—옮긴이) 면적의 절반 수준이다. 21세기가 끝날 무렵이면 전 세계 육지에서 벨기에만 한 땅이 사라질지도 모른다(벨기에 면적은 30,689㎢—옮긴이). 해안 지대는 정말로 사라지고 있으며, 결코 영원하지 않을 것이다. 하지만 사라지는 속도가 느린 탓에 —인류 대다수는 아니더라도— 많은 이가 구체적 대책을 숙고하지 않고 회피한다.

전 세계에서 땅을 가장 많이 소유한 개인들이 해안 지대에는 대토지를 소유하지 않았다는 사실에도 주목하자. 이 땅 부자들은 뉴욕의 햄튼이나 영국의 샌드뱅크스, 프랑스의 카프 페라, 호주의 퀸즐랜드 해안 등지에—침수 예상 지도를 보면 모두 해수면 상승에 피해를 볼 수밖에 없는 곳이다— 바닷가 별장이 있을 수도 있다. 그러나 대지주들이 오랫동안 보유한 토지는 —의도하지는 않았겠지만— 거의 전부 바다에서 멀고, 고도가 훨씬 더 높고, 침수 위험이 없는 지역에 있다. 테드 터너, 존 멀론, 지나 라인하트, 무수히 많은 스코틀랜드 공작의 사유지는 대개 로키산맥과 철이 풍부한 시에라네바다산맥 내부와 스코틀랜드 하일랜드(이름부터가 '높은 땅'이라는 뜻이다)의 언덕과 구릉과 황야에 있다. 이들의 사유지 가운데 줄어들고 사라질 위험이 있는 땅은 거의 없다.

어쩌면, 정말로 어쩌면, 땅이 물에 잠기고 있다는 사실이 널리 알려지자 대지주 일부는 냉철하게 성찰할지도 모른다. 대지주 가운데 덜 탐욕스러운 이들은—더 탐욕스러운 이들까지도— 철학적 측면에서 볼 때 땅처럼 소유할 수 없는 존재를 소유하는 것이 그토록 무의미한데도 과연 땅을 그토록 많이 소유할 필요가 있는지 잠시 고민할 수도 있다. 물론, 순수하게 경제적인 측면에서 보자면 사유지 증대는 환영할 일이다. 재정적 측면만 따진다면, 유한한 데다 전체 수량까지 점점 줄어드는 자산은 더욱더 가치가 높아지고, 자산이 점점 희귀해질수록 프리미엄은 더욱더 올라간다. 하지만 이제는 땅이 영구불변하지 않다는 사실을 새롭게 깨달았으니 오랫동안 무시해온 개념, 즉 땅을 단순히 소유하는 대신 공유한다는 개념을 터놓고 고려해볼 때가 되지 않았을까?

공유 개념을 더 쉽게 고찰해보도록 상황을 바꿔서 생각해보자. 우선, 취약해서 사라져가는 자산이 쉽게 감지할 수 있는 유형 자산—옥수수나 산소, 물, 생선 등—이라고 하자. 문제의 그 자산은 여태까지 무한하게 이용할 수 있었다. 그런데 별안간 이 자산이 고갈되어 간다는 사실이 드러났다. 게다가 전 세계 인구는 이 자산이 긴급하게 필요하다. 이런 상황에서는 그 자산을 남몰래 비축하는 것보다 공유하거나 처지가 어려운 사람에게 나눠주는 편이 더 낫지 않을까? 가장 무정한 사람이라도 이에 동의할 것이다. 전 세계에서 땅이 침수되어 사라지는 속도가 아무리 느리다고 해도, 어쨌거나 땅은 사라지고 있다. 그래서 어떤 사람들은 이렇게 고민해볼지도 모른다. 땅이 모조리 물에 잠기기 전에 내가 땅을 나눠준다면, 정말로 땅이 필요한 사람에게 땅을 사용하게 해준다면 어떨까?

순진한 이상주의일 뿐이라고 말하는 사람도 있을 것이다. 타당한 말이다. 하지만 과거에 우리에게 땅을 빼앗겼던 사람들의 모토는 거의 언제나 토지 공유였다. 토지 공유는 절대 혁명적인 구상이 아니다. 오스트레일리아 원주민, 뉴질랜드 마오리족, 캐나다의 퍼스트 네이션First Nations(이누이트족과 메티스족을 제외한 캐나다 선주민—옮긴이), 시베리아부터 알래스카까지 고위도에 거주하는 이누이트족, 아스텍족, 잉카 사람들, 북아메리카 원주민이 보기에 땅은 인간이 살아가는 데 없어서는 안 될 너무도 소중한 것이기에 누구도 독차지해서는 안 되고 모두가 공유해야 했다.

이 사려 깊은 토지 철학의 예시는 전 세계에서 찾아볼 수 있다. 오스트레일리아 토착민은 지구를 꾸준히 보살피고, 찬양하고, 감사하고, 존중해야 할 어머니라고 여긴다. 서아프리카의 아샨티족의 원로들은 땅이 "많은 이가 죽었고, 몇 안 되는 이가 지금 살아 있고, 무수히 많은 이가 아직 태어나지 않은 대가족의 것"이라고 단언한다. 러시아 극동 지방의 나나이족은 땅도, 땅에서 자라는 모든 동식물도 영혼을 지니고 있으므로 숭배하고 존중해야 한다고 믿는다. 어떤 식으로든 땅에 해를 끼치는 일은 비열한 죄악이다. 일본 영화감독 구로사와 아키라黑澤明의 명작 〈데르수 우잘라デルス ウザーラ〉는 지도를 만들기 위해 시베리아 숲으로 온 러시아 측량팀의 거친 태도와 애니미즘의 분열을 그린 영화다. ―거대한 폭풍, 쇄도하는 홍

수, 호랑이 공격 등 구로사와 드라마 특유의 갖가지 요소들로—요동치는 내러티브는 현지 사냥꾼 데르수의 길을 명백히 더 고귀하고 영속적인 길로 묘사한다.

아메리카 원주민의 공개 선언에서도 땅의 진정한 가치—단순한 금전적 가치를 훌쩍 뛰어넘는 영적 가치—에 관한 진술을 이따금 발견할 수 있다. 시애틀 추장Chief Seattle 혹은 Chief Sealth이—오늘날 시애틀이라는 도시는 이 추장의 이름을 땄다— 1854년에 생생하게 표현한 정서가 아마 가장 유명할 것이다. 당시 추장은 백인 정착민에게서 조약을 맺어달라고 요구받았다. 백인은 특히나 풍요로운 해안 지대 1만여㎢를 넘겨달라고 했다—오늘날에는 해안 지대가 취약하다는 사실을 생각해보면 아이러니하다—. 그 땅은 원주민의 정착지이자 사냥터, 모임터, 매장지였다.

1854년 3월 중순, 바람이 거센 봄날에 키가 크고 추상같던 시애틀 추장은 —심지어 프랑스 선교단의 영향으로 1848년에 개종한 가톨릭교도였다— 훗날 퓨젓사운드라고 불릴 물가에 서서 원주민 군중에게 명연설을 남겼다고 한다. 세월이 흐르며 추장의 연설은 다양한 버전으로 전해졌다—추장이 연설 내용을 글로 써서 프랭클린 피어스Franklin Pierce 대통령에게 보냈다고 말하는 사람도 있다—. 각 버전은 조금씩 다르지만, 자기가 사실이라고 우긴다. 대체로 미사여구가 끔찍하리만치 많아서 믿기 어렵다. 아래에 실어놓은 연설문도 여전히 장황하지만, 학계가 신뢰할 만하다고 판단한 버전이다(사실, 애초에 연설이나 편지가 있었는지 의심하는 사람도 있다). 이 연설문은 상당히 진실로 들리며, 연설문 전반에 깔린 정서는 미워크족부

시애틀의 도시명은 스쿼미시족을 이끈 시애틀 추장에게서 따왔다. 시애틀 추장은 1854년에 백인 정착민에게 부족 땅을 넘기면서 유감스럽고 침울한 마음을 담아 훌륭한 연설을 남겼다고 한다. 추장의 연설은 크게 윤색된 여러 버전으로 전해진다. © Getty Images

터 모히칸족까지, 촉토족부터 체로키족까지, 백인 침략자의 무력과 탐욕에 어쩔 수 없이 정복당하고 굴종해야 했던 아메리카 원주민의 관점을 확실히 반영한다.

다음 단락은 현명한 노인이—당시 68세였고, 이후로도 십여 년을 더 살았다— 연설했다는 내용이다. 시애틀 추장은 백인 정착민의 제안을 수락한다고 밝혔다. 하지만 우려와 유감을 숨기지 않았다. 그는 부족의 땅에, 특히 자신을 기리며 이름을 딴 도시에 먼 훗날 거대한 강철과 유리 빌딩들이 들어서리라고는 상상조차 못 했을 것이다. 먼 훗날 부족의 땅에서 제프 베이조스나 빌 게이츠Bill Gates

같은 인물, 자신과는 전혀 다른 가치관을 품은 인물들이 부족장이 되리라고도 짐작하지 못했을 것이다.

워싱턴의 대통령이 우리 땅을 사고 싶다며 전갈을 보낸다. 하지만 하늘을 어떻게 사고팔 수 있는가? 땅을 어떻게 사고팔 수 있는가? 우리가 보기에는 이상한 생각이다. 우리가 신선한 공기와 반짝거리는 물을 소유하지 않았는데, 어떻게 당신들이 살 수 있는가?

우리에게는 지구의 모든 부분이 신성하다. 빛나는 솔잎 모두, 모래 해변 모두, 어두운 숲속에 낀 안개 모두, 풀밭 모두, 윙윙거리는 벌레 모두. 전부 우리 기억과 경험 속에서 성스럽다.

우리는 우리 핏줄에 흐르는 피를 알듯이, 나무에 흐르는 수액을 안다. 우리는 지구의 일부고, 지구는 우리의 일부다. 향긋한 꽃은 우리의 자매다. 곰과 사슴, 커다란 독수리는 우리의 형제다. 바위투성이 산꼭대기, 풀밭에 내려앉은 이슬, 조랑말의 몸에서 뿜어져 나오는 열기, 인간은 모두 한 가족이다. 개울과 강에서 반짝이며 흐르는 물은 그냥 물이 아니라 우리 조상의 피다.

우리가 당신에게 우리 땅을 판다면, 그 땅이 신성하다는 사실을 반드시 기억하라. 투명한 호수가 눈부시게 반사하는 빛은 우리 삶 속의 사건과 기억을 이야기한다. 물의 속삭임은 우리 아버지의 아버지가 내는 목소리다.

강물은 우리 형제다. 강물은 우리의 갈증을 풀어준다. 강물은 우리의 카누를 날라주고, 우리 자식들을 먹여 살린다. 그러니 당신들도 형제를 대하듯 강물을 친절하게 대하라.

우리가 당신들에게 우리 땅을 판다면, 공기가 우리에게 소중하다는 사실을 기억하라. 공기는 호흡하며 살아가는 모든 생명체와 영혼을 나눈다는 사실을 기억하라. 바람은 우리 할아버지에게 최초의 숨결을 불어넣었고, 마지막 한숨을 거둬들였다. 바람은 우리 자식들에게도 생명의 기운을 불어넣는다. 그러니 우리가 당신들에게 우리 땅을 판다면, 반드시 그 땅을 인간이 초원의 꽃향기로 향긋해진 바람을 맛보러 갈 수 있는 곳으로 신성하게 간직해달라.

우리가 우리 자식들에게 가르쳐온 것을 당신의 자식들에게도 가르치겠는가? 지구가 우리 어머니라고 가르치겠는가? 지구에 닥치는 일은 지구의 모든 아들에게도 닥친다.

지구가 인간의 소유인 것이 아니라 인간이 지구의 소유다. 우리는 이 사실을 잘 안다. 모든 존재는 우리 모두를 하나로 묶어주는 피처럼 연결되어 있다. 생명의 그물을 엮은 존재는 인간이 아니다. 인간은 그저 그물 속 실 한 가닥일 뿐이다. 인간이 그 그물에 무슨 일을 하든지, 그 일은 우리 자신에게 돌아온다.

우리의 신은 당신들의 신이기도 하다. 우리는 이 사실도 잘 안다. 지구는 신에게도 소중하며, 지구에 해를 끼치는 일은 지구의 창조주를 무시하는 것이나 마찬가지다.

당신들의 운명은 우리에게 불가사의다. 들소가 모두 도살되면 무슨 일이 벌어지겠는가? 야생마가 모두 사로잡혀 길들면 무슨 일이 벌어지겠는가? 숲속의 비밀스러운 구석에 수많은 인간의 향수가 짙게 퍼지고, 탐스러운 언덕의 풍경이 전선으로 얼룩진다면 무슨 일이 벌어지겠는가? 덤불은 어디로 가겠는가? 사라질 것이다! 독수리는 어디로 가겠는가? 사라질 것이다! 날랜 조랑말에게 작별 인사를 건네고 사냥해버리면 무슨 일이 벌어지겠는가? 삶을 살아가는 것이 끝나고 생존을 위한 분투가 시작된다. 마지막

홍인red man(피부가 붉은 아메리카 원주민을 가리키는 고어로 경멸적 표현이다
—옮긴이)이 이 황야와 함께 사라질 때, 그의 기억이 그저 대초원 너머로 넘
어가는 구름의 그림자에 지나지 않게 될 때, 이곳에 숲과 바닷가가 여전히
남아 있겠는가? 우리 사람들의 영혼이 한 조각이라도 남아 있겠는가?

우리는 갓난아기가 어머니의 심장 박동을 사랑하듯이 지구를 사랑한다.
그러니 우리가 당신들에게 우리 땅을 판다면, 그 땅을 우리처럼 사랑해달
라. 그 땅을 우리처럼 보살펴달라. 우리가 넘겨준 땅의 모습을 있는 그대로
기억해달라. 신이 우리에게 사랑을 베풀듯, 모든 아이를 위해 땅을 보존하
고 사랑해달라.

우리가 땅의 일부이듯, 당신들도 땅의 일부다. 지구는 우리에게 소중하다.
당신들에게도 소중하다.

신은 오로지 한 분뿐이다. 인간은 홍인이든 백인이든 서로 떨어질 수 없다.
결국 우리는 모두 형제다.

시애틀 추장이 연설하고 30여 년 후, 지구 반대편에서 나이와 지
위가 비슷한 인물이 이 연설과 관련 있는 질문을 던졌다. 그의 질문
은 여전히 우리의 뇌리에서 떠나지 않는다.

《전쟁과 평화War and Peace》와 《안나 카레니나Anna Karenina》를 출간
하고 성공과 문학적 명성을 거머쥔 레프 톨스토이Leo Tolstoy는 1886
년에 짧은 우화 〈인간에게는 얼마나 많은 땅이 필요한가?How Much
Land Does a Man Need?〉를 발표했다.

수와 양에 관한 질문—'얼마나?'—은 미국과 특히나 관련이 깊
다. 미국은 땅이 너무도 넓지만, 원주민이 소유한 땅은 —어쨌거

나 원주민은 토지 개인 소유를 믿지도 않았지만— 너무도 적다. 미국의 광활한 국토 대다수는 백인 이방인이라고 표현할 수밖에 없는 사람들이 차지했다. 한때 이로쿼이족이나 수족의 소유였던 땅을 8,100㎢나 차지하고 있는 사람은 품위 있고 만족스러운 삶을 사는 데 땅이 정말로 얼마나 필요한지 감히 숙고해볼 수 있을까? 인간에게 필요한 땅은 정확히 얼마일까?

역사가 실마리를 귀띔해준다. 착실한 자작농이야말로 성공적인 공화국 건설의 핵심이라고 믿었던 토머스 제퍼슨은 만약 농민 가족이 모두 노동에 뛰어든다면 땅 0.2㎢만 있어도 먹고살 수 있으리라고 보았다. 흙이 기름져서 소출이 좋다면 농민 가족은 땅을 조금 더 많이, 최대 0.8㎢쯤 부칠 수도 있을 것이다. 훗날 최초의 공유지 불하법이 제정되었을 때, 정부는 네브래스카와 오클라호마, 노스다코타, 사우스다코타처럼 갓 생겨나서 사람이 별로 없는 주에서 공유지를 0.65㎢(160에이커) 정도씩 배분하는 것이 적절하다고 판단했다. 이 수치는 미국에서만 쓰이는 독특한 넓이 단위인 1섹션section(1제곱마일에 해당하는 땅—옮긴이)의 4분의 1이다. 불하지의 경계는 오하이오주 서쪽 지방을 최초로 측량하고 측정하는 기준점이었던 오하이오 이스트리버풀의 오벨리스크에서 뻗어 나온 선들에 따라 설정되었다. 농사짓기가 더 어려워 보이는 땅—예를 들어 숲으로 뒤덮인 땅—일 경우, 자격을 갖춘 지원자는 1섹션(640에이커, 약 2.6㎢)을 모두 불하 받았다. 남북전쟁이 끝나고 재건 시대가 되자, 노예 신분에서 해방된 자유민도 처음에는 그 유명한 '0.16㎢(40에이커)와 노새 1마리'를 받는 기회를 얻었다. 노예였던 자들이 원래 일했던 플랜테

이선 농장 토지를 즉시 손에 넣지 못하도록 막기 위해 미 육군이 제
안한 제도였다. 하지만 이 제도는 눈 깜짝할 사이에 폐지되었다. 그
탓에 빚어진 실망과 비통함은 오늘날까지 이어질 정도로 강했다.
오늘날 흑인과 백인이 소유한 토지 규모의 불균형은 사라지지 않는
유산으로 남아 미국의 인종 간 불화를 일으킨다―흑인 중산층 가
구의 자산은 백인 중산층 가구의 8%에 지나지 않으며, 토지는 자산
에서 핵심 요소다―.

요약하자면, 미국 초기 법률과 정책은 시민이 만족스러운 삶을
성공적으로 누리려면 경작에 알맞은 토지 0.2~2.6㎢가 필요하다고
시사한다. 다른 나라에서도 비슷한 수치를 쉽게 결정할 수 있을 것
이다. 훨씬 더 많은 인구가 밀집한 유럽에서는 수치가 더 작을 것이

토머스 제퍼슨은 자작농이 좁은 땅뙈기에서 근면하게 일하여 신생국 미국을 바꿔놓으리라
고 믿었다. 제퍼슨의 견해는 1845년부터 이런 만화에서 이상적으로 표현되었다. ⓒ Alamy

다. 인구는 희박하지만, 경작을 갈망하는 검은 옥토의 스텝 지대가 해 뜰 때부터 해 질 때까지 달려도 끝이 보이지 않을 만큼 광활하게 펼쳐진 러시아에서는 수치가 꽤 클 것이다. 레프 톨스토이도 고향 야스나야폴랴나의 방대한 영지에서 이 문제를 고민했다. 그는 '인간에게는 땅이 얼마나 필요한가?'라는 단순해 보이는 수사학적 질문을 탐구하며 정말로 인간에게 필요한 땅의 크기를 찾아내고자 했다. 아울러 왜 인간은 본질상 영원히 자연의 것인 땅 조각을 실제로 소유한다고 믿는지, 그 미스터리를 철저히 파헤치려고 했다.

톨스토이의 우화 속 주인공은 파홈이라는 소작농이다. 겉보기에 파홈은 상당히 궁핍한 처지에도 만족하는 듯하지만, 마음속으로는 한 가지 고민거리에 몹시 신경 쓴다. 그는 어느 날 가족에게 단언한다. "땅이 부족해. 땅만 넉넉히 있다면 누구도 두렵지 않을 텐데. 설

레프 톨스토이는 부유한 귀족이었지만, 러시아의 토지 소유제도와 무수한 이가 탐욕을 부리며 스텝 지대에서 막대한 토지를 축적하는 상황을 확고하게 비판했다. ⓒ Getty Images

령 악마라고 해도 말이야." 톨스토이는 이 대목에서 특유의 문학 장치를 집어넣는다. 하필 악마가 그 말을 듣고는 가여운 파홈과 '간단한 게임'을 하기로 마음먹은 것이다. "네놈이 땅을 넉넉히 가지도록 해주지." 악마가 사악하게 킬킬거린다. "그 땅으로 네놈을 내 손아귀에 넣겠어."

얼마 후, 파홈네 가족이 오랫동안 가깝게 지냈던 과부가 $1.2km^2$쯤 되는 땅을 매물로 내놓는다. 파홈은 과부가 내놓은 땅 가운데 얼마쯤은 살 수 있겠다고 생각한다. 그래서 악착같이 돈을 모으고, 망아지 한 마리와 꿀벌 떼 절반을 팔고, 처남에게서 돈을 빌리고, 아들에게 머슴 일을 시키고 삯을 미리 받아오게 해서 마침내 땅 $0.12km^2$를 살 만한 돈을 마련한다. 나무가 우거진 그 땅은 완벽하지는 않아도 농장을 꾸리기에 알맞아 보인다. 이제 파홈도 지주다. 근면하고 영리하게 일한 그는 1년 만에 성공한다. "이제 영원히 자신의 소유인 땅을 갈러 나갈 때마다, 아직 덜 여문 옥수수나 풀밭을 살펴보러 나갈 때마다, 그의 마음속에 기쁨이 가득 차올랐다 (…) 그는 지주로 살았고, 행복했다."

하지만 악마의 장난은 아직 끝나지 않았다. 오래 지나지 않아 파홈은 제 분수를 잊고 거만하게 굴기 시작한다. 이웃을 화나게 하고, 옛 친구들과 사이가 틀어지고, 막돼먹게 구는 바람에 결국 다른 마을로 떠난다. 이번에는 $1km^2$가 넘는 더 넓은 땅을 일구지만, 다시 불손한 행동을 반복해서 또 이사한다. 이제는 무려 $5km^2$나 되는 땅을 손에 넣어서 본격적인 대지주의 길에 들어선다. 파홈은 언젠가 러시아 상류 지주층의 일원이 되어서 모스크바 귀족과 함께 행진한다는 꿈을 품는다. 욕망이 그를 집어삼킨다. 악마가 재주를 멋지게 부려놓았다.

그때 파홈은 멀리 남쪽으로 내려가면 바시키르족이라는 터무니없이 순진하고 겁 많은 촌사람들이 산다는 소문을 듣는다. "땅이 하도 넓어서 일 년 내내 걸어도 다 둘러보지 못한다고 하더이다. 그게 전부 바시키르족의 땅입니다. 그래요, 그 사람들은 양처럼 멍청해서 사실상 거저 땅을 내준다지요." 파홈은 드넓은 땅을 공짜로 얻을 생각에 군침을 흘리며 가진 것을 모두 팔고 남쪽으로 떠난다. 선물로 줄 차와 보드카를 잔뜩 지고 이레를 꼬박 이동한 뒤에야 드디어 바시키르족의 정착촌에 다다른다. 과연 소문대로 바시키르족은 "아주 무지하고 러시아어를 전혀 모르지만, 친절했다."

바시키르족은 정말로 땅을 팔 생각이다. 그런데 파홈의 마음속에서 땅을 엄청나게 많이 가지려는 열망이 들끓는 것을 보고 여느 때와 다른 제안을 한다. 마을 촌장은 다른 사람들과 마찬가지로 명확하게 작성한 권리증을 교환하는 식으로 땅을 팔겠노라고 말한다. 그 대신, 루블로 치를 땅값은 넓이 단위가 아니라 하루 단위로 결정하겠다고 덧붙인다. 즉, 땅값은 하루에 1,000루블이다. 파홈은 무슨 뜻인지 이해하지 못하겠다고 따진다. "하루요? 그러면 그 땅이 얼마나 넓은 겁니까?"

촌장이 대꾸한다. "우리야 당신의 걸음걸이를 모르지 않소. 우리는 하루를 기준으로 땅을 판다오. 당신이 하루 안에 걸은 만큼 전부 당신의 땅이 되는 거요. 그 값이 하루에 1,000루블인 게지."

탐욕스러운 악마가 파홈의 귓가에 대고 속삭인다. 파홈은 거래가 더할 나위 없어 좋아 보인다. 그는 젊고 튼튼하지 않은가. 더욱이 날씨는 쾌청하고, 시골 풍경은 아름답고, 걷는 데 거추장스러울 만한 것은 거의 없다. 파흠은 약속한 날을 앞둔 밤에 깊이 자고 동이 트기 전에 일어나서 걷기 시작한다. 해가 지기 전까지 56㎞는 너끈히 걸을 수 있을 것이다. 날이 저물기 전에 출발 지점으로 돌아오기만 하면 된다. 출발점으로 오면 바시키르족과 촌장이 서명만 남은 계약서와 펜을 들고 기다릴 것이고, 그가 돈을 건네면 방대한 땅의 새 주인이 될 터였다.

파흠은 커다란 원을 그리며 걷기 위해 자주 왼쪽으로 조금씩 틀고, 5㎞마다 표식을 남겼다. 날이 점점 따뜻해져서 옷을 하나씩 벗었다. 이윽고 부츠 때문에 발이 아파 부츠를 벗었더니 발이 날카로운 풀과 돌멩이에 베였다. 수월할 줄 알았던 걷기는 만만찮은 과제였다. 하지만 더 많이 걸을수록, 더 빨리 발을 놀릴수록, 더 커다란 원으로 땅을 에워쌀수록, 더 넓은 땅을 차지할 수 있을 터였다. 정오가 되자 되돌아가야 했다. 그런데 출발 지점에서 예상보다 훨씬 더 멀리 와 있었다. 그는 제시간 안에 돌아가기 위해 빠르게 걷다가, 천천히 달리다가, 결국 온 힘을 다해 뛰기 시작했다. 아슬아슬하게 실패할 것만 같다. 기다리고 있는 바시키르족이 보일 무렵, 해가 지평선 너머로 미끄러져 넘어갔다. 이제는 남은 힘을 모두 짜내서 질주해야 한다. 악마가 파흠에게 앞으로 나아가라고, 기다리고 있는 계약서를 향해 달리라고, 어마어마한 땅 부자가 되겠다는 꿈을 거머쥐라고 부채질한다.

땅거미가 어둑하게 내려앉는 가운데 파흠은 마침내 출발점으로 휘청거리며 돌아와서 촌장 앞에 풀썩 고꾸라진다. 촌장은 축하한다고 외치며 기쁘게 선언한다. "세상에, 엄청나게 너른 땅을 얻으셨소!"

하지만 파홈은 숨이 끊어져 있다. 바시키르족은 안타까워하며 혀를 끌끌 차고, 파홈을 묻어준다.

그들은 보폭으로 크기를 재어본 후 풀밭에 구덩이를 판다. 파홈이 누울 구덩이는 세로 1.8m, 가로 0.9m다. 가련한 파홈에게 필요한 땅은 더도 말고 덜도 말고 딱 그만큼이다. 어느 인간이든, 필요한 땅은 딱 그만큼이다. 아늑하고 어둡고 깊은 곳, 정확히 세로 1.8m, 가로 0.9m.

감사의 말

나는 이 책을 쓰는 동안 잊지 못할 거인의 어깨에 올라서 있었다. 앤드로 링클레이터Andro Linklater는 비범한 스코틀랜드 가문의 후손이며, 관심사가 놀라울 만큼 폭넓은 작가다. 링클레이터는 2013년 68세의 일기로 때 이른 죽음을 맞기 직전에 토지 측량과 소유라는 문제를 집중적으로 다룬 저서들을 썼다. 내게는 성서나 다름없는 권위를 품은 책들이다. 특히나 주목할 만한《지구 소유하기Owning the Earth》(2013년)는 나의 보잘것없는 작업에 깊은 영감을 불어넣었다.

이 책은 집에서 나누는 대화에서 비롯됐다. 어느 아침, 나는 아내 세츠코와 당시 미국 이민 정책의 부당성을 두고 이야기를 나누었다. 아울러 영국의 토지 인클로저가 18세기와 19세기의 대서양 횡단 이주에 영향을 미친 정도에 관해서도 생각을 주고받았다. 대서양 한편에서 땅을 빼앗기고 쫓겨난 사람들은 바다를 건너 대양 반대편에 정착했다. 그런데 영국 이민자들은 새 정착지를 임자 없는 땅이라고 여기며 오랫동안 그 땅에서 번성했던 원래 거주민들을 즉시 내쫓아버렸다. 잔인한 아이러니 아닐까? 이 아이러니는 깊이 탐구해보고 자세히 이야기해볼 가치가 있을 것 같았다.

조사는 내 예상보다 훨씬 더 복잡하고 까다로웠다. 라트비아부터 뉴질랜드까지, 스코틀랜드 하일랜드부터 우크라이나 스텝까지, 인도와 일본을 거쳐 미국 중서부의 대초원까지 여행도 엄청나게 많이 다녀야 했다. 내가 우연히 낯선 곳으로 들어서서 헤맬 때마다 수많은 사람이 내 손을 따뜻하게 잡아주었다. 그럴 때면 나는 사람들에게 묻곤 했다. "여기는 누구의 땅입니까? 어쩌다 그 사람이 소유하게 됐습니까?" 사람들은 다양한 방식으로 나를 도와주었다. 따뜻한 환대, 커피 한 잔, 생각 한 토막, 글 한 편을 내어주는 사람들도 있었고, 이 모든 것을 한꺼번에 베풀고도 더 내어주는 사람들도 있었다. 내가 얼마나 진심으로 감사해하는지 그들이 알았으면 한다. 그들이 친절과 조언과 지혜와 고찰을 베풀어준 덕분에 이 책이 훨씬 더 발전할 수 있었다. 오류가 있다면 전부 나의 탓이다. 다음은 나를 도와준 사람들의 이름을 알파벳 순서대로 정리한 것이다.

케이트 앤드루스, 프랜 아라마키, 패트리샤 앳킨슨, 러셀 베일리, 길 배런, 마시 비드니, 케니 브라운, 패트리샤 캘훈, 브렛 채프먼, 스티븐 코리, 로버트 코트렐, 로빈 다월-스미스, 우리 데이비스,

필립 델로리아, 크리스 딜런, 트렌트 더피, 캐런 폭스 판사, 데이비드 프리즈, 도나 푸지, 찰스 가이슬러, 피터 고드윈, 잰 드그레이브, 제니 핸셀, 로버트 호니올드-스트릭랜드, 제이미 하워드, 윌슨 아이작, 크리스틴 이버슨, 이언 잭, 커크 존슨, 미란다 존슨, 주디 조셉, 모이라 켈리, 마리아 크라브첸코, 바버라 로리어트, 데이비드 라잔, 로버트 리, 마이클 레비안, 레베카 롱, J. T. 무어, 윌리 반 데어 모스트, 랄프 네이더, 데이비드 네이어트, 헨크 프룬텔, 휴 레이븐, 웬디 리드, 잔느 릭먼스, 살만 아부 시타, 스티브 스몰, 짐 스미스, 조너선 스테퍼트, 조애나 스토리, 믹 스트랙, 멜라니 스트럼, 토니 트랙, 이언 손베르, 닐 울레비치, 폴 버코, 줄리엣 워커, 매키 웰스, 마이클 위건, 릭 윌콕스, 마이클 윌리엄스, 앵거스 윈체스터(우연하게도 내 아들 한 명도 이름이 앵거스지만, 이 사람은 내 아들이 아니다)에게 진심으로 감사드린다. 그리고 결코 지칠 줄 모르는 루퍼트 윈체스터. 틀림없이 내 아들인 루퍼트는 친절하게도 언제나 나의 집필을 도와준다.

나의 하퍼스콜린스 편집자 둘, 뉴욕의 새라 넬슨과 런던의 아라벨라 파이크는 처음부터 열정적으로 나를 지원해줬다. 두 사람은 내가 넘긴 어수선하고 거친 초고를 아무 불평 없이 다듬고, 매만지고, 윤색해서 마침내 원고에 눈부신 광채를 선사했다. 이 훌륭한 전문가들의 고귀한 작업에 무한히 감사드린다. 메리 골에게도 크게 신세 졌다. 메리는 글을 콜드 타이프로 인쇄하거나 픽셀이나 오디오 형식으로 변환하는 일을 맡았고, 이미지와 지도를 검색하고 발견하고 선정하는 데도 큰 힘을 보탰다. 다시 말해 메리는 무미건조하게 편집된 텍스트 수백 페이지를 바라보고, 소유하고, 읽고 싶은 책으로 변신시키는 데 큰 도움을 주었다.

출판 계약을 세심하게 조정해준 이들도 잊어서는 안 되리라. WME의 수전 글럭은 뉴욕의 모든 출판 에이전트 가운데 마땅히 가장 잘 알려진 인물이다. 이 책을 출간할 때는 쉼 없고 흔들림 없이 도와준 유쾌한 동료 안드레아 블라트도 힘을 보탰다. 완성된 원고가 여러분이 쥐고 있는 책으로 바뀌던 순간은 정말로 기억해둘 가치가 있다. 편집 과정은 2020년 4월, COVID—19 팬데믹 사태가 본격적으로 진행된 직후에 시작됐다. 에이전트와 편집자들이 작업하는 모습을 보고 있노라면 배우 진저 로저스Ginger Rogers에 관해 널리 퍼진 말이 떠오르곤 했다. "진저 로저스는 프레드 아스테어Fred Astaire가 했던 것을 전부 했다. 그것도 하이힐을 신고 거꾸로." (진저 로저스와 프레드 아스테어는 1930년대 뮤지컬 영화 아홉 편에 연속으로 파트너로 출연해서 춤췄다. 이 문구는 춤을 리드하는 남자가 더 주목받지만, 사실 여자는 반대편에서 리드를 따라가며 춤을 추느라 더 열심히 노력한다는 사실을 꼬집은 말이다 —옮긴이) 나의 편집자들과 에이전트들도 내가 책을 위해 했던 일을 전부 했다. 다만 마스크를 쓰고 고립된 채 홀로 일했을 뿐이다. 한없이 감사드린다.

앞서 말했듯이, 이 책은 아내 세츠코와 아침을 먹으며 대화하던 도중에 태어났다. 세츠코는 내가 얼마나 고마워하는지 알 것이다. 하지만 고맙다고 다시 한 번 말해야겠다. 이루 말할 수 없이 고마워요!

용어 사전

아마도 낯설 토지 및 토지 소유 관련 용어들

건터 축쇄 Gunter's Chain · 영국 수학자 에드먼드 건터Edmund Gunter가 1623년에 발명한
쇠사슬. 쇠고리 100개로 이루어진 이 사슬은 특정 온도에서 길이가 정확히 66
피트(20.1168m)이며, 전 세계에서 기초 측량 도구로 많이 사용된다. 가로로 체인
10개 길이, 세로로 체인 10개 길이인 땅은 1에이커다.

경위의theodolite · 토지 구획이나 국토 전체를 측량하거나 천체의 고도와 방위각 따위
를 재는 데 쓰이는 장치. 렌즈와 나침반, 놋쇠 보조 눈금자로 이루어져 있으며,
대개 삼각대에 얹혀 있다. 아주 정확하지만 몹시 크고 무거워서 들고 다니기가
불가능에 가깝다.

곡괭이자루pickshaft · 14세기 잉글랜드에서 길이 단위로 잠시 사용되었던 곡괭이pick
의 손잡이.

권리 다발 Bundle of Rights · 적어도 서구 사회에서 소유 개념의 핵심에 놓인 기본권 다
섯 가지. 이 권리들은 토지 소유에 내포되어 있다. 소유주는 사유지를 자유롭게
점유할 수 있고, 통제할 수 있고, 타인을 추방할 수 있고, 향유할 수 있고, 적절

하다고 판단할 때 처분할 수 있다.

권리증deed · 부동산 소유권을 입증하는 공식 서면 증거. 항상 멋들어진 종이나 양피지, 우피지로 만들며, 이전 소유주의 서명과 직인이 담겨 있다.

농노serf · 봉건제도에서 가장 밑바닥에 있던 계급. 농노는 본질상 노예나 다름없이 일했다.

다이묘大名 · 일본의 상위 귀족 계층. 쇼군에게서 영토를 지배할 수 있는 권한을 부여받았고, 드넓은 영지와 자신의 가족, 가문의 명예를 지킬 사무라이를 수없이 거느렸다.

도면plat · 건물들이 들어선(또는 곧 들어설) 구획이나 건물을 표현한 지도. 일반적으로 대축척을 사용한다.

두남dönüm, dunam · 대략 영국의 '에이커'에 상당하는 토지 면적 단위로, 오스만제국 관리들이 여러 정복지에서 사용했다. 1두남의 면적은 지역에 따라 터무니없이 다르다. 오스만 통치 이라크에서 1두남은 $2,500m^2$였지만, 팔레스타인에서는 겨우 $900m^2$ 정도였다.

디거스The Diggers · 1649년, 농지 개혁가 제러드 윈스탠리Gerrard Winstanley가 과격파 무리를 이끌고 최근 사유지가 된 런던 남쪽의 세인트조지스 힐로 가서 땅을 파 뒤엎었다. 세인트조지스 힐을 민중에게 되돌려줄 생각으로 배수로를 메우고 산울타리를 허물기도 했다. 이들은 '트루 레벨러스True Levellers(진정한 평등주의자)'라고 자칭했지만, 언론은 '디거스(땅 파는 사람들)'라고 불렀다. 이들의 운동은 실패로 끝났다.

란드샤프트landschaft · 독일에서는 '풍경'을 꼼꼼하고 자세하게 분류한다. 풍경은 나치 집권기에 인종차별주의와 민족주의를 함축한 소위 '피와 흙Blut und Boden 운동'과도 연결되었다('피와 흙'은 인종으로 정의된 국민(피)과 정착 지역(흙)을 연결하는 나치의 슬로건이다—옮긴이). 따라서 말 그대로 '풍경'으로 번역되는 'landschaft'는 더 불길한 의미도 포함한다.

레드라이닝redlining · 정부 기관과 은행, 보험 회사 등이 특정 지역을 상업위험이 더 큰 지역으로 지정하고 대출이나 보험 계약 따위를 거부하는 관행. 인종차별이라는 마땅한 비판을 받았다.

레빗타운Levittown · 뉴욕의 부동산 개발업자 윌리엄 레빗William Levitt은 제2차 세계대

전이 끝나고 돌아온 군인을 위해 거대한 교외 주택 지구를 일곱 군데 개발했다
—주택은 공장의 생산 라인에서 11분에 한 채씩 만들어졌다—. 잔디밭과 새하
얀 말뚝 울타리를 갖춘 주택은 대단히 합리적인 가격이었으며, 이상적인 주거지
를 대표하는 것 같았다. 하지만 레빗의 회사는 흑인에게 주택 판매를 거부해서
비난받았고, '레빗타운'이라는 말은 인종 편견과 차별의 대명사가 되었다.

로타 클럽 Rota Club · 제임스 해링턴('제임스 해링턴' 항목 참조)이 찰스 1세의 처형에 뒤이
은 정치 공백기에 설립한 토론 모임. 건축가 크리스토퍼 렌Christopher Wren과 저
술가 새뮤얼 피프스Samuel Pepys도 가입했던 로타 클럽에서는 급진적인 토지 개
혁을 비롯해 유토피아 발상을 놓고 토론했다.

루드rood · 혼란스럽게도 루드는 옛 잉글랜드에서 길이 단위(5.5~7.3m)와 면적 단위
(1,011.7m²)로 모두 쓰였다. '루드'라는 낱말과 면적 단위는 원래 네덜란드어.

리里 · 중국의 길이 단위. 원래는 평균적인 마을의 범위를 가리키는 길이였고, 1마일
의 3분의 1 정도(0.393km)이다.

리엔lien · 담보권 또는 유치권. 다른 사람이 빚을 갚지 못할 때, 토지를 포함해 그 사
람의 재산에 대한 소유권을 얻을 권리—계약이나 협정의 일부로서 문서로 기
록되어야 한다—.

린체트lynchet · 고대 잉글랜드 남부 경작지에 특징적으로 나타나는 계단식 땅. 쟁기
등에 반복적으로 밀린 흙이 비탈면 아래쪽에 수년 동안 쌓이며 생긴다. 이 흙무
더기 여러 개가 나란하게 줄지어 있으면 '스트립 린체트strip lynchet'라고 부른다.
스트립 린체트는 이웃하는 밭들의 경계선 역할을 맡았을 수도 있다.

마일mile · 원래 고대 로마에서 사용한 길이 단위로, 행군하는 100인 대장의 구보
1,000걸음을 의미하는 라틴어 'mille passus'에서 유래했다. 1마일은 대략 1,611
잉글랜드 야드였으나, 런던 의회가 1592년에 1마일을 8펄롱 또는 5,280피트 또
는 1,760야드로 정했다.

몰수지escheat · 세금 미납 때문에 국가가 몰수한 토지. 토지 소유권은 결코 절대적이
지 않으며 언제든 몰수될 수 있다는 사실, 국가는 거의 모든 곳에서 모든 것의
궁극적이고 진정한 소유자라는 사실을 일깨워준다.

무畝 또는 亩 · 중국의 토지 면적 단위. 오늘날에는 관습적으로 666.7m²로 정한다. 7세
기부터 10세기까지 이어졌던 당나라는 백성에게 80무를 빌려주었다. 사망 시

이 땅을 나라에 반납해야 했지만, 20무는 후손에게 물려줄 수 있었다.

무단침입trespass · 법률에서는 무단침입을 타인의 사유지에 초대받지 않고 부당하게 들어가는 것과 아무리 사소하더라도 타인의 물적 재산을 파손하는 것으로 정의한다.

무조건 토지 상속권fee simple · 프랑스어에서 비롯한 법률 용어로, 재산의 절대 소유권과 그 소유권을 상속인과 후계자에게 물려줄 수 있는 권리를 나타낸다. 이 권리를 물려받은 상속인은 마찬가지로 절대 소유권을 누릴 수 있다.

무주지Terra Nullius · 전형적인 제국주의적 법률 의제. 유럽 정착민(보통 영국인)이 점유하지 않고 원주민 인구가 희박한 땅은 법률상 임자 없는 땅이기에, 그곳을 발견한 유럽인이 소유할 수 있다고 주장한다. 오스트레일리아와 아메리카 북부 내륙 대부분도 한때 무주지로 여겨졌다.

미국 국유지 Public Land States · 영국 식민지 이후에 생겨난 미국 주에서 모든 토지는 중앙정부의 소유였다(아메리카 원주민은 당연히 반대했다). 따라서 초기 정착지를 제외하면 토지 특허증은 개별 주 정부가 아니라 미국 연방 정부의 공공 토지국에서 발행했다.

미터meter · 1793년에 만들어진 길이 단위. 처음에는 파리를 통과하는 경도를 따라 북극에서 적도까지 측정한 지구 사분면 길이의 1,000만분의 1로 정해졌다. 다른 미터법 측정 단위와 마찬가지로 수없이 수정되었으며, 현재 1m는 빛이 진공 중에서 299,792,458분의 1초 동안 이동한 길이로 정해졌다.

바라vara · 스페인의 길이 단위. 대체로 84cm 정도이며, 미국 텍사스주에서도 측정 기준으로 사용될 때가 가끔 있다.

봉건 토지소유권feudal tenure · 봉신封臣이 되어서 군사 복무 같은 의무를 다하는 대가로 궁극적 소유주 대신 토지 사용권을 누릴 수 있는 권리.

봉토를 주다enfeoff · 봉토fief, 즉 군사 복무를 대가로 제공하는 땅을 내어주다.

사무라이侍, samurai · 일본에서 귀족이자 지주인 다이묘를 모시던 무사이자 가신. 존경받는 무사 계급인 사무라이는 보통 검을 두 자루 들고 다녔으며, 검술을 익히기 위해 맹훈련했다.

샤쿠尺, しゃく · 일본의 전통적인 길이 단위로 피트와 비슷하다. 1966년까지 공식적으로 사용되었고, 오늘날에도 옷 치수에 사용된다. 샤쿠의 변형인 '쿠지라샤쿠鯨尺,

〈じらじゃく〉, 즉 '고래 샤쿠'는 고래수염으로 만든 자로, 피륙을 재는 데 썼다.

소작인sharecropper · 지주의 땅을 부처주고 그 대가로 작물 일부를 받는 소작농.

승포承包 · 고대 중국의 토지 임대 제도─현재는 상당히 타락한 방식으로 부활했다─. 농부는 농지를 30년 동안 빌려서 농사짓고, 국가에 식량을 정해진 양만큼 냈다. 잉여분이 있다면 직접 가질 수 있다. 엉성하게 구성된 각지의 당 인사들이 승포를 규정한 탓에 갖가지 부정부패가 판을 치며 숱한 공무원이 배를 불렸다. 이 제도는 중국에서 대도시가 농촌에서 떨어져 나와 크게 성장하는 데도 영향을 미쳤다.

쓰보坪, つぼ · 일본의 넓이 단위. 다다미 2장의 넓이와 같다.

에디 마보 Eddie Mabo · 토레스 스트레이트섬 출신의 오스트레일리아 원주민으로 원주민의 토지권을 쟁취하기 위해 싸워서 승리했다. '제2 마보 대 퀸즐랜드' 사건에서 판결은 처음으로 영국의 무주지 개념을 뒤집고 원주민의 토지권을 인정했다. 이 판결은 마보가 세상을 뜬 지 다섯 달 후인 1992년 6월에 내려졌다. 마보는 크게 존경받았지만, 모두 사후에 벌어진 일이었다.

에이커acre · 9세기 게르만어에서 빌려온 이 용어는 원래 황소 한 조가 하루에 갈 수 있는 땅 크기를 의미했다. 13세기에 법률에 따라 가로세로 각각 220야드(201.168m), 즉 4,840제곱야드(4,046.85m²)인 땅 면적으로 정해졌다. 이때 땅 모양은 어떤 형태든 상관없다.

엔코멘다도Encomendado · 스페인 제국이 장악한 땅은 사실상 군주의 소유였다. 하지만 실제로 정복 전쟁을 수행한 콩키스타도르들은 현지 원주민을 부려서 농장을 일구고 광물을 채굴할 수 있도록 허락받았다(스페인어로 'encomendar'는 '위임하다'라는 뜻이다─옮긴이). 이 고귀한 이달고hidalgo(지방 하급 귀족─옮긴이)는 토지 소유권이 없었지만, 정복지에서 번영했다.

왕자령appanage · 국왕의 어린 자식 또는 세자가 아닌 왕자에게 따로 하사하는 땅. 웨일스나 콘월, 컴벌랜드 전체처럼 꽤 넓은 지역일 때도 있다.

요야나yojana · 인도 5세기 초에 사용된 길이 단위로 13~15km 정도다.

요클리트yokelet · 원래 잉글랜드 남부 켄트에서 멍에yoke를 씌운 황소 한 마리를 부려서 일굴 수 있는 작은 농장을 의미했다. 소 한 조로 갈 수 있는 밭 크기에서 유래한 에이커보다 다소 더 넓은 땅을 가리키는 면적 단위로도 잠시 사용되었다.

요킹yoking · 스코틀랜드나 잉글랜드 최북부 농부들이 쟁기질로 일군 길고 좁은 밭. 대체로 너비가 9m를 넘지 않는다.

용익권usufruct · 다른 사람의 소유인 토지를 —파괴하거나 판매거나 다른 식으로 심 각하게 변경하지 않고— 즐길 권리. 토머스 제퍼슨은 "지구는 —용익권이 있는 — 살아 있는 이들의 소유다"라는 유명한 말을 남겼다.

유부녀 신분coverture 또는 couverture · 여성이 물적 재산을 소유하는 것을 막는 미국의 법 률 교리로, 엄밀히 따지자면 현재는 폐기되었다. 하지만 여성의 토지 소유를 향 한 편견은 일부 주에서 끈질기게 살아남았으며, 여전히 은행은 여성에게 남성 공동 서명인이 없다면 담보 대출 승인을 꺼린다.

인클로저enclosure · 이제까지 주인이 따로 없었던 공유지에 울타리를 세우고 사유지 로 선언하는 관행으로, 18세기까지 보통 법률로 뒷받침되었다. 인클로저는 사 회 발전에 심오한 영향을 미쳤다. 공유지를 빼앗긴 시골 주민은 도시로 내몰리 거나, 이민을 떠났다.

장자 상속제primogeniture · 맏이—대체로 장남—가 부모의 재산이나 부동산 소유권을 물려받는 권리 또는 관습.

재산estate · 토지에 대한 이해관계는 임대나 소작부터 여러 형태의 소유까지 다양할 수 있다. 법률 용어로 물적 재산은 땅과 그 위에 들어선 부동산(움직여 옮길 수 없 는 구조물)을 가리킨다. 인적 재산은 핸드백과 책, 자동차 등 개인이 가진 —소유 권이 있는— 움직일 수 있는 재산을 의미한다.

재산 소유권title · 토지나 다른 재산을 소유할 법적 권리. 보통 해당 토지에 관한 기록 속 사실이나 증거를 근거로 삼는다.

제임스 해링턴 James Harrington · 17세기 영국의 정치 이론가. 해링턴은 1656년에 중대 한 저서 《오시아나 공화국The commonwealth of oceana》을 펴내서 개인의 토지 소 유에 제한을 두자고 주장했다. 땅을 너무 많이 소유한 사람들이 정치권력도 해 로울 만큼 많이 긁어모아서 결국에는 파멸하리라고 보았기 때문이다. 그가 세 운 토론 모임인 로타 클럽에서 이 구상을 토론했다.

중농주의physiocracy · 땅은 유일하고 궁극적인 부의 원천이므로 토지에 대한 직접 과 세가 유일한 정부 재원이어야 한다는 이해, 또는 이런 이해에 입각한 자연적 정 부 형태. 프랑스 경제학자 프랑수아 케네Francois Quesnay가 먼저 주장했고, 훗날 헨리 조지가 널리 보급했다.

지공주의Georgism, 地公主義 · 빅토리아 시대에 크게 사랑받았던 언론인이자 논객 헨리 조지와 추종자들이 주장하는 이념. 헨리 조지는 토지의 임대 가치에 부과되는 토지가치세를 제외하고 모든 세금을 폐지하자고 강력하게 주장했다.

추장sachem · 아메리카 북동부에서 아메리카 원주민 부족장을 가리키는 말로 가장 흔히 쓰이는 단어. 매사추세츠 동부에 있었던 왐파노아그족의 어느 추장은 메이플라워호를 타고 아메리카로 건너온 정착민들을 굶주림에서 구해줬다고 한다.

치프릭çiftlik · 오스만제국 후기의 토지 보유 제도. 더 개방적이었던 티마르 제도를 대체한 이 제도에 따라 오스만 군사령관들은 하사받은 영토를 완전히 장악하고 지역 소작농을 농노로 부렸다. ('티마르' 항목 참조)

켄間, けん · 일본에서 쓰이는 길이 단위. 오늘날에는 1켄이 1.818m로 정해졌다. 1제곱켄의 절반은 다다미 1개의 크기와 같다. 다다미는 요즘에도 방바닥 넓이를 잴 때 쓰인다.

코니지cornage · 소작인이 소유한 뿔 달린 소의 숫자로 결정한 소작료—'cornu'는 라틴어로 '뿔'이라는 뜻이다—.

쿨라크кулáк · 러시아의 지주 농민 계급. 재산 규모가 소박했지만, 1930년대 초 홀로도모르 동안 스탈린에게서 가장 멸시받고 가장 잔혹하게 대우받았다.

큐빗cubit · 팔꿈치에서 집게손가락 끝까지의 길이. '팔꿈치'를 가리키는 라틴어에서 유래했으며, 고대 로마와 이집트에서 길이 단위로 사용되었다. 고대 로마 시민의 평균 큐빗은 43.18㎝(17인치)였지만, 카이로 시민은 아무래도 더 건강했는지 로마보다 최대 10㎝ 더 길었다.

크로프팅crofting · 영세 농민이 경작지의 작은 일부를 소작할 권리를 갖는 스코틀랜드 특유의 관행. 19세기에 양모 가격이 가파르게 치솟자, 대지주들은 소작료에 의존하는 대신 양을 쳐서 이윤을 더 남기기로 마음먹고 클리어런스를 단행했다. 그 결과가 얼마나 암울했을지는 누구나 예상할 수 있으리라.

클리어런스clearance · 스코틀랜드 황야에 가장 자주 적용되었던 잔인한 빅토리아 시대 토지 정책. 시골에서 수익성이 낮은 영세 농민을 쫓아내고 양을 들이기 위해 고안되었다. 양을 키우면 지주는 더 많은 소득을 안정적으로 얻을 수 있었다. 클리어런스 피해자들은 주로 북아메리카로 이주했다.

키부츠צ · 일반적으로 농업에 기반을 두는 협동 정착촌. 1910년 팔레스타인의 요르단 계곡에 정착한 유럽 출신 유대인들이 시작했다.

토런스 권리증 Torrens title · 아일랜드 출신 변호사인 로버트 토런스Robert Torrens는 사우스오스트레일리아의 호적등기소장을 지내면서 1858년에 토지 등기제도를 도입했다. 이 제도에 따라 정부는 토지 소유권 증명서—토런스 권리증—를 발행해서 소유를 확실하게 증명할 수 있다. 이후 이 제도는 서구 국가에서 거의 보편적으로 채택되었다.

토지 경계metes and bounds · 인간이 만든 정착지(마을, 도시, 군, 주 등)의 경계와 한계.

토지대장cadastre · 물적 재산의 가치와 그 재산에 부과할 세금을 결정하고 확인하기 위해 정보를 수집해서 기록한 공공 장부.

토지 수용권eminent domain · 수많은 나라에서 토지의 궁극적 소유주는 군주라는 사실을 언제나 상기시켜주는 국가의 권리. 이론상 현재 군주가 모든 국토의 소유권을 감독할 권한이 있는 영국에서는 토지 소유주가 이른바 모두의 선을 위해 강제로 토지 소유권을 포기해야 할 때가 있다. 영국에서는 이 관행을 '강제 수용compulsory purchase'이라고 한다. 정말로 국가가 개인 사유지를 강제로 사들이는 제도이기 때문이다. 괜히 복잡하고 화려하게 들리는 미국식 용어도 본질상 의미는 같다.

티마르timar · 오스만제국 초기의 토지 분배 제도. 영토를 정복한 술탄 친위대 예니체리뿐만 아니라 정복에 참여한 노예에게까지 정복지를 나눠주었다. 다만 이 땅은 영구히 가질 수도 없었고, 물려줄 수도 없었다.

파라상parasang · 고대 페르시아의 길이 단위로 약 5.5km이다.

퍼치perch · 잉글랜드의 옛 길이 단위. 약 5.03m이며, 14세기에 처음 쓰였다.

평坪 · 한국의 면적 단위로, 1평방간 또는 36평방자에 해당한다(1간은 6자 또는 1.818m—옮긴이). 중국의 평처럼('핑' 항목 참조) 3.33m², 또는 약 4제곱야드와 같다.

펫단فدان · 이집트, 수단, 오만 등 일부 아랍 국가에서 사용하는 토지 면적 단위. 대략 영국의 에이커에 상당한다.

페이턴트patent · 토지 소유권에 대한 증거를 제시하는 궁극적 문서. 주권 당국이 서명하고 직인을 찍은 공식 정부 서류로, 누구에게 토지를 최초로 수여했는지 보여준다. 이론상, 오늘날 토지 소유권을 입증하는 모든 권리증의 기원은 재산을 연쇄적으로 물려줄 권리를 보장하는 '특허증letters patent'으로 거슬러 올라갈 수 있다.

폴더르 시스템polder system · 엄밀히 따지자면 '폴더르'라는 네덜란드 낱말은 바다를 간척하고 제방을 이용해서 건조하게 유지하는 저지대 토지를 가리킨다. 요즘에는 네덜란드와 네덜란드 국토를 인간이 거주할 만한 곳으로 유지하는 데 필요한 공동 작업까지도 의미한다. 폴더르 시스템은 자연의 위협에 맞서려면 정치를 제쳐두고 온 국가가 하나 되어야 한다는 사실을 시사한다.

폴fall · 스코틀랜드와 잉글랜드 북부의 길이 단위로, 거의 쓰이지 않는 데다 다소 들쑥날쑥하기까지 하다. 오래된 단위인 로드rod와 폴pole, 퍼치perch(모두 약 5.03m—옮긴이)와 같고, 1펄롱furlong(약 201m—옮긴이)의 40분의 1 정도다. 다만 펄롱 역시 지역마다 길이가 다르다. 이회토 채굴 산업에서는 부피 단위로도 쓴다.

플레트론πλέθρον · 고대 그리스의 길이 단위. 한 변이 1플레트론인 정사각형 모양 땅을 가리키기도 한다. 1플레트론은 100그리스 피트πους이며, 놀랍게도 영국 표준 피트로 환산해도 거의 정확히 100피트다.

피트feet · 길이 단위. 원래는 성인의 발 길이를 바탕으로 쟀지만, 나중에 표준 야드 측정법에 맞춰 수치가 확정되었다. 1피트는 정확하게 3분의 1야드다(1피트는 30.48cm—옮긴이).

핑枰 · 중국의 전통적인 면적 단위. 3.3m²와 같다.

헤드라이트headright · 식민지의 미정착지로 오는 데 드는 여비만큼 토지 소유권을 부여하던 식민지 정착 관행. 버지니아주는 편도 뱃삯을 낸 이주민에게 시골 지역 토지 0.2㎢를 주었다.

헥타르hectare · 점점 흔하게 쓰이는 미터법 넓이 단위. 1헥타르는 1만m², 또는 2.47에 이커다.

홀로도모르Голодомóр · 우크라이나에서 '굶겨 죽이는 것'을 의미하는 말로, 보통 1932년 대기근을 가리킨다. 이 대기근으로 300만 명에서 1,200만 명이 목숨을 잃었다. 오늘날 수많은 이가 홀로도모르를 당시 소비에트의 지도자였던 이오시프 스탈린이 저지른 대량 학살로 여긴다.

Anderson, Sam. *Boom Town: The Fantastical Saga of Oklahoma City*. New York. Crown. 2018.

Applebaum, Anne. *Red Famine: Stalin's War on Ukraine*. London. Allen Lane. 2017.

Archives New Zealand. *The Treaty of Waitangi*. Wellington. Bridget Williams Books. 2017.

Baker, Alan R. and Gideon Biger (eds.). *Ideology and Landscape in Historical Perspective: Essays on the Meanings of Some Places in the Past*. Cambridge. Cambridge University Press. 1992.

Berkman, Richard L. and W. Kip Viscusi. *Damming the West: Ralph Nader's Study Group Report on the Bureau of Reclamation*. New York. Grossman. 1973.

Berry, Wendell. *The Gift of Good Land: Further Essays Cultural and Agricultural*. Berkeley, CA. Counterpoint. 1981.

Bowes, John P. *Land Too Good for Indians: Northern Indian Removal*. Norman. University of Oklahoma Press. 2016.

Brasher, Rex. *Secrets of the Friendly Woods*. New York. The Century Co. 1926.

Brewer, Richard. *Conservancy: The Land Trust Movement in America*. Hanover, NH. University Press of New England. 2003.

Brooke-Hitching, Edward. *The Phantom Atlas: The Greatest Myths, Lies and Blunders on Maps*. London. Simon & Schuster. 2016.

Butler, Jenna. *A Profession of Hope: Farming on the Edge of the Grizzly Trail*. Hamilton, ON. Wolsak and Wynn. 2015.

버틀러, 새뮤얼. 《에레혼Erewhon, or Over the Range》, 한은경, 2018, 김영사.

Byrnes, Giselle. *Boundary Markers: Land Surveying and the Colonisation of New Zealand*. Wellington. Bridget Williams Books. 2001.

Cahill, Kevin. *Who Owns the World: The Surprising Truth About Every Piece of Land on the Planet*. New York. Grand Central. 2010.

Calloway, Colin G. *The Indian World of George Washington: The First President, the First Americans, and the Birth of the Nation*. New York. Oxford University Press. 2018.

Christophers. Brett. *The New Enclosure: The Appropriation of Public Land in Neoliberal Britain*. London. Verso. 2018.

Conquest, Robert. *Harvest of Sorrow: Soviet Collectivization and the Terror-Famine*. New York. Oxford University Press. 1986.

Crane, Nicholas. *The Making of the British Landscape: From the Ice Age to the Present*. London. Weidenfeld & Nicolson. 2016.

Cronon, William. *Changes in the Land: Indians, Colonists, and the Ecology of New England*. New York. Hill & Wang. 1983.

루이스 다트넬, 《오리진: 지구는 어떻게 우리를 만들었는가Origins: How Earth's History Shaped Human History》, 2020, 흐름출판.

Dary, David. *Entrepreneurs of the Old West*. Lincoln. University of Nebraska Press. 1986.

Debo, Angie. *A History of the Indians of the United States*. Norman. University of Oklahoma Press. 1970.

Debo, Angie. *And Still the Waters Run: The Betrayal of the Five Civilized Tribes*. Princeton. Princeton University Press. 1940.

Denman, D. R. *Origins of Ownership: A Brief History of Land Ownership and Tenure in England from Earliest Times to the Modern Era*. London. Allen & Unwin. 1958.

Devine, T. M. *The Scottish Clearances: A History of the Dispossessed*. London. Allen Lane. 2018.

Douglas, Roy. *Land, People and Politics: A History of the Land Question in the United Kingdom 1878–1952*. London. Allison & Busby. 1976.

Dressler, Camille. *Eigg: The Story of an Island*. Edinburgh. Polygon. 1998.

Dunbar-Ortiz, Roxanne. *An Indigenous Peoples' History of the United States*. Boston. Beacon Press. 2014.

Dunn, Shirley W. *The River Indians: Mohicans Making History*. Fleischmanns, NY. Purple Mountain Press. 2009.

Easdale, Nola. *Kairuri: The Measurer of Land*. Petone, New Zealand. Highgate. 1988.

Egan, Timothy. *The Worst Hard Time: The Untold Story of Those Who Survived the Great American Dust Bowl*. Boston. Houghton Mifflin. 2006.

Fairlie, Simon et al. (eds.). *The Land*. Bridport, Dorset. March 2006–present.

Fellmeth, Robert C. *Politics of Land: Ralph Nader's Study Group Report on Land Use in California*. New York. Grossman. 1973.

Ferguson, Niall. *Empire: How Britain Made the Modern World*. London. Allen Lane. 2013.

Ferrari, Marco, et al. *A Moving Border: Alpine Cartographies of Climate Change*. New York. Columbia Books on Architecture. 2018.

Foreman, Grant. *Indian Removal: The Emigration of Five Civilized Tribes of Indians*. Norman. University of Oklahoma Press. 1932.

Forster, E. M. *Abinger Harvest*. New York. Harcourt, Brace. 1936.

Gammage, Bill. *The Biggest Estate on Earth: How Aborigines Made Australia*. Crows Nest, NSW. Allen & Unwin. 2011.

Geisler, Charles C. (ed.). *Who Owns Appalachia?: Land Ownership and Its Impact*. Lexington, KY. University Press of Kentucky. 1981.

헨리 조지, 《진보와 빈곤: 산업 불황의 원인과, 빈부격차에 대한 탐구와 해결책 Progress and Poverty: An Inquiry into the Cause of Industrial Depressions and of Increased Want with Increase of Wealth; the Remedy》, 2019, 현대지성.

Godwin, Peter. *When a Crocodile Eats the Sun*. New York. Little, Brown. 2008.

그렉 그랜딘, 《신화의 종말: 팽창과 장벽의 신화, 미국은 지금 어디로 가고 있는 가?The End of the Myth: From the Frontier to the Border Wall in the Mind of America》, 2021, 커넥팅.

Greer, Allan. *Property and Dispossession: Natives, Empire and Land in Early Modern America*. Cambridge, UK. Cambridge University Press. 2018.

Griffiths, Billy. *Deep Time Dreaming: Uncovering Ancient Australia*. Carlton, VIC. Black Inc. 2018.

넛 피너센 함순, 《땅의 혜택Markens Grode》, 2015, 문학동네.

Hardy, Roger. *The Poisoned Well: Empire and Its Legacy in the Middle East*. New York. Oxford University Press. 2017.

Hewitt, Rachel. *Map of a Nation: A Biography of the Ordnance Survey*. London. Granta. 2010.

Heyman, Stephen. *The Planter of Modern Life: Louis Bromfield and the Seeds of a Food Revolution*. New York. Norton. 2020.

Hightower, Michael J. *1889: The Boomer Movement, the Land Run, and Early Oklahoma City*. Norman. University of Oklahoma Press. 2018.

Hinks, Arthur R. *Maps and Survey*. Cambridge. Cambridge University Press. 1913.

Hogue, Michel. *Metis and the Medicine Line: Crossing a Border and Dividing a People*. Chapel Hill. University of North Carolina Press. 2015.

Hoig, Stan. *The Oklahoma Land Rush of 1889. Oklahoma City.* Oklahoma Historical Society. 1989.

Hunter, James. *The Claim of Crofting: The Scottish Highlands and Islands, 1930–1990.* Edinburgh. Mainstream Publishing. 1991.

Hunter, James. *From the Low Tide of the Sea to the Highest Mountain Tops: Community Ownership of Land in the Highlands and Islands of Scotland.* Isle of Lewis. The Islands Book Trust. 2012.

Hutchinson, Bruce. *The Struggle for the Border.* Don Mills, ONT. Oxford University Press. 1955.

Johnson, Miranda. *The Land Is Our History: Indigeneity, Law, and the Settler State.* New York. Oxford University Press. 2016.

Johnson, Richard B. (ed.). *History of Us: Nisenan Tribe of the Nevada City Rancheria.* Santa Rosa, CA. Comstock Bonanza Press. 2018.

Jorgensen, Neil. *A Guide to New England's Landscape.* Chester, CT. The Globe Pequot Press. 1977.

Kaplan, Robert D. *Earning the Rockies: How Geography Shapes America's Role in the World.* New York. Random House. 2017.

Keay, John. *The Great Arc: The Dramatic Tale of How India Was Mapped and Everest Was Named.* New York. HarperCollins. 2000.

King, Michael. *The Penguin History of New Zealand.* Auckland. Penguin. 2003.

King, Michael. *Whina: A Biography of Whina Cooper.* London. Hodder & Stoughton. 1983.

Kunstler, James Howard. *The Geography of Nowhere: The Rise and Decline of America's ManMade Landscape.* New York. Touchstone. 1993.

알도 레오폴드, 《모래 군의 열두달: 그리고 이곳저곳의 스케치A Sand County Almanac: And Sketches Here and There》, 2000, 따님.

Linklater, Andro. *Measuring America: How the United States Was Shaped by the Greatest Land Sale in History.* New York. Penguin. 2003.

Linklater, Andro. *Owning the Earth: The Transforming History of Land*

Ownership. London. Bloomsbury. 2013.

Lopez, Barry (ed.). *Home Ground: Language for an American Landscape*. San Antonio, TX. Trinity University Press. 2006.

Lynam, Edward (ed.). *The Mapmaker's Art: Essays on the History of Maps*. London. The Batchworth Press. 1953.

Mabey, Richard. *The Common Ground: a Place for Nature in Britain's Future?* London. Hutchinson. 1980.

Maier, Charles S. *Once Within Borders: Territories of Power, Wealth and Belonging since 1500*. Cambridge, MA. Harvard University Press. 2016.

Marsden, Philip. *Rising Ground: A Search for the Spirit of Place*. London. Granta. 2014.

Marsden, Philip. *The Summer Isles: A Voyage of the Imagination*. London. Granta. 2019.

Marshall, James M. *Land Fever: Dispossession and the Frontier Myth*. Lexington, KY. University Press of Kentucky. 1986.

McGuire, Lloyd H., Jr. *Birth of Guthrie: Oklahoma's Run of 1889 and Life in Guthrie in 1889 and the 1890s*. San Diego. Privately Published. 1998.

Mingay, G. E. *Parliamentary Enclosure in England: An Introduction to Its Causes, Incidence and Impact 1750–1850*. Harlow, Essex. Longman. 1997.

Ministry of Justice, New Zealand. *150 Years of the Maori Land Court*. Wellington. New Zealand Government. 2015.

Mitchell, John Hanson. *Ceremonial Time: Fifteen Thousand Years on One Square Mile*. Cambridge, MA. Perseus Books. 1984.

Mitchell, John Hanson. *Trespassing: An Inquiry into the Private Ownership of Land*.
Reading, MA. Perseus Books.1998.

Monbiot, George. *Feral: Rewilding the Land, the Sea, and Human Life*. London. University of Chicago Press. 2014.

Moss, Graham. *Britain's Wasting Acres: Land Use in a Changing Society*.

London. The Architectural Press. 1981.

Neiwert, David A. *Strawberry Days: How Internment Destroyed a Japanese American Community*. New York. Palgrave Macmillan. 2005.

Nicolson, I. F. *The Mystery of Crichel Down*. Oxford. Clarendon Press. 1986.

Nikolić, Zoran. *The Atlas of Unusual Borders*. Glasgow. HarperCollins, 2019.

O'Donnell, Edward T. *Henry George and the Crisis of Inequality: Progress and Poverty in the Gilded Age*. New York. Columbia University Press. 2015.

O'Malley, Vincent. *The Great War for New Zealand: Waikato 1800–2000*. Wellington.

Bridget Williams Books. 2019.

O'Malley, Vincent. *The New Zealand Wars*. Wellington. Bridget Williams Books. 2019.

O'Malley, Vincent et al. *The Treaty of Waitangi Companion: Maori and Pakeha from Tasman to Today*. Auckland. Auckland University Press. 2010.

Osborn, William C. *The Paper Plantation: Ralph Nader's Study Group on the Pulp and Paper Industry in Maine*. New York. Grossman. 1974.

Polhemus, John and Richard Polhemus. *Up on Preston Mountain: The Story of an American Ghost Town*. Fleischmanns, New York. Purple Mountain Press. 2005.

Prebble, John. *The Highland Clearances*. London. Secker & Warburg. 1963.

Purdy, Jedediah. *This Land Is Our Land: The Struggle for a New Commonwealth*. Princeton. Princeton University Press. 2019.

Quinn, Tom. *The Reluctant Billionaire: The Tragic Life of Gerald Grosvenor, 6th Duke of Westminster*. London. Biteback Publishing. 2018.

Rackham, Oliver. *The History of the Countryside*. London. Dent. 1986.

앤드루 레이더, 《인간의 탐험: 너머의 세계를 탐하다 Beyond the Known: How Exploration Created the Modern World and Will Take Us to the Stars》, 2021, 소소의책.

Rees, Tony. *Arc of the Medicine Line: Mapping the World's Longest Undefended*

Border Across the Western Plains. Lincoln. University of Nebraska Press. 2007.

Reeves, Richard. *Infamy: The Shocking Story of the Japanese American Internment in World War Two*. New York. Henry Holt. 2015.

Robillard, Walter G. and Donald A. Wilson. *Brown's Boundary Control and Legal Principles*. Hoboken. Wiley. 2003.

Rothstein, Richard. *The Color of Law: A Forgotten History of How Our Government Segregated America*. New York. Liveright. 2017.

Rowse, Tim. *Indigenous and Other Australians Since 1901*. Sydney. University of New South Wales Press. 2017.

Sapp, Rick. *Native Americans State by State*. New York. Quarto. 2018.

Schama, Simon. *The Story of the Jews*. London. HarperCollins. 2013.

Schulten, Susan. *A History of America in 100 Maps*. London. The British Library. 2018.

Segeren, W. G. (ed.). *Polders of the World*. Arnhem. Published Proceedings of Symposium, Lelystad. 1982.

Shorto, Russell. *Amsterdam: A History of the World's Most Liberal City*. New York. Random House. 2013.

Shrubsole, Guy. *Who Owns England? How We Lost Our Green and Pleasant Land and How to Take It Back*. London. William Collins. 2019.

Stamp, L. Dudley and W. G. Hoskins. *The Common Land of England and Wales*. London. Collins. 1963.

Stannard, David E. *American Holocaust: The Conquest of the New World*. New York. Oxford University Press. 1992.

Stein, Mark. *How the States Got Their Shapes*. New York. HarperCollins. 2008.

레프 톨스토이, 《사람은 무엇으로 사는가(Чем люди живы)》.

아널드 J. 토인비, 《역사의 연구A Study of History》.

Tree, Isabella. *Wilding: Returning Nature to Our Farm*. London. Picador. 2018.

Treuer, Anton. *Atlas of Indian Nations*. Washington, D.C. National Geographic.

2013.

Treuer, David. *The Heartbeat of Wounded Knee: Native America from 1890 to the Present*. New York. Riverhead Books. 2019.

Trudolyubov, Maxim. *The Tragedy of Property: Private Life, Ownership and the Russian State*. Cambridge. Polity Press. 2018.

Vitek, William and Wes Jackson (eds.). *Rooted in the Land: Essays on Community and Place*. New Haven. Yale University Press. 1996.

피터 왓슨, 《생각의 역사 1: 사람이 알아야 할 모든 것, 불에서 프로이트까지Ideas: A History of Thought and Invention, from Fire to Freud》, 2009, 들녘.

Weaver, John C. *The Great Land Rush and the Making of the Modern World, 1650–1900*. Montreal. McGill–Queen's University Press. 2003.

앨런 와이즈먼, 《인간 없는 세상The World Without Us》, 2020, 알에이치코리아.

Wigan, Michael. *The Salmon: The Extraordinary Story of the King of Fish*. London. William Collins. 2013.

Wightman, Andy. *The Poor Had No Lawyers: Who Owns Scotland (and How They Got It)*. Edinburgh. Birlinn. 2015.